기독교문서선교회(Christian Literature Center: 약칭 CLC)는 1941년 영국 콜체스터에서 켄 아담스에 의해 시작되었으며 국제 본부는 미국 필라델피아에 있습니다.
국제 CLC는 약 650여 명의 선교사들이 59개 나라에서 180개의 서점을 운영하며 이동 도서 차량 40대를 이용하여 문서 보급에 힘쓰고 있으며 이메일 주문을 통해 130여 국으로 책을 공급하고 있는 국제적 문서선교 기관입니다.

추천사 1

장 흥 길 박사
장로회신학대학교 명예교수 | 신약학(Th.D.)

펄비스(J. D. Purvis)의 문헌정보서인 『거룩한 성 예루살렘』(*Jerusalem the Holy City*)에 의하면, 예루살렘에 관한 저술은 1980년대 말 시점만 하더라도 6천 편이 넘는다.

추천인도 예루살렘을 소개하는 십여 편의 글을 썼지만, 대부분 예루살렘을 고고학적, 역사적, 지리적, 성경적 관점에서 소개하는 글이었고 성서신학적 관점에서 깊게 연구하지는 못하였다.

예루살렘에 관하여 연구한 글을 살펴보면, 일일이 헤아리기 어려울 정도로 많이 있으나, 성서신학적인 관점에서 다룬 연구는 생각보다 많지 않다. 이런 점에서, 추천인이 지도한 윤석이 목사의 박사학위 논문이 우리나라 신약학계에서 갖는 의미가 결코 작지 않다.

본서는 신약성경의 '예루살렘' 주제를 '성서적 신학'(Biblische Theologie)의 관점에서 '전승사적'(traditionsgeschichtlich) 방법론으로 다룬 성서신학적 저술이다.

풀어서 말하면, 저자는 신약성경에 나타나는 '예루살렘' 주제를 구약성경의 '시온 전승'에서 시작하여, 신구약 중간기 문헌에 나타난 '시온 전승'을 조사하고, 신약성경에서 예수, 바울서신, 복음서, 히브리서, 요한계시록에 이르기까지 전승사적으로 이어지는 시온 전승의 공통점을 밝히고, 예수 그리스도 중심적 관점에서 '새 이스라엘'로서 교회가 '새 예루살렘'에서 온전하게 됨을 알게 함으로써 신약성경의 차별성을 밝힌다.

　윤석이 목사의 박사학위 논문이 미간행 박사학위 논문으로 도서관의 서고에 머물러 있지 않고, 기독교문서선교회(CLC)의 박사 논문 시리즈로 출판되게 됨을 기쁘게 생각하며, '성서적 신학'의 주제로서 '예루살렘'에 관심을 가진 모든 분에게 이 책의 일독(一讀)을 권하고 싶다.

추천사 2

최 흥 진 박사
호남신학대학교 총장 | 신약학(Ph.D)

 탁월한 학자요, 성실하고 헌신적인 목회자인 윤석이 목사는 한국 교회의 목회자들과 성도들의 신앙과 신학의 성장에 도움을 주기 위해 예루살렘을 중점적으로 연구한 『예루살렘 신학』을 저술하였다. 본서는 이제까지 대부분을 차지한 성전 중심의 주제에 관한 연구와는 달리 예루살렘 주제를 집중 탐구하였다. 예루살렘 주제는 '성전' 중심의 연구에 가려 있다가 최근에 이르러서야 독자적인 연구가 활발해지고 있는 분야다.
 예루살렘은 세계 3대 유일신 종교인 유대교, 회교, 기독교의 신앙의 중심지이며, 구약과 신약의 배경이요, 예수 그리스도의 십자가를 중심으로 하는 하나님 나라 복음의 산실이다. 또한, 교회의 초기 유산이 여전히 숨쉬고 있는 성지(聖地)로서 지금도 수많은 순례객이 찾아오고 있을 정도로 전 세계 신앙인들의 영적 동경의 대상이다. 그러나 한편으로 이스라엘과 팔레스타인(Palestine) 문제로 인하여 세계 분쟁의 불씨를 키워가는 곳이기도 하다. 이런 상황에서 예루살렘에 대한 학문적 정리는 필요 적절한 것으로 여겨진다.
 윤석이 박사의 『예루살렘 신학』은 예루살렘 주제(motif)를 구약과 초기 유대교, 신약에 이르기까지 성서신학적인 관점(Biblical Theology)으로 연구한 박사학위 논문을 보완 정리한 책이다. 시온 전승부터 중간기를 거쳐 예수 전승에 이르기까지 '예루살렘'의 의미가 어떻게 변천했는지, 구약과 신약의 연속성과 불연속성을 밝혀낸 점은 중요한 학문적 공헌이라 할 수 있다. 이를 기반으로 추후 '예루살렘'에 대하여 폭넓은 학문적인 연구가 이어지고, '성전' 주제와 구별을 지으면서 상호 연구가 활발하게 이루어지기를 기대한다. 더 나아가 한국 교회 안에 예루살렘에 대한 왜곡된 시각을 극복하고 이해의 폭이 넓어지기를 바란다.

또한, 저자는 『예루살렘 신학』 연구방법론을 '예배' 주제에 적용하여 『예배 스펙트럼』(*Worship: From Eden to New Jerusalem*, CLC, 2023)을 발간하기도 하였다. 학문적인 연구가 이론에 그치지 않고 목회의 현장에 적용될 수 있도록 노력을 기울인 저자의 멈추지 않는 연구 열정을 치하하는 바이다.

본서가 한국 신학계 발전에 기여할 것으로 기대하며, 예루살렘에 대해 깊이 고민하며 탐구하는 신학도들과 성도들에게 많은 도움을 줄 것으로 여겨진다. 다시 한번 본서의 출간을 진심으로 축하드린다.

추천사 3

강 성 열 박사
호남신학대학교 교수 | 구약학(Th.D.)

 본서는 예루살렘이라는 지리적 공간에 대한 개념을 구약성경으로부터 시작하여 중간사 시대를 거쳐 신약성경에 이르기까지 전승사적으로 고찰한 참신한 연구서다. 성경을 통해 잘 알고 있는 예루살렘이 오늘의 신앙인들에게 어떠한 의미를 던져주는지를 확인하려면 이러한 전승사적인 연구가 필연적으로 요구될 것이다.

 저자는 이 점에 착안하여 "성경의 예루살렘 주제에 관한 전승사적인 연구"이라는 제목의 학위 논문을 구상했고, 이를 성경신학적으로 폭넓게 연구함으로써 박사학위를 받게 되었으니 참으로 귀한 일이 아닐 수 없다.

 주지하는 바와 같이, 예루살렘은 다윗의 정복 이전까지는 전혀 알려지지 않은 성읍이었지만, 다윗에 의해 정복된 이후로는 통일 왕국의 수도로서의 역할을 수행했을 뿐만 아니라, 다윗 언약의 핵심을 이루는 도성으로 주목을 받기 시작했다. 야웨께서 예루살렘을 선택하셨다는 이른바 '시온신학'이 그렇다. 시온신학은 한 번도 중단되지 않은 채로 바벨론 포로기를 거쳐 신구약 중간사 문헌들과 신약성경에 이르기까지 계속 전승되면서 신앙공동체인 교회를 뜻하는 개념으로 발전하였다.

 예루살렘 도성과 관련하여 이처럼 중요한 신학적인 의미를 전승사적으로 탐구하여 『예루살렘 신학』이란 제목으로 출간하게 됨을 축하하며, 본서의 일독을 적극 추천한다.

추천사 4

김 동 수 박사
평택대학교 교수 | 신약학(Ph.D.)

　지금 세상은 전쟁 중이다. 그중에서도 이스라엘과 팔레스타인 사이의 전쟁은 끝날 기미가 보이지 않는다. 잠시 휴전을 한다 해도, 언제 다시 전쟁이 재개될지 알 수 없다. 이 전쟁은 팔레스타인 땅의 주인은 누구인가 하는 근원적인 질문과 관계되어 시작되었다. 그런데 이것은 단순히 남의 나라 간의 정치적 문제만이 아니라 크리스천들에게도 성경에서 또 현재에 이스라엘(특히, 예루살렘)의 의미는 무엇인가는 하는 질문을 남긴다.
　본서는 이 질문에 천착하여 구약성경에서 시작하여 신구약 중간 시대 문헌과 신약성경까지 다룬 것이다. 또 그 바탕 위에서 본서는 오늘날 크리스천들에게 예루살렘의 의미는 무엇인가 하는 것까지 해석해 내고 있다.
　본서에 따르면 예루살렘은 성경의 이슈만이 아니라 현재 문제요, 정치적인 문제만이 아니라 신앙의 문제이기도 하다.
　성경을 읽으면서 예루살렘의 신학적 의미가 무엇인지, 또 그것이 어떻게 발전해 왔고, 신약성경에서는 이것을 어떻게 다루고 있으며, 오늘날 우리는 그 의미를 어떻게 이해해야 하는지 궁금한 사람에게 본서는 필독서다.

추천사 5

최 현 준 박사
대전신학대학교 교수 | 구약학(Ph.D.)

먼저 윤석이 박사님의 『예루살렘 신학』의 출간을 축하드린다.

예루살렘과 성전은 구약 시대부터 신약 시대에 이르기까지 야웨 신앙에 중심을 둔 이스라엘 백성들의 심장이며 본향과 같은 존재였다. 특별히 구약 시대에는 다윗이 왕위에 올라 다윗 왕조가 시작된 후 그의 아들 솔로몬이 예루살렘에 성전을 세운 계기로 야웨 신앙은 이곳을 중심으로 국가적 신앙으로 자리를 잡았다. 일명 시온 전승으로 일컫는 예루살렘과 성전은 이스라엘의 정체성을 결정짓는 상징적 존재로 여겨져 왔기에 바벨론 포로기 후 귀환한 이스라엘 백성이 제일 먼저 한 것이 예루살렘 성전 재건이었다. 중간사를 거쳐 혼란의 시기를 거쳤지만, 신약 시대로 넘어와서도 예루살렘은 여전히 그 중요성을 잃어버리지 않았다. 다만, 신약성경의 예수께서 오염된 성전을 비판하고, 예루살렘 도성을 바라보며 우시는 장면을 볼 때 신약 시대의 예루살렘과 성전은 좀 더 자세한 연구가 필요한 주제라고 할 수 있다.

이런 점에서 윤석이 박사님의 『예루살렘 신학』은 예루살렘과 성전의 정체성과 역사적 상황을 밝혀주는 중요한 연구의 시도라고 생각된다. 무엇보다도 연구의 주류를 이루는 성전과는 독자적으로 예루살렘을 주제로 선정했다는 것과 구약과 중간기 문헌의 시온 전승과 신약 전승의 출발점인 예수 사이에 연속성과 불연속성의 측면을 밝힌 점, 그리고 이런 바탕 위에 예수는 '성전'을 예수 자신으로, '예루살렘'을 제자공동체(교회)로 대체했으며, 예루살렘을 대체한 '교회'는 잠정적인 성격을 띠면서 결국 요한계시록의 '새 예루살렘'에 이르러 성전인 예수와 하나 됨으로 시온 전승이 완성되었다는 주장은 전승사적인 연구를 통해 도출한 성과라고 할 수 있다.

한국 교회가 '예루살렘'에 대한 관심이 큰 만큼 본서가 향후 이 주제에 대한 더 나은 연구를 위한 다리의 역할을 할 수 있기를 바라며, 적극 추천하는 바이다.

추천사 6

조 해 룡 박사
주안대학원대학교 교수 | 선교학(Th.D.)

　예루살렘은 모든 신학과 신앙의 출발점이며 교회공동체의 정체성을 나타내는 근원이다. 또한, 예루살렘은 단지 이스라엘의 성지가 아니라 전 세계 흩어져 있는 하나님 백성들의 신앙과 삶의 근간을 이루는 곳이며, 정치, 종교적으로 첨예한 갈등과 이데올로기가 존재하는, 전 세계의 이목이 집중된 장소다.
　이렇게 신학, 신앙, 교회공동체의 삶, 정치, 종교의 모든 것을 함축적으로 담고 있는 예루살렘을 집요하게 학문적으로 추적함으로『예루살렘 신학』을 출간하게 된 윤석이 박사의 학문적 업적과 노고에 박수를 보낸다.
　예루살렘에 관한 학문적 연구가 거의 미비한 입장에서 윤석이 박사의 이 연구는 성서학의 지평을 넓혀주고, 예루살렘을 학문적으로 연구하고자 하는 자들에게 좋은 길잡이가 될 것이다.
　바라기는『예루살렘 신학』이 신학 규범이 주변화되고, 교회공동체가 공신력을 잃고, 복음의 본질이 세속화되어, 하나님 나라의 가치가 추락한 세상에서 소금과 빛의 역할을 톡톡히 해내는 학습서가 되길 소망한다.

예루살렘 신학

A Biblical Perspective on the Jerusalem Motif
Written by SukYi Yoon
All rights reserved.
Korean Edition Copyright ⓒ 2024 by Christian Literature Center, Seoul, Korea.

예루살렘 신학

2024년 09월 25일 초판 발행

지 은 이 | 윤석이

편　　집 | 이신영
디 자 인 | 이보래
펴 낸 곳 | (사)기독교문서선교회
등　　록 | 제16-25호(1980. 1. 18.)
주　　소 | 서울특별시 동대문구 천호대로71길 39
전　　화 | 02-586-8761~3(본사) 031-942-8761(영업부)
팩　　스 | 02-523-0131(본사) 031-942-8763(영업부)
이 메 일 | clckor@gmail.com
홈페이지 | www.clcbook.com
송금계좌 | 기업은행 073-000308-04-020 (사)기독교문서선교회
일련번호 | 2024-99

ISBN 978-89-341-2736-9(93230)

이 책의 출판권은 (사)기독교문서선교회가 소유합니다.
신저작권법에 의해 한국 내에서 보호를 받는 저작물이므로 무단 전재와 무단 복제를 금합니다.

신학박사 논문 시리즈 83

예루살렘 신학

A Biblical Perspective on the Jerusalem Motif

윤석이 지음

CLC

목 차

추천사 1 장흥길 박사 장로회신학대학교 명예교수 | 신약학(Th.D.)	1
추천사 2 최흥진 박사 호남신학대학교 총장 | 신약학(Ph.D)	3
추천사 3 강성열 박사 호남신학대학교 교수 | 구약학(Th.D.)	5
추천사 4 김동수 박사 평택대학교 교수 | 신약학(Ph.D.)	6
추천사 5 최현준 박사 대전신학대학교 교수 | 구약학(Ph.D.)	7
추천사 6 조해룡 박사 주안대학원대학교 교수 | 선교학(Th.D.)	9
약어표	16
머리말	22
왜 예루살렘인가?	22

제1장: 서론   28
    1. 연구의 범위와 방법   29
    2. 예루살렘 주제 연구사(史)   33

제2장: 예루살렘에 관한 일반적 고찰   49
    1. 예루살렘-시온 용어 분석   49
    2. 역사적 개관   59

제3장: 구약성경의 예루살렘   65
    1. 시온 전승이란 무엇인가?   66
    2. 시편과 예언서   69
    3. 역사서   88
    4. 소결론   98

제4장: 초기 유대교 문헌의 예루살렘   100
    1. 외경   102
    2. 묵시문학   105
    3. 12족장 유언   110
    4. 쿰란 문헌   112
    5. 소결론   123

제5장: 신약성경의 예루살렘   127
    1. 예수   128
    2. 바울서신   216
    3. 복음서   261
    4. 히브리서   344
    5. 요한계시록   369

제6장: 신학적 결론   405

참고 문헌   412
ABSTRACT   436

약어표

1. 정기간행물

AB	*Anchor Bible*
AnBib	*Analecta biblica*
ANRW	*Aufstieg und Niedergang der römische Welt, edited by W. Haase and H. Temporini. Berlin: de Gruyter*
AUSS	*Andrews University Seminary Studies*
BBR	*Bulletin for Biblical Research*
BETL	*Bibliotheca ephemeridum theologicarum lovaniensium*
BJRL	*Bulletin of the John Rylands University Library of Manchester*
Bib	*Biblica*
BNTC	*Black's New Testament Commentary*
BZ	*Biblische Zeitschrift*
CBQ	*Catholic Biblical Quarterly*
CBQMS	*CBQ Monograph Series*
CGTC	*Cambridge Greek Testament Commentary*
ExpT	*The Expository Times*
HBT	*Horizons in Biblical Theology*
HeyJ	*Heythrop Journal*

HNT	*Handbuch zum Neuen Testament*
HSMS	*Harvard Semitic Monographs Series*
HTKNT	*Herders theologischer Kommentar zum Neuen Testament*
HTR	*Harvard Theological Review*
HUCA	*Hebrew Union College Annual*
ICC	*International Critical Commentary*
Int	*Interpretation*
JBL	*Journal of Biblical Literature*
JES	*Journal of Ecumenical Studies*
JETS	*Journal of the Evangelical Theological Society*
JSJ	*Journal for the Study of Judaism*
JSNT	*Journal of the Study of the New Testament*
JSNTSS	*JSNT Supplement Series*
JSOT	*Journal of the Study of the Old Testament*
JSS	*Journal of Semitic Studies*
NCB	*New Century Bible*
NIBC	*New International Biblical Commentary*
NICNT	*New International Commentary on the New Testament*
NICOT	*New International Commentary on the Old Testament*
NIGTC	*New International Greek Testament Commentary*
NovT	*Novum Testamentum*
NTD	*Das Neue Testament Deutsch*
NTS	*New Testament Studies*
NTTS	*New Testament Tools and Studies*
PG	*J. P. Migne, Patrologia Graeca*
RTR	*Reformed Theological Review*

SB	*Sources Bibliques*
SBL	*Society of Biblical Literature*
SBLDS	*SBL Dissertation Series*
SBT	*Studies in Biblical Theology*
SNTSMS	*Society for New Tesatament Studies Monograph Series*
ST	*Studia Theologica*
STNT	*Studien zur Umwelt des Neuen Testaments*
TDNT	*G. Kittel and G. Friedrich(eds.), 10 vols., trans. by G. W. Bromiley, Theological Dictionary of the New Testament*
TDOT	*G. J. Botterweck and H. Ringgren, many vols., trans. by J. T. Willis, G. W. Bromiley and D. E. Green., Theological Dictionary of the Old Testament*
TynB	*Tyndale Bulletin*
USQR	*Union Seminar Quarterly Review*
VT	*Vetus Testamentum*
WTJ	*Westminster Theological Journal*
ZAW	*Zeitschrift für die alttestamentliche Wissenschaft*
ZNW	*Zeitschrift für die neutestamentliche Wissenschaft*
ZTK	*Zeitschrift für Theologie und Kirche*

2. 랍비, 탈굼, 미쉬나 관련 문헌

b. Hag	*Babylonian Talmud Hagigah*
b. Sahn	*Babylonian Talmud Sanhedrin*
b. Ta'an	*Babylonian Ta'anit*

Can. Rab	Song of Songs Rabbah
Gen. Rab	Genesis Rabbah
LAB	Liber Antiquitatum Biblicarum
m. Ber	Mishnah Berakot
m. B. Mes	Mishnah Baba Mesi'a
m. Hag	Mishnah Hagigah
m. Ker	Mishnah Keritot
m. Sahn	Mishnah Sanhedrin
m. Ned	Mishnah Nedarim
m. Sukk	Mishnah Sukkah
m. Zab	Mishnah Zabim
Mek	Mekilta(출애굽기 미드라쉬)
Mid. Pss	Midrash Psalms
Nub. Rab	Numbers Rabbah
Pesiq. R	Pesiqta Rabbati
t. Ned	Tosephta Nedarim
Tg. Isa	Targum of Isaiah
Tg. Neof	Targum of Neofiti I
y. Sahn	Jerusalem Talmud Sanhedrin

3. 쿰란 문헌

CD	다메섹 문서
1QapGn	창세기묵시록
1QH	찬송 시편

1QM	전쟁규율서
1QpHab	하박국 주석
1QS	공동체 규율서
1QSa	메시아 규율서
4QFlor	종말론 미드라쉬
4QIsa	이사야 주석
4QMMT	사악한 제사장에게 보낸 편지
4QpNah	나훔 주석
4QpPS	시편 주석
4QShirb	안식일 제사 노래
5Q15	새 예루살렘
11QPs	묵시 시편
11QT	성전 두루마리

4. 외경, 위경 및 기타 문헌

Ant	*The Jewish Antiquities(F. Josephus)*
Apion	*Against Apion(F. Josephus)*
2 Apoc. Bar	*Syriac Apocalypse of Baruch*
Ascen. Isa	*Ascension of Isaiah*
Bar	*Baruch*
1, 2 Enoch	*Ethiopian, Slavonic Enoch*
4 Ezra	*4 Ezra*
Hist	*Historiae(P. Cornelius Tacitus)*
Ign. Magn	*Ignatius, Letter to the Magnesians*

Jdt	*Judith*
JosAsen	*Joseph and Aseneth*
Jub	*Jubilees*
1-4 Macc	*1-4 Maccabees*
Ps-Philo	*Pseudo-Philo*
Pss. Sol	*Psalms of Solomon*
Sib. Or	*Sibylline Oracle*
Sir	*Ecclesiasticus(Wisdom of Jesus the Son of Sirach)*
T. Benj	*Testament of Benjamin*
T. Dan	*Testament of Dan*
T. Gad	*Testament of Gad*
T. Levi	*Testament of Levi*
T. Mos	*Testament of Moses*
Tob	*Tobit*
War	*Bellum Judaicum(F. Josephus)*
Wis	*Wisdom of Solomon*

* 쿰란 문헌을 제외한 문헌들의 약어표는 J. H. Charlesworth,(ed.) *The Old Testament Pseudepigrapha vol I, II*(New York: Doubleday, 1985)를 따른다.
* 쿰란 문헌의 한글 번역은 M. McNamara, *Intertestamental Literature*, 채은하 역, 『신구약 중간 시대의 문헌 이해』(서울: 이화여자대학교출판부, 1995)에서 인용한다.
* 논문에서는 위의 참고 문헌들을 '약자'로 표기하였고, 쿰란 문헌을 제외한 모든 문헌은 이탤릭체로 표기하였다.

머리말

왜 예루살렘인가?

성경의 거대한 물줄기, 즉 구약으로부터 나와 신약에 이르기까지 구석구석 굽이치며 도도하게 흘러가는 개념 중 가장 흥미롭고, 시선을 사로잡는 것 중의 하나는 단연 '예루살렘'일 것이다. 예루살렘은 성경 역사를 드라마틱하게 구성하는 주연 배우요, 과거는 물론 현재에도 생생하게 그리스도인의 삶에 숨 쉬고 있으며, 미래에도 여전히 우리에게 희망의 메아리를 전해 줄 중심 주제다.

예루살렘!

다윗이 여호수아의 가나안 정복 당시 점령하지 못했던 이 땅을 여부스 족으로부터 취한 이래로 하나님의 선민 이스라엘의 정치적, 종교적 중심지였을 뿐만 아니라 세계 3대 유일신 종교인 유대교, 회교, 기독교의 신앙의 중심지의 위치를 점하고 있는 신성하고 신비로운 성지!

고대 세계에서 예루살렘의 중요성과 명성은 굳이 '고대 근동의 가장 유명했던 도시'로 불렸던 플리니(Pliny the Elder)의 말을 인용하지 않더라도 충분히 짐작할 만하다. 펄비스(J. D. Purvis)의 문헌 정보에 의하면, 1980년대 말 기준으로 예루살렘에 관한 문헌만 족히 6,000개가 넘을 정도라고 한다.[1] 예루살렘은 지금도 헤아릴 수 없는 순례객이 몰려들고 있을 정도로 전 세계 신앙인들에게 영적 동경의 대상이 되고 있는 동시에 이스라엘과

---

1 장홍길, "거룩한 도성, 예루살렘(I)," 『그말씀』(2008, 7), 170-71.

팔레스타인(Palestine) 문제로 인하여 세계 분쟁의 불씨를 키워가는 곳이기도 하다.

이 시점에서 예루살렘은 우리에게 어떤 의미가 있는가?

그곳은 그리스도인들에게 동경의 대상이 될 만한 곳인가, 또한 구원사적으로 구심점의 역할을 하는 장소인가?

이런 물음이 본 연구의 동기가 되었다.

현 시대를 살아가는 기독교인으로서 지금의 예루살렘을 어떻게 바라보아야 하는가?

구약에서 예루살렘은 어떤 의미이며, 신약은 구약 전통과 연속성을 갖고 있는가, 혹은 단절되어 있는가?

이런 질문은 이미 4세기 경 초기 기독교에서 제기된 바 있다.

당시 예루살렘에 관한 대조적인 입장은 오늘날 시사하는 바가 크다. 330년 가이사랴의 유세비우스(Eusebius of Caesarea)는 "예루살렘이 하나님의 도성이라고 생각하는 것은 매우 야비하고 하찮은 짓이다"[2]라고 하였다. 20년 후 예루살렘의 시릴(Cyril of Jerusalem)은 "거룩한 도성은 명백하게 지금 우리가 있는 바로 이 도성이다"[3]라고 반박하였다.

예루살렘에 대한 초기 기독교의 입장은 여전히 우리에게 반복되고 있다. 오늘날 그리스도인들 역시 예루살렘에 대한 입장이 각기 나뉘어 있다. 어떤 이는 예루살렘이 '거룩한 도성'이란 개념을 그리스도 사건의 빛 안에 있는 범주에서 보려고 하는 반면, 다른 이들은 예루살렘이 '거룩한 도성'이란 개념을 다소 불편하게 생각하면서도 구약성경의 계시에 근거하여 예루살렘이 하나님의 관점에서 특별한 곳이라고 인정한다. 또 다른 이들은 이러한 양자의 견해에 회의적인 시각을 가지기도 한다.

---

2 Eusebius, *Commentary on the Psalms*[70인역 86:3]. PG 23: 1044.
3 Cyril, *Catechetical Lectures 14:16*, discussing Matt. 27:53, P. W. L. Walker, "A New Centre: Paul," *Jesus and the Holy City*(Grand Rapids: Eerdmans, 1996), ix에서 재인용.

그리고 이런 일련의 시각들은 최근에 예루살렘의 '회복' 운동과 관련하여 유대인들의 이스라엘 땅으로 귀환하는 문제로 심화되고 있다. 한편에서는 이 일을 성경 예언의 명백한 성취로 보면서 적극적으로 동참하고 후원하는[4] 반면, 다른 한편으로는 이러한 생각 자체에 대하여 절대적으로 반대 입장을 보이기도 한다(anathema).

이와 같이 본 연구의 동기를 제공한 "예루살렘은 오늘날 우리에게 어떤 의미를 가지는가?"란 질문은 오랜 역사를 가지고 있다.

하지만, 실제로 지금까지 '예루살렘'에 관한 연구는 가장자리로 밀려나 있었으며, 20세기 중반에 이르러서야 학문적 관심의 대상으로 떠오르기 시작했다. 또 이제까지 경우를 살펴보면, 예루살렘 연구와 관련하여 '성전' 중심의 저술들이 대부분을 차지하였다.[5] 이로 말미암아 예루살렘은 독자적인 의미를 갖기보다는 애매모호한 상태로 '성전'의 들러리와 같은 느낌을 주기도 하였다.

이러한 점을 고려하면서, 본서는 기존의 '성전' 중심의 연구가 아닌 '예루살렘' 모티프를 중심으로 연구를 진행하였다. 또한, 신약성경을 중심으로 초기 유대교 문헌과 구약성경까지 확대하여 그 전승의 궤도를 추적하였다. 이를 통해서 예수의 예루살렘에 어떤 영향을 미쳤으며, 예수를 비롯한 신약 각 저자들과는 어떤 연속성과 불연속성이 있는지 밝혀내고자 하였다.

이 연구를 통해 현재 예루살렘에 관한 다양한 관점을 가지고 논쟁 가운데 서 있는 기독교와 그리스도인들에게 예루살렘이 오늘날 무엇을 의미

---

[4] 현재 한국 교회 안에서 일부 선교 단체를 중심으로 유대인 디아스포라 이스라엘 귀환 정책을 적극적으로 후원하기도 하며, '백 투 예루살렘' 운동을 통해서 예루살렘에 대규모 집회 및 평화 행진을 강행하기도 하였다.

[5] 이와 관련된 저술들은 G. K. Beale, *The Temple and the Church's Mission*(Downers Grove: InterVarsity Press, 2004), 403-23에 나타난 참고 문헌 목록을 참조하라.

하는지에 대한 소박한 대답이 될 것이고, 더 나아가 예루살렘 연구가 성전 모티브와 구별을 지으면서도 상호 연구가 이루어지는 계기가 되리라 기대한다.

본서가 나오기까지의 과정을 돌이켜 보면, 하나님의 은혜 외에 다른 단어가 떠오르지 않는다. 논문을 작성하려고 연구실에 들어가기 전 먼저 기도실에 들렀던 시간, 답답할 때 아차산 자락의 사계절 풍경으로 새로운 영감을 선사하신 하나님의 세미한 손길은 결코 잊을 수 없는 소중한 기억들이다.

많은 분에게 갚을 수 없는 은혜의 빚을 졌다. 탁월한 식견으로 논문 주제 선정에 통찰력을 주시고, 콜로키움을 통해 섬세한 지도를 해주신 장흥길 교수님께 감사드린다. 학문적 가르침뿐만 아니라 교수님의 신학적 소명감과 성경을 향한 열정적인 자세를 배울 수 있다는 것이 내게는 큰 은혜였다. 그리고 학문적인 예리함으로 부족함을 보완해 주시고 지도 과정에서 귀한 참고 자료들을 소개해 주신 장로회신학대학교 신약학 성종현 교수님과 김철홍 교수님 그리고 따뜻한 격려로 때로는 예리한 비평으로 부족한 부분을 다듬어 주셔서, 깊은 연구의 길로 인도해 주신 장로회신학대학교 구약학 배희숙 교수님, 조직신학 김도훈 교수님, 평택대학교 신약학 김동수 교수님, 성결대학교 신약학 박정수 교수님께도 감사의 인사를 드린다.

특히, 박사 논문을 쓰는 과정에서 배려와 지원을 아끼지 않으신 장석교회 이용남 원로목사님과 당시 동역했던 교역자들, 섬겼던 청년들과 성도님들에게도 진심 어린 감사를 드린다. 연구실에서 토론하며, 격려하며 학문적 우정을 쌓았던 동도제현들, 이 논문이 나오기까지 수년 동안 많은 어려움 속에서도 끝까지 인내하고 응원해 준 사랑하는 아내 연하 그리고 부족한 아빠의 목회 여정을 향해 신학의 길을 걷고 있는 사랑하는 딸 예린이, 늦둥이로 태어나 엄마 아빠의 기쁨이요 하나님 주신 기업으로 성장하고 있는 아들 강은이. 학문적인 기반 위에 기도의 영성으로 목양의 사역을 감당할 수 있도록 불철주야 기도하고 계시는 본향교회 채영남 원로목사님과 장로님을 비롯한 온 성도님께 존경과 사랑의 마음을 드린다.

부족한 저서를 꼼꼼하게 읽어주시고, 추천사로 격려해 주신 장홍길 교수님, 최홍진 총장님, 강성열 교수님, 김동수 교수님, 최현준 교수님, 조해룡 교수님 그리고 이 책이 나올 수 있도록 도와주신 기독교문서선교회(CLC) 이경옥 실장님, 세심하게 다듬어 주신 이신영 님 그리고 출판을 허락해 주신 박영호 대표님께 감사의 마음을 드린다.

무엇보다도 내게 이 책의 영감을 주시고, 글을 쓸 수 있도록 힘을 주신 하나님께 모든 영광을 돌린다.

이 논문을 대하는 이들이 하나님의 말씀을 더욱 사랑하고, 학문적 통찰력이 깊어져 사회와 역사, 시대를 바라보는 지평이 넓어지기를 바란다.

제1장

서론

1. 연구의 범위와 방법
2. 예루살렘 주제 연구사

제1장

서론

    본서는 저자의 박사 학위 논문으로 원제는 "신약성경에 나타난 예루살렘 주제에 관한 전승사적인 연구"(A Study of the 'Jerusalem' Motif and its Tradition History in New Testament)다. 이 연구를 통해 다음의 질문에 관하여 성경신학적 답변을 제시하고자 한다.

    "오늘 우리에게 예루살렘은 어떤 의미가 있는가?"

    본서의 연구 방향은 아래와 같이 세 가지로 정리할 수 있다.

    첫째, 예루살렘과 관련한 기존 연구의 주류를 형성했던 '성전' 중심이 아닌 '예루살렘' 모티프 중심으로 연구를 전개한다. 이를 통해서 예루살렘과 성전은 각각의 독자적인 의미를 가지고 있음을 밝혀낼 것이다.

    둘째, 신약성경에 나타난 예루살렘 주제 연구지만, 논문의 성격상 중간기 문헌과 구약성경까지 확대하여 그 전승의 궤도를 추적할 것이다. 이를 통해서 신약의 예루살렘 주제는 구약과 중간기 문헌과 단절된 개념이 아니라 연속성 차원에서 이어받고 있으며, 더 나아가 신약 저자들이 예루살렘 의미 창출을 위해서 구약과 중간기 문헌의 풍부한 이미지와 다양한 개념들을 차용하고 있음을 확인하게 될 것이다.

    셋째, 신약성경의 전승의 출발점인 예수의 예루살렘에 대한 입장을 진정성 있는 본문 분석을 통해서 밝혀내고, 이러한 예수 전승이 신약 각 저자들의 입장과 통일성이 있음을 논증할 것이다.

1. 연구의 범위와 방법

본서는 제1장을 서론으로 하여 총 6장으로 구성되었다.

제1장은 서론으로 연구 범위와 방법 그리고 예루살렘 주제와 관련한 연구사를 다룬다. 셀 수 없을 만큼 많은 논문과 저술 가운데 구약의 시온 전승과 관련된 연구를 개괄적으로 제시하고, 최근 연구 동향에서는 예루살렘 연구에 있어서 가치가 있다고 평가되는 연구들을 저자를 중심으로 소개한다. 연구서들의 논지를 목차를 중심으로 내용을 정리하고, 마지막으로 평가를 시도할 것이다.

제2장에서는 예루살렘에 대한 일반적 내용들을 고찰한다. 예루살렘 용어에 대한 사전적 정의와 성경에 나타난 용례들을 제시하고 다음으로 예루살렘에 대한 현재까지의 역사를 간략하게 정리한다. 이러한 용어와 예루살렘 역사는 성경에 나타난 예루살렘의 의미를 이해하는 데 많은 도움을 줄 것이다.

제3장에서는 구약의 예루살렘 주제를 다룬다. 예루살렘이 특별한 의미로 자리매김하도록 한 구약신학의 핵심 주제인 시온 전승의 내용을 다룬다. 시온 전승이 집중적으로 나타난 시편과 예언서를 중심으로 다루고, 이를 기반으로 하여 시온 전승이 구약의 역사 가운데는 어떤 의미로 자리매김하고 있는지, 역사적 관점에서 고찰할 것이다.

제4장에서는 중간기 문헌의 예루살렘 주제를 다룬다. 중간기 문헌을 선택하기 위해서는 두 가지 원칙을 적용한다.

첫째, 전승사적 관점에서 시기적으로 기록 연대가 예수 이전 혹은 동시대로 한정한다. 따라서, 랍비 문헌이나 1세기 중반을 넘어가는 문헌들은 포함하지 않았다.

둘째, 헬라적 영향을 받은 디아스포라 문헌들 역시 포함하지 않았다.

이를 바탕으로 본 단락에서는 외경, 묵시문학, 12족장 유언, 쿰란 문헌을 차례로 다룰 것이다. 이 문헌 분석을 통해서 초기 유대교의 '시온 전승'이 구약과는 어떤 공통점과 차이점이 있으며, 예루살렘에 관한 예수 전승에 어떤 영향을 끼쳤는지를 살펴볼 것이다.

제5장에서는 신약성경의 예루살렘을 고찰한다. 본 장은 논문의 전체 분량 중 80% 이상을 차지할 정도로 비중이 크며, 신약에 나타난 예루살렘 관련 본문을 구체적으로 분석한다.

본문의 순서는 예수 전승으로부터 시작하여 계시사적으로 구성되어 있다. 예수 전승 다음에는 바울 서신을 다루고, 그 다음에는 복음서를 다룬다. 복음서 중에 특이한 점은 사도행전을 누가복음과 묶어서 누가-행전으로 제시한다. 다음으로 히브리서를, 마지막으로 요한계시록 본문을 분석한다.

신약성경 본문을 주석하기 위해 두 가지 차원의 방법을 사용한다.

첫째, 문법적이고 역사적인 석의
둘째, 성경신학적(Biblischen Theologie) 관점의 전승사 방법론[1]

이런 측면에서 예수 전승에 출발한 예루살렘 주제가 신약성경의 저자들

---

[1] 연구방법론으로서의 '전승사'(Tradition History)적인 관점에 대해서는 H. Gese, *Zur biblischen Theologie: Alttestamentliche Vorträge*, trans. by Keith Crim, *Essays on the Biblical Theology*(Minneapolis: Augsburg Publishing House, 1981), 9-33을 참조하라. 슈툴마허는 "구약과 신약은 전승사적으로나 신학적으로 결코 분리될 수 없다고 전제하면서, 그 자체가 결정되지 않은 동시에 논쟁 중인(AD 1세기에는 아직 정경의 한계가 미결정된 채로) 구약의 율법 이해와 초기 유대교의 율법 이해는 신약의 모든 율법 신학이 유래한 언어 기초 및 체험 기초를 형성한다"고 주장하였다. P. Stuhlmacher, *Versöhnung, Gesetz und Gerechtigkeit*(Göttingen: Vandenhoeck & Ruprecht, 1981), 146. 게제와 슈툴마허가 '율법'이란 주제로 전개한 전승사적 방법과 연구 범위을 본서에서는 '예루살렘'이란 주제에 적용한다.

에게 어떤 의미로 나타났으며, 더 나아가 어떤 연속성을 가지고 흘러갔는지 그 전승 궤도를 계시사적 관점에서 추적한다.

먼저 복음서에 나타난 예루살렘 본문 중에서 역사적 예수에 해당되는 말씀 3개, 행위 3개를 진정성 기준에 의하여 예수 전승을 확보한 후 이를 분석한다. 이 본문 연구를 통해서 예수 전승과 구약과 중간기 문헌의 연속성과 불연속성에 관한 결론을 도출할 것이다.

바울서신에서는 갈라디아서 4장과 데살로니가전서 2장, 로마서 11장의 예루살렘 관련 본문을 석의하고, 복음서에는 예루살렘에 대한 복음서 기자들의 입장을 중심으로 전개한다. 이를 통해 예루살렘에 대한 예수의 전승이 어떻게 반영되었는지를 고찰할 것이다.

히브리서는 12장과 13장을 중심으로 하여 히브리서 전반에 나타난 예루살렘과 성전 주제들을 연관시켜 다룬다.

마지막으로 요한계시록은 21-22장을 분석하면서, 맥락적인 면에서 예루살렘 주제가 연관되어 있는 요한계시록 본문들을 살펴보고, 이러한 관련성을 가지고 21-22장에 나타난 새 예루살렘을 분석한다.

마지막 6장에서는 구약에서부터 중간기 문헌을 거쳐 신약성경에 이르기까지 예루살렘에 대한 신학적인 결론과 "오늘 우리에게 예루살렘은 무엇을 의미하는가?"에 대한 해석학적인 해답을 제시할 것이다.

본서에서 해결해야 할 어려움 중의 하나는 바로 용어 사용의 문제다.

첫째, 예루살렘과 시온이란 용어가 교차적으로 등장한다는 점이다. 어떤 본문에서는 '예루살렘'이 나오고, 다른 본문에서는 '시온'이라는 용어가 등장한다. 그래서 학자들은 개념을 정리할 때, '시온-예루살렘'으로 함께 사용하기도 한다. 신약에서는 대부분 예루살렘이 등장하며, 시온은 거의 등장하지 않는데, 등장하는 대부분의 구절은 구약의 인용문에 국한되어 있다.

문제는 구약이다. 일반적으로 구약에서 예루살렘은 기본적으로 정치적인 수도를 지칭하고, 시온은 보다 신성한 영역, 예컨대 성전과 관련된 성스러운 지역이나 새 시대에 도래할 종말론적 하나님의 도성을 지시하는 용어다.[2]

본서는 이러한 전 이해를 기반으로 하여 하나의 용어로 통일하기보다는 맥락에 필요한 용어를 사용할 것이다.

둘째, '예루살렘'과 '새 이스라엘'이라는 용어다. 이는 다소 신학적인 논제이기도 하다. 일반적으로 교회를 신약의 관점에서 '새 이스라엘'로 칭해왔다. 구약의 남은 자 사상을 기반으로 하여 구약의 이스라엘은 신약의 교회로 대체되었다는 의미로 '새 이스라엘'로 불린다. 이는 옛 언약과 새 언약, 옛 창조와 새 창조, 옛 성전과 새 성전과 같은 맥락이다.

본서는 교회가 예루살렘을 대체했다는 논지를 펼칠 것이다.

이로 인하여 새 이스라엘과 예루살렘 용어 사이에 신학적인 혼란을 야기할 수 있는가?

필자는 '새 이스라엘' 개념을 바울과 복음서 저자들에 의한 신학화 된 개념으로 여긴다. 사실, 새 이스라엘의 개념은 명시적으로 신약에 나타나지 않으며, 갈라디아서 6장 16절의 '하나님의 이스라엘'과 요한복음 1장 47절에 나다나엘을 가리켜 '참 이스라엘'이라고 한 대목에서 간접적으로 등장한다. 물론, 복음서와 바울서신 가운데 이스라엘을 대체한 새 이스라엘을 암시하는 메타포들이 등장한다. 결국, 그 메타포는 교회를 상징하는 것들이다.

하지만, 전승사적인 관점에서 신약 전승의 출발은 예수다. 예수의 관심은 '예루살렘'이다. 예수는 제자공동체로 예루살렘을 대체한다. 이 전승을

---

2   John E. Hartley, "ציון(Zion)," *TDOT*,(ed.), R. Laird Harris(New York: Thomas Nelson Publishers, 1980), 1906.

어어 받은 바울은 새 언약에 기반한 '위에 있는 예루살렘'이란 용어로 '지금의 예루살렘'(옛 언약)과 대조한다. 갈라디아서 문맥상 새 언약은 유대인과 이방인의 차별이 없이 적용된다. 따라서, '위에 있는 예루살렘'은 예루살렘을 대체한 교회의 이방인까지를 포함한 확장된 개념이다.

또한, 히브리서에서도 옛 언약 하의 제사와 장막은 그림자요, 새 언약 하의 '하늘의 예루살렘'이 진정한 실체임을 묘사함으로 우주적인 교회로 확대시킨다. 전승의 마지막에 위치한 요한계시록에서 교회를 상징하는 용어는 이스라엘이 아니라 새 예루살렘으로 나타난다.

따라서, 신약성경에서 '교회'를 가리키는 것은 '새 이스라엘'만이 아니라 '예루살렘'도 가능하다는 것이 필자의 입장이다. 도리어 '예루살렘'이 신약성경의 용례에 있어서도, 전승사적인 입장에 있어서도 새 이스라엘보다 훨씬 더 확실한 근거를 가지고 있다.

예루살렘은 '교회'로 대체되었다는 사실에 대하여 바울에 의해 신학화된 '새 이스라엘'(교회) 용어의 선입견으로 혼동해서는 안 될 것이다.

2. 예루살렘 주제 연구사(史)

1) 시온 전승에 관한 연구

신학적 주제로서의 시온-예루살렘 개념에 관한 연구는 비교적 최근에 와서 시도되었던 분야[3]로 구약학자들에 의해서 주도되었다. 이는 시온 전승의 내용과 기원에 관한 연구로 구분할 수 있다.

---

3 권혁승, "시온-예루살렘 신학의 성서신학적 위치와 의미," 『신학과 선교』15집(1990), 215.

본 개관에서는 내용적인 부분을 언급하고, 기원에 관한 논의는 본서 제2장 "예루살렘에 관한 일반적 고찰"에서 다루기로 한다.

시온 전승의 내용과 관련해서는 구약학자인 노트(M. Noth)와 폰 라트(G. von Rad)에 의하여 연구의 기초가 세워졌다. 1949년 폰 라트는 이사야 2장과 60장 그리고 학개 2장 등 세 예언서 본문에 나타난 예루살렘의 고양에 관한 짧은 논문("Die Stadt auf dem Berge," *Evangelische Theologie*. vol. VIII [1948-9], 439-47)을 발표하였다. 그다음 해인 1950년 노트는 구약신학에서 예루살렘의 의미가 중요시되고 있음을 주목하면서 예루살렘이 초기 이스라엘 전승과 어떤 관계가 있는가를 연구한 논문("Jerusalem und die Israelitische Tradition," *Alttestamentische Studien* 8[1950], 28-46)을 발표하였다.

시온 전승에 관한 본격적인 연구가 이루어진 것은 폰 라트의 제자인 롤란트(E. Rohland)에 의해서다. 그는 시온 전승의 연구 대상 범위를 시편, 특히 시온의 노래들[4]과 제왕시[5]로 국한하여 연구하였다. 시편을 중심으로 시온 전승의 내용을 처음으로 분석하고자 시도했던 롤란트는 그의 저서 (*Die Bedeutung der Erwahlungstraditionen Israels für die Eschatologie der alttestamentlichen Propheten*[Heiderlberg: Diessertation, 1956])에서 시온 전승을 네 가지 주제로 이해하였다.

첫째, 시온은 가장 높은 산, 곧 북방의 정상이다(48:3-4).

둘째, 낙원의 강이 그곳으로부터 흘러나온다(46:5).

셋째, 하나님은 그곳에서 혼돈의 세력인 물의 공격을 격파시켰다(46:3).

---

4   시온의 노래들에 대한 분류를 처음 시도한 학자는 궁켈(H. Gunkel)로 이 부류에 속한 시편들을 46, 48, 76, 84, 87, 122편으로 보았다. 시편 이외의 시온 노래로는 사 49장, 50:1-3; 51장, 52장들이 있다.
5   학자들 간에 논란이 있지만, 일반적으로 시편 2, 18, 20, 22, 28, 45, 61, 63, 71, 89, 101, 118, 138, 144편이 이 부류에 속한다.

넷째, 하나님은 그곳에서 예루살렘을 공격하는 열방과 그 백성을 대파하셨다(46:7; 48:5-7; 76:4, 6-7).

그는 열국을 하나님이 대파하시는 것을 세 가지 측면에서 세분화한다.

① 하나님의 현현이나 하나님의 책망을 통하여 나타나는 두려움으로 이루어진다(48:6; 46:7; 76:7).
② 아침이 되기 전에 일어난다(46:6).
③ 이 승리에서 하나님은 전쟁의 무기들을 파멸시킴으로 전쟁 그 자체를 결정적으로 종식한다(76:4).

이 결과에 대해서는 비평적인 입장도 있었지만, 대체로 받아들이는 입장이다. 고완(D. E. Gowan)은 그의 저서(*Eschatology in the Old Testament* [Edinburgh: T & T. Clark, 1986])에서 롤란트의 분석을 받아들이면서 위에서 언급한 네 가지 외에 두 가지 요소를 포함한다.

첫째, 야웨 하나님은 예루살렘을 그의 거처로 선택하셨다(시 78:68; 132:13).
둘째, 시온에 거하는 자들은 하나님의 임재로 인하여 주어지는 축복들을 나누게 된다(시 48:12-14; 132:13-18; 133:1-3; 147:12-20).

반면에 롤란트의 시온 전승 분석에 비판적인 입장을 보인 로버츠(J. J. M. Roberts)는 그의 논문("Zion in the Theology of the Davidic-Solomonic Empire," *Studies of David and Solomon* [Tokyo, 1979])에서 이제까지 주로 시편에 의존했던 연구 범위를 시편 이외의 시가서와 산문체까지 확대하는 분석을 시도하였다. 이를 통해서 그는 시온 전승을 두 가지 내용으로 정리하였다.

첫째, 야웨 하나님이 온 우주의 큰 왕이시다.
둘째, 왕이신 야웨 하나님이 예루살렘을 선택하여 그의 거처로 삼으셨다.

로버츠는 두 번째 개념을 다시 세 가지로 구분하였다.

① 시온의 위치는 높은 산 위에 있으며 또한 시온은 낙원의 흐르는 강물로 둘러싸여 있다.
② 야웨 하나님은 예루살렘으로 침입하여 오는 혼돈의 세력과 외적의 군대를 막아 주신다.
③ 하나님이 시온에 거하신다는 사실은 예루살렘 백성에게 내리는 하나님의 축복 근거가 되며, 동시에 시온에 거하는 자들은 그러한 축복에 합당한 삶을 살아야 한다.

이렇듯 로버츠 교수의 시온 전승의 분석은 왕이신 하나님의 통치 개념과 하나님의 선택 사상에 중점을 둔 분석이라고 할 수 있다.

로버츠 교수가 정리한 시온 전승은 이미 오경에 나타나는 하나님의 왕권 사상을 이스라엘의 역사 현실과 관련해 확고한 신학적 정립을 이루었다고 평가할 수 있다. 그의 입장은 그의 논문("The Davidic Origin of the Zion Tradition," *JBL* [1973])에 정리되어 있다.

이와 같은 입장에 서 있는 도날드슨(T. L. Donaldson)은 그의 저서(*Jesus on the Mountain*. JSNTSS 8 [Sheffield: JSOT Press, 1985])에서 하나님의 거처로 시온을 선택하였다는 사상이 다윗 언약의 근거가 되는 것으로 평가하였다.

이런 일련의 관점에 따라 예루살렘은 누구도 침범할 수 없는 영원성과 불변성을 갖게 되며, 하나님의 백성들에게는 하나님의 영원한 약속, 곧 그의 구원이 실현되는 장소라는 시온 전승의 기초가 세워지게 된다.

2) 예루살렘에 관한 최근 연구

예루살렘에 대한 구약의 관점에서 이루어진 기념비적인 작품은 올렌버거(Ben C. Ollenburger)의 저서(*Zion, The City of the Great King*, JSOT Supplement Series 41[Sheffield: Sheffield Academic Press, 1987])다. 이 책은 프린스턴신학교의 앤더슨(B. W. Anderson)의 지도 하에서 나온 박사 학위 논문으로부터 시작되었다. 그 후, 앤더슨 교수의 영향과 예루살렘 연구의 권위자인 로버츠(J. J. M. Roberts)와 자켄펠트(K. D. Sakenfeld), 베커(J. C. Beker)와의 토론과 논쟁을 거쳐서 출판되었다.

이 책에서 올렌버거는 기존의 예루살렘에 대한 신학적 입장들을 체계적으로 정리한 후, 시편과 예언서를 통해서 시온 상징은 야웨 하나님의 전능한 왕권에 있음을 밝혀낸다. 그의 중요한 논지는 야웨의 절대적인 왕권 사상으로 상징되는 시온 개념을 창조신학적 입장과 관련시킨다는 점이다. 더 나아가 그는 이러한 신학적 결론을 북미와 남미의 상황에까지 적용한다.

따라서, 창조신학의 입장에서 시온 사상은 더이상 예루살렘을 배타적인 장소나 집단이나 국가적 인종적 특권의 상징으로 보지 않고 우주적이고 보편적인 개념으로 본다. 그리고 하나님의 전능한 왕권 사상은 인간의 역사와 본질에 제한되지 않고, 모든 인류의 문제를 궁극적으로 해결할 가능성으로 나타낸다.

이 책의 시온 주제에 관한 본문이 구약에 국한되었음에도, 기존의 시편에 의존했던 시온 전승에서 예언서, 특히 이사야의 관점을 부각하면서 다소 급진적인 해석을 추구하고 있다. 하지만, 이러한 시온 사상은 신약의 예루살렘 이해에 좋은 통찰력을 준다.

예루살렘에 관한 최근 연구서로 헤스(R. S. Hess)와 웬함(G. J. Wenham)이 공동 편집한 저서(*Zion, City of Our God* [Grand Rapids: Eerdmans, 1999])에 주목

할 필요가 있다. 이 책의 특징은 1996년 Tindale Fellowship 구약연구모임에서 예루살렘 연구의 전문가들이 한 팀을 이루어 세미나를 거쳐 나온 작품이라는데 있다. 따라서, 이 책은 편집자인 웬함과 헤스를 비롯하여 9명의 공동 저자의 연구가 섹션별로 정리되어 있다.[6]

내용을 보면, 몬슨(J. Monson)은 고대 근동의 맥락에서 솔로몬 성전을 연구하면서, 열왕기상에 나타난 성전의 의미에 대하여 신선한 이해를 던져주고 있다. 헤스(R. Hess)는 포로기 이전, 특히 예루살렘에 대한 산헤립의 공격을 담고 있는 구약성경의 세 개의 본문을 연구하면서, 특히 이사야의 본문이 가장 핵심적인 역할을 감당하고 있음을 주장한다.

크노퍼스(G. Knoppers)와 셀만(M. Selman)은 구약성경에서 가장 중요하지만, 종종 간과된 역대기를 다루었다. 특히, 크노퍼스는 하나님과 이스라엘 적과의 전투의 출발점을 역대하 20장으로 보고 있으며, 셀만은 역대기에 나타난 예루살렘의 신학적인 의미를 연구하였다. 렌츠(T. Renz)는 예루살렘 멸망을 통해서 가장 큰 변화를 겪는 시온 전승을 에스겔의 관점에서 연구하였다.

하임(K. Heim)과 새터드웨이트(P. Satterthwaite)는 히브리 성경의 시, 즉 성전으로 올라가는 노래와 예레미야애가에서 예루살렘의 역할에 관하여 연구하였다. 마지막으로 도일레(R. Doyle)는 우가릿 문헌과 구약성경 그리고 다른 본문들을 비교하면서 예루살렘과 서쪽 셈족 세계에서 몰렉 제의에 관하여 연구한다.

---

[6] 이와 유사하게 '예루살렘' 주제에 관하여 콘퍼런스를 통해 공동 작업한 저서가 최근에 출판되었다. T. L. Thompson, *Jerusalem in Ancient History and Tradition*(London/New York: T & T Clark, 2003). 톰슨이 편집하였고, 14개의 섹션으로 이루어져 있으며, 각기 다른 학자들이 연구하여 발표한 논문이 수록되어 있다. 여기에는 구약성경에 대한 고고학적 접근, 사해문서는 물론 타 문서와의 비교 연구를 통해서 예루살렘의 객관적인 의미와 위치를 분석하고 있다. 종교사학파적인 접근 방식으로 전통적인 입장과는 다른 급진적인 결론을 제시한다.

이 연구서는 비록 예루살렘에 대한 일관된 흐름을 보여주지는 않지만, 전문가들의 연구 세미나를 통하여 예루살렘 연구의 새로운 지평을 열었다는 데 의의가 있다. 구약은 물론 성전과 예루살렘에 대한 성경 이외의 자료와 비교종교학적인 측면에서 접근하여 예루살렘의 위치와 역할에 대하여 폭넓은 이해를 제공한다. 이 저서의 편집자인 웬함은 구약의 어떤 주제보다도 예루살렘은 하나님의 심판과 희망을 의미하며, 이러한 배경을 아는 것은 예수 시대의 이 도시의 중요성을 이해하는 데 결정적 역할을 한다고 지적한다.

예루살렘 연구에 있어서 주목할 만한 인물은 월커(P. W. L. Walker) 교수다. 그는 케임브리지대학교에서 '예루살렘' 주제에 관한 논문으로 박사 학위(*Holy City, Holy Place? Christian Attitudes to Jerusalem and the Holy Land in the Fourth Century*[Oxford: OUP, 1990])를 받았으며, 최근까지 케임브리지대학교의 틴데일하우스(Tyndale House)에서 '예루살렘'에 관한 연구에 몰두하면서 예루살렘을 수차례 방문하기도 하였다. 현재는 옥스퍼드대학교 위클리프홀(Wycliffe Hall)에서 신약성경을 가르치고 있으면서 '예루살렘'에 대한 연구를 계속하고 있다.

출간된 저서 중에서 예루살렘과 관련한 두 개의 저서에 주목할 필요가 있다. 먼저 살펴볼 것은 월커 교수가 편집한 *Jerusalem Past and Present in the Purposes of God*(Grand Rapids: Baker Book House, 1994)이다. 이 책은 그를 비롯하여 8개의 섹션으로 8명의 저자가 공동으로 작업하였다. 편집자가 서문에서 밝혔듯이, 이 책은 예루살렘에 대한 신학적 의미에 관한 문제를 각기 다른 방식으로 찾아보자는 의도가 있다. 이 주제에 관한 다양한 신학적 접근법이 존재한다는 것을 보여주는데, 이 때문에 장마다 일관된 신학적 흐름이 아니라 각 저자의 신학적 입장이 그대로 반영되어 나타난다.

이 과정을 통해서 편집자는 독자들이 논쟁 가운데 있는 핵심 이슈들을 발견하기를 희망하고 있으며, 독자 스스로 결론에 도달하기를 기대하고 있다. 내용을 살펴보면, 다음과 같다. 본서는 크게 2부로 나뉘어 있는데, 1부에서는 예루살렘의 성경적이고 역사적 관점을 다음과 같이 제시한다.

첫째, 이스라엘에 대한 구약성경 예언에 대한 그리스도인의 접근
둘째, 구약성경에서의 예루살렘
셋째, 신약성경에서의 예루살렘
넷째, 초기 기독교 시대에서의 예루살렘

이를 통해 예루살렘에 대한 성경과 초기 기독교 시기에서 예루살렘의 신학적인 의미를 개략적으로 소개한다. 이어서 2부에서는 예루살렘에 대한 현재의 관점들을 제시한다.

첫째, 유대교와 기독교 시온주의자들에게 있어서 예루살렘
둘째, 이슬람과 팔레스타인 기독교에 있어서 예루살렘
셋째, 예루살렘과 공의: 메시아닉 유대인(Messianic Judaism) 관점
넷째, 예루살렘과 교회의 도전 등

이 책은 현재 예루살렘에 대하여 각기 다른 방식으로 접근하고 있는 대표적인 부류들의 입장을 소개하면서, 객관적인 입장에서 예루살렘에 접근하도록 유도하고 있다.

월커 교수의 또 다른 저서는 *Jesus and the Holy City: New Testament Perspectives on Jerusalem*(Grand Rapids / Cambridge: Eerdmans Publ. Com, 1996)이다. 저자는 서문에 지적했듯이 신약 27권에 대한 수많은 학문적 연구가 있음에도 불구하고 놀랍게도 '예루살렘'에 대한 문제를 체계적으로 해결한 경우는 거의 없었다고 지적한다. 저자는 드 영(J. C. de Young)의 석사 논문인 *Jerusalem in the New Testament*(University of Amsterdam: Kok, 1961)와 데이비스

(W. D. Davies)가 '땅'이라는 주제로 신약성경을 접근한 연구서인 *The Gospel and the Land*(Berkeley: California Press, 1974) 정도로 보고 있다.

많은 저서와 논문은 예루살렘 주제가 신약성경 각 저자와 각 권에 대한 접근이었다고 논한다. 그러면서 월커는 본 저서가 신약 전체 저자의 관점에서 예루살렘에 대한 체계적인 분석임을 강조하면서, 나름대로 이 책의 가치를 평가한다.

계속해서 월커는 신약의 각 저자가 예수 그리스도를 통하여 예루살렘을 새롭게 바라보고 있는 동시에 각 저자 자신의 독특한 관점과 처한 상황으로 인하여 예루살렘에 대한 풍부하고 다양한 이해를 보여준다고 정리한다.

본서는 2부로 되어 있으며, 1부는 신약성경의 7개의 주요 저자들이 예루살렘에 대한 그들의 입장을 정리하고 있다. 당시 유대교에 있어서 신학적인 의미를 지니는 세 개의 지리적인 실체인 땅, 예루살렘, 성전이 상호 연관되어 있었다. 이 중에서 본서는 예루살렘과 성전만을 다루고, 땅과 관련해서는 일부(바울, 요한, 히브리서)에서 다루고 있다. 신약성경의 순서는 연대적인 순서를 고려하지 않고 마가, 마태, 누가-행전, 바울, 요한, 히브리서, 요한계시록으로 되어 있다. 두 번째 부분은 "예수와 교회"로 먼저 예수와 예루살렘의 관계를 다루면서, 신약 각 저자의 다양성 속에서도 심오한 일치점이 있음을 암시하고 있다. 마지막으로, 새로운 신학으로 '회복'과 '성전'과 '예루살렘'을 결론으로 제시한다.

본서는 월커 교수의 예루살렘 연구의 결정판이라고 할 수 있다. 초기 비잔틴 시기에 예루살렘을 향한 다른 관점을 연구하는 것을 시작으로 하여, 1991년에는 예루살렘에 대한 그리스도인의 의견에 대한 콘퍼런스를 거쳐 본 저서가 탄생하게 되었다.

본서는 신약의 관점에서 예루살렘에 대한 최초의 체계적인 연구서로 가치가 있으며, 앞으로 예루살렘을 연구하는 데 있어서 귀중한 자료가 될 것이다. 예루살렘이란 주제가 신약에 한정될 수 있는 것이 아니므로 구약과의 좀더 세밀한 연속성 속에서 연구가 진행되었더라면 하는 아쉬움도 있지만, 이는 이후 학자들의 과제일 것이다.

예루살렘 연구에 있어서 다른 차원에서 공헌한 작품은 탄(K. H. Tan) 교수의 *The Zion Traditions and the Aims of Jesus*(Cambridge: Cambridge University Press, 1997)이다. 이 책은 저자의 영국 런던대학교 박사 논문을 개정 및 재수정한 것이다.

저자는 역사적 예수 연구의 두 가지 특징인 예수의 유대성과 예수의 의도에서 출발하며, 그 주제로 '예루살렘' 모티프를 사용한다. 바로 예수와 시온 전승의 연속성 차원에서 접근하고 있다. 이 연구는 3부로 이루어져 있으며, 1부에서는 먼저 구약과 중간기 문헌에 나타난 시온 전승을 다룬다. 2부에서는 예루살렘에 대한 예수의 말씀을 다룬다. 이와 관련하여 누가복음 13장 32-33절과 마태복음 5장 34-35절, Q 13장 34-35절의 본문을 택하여 분석한다. 3부에서는 예루살렘에서의 예수의 행위를 다룬다. 예루살렘 입성, 성전 정화, 마지막 만찬을 택하여 분석한다.

본문 분석에 있어서 저자는 먼저 진정성 기준을 사용하여 역사적 예수의 말씀과 행위인지 밝힌다. 다음으로 분석 방법론으로 양식비평과 편집비평을 사용하여 본문의 의미를 찾는다. 이를 통해서 예수는 예루살렘에 어떤 의미를 부여하였는지, 사역의 마지막 단계로 예루살렘으로 올라간 진정한 예수의 의도가 무엇이었는지를 구약과 중간기의 시온 전승과 연결해 결론짓는다.

예수에게 있어서 예루살렘은 그의 말씀 가운데 드러난 것들이 예루살렘 입성 후에 드러난 행위로 성취된다. 예루살렘은 이스라엘의 회복 종말론을 완성해야 하는 도시다. 그 회복은 물리적이거나 정치적으로가 아니라 성전을 정화하고, 열두 제자공동체를 세움으로써 이루어진다.

이 책은 예루살렘 모티프를 통해서 역사적 예수의 진정성을 확보하였다는 점에서 기여하는 바가 크다. 또한, 시온 전승을 신약성경 전승의 뿌리가 되는 예수와 연결했다. 이 기반 위에서 신약성경에 나타난 예루살렘에 대한 신학적 의미를 구약과 예수로 이어지는 전승사적 고리를 형성할 수 있는 길을 닦았다는 면에서 가치 있는 연구서라고 할 수 있다. 이 책은 본서의 예수 전승과 관련 본문을 연구하는 데, 길잡이 역할과 깊은 통찰력을 제공해 주었다.

다음으로 예루살렘과 관련한 국내 학자의 연구서를 언급하고자 한다.[7] 이필찬(Philchan Lee)의 *The New Jerusalem in the Book of Revelation*(Tübingen: Mohr Siebeck, 2001)이다. 이 연구서의 부제는 *A Study of Revelation 21-22 in the Light of its Background in Jewish Tradition*이다.

본서는 4장으로 구성되어 있다.

제1장에서는 구약의 회복 메시지가 새 예루살렘 주제의 기초가 되고 있으며, 이런 맥락에서 구약에서 예언서 중에서 묵시문학적 요소들이 있다고 간주하는 이사야, 에스겔, 예레미야, 스가랴 본문을 다루는데, 특히 회복 메시지가 강조되는 이사야와 에스겔을 집중적으로 분석한다. 그러나 구약의 천상 예루살렘과 새 예루살렘 사이의 상호 관련성에 대해서는 부정적인 견해를 취한다.

제2장은 중간기 문헌을 다루고 있는데, 이 장의 부제에서 나타나듯 요한계시록 21장의 새 예루살렘 주제의 배경으로서 중간기 문헌들 즉, 초기

---

7   예루살렘의 주제를 히브리서와 관련하여 연구한 K. Son의 *Zion Symbolism in Hebrews: Hebrews 12:18-24 as a Hermeneutical Key to the Epistle*(Waynesboro: Paternoster Press, 2005)를 참조하라. 이 연구서는 저자가 런던신학교(London School of Theology) 박사 논문으로 제출된 것을 수정 보완한 것이다. 저자는 모세의 율법과 그리스도의 복음 사이에 관련성과 신학적인 의미를 가장 철저하고 체계적으로 다루고 있는 히브리서를 택하여, 히브리서의 신학적 이슈와 다른 주제들을 연결할 수 있는 해석학적인 원리를 찾는 과정에서 히브리서 12장 18-24절의 시내산과 시온 사이의 신학적 상징에 주목한다. 이 시온 상징은 히브리서 저자가 구약의 제의적 특징들보다 그리스도의 인격과 사역의 신학적인 의미의 우월성을 논증하는 개념적인 틀로 사용한 것으로, 이는 히브리서뿐만 아니라 관련된 신약성경의 해석학적 도구로써 사용될 수 있음을 본문을 통해서 증명하고 있다.

문헌부터 시작하여 요한계시록과 동시대 문헌까지 총망라하고 있다.

이러한 이유에 대하여 저자는 이들 문헌이 새 예루살렘 연구에 있어서 중요한 단서들을 제공하기 때문임을 밝힌다. 특히, 여기서 중간기 문헌의 천상 예루살렘/성전 개념이 새 예루살렘이 마지막 날에 내려오는 것과 연속성을 가지고 있으며, 또한 쿰란 문헌의 성전 대체로서의 공동체 사상이 새 예루살렘이 교회공동체임을 보여주는 증거가 된다. 계시록 저자는 중간기 문헌에 나타난 다양한 이미지들과 상징들을 이용하되, 철저히 기독론적인 관점에서 구약의 메시지를 해석한다는 점에서 유대 저자들과 차별을 보인다.

제3장에서는 새 예루살렘과 관련한 신약성경을 분석한다. 하지만, 분량에 있어서 중간기 문헌들과 비교하면 상대적으로 빈약하다(중간기 문헌은 170쪽인데 반해 신약성경은 8쪽에 불과하다). 요한복음 2장, 7장과 고린도전서 3장, 베드로전서 2장, 히브리서 12장, 갈라디아서 4장 등의 일부 구절만을 취한다. 저자는 이 점을 연구의 한계로 지적하면서도, 새 예루살렘과 관련 지을 수 있는 본문으로 한정한다고 언급한다. 새 예루살렘 연구 자체가 하나님의 계획 완성으로 예루살렘 주제를 전승사적으로 완성한다는 측면에서 가치가 있다. 또한, 새 예루살렘을 이해하기 위해서 요한계시록 저자가 사용한 방대한 구약과 중간기 문헌의 상징들을 구체적으로 분석한 점은 이 연구의 큰 장점이다.

하지만, 새 예루살렘은 구약으로부터 시작된 시온 전승이 중간기에 가면서 그 의미가 확대 발전되면서, 예수 때문에 정점에 이르고, 새롭게 대체된 후 각각의 신약성경으로 흘러가서 결국 요한계시록에서 전승과 시온의 완성이 이루어짐을 볼 때, 신약의 본문은 새 예루살렘 연구에 절대적인 위치를 점한다. 그런 면에서 신약에 나타난 예루살렘 모티프를 짧게 다루고 넘어간 점은 아쉬운 대목이다.

그뿐만 아니라 저자는 성전과 예루살렘 용어를 교차적으로 사용한다.

21장에 나타나는 새 예루살렘과 성전 사이의 관계는 대단히 중요한 의미를 지닌다. 적어도 신약에서 이 용어 사용은 분명하게 구별해야 한다.

마지막으로, 비일(G. K. Beale) 교수의 *The Temple and the Church's Mission*(Downers Grove: InterVarsity Press, 2004)으로, 부제는 *A Biblical Theology of the Dwelling Place of God*이다. 이 책은 비일 교수의 요한계시록 주석인 *The Book of Revelation*(1999)의 21장 1-2절의 보설(excursus)에서 시작되었다. 본서는 성전에 대하여 성경 신학적으로 조명하고 있는데, 특이하게도 성전의 출발점을 창세기의 에덴으로 잡아, 하나님의 영광스러운 현존, 새 창조 그리고 교회의 사명이 궁극적으로 동일한 현실의 측면이라는 점을 주장한다.

저자는 이 책을 통한 성전의 성서신학적 전망이 세계에 대한 교회의 사명을 성취하는 강력한 동기 부여가 되기를 희망하고 있다. 그는 서론 이후 제2장에서 구약과 유대교의 지상 성전은 천상 혹은 우주적인 성전의 반영임을 언급하면서, 고대 근동의 관점의 빛 하에서 이스라엘의 성전을 조명하는 데까지 확대한다. 첫 번째 성전은 에덴동산이며, 이스라엘의 장막과 지상 성전은 첫 번째 성전의 모형임을 주장한다.

제3장에서는 이 성전에서 하나님을 섬기기 위한 인간의 왕적이고 제사장적인 역할을 에덴동산에서 하나님의 형상으로서의 아담의 역할과 대비시킨다. 이를 통해서 구약성경과 유대 문헌의 성전 목적을 우주적인 차원으로 확장한다. 그 단계는 장막에서 솔로몬 성전으로, 제2성전과 그 성전의 '여인의 뜰'로, '이방인의 뜰'로, 에스겔 40-48장 성전(쿰란의 성전 두루마리의 성전)으로 확대된다.

공관복음서와 요한복음에서 예수는 마지막 아담으로서 새 창조의 성전으로 등장한다. 사도행전의 오순절에 성령의 형태로 새 성전이 강림하였으며, 새 성전으로서의 그리스도에 대하여 '모퉁이 돌' 모티프, 스데반과 야고보의 증언을 근거로 제시한다.

바울서신에서 고린도전서 3장, 고린도후서, 에베소서, 골로새서 본문을 제시하는데, 여기에 나타난 성전 모티프는 교회를 의미하며, 히브리서에서는 마지막 날의 천상의 장막으로서의 그리스도를 제시한다.

요한계시록 11장 본문을 통해서 종말론적 성전으로서의 교회를 논증하며, 베드로전서 2장과 요한계시록과의 관계성을 고찰한다. 특히, 신약성경과 에스겔 40-48장과의 관계를 비중 있게 다루고 있는데, 결론적으로 요한계시록 21장의 성전 도시가 에스겔 환상의 성취임을 조심스럽게 제시한다. 이와 같은 성전 모티프에 대한 성경 신학적 관점을 통해 저자는 하나의 전조로서 물리적인 성전과 참 성전으로서의 그리스도의 현존이라는 신학적 결론을 제시한다.

이 책은 구약과 신약을 '성전'이란 주제로 처음부터 마지막을 '수미상관법'(inclusio)으로 묶어 성경의 통일성을 확실하게 전제한다. 첫 번째 성전을 에덴동산으로 보고, 전승의 마지막 단계인 요한계시록의 새 예루살렘을 에덴의 회복으로 성전 도시로 그리고 있으며, 특히 신약에 나타난 성전 주제를 구약과 유대교 문헌들과의 전승사적인 연결을 통해서 분석한다.

이처럼 성전 모티프를 전승사적인 주제로 새롭게 부각했다는 점에서 이 책의 학문적 가치는 크다고 할 수 있다. 성전이 때로는 그리스도로, 때로는 교회로 교차하고 있지만, 근본적으로 새 성전으로서의 그리스도라는 신학적 결론은 이후의 연구자들에게 좋은 자료가 될 것이다. 이 책은 신약성경에서 성전이 예수로 대체되었다는 필자의 논지에 결정적인 자료를 제공하였다.

위의 연구사를 종합해 볼 때, 예루살렘에 대한 주제는 신구약을 전승사적으로 연결하는 중요한 연결 고리임에도 불구하고, 지금까지 연구 대상에서 소외되었다. 구약에서도 시온 전승의 연구는 20세기 중반부터 시작되었음을 알 수 있다. 신약에서도 신약성경 전체를 아우르는 체계적인 단행본 연구서는 최근에 등장하였다.

하지만, 최근 들어 예루살렘 연구는 새로운 전기를 맞이하고 있다. 다양한 공동 연구가 진행되고 있으며, 예루살렘에 대한 다양한 접근 방법이 제시되고 있는 것은 참으로 반가운 일이라 할 수 있다.

본서는 위 학자들의 연구 기초 위에 출발하고 있으며, 직·간접적으로 많은 빚을 지고 있다.

이를 바탕으로 하여 구약의 시온 전승에서부터 시작하여, 예수로 인하여 정점과 전환점을 맞이한 후 신약의 각 물줄기를 타고 흘러 요한계시록의 새 예루살렘에서 시온 전승이 완성되는 과정과 그 전승사적인 연결 고리를 찾는 작업을 시작해 보고자 한다.

제2장

예루살렘에 관한 일반적 고찰

1. 예루살렘-시온 용어 분석
2. 역사적 개관

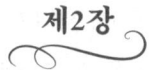

제2장
예루살렘에 관한 일반적 고찰

1. 예루살렘-시온 용어 분석

1) 용례

'예루살렘'의 명칭은 구약에서 660회, 신약에서 139회 사용되고 있다. 그뿐만 아니라 예루살렘과 동의어로 사용되는 '시온'이란 명칭도 구약에서 154회, 신약에서 7회 나타나고 있다.

이처럼 성경의 용례를 보더라도 구약과 신약에 있어서 이 명칭이 차지하는 신학적인 비중은 크다고 볼 수 있다. 하지만, 이러한 중요성에도 불구하고, 이 단어의 어원과 기원에 대한 견해는 뚜렷한 일치점이 없이 다양하며, 상상의 영역 속에 열려 있다.

(1) 구약

'예루살렘'은 구약에서 660회[1] 발견되는데, 몇 권의 성경에서 집중적으로 나타나고(삼하 30회, 왕상, 하 90회, 사 49회, 렘 102회, 겔 26회, 슥 39회, 스 48회, 느 38회, 대상·하 151회), 나머지 책들에는 가끔 나타난다(수 9회, 삿 5회,

---

[1] L. Hartman, "'Ιερουσαλήμ 'Ιεροσόλυμα," *EDNT*, vol II,(ed.), G. Schneider(Michigan: William B. Eerdmans Publ. Com, 1991), 295-98.

삼상 1회, 욜 6회, 암 2회, 옵 2회, 미 8회, 습 4회, 말 2회, 시 51-147편에 17회, 아 8회, 전 5회, 애 7회, 에 1회, 단 10회). 많은 경우에 있어서 '예루살렘'은 보충 구절 없이 나타난다.

이 용어는 여호수아 10장 1절에서 보듯 원래 가나안 도시에서 유래하며, 사무엘하 5장 5절, 열왕기상 11장 42절에서 다윗과 솔로몬 왕국의 수도로, 열왕기상 12장 18절과 열왕기하 24장 18절에서는 남왕국 유다의 수도로, 야웨에게 택함을 받은 도시(왕상 11:36)로, 예배의 중심지(왕상 12:27), 혹은 연대기적인 기록(렘 1:3)으로 나타난다.

예루살렘은 또한 다양한 연결어와 함께 나타나는데, 이것은 초기 도시 상태의 지경과 관련되어 있다. '예루살렘에 둘린 곳들'(렘 17:26; 32:44) 혹은 '단순한 지형적인 언덕'(사 10:32 '예루살렘 산'), '벽들'(시 51:18), '문들'(렘 1:15), '거리들'(렘 5:1), '길거리'(슥 8:4), '중심'(렘 6:1; 슥 8:8)으로 사용되고 있다.

다른 연결어는 '거주자들'인데, '딸'(왕하 19:21; 미 4:8과 사 5:3; 8:14), 예레미야, 에스겔, 역대하에서는 '주민들'과 주로 연결되어 나타나며, 아가에서는 '딸들'과 '처녀들'(애 2:10), '선지자들'(렘 23:14), '자손들'(욜 3:6)과 함께 등장한다. 이 도시의 운명과 관련하여 '남은 자'(렘 24:8)의 언급이 있으며, '사로잡혔던 자들'(옵 1:20)과 함께 나타나기도 한다.

예루살렘과 병행 구절로 등장하는 다른 표현들로는 '여부스의 산등성이'(수 15:8), '여부스의 도시'(수 18:28; 삿 19:11), '여부스'(수 19:10), '시온'(미 3:10, 12), '시온산'(왕하 19:31; 사 10:12), '시온의 딸'(사 52:2; 습 3:14), '시온의 거민들'(렘 51:35)과 병행 구절로 나타난다. 이런 병행 구절은 거의 바벨론 포로기 혹은 포로 이후 시기에 집중적으로 나타난다.

다른 병행 구절로는 '내 백성의 성문'(미 1:9), '이 백성'(렘 4:11), '내 백성'(사 65:19), '만군의 여호와의 산'(슥 8:3) 그리고 '성전'(렘 26:6, 9, 12), '여호와의 성전 뜰'(시 116:19) 등이 있다.

이처럼 많은 다른 형태 가운데 종합적인 병렬이 존재한다. 인용된 표현들 가운데에는 지역적 관계성이 보이며, 반제의 경우도 많이 등장한다(예를 들어, 겔 23; 미 1:5에서는 사마리아와 예루살렘의 경우). '예루살렘과 그 모든 성읍'(렘 19:15) 그리고 성전과 왕궁과 '예루살렘'(렘 27:18)이 각각 병렬되어 나타난다.

특히, '거주민들'의 언급과 결합된 경우가 많이 등장한다. 몇몇 경우에만 예루살렘이 먼저 나오는데, '예루살렘 주민과 유다 사람들아'(사 5:3; 22:21; 슥 8:15; 대하 21:11)의 형식이다. 대부분 경우는 유다가 먼저, 즉 '유다 모든 백성과 예루살렘 모든 주민'(렘 17:20; 습 1:4; 대하 20:15)이 등장한다. 나중에 이 두 단어는 보다 밀접하게 결합된다(스 4:6; 대하 20:27; '유다와 예루살렘 주민').

마지막으로 '다윗의 집과 예루살렘의 주민들'에 대한 언급(슥 12:10; 13:1)도 나타난다. 예루살렘의 이해를 위한 교훈은 병렬 관계로 나타난다. 예를 들어, '거룩한 성 예루살렘'(사 52:1; 느 11:1), '예루살렘 성산'(사 27:13), '예루살렘이…야웨의 보좌라'(렘 3:17; 14:21; 17:12), '주의 성 예루살렘, 주의 거룩한 산'(단 9:16)의 경우다.

구약에서 '시온'이란 단어는 154회 나오는데, 몇몇 책에 분포되어 있다.[2] 가장 많이 등장한 곳은 이사야(47회), 예레미야(17회), 요엘(7회), 미가(9회), 스가랴 1-8장(6회), 시편(38회), 예레미야애가(15회)다. 한두 번 등장하는 곳으로는 사무엘하, 열왕기상, 열왕기하, 아모스, 오바댜, 스바냐, 역대상, 역대하이며, 그 외의 성경에서는 단 한 번도 등장하지 않는다.

이 중에서 약 삼분의 일 정도가 독립적으로 사용되는데, 특히 이사야, 예레미야, 시편 등이다. 그러나 대개는 단어가 덧붙여 사용되는데, 20개의

---

2 G. Fohrer, "Σιών,'Ιερουσαλήμ'Ιεροσόλυμα,'Ιεροσολυίτης," *TDNT*, vol. VII,(ed.), G. Kittel & G. Friedrich, trans. by G. W. Bromiley(Michigan: William B. Eerdmans Publ. Com, 1971), 293-94.

경우는 지역과 지형 명칭인 '산'이 덧붙여서 사용된다. 시편 133편 3절에서는 복수형 '산들'(הררי)이 나오고, 이사야 10장 32절과 16장 1절은 '딸의 산'(הר בת)과 결합되어 있다. 사무엘하 5장 7절과 역대하 11장 5절은 요새(מצדת)와 결합하여 있다.

많은 다른 추가 단어는 '사람들'과 관련되어 있는데, '딸'은 23회로, '처녀 딸'(왕하 19:21; 애 2:13)과 '거주자'(사 12:6; 렘 51:35), '시온의 아들과 딸'(사 3:16; 4:4) 등이 대표적이다.

또한, 시편 87편 2절의 '시온의 문들', 이사야 60장 14절 '이스라엘의 거룩한 자의 시온'과 시편 137편 3절의 '시온의 노래'와 같은 표현을 찾을 수 있다.

일련의 용어들은 시온과 동격으로 연결되는데, 이들은 많은 다른 의미를 생성하는 데 도움을 준다. '다윗의 성'과 '시온'이 동격처럼 사용되는 경우(삼하 5:7; 왕상 8:1; 대상 11:5; 대하 5:2)는 드물게 나타나지만 '예루살렘'과는 매우 자주 동격으로 등장한다(40회 이상). 그리고 시편 76편 2절에는 '살렘'과 시온이 동격처럼 사용된다.

다른 동격은 시온의 종교적이고 의식적 기능을 제공한다. 예를 들어, 사람들이 나아가는 곳(렘 31:6)인 '야웨의 성'(사 60:14), '우리 하나님의 성'(시 48:2), '그의 거룩한 산'(욜 2:1; 시 48:2), 그리고 '그의 성소'(시 20:2절)의 경우는 '시온'과 동격으로 사용되고 있으며, 반면에 '내 거룩한 산'(욜 3:17, 시 2:6)과 '성전의 산'(욜 3:12; 렘 26:18)은 '예루살렘'과 동격을 이루고 있다.

마지막으로 '시온'은 '이스라엘'(사 46:13; 습 3:14; 시 149:2), '예루살렘과 야곱'(애 1:17), 특히 "야곱의 자손 가운데에서 죄과를 떠나는 자"(사 59:20)와 그리고 '의의 공동체'(시 149:2)와 병렬을 이룬다.

이러한 종합적인 병렬 관계는 교훈적인 의미를 주기도 한다. 예를 들어, '시온'과 병렬되는 경우로는 '유다'(렘 14:19), '땅'(사 66:8), '유다의 성읍들'(시 69:35; 애 5:11), '유다의 딸들'(시 48:12; 97:8) 그리고 '에브라임'(슥 9:13), '유다 지파'(시 78:68) 등이 있다.

이러한 표현은 다른 용어들이 사용될 때, 시온이 의미하는 것이 무엇인지를 보여준다. 예를 들어, '다윗성'이 정치적으로 '다윗의 예루살렘'(삼하 6:10ff) 또는 '왕의 묘실'(왕상 2:10) 혹은 '성의 옛 부분'(왕상 3:1 등)을 의미하는 경우와 같다.

이처럼 다른 용어들은 시온을 성전 터 혹은 성전 제의로 간주하는데, 특히 '산'(출 15:17; 사 25:6f; 27:13; 30:29; 겔 17:22; 20-40; 슥 8:3; 시 3:4; 68:16), '내 성소'(겔 24:21), '하나님의 성'(시 46:4)이 사용될 때의 경우에 이런 의미로 나타난다.

(2) 신약

'예루살렘'[3]은 주로 복음서와 사도행전에서 언급되며, 때때로 바울서신, 히브리서, 요한계시록에서 나타나며, 공동서신에는 등장하지 않는다. 유대 용법으로부터 이어받은 예루살렘에 대한 용어는 대개 예루살렘에 사용한다. 그것은 산 위에 있는 도시(마 5:14), '거룩한 성'(마 4:5; 27:53; 계 11:2), '사랑하시는 성'(계 20:9), '큰 왕의 성'(마 5:35)이다. 이 거룩한 성은 또한 요한계시록 22장 19절에서 '천상의 예루살렘'으로 불린다(참고. 히 11:10,16; 12:22; 계 3:12; 21:9-27; 22:14).

대부분 구절에서 예루살렘은 도시 그 자체지만, 때때로 거주민들을 포함한다(마 2:3; 3:5; 23:27; 눅 13:34; 2:38; 행 21:31). 유대 문헌처럼 신약성경에서도 'Ιερουσαλήμ와 'Ιεροσόλυμα로 나타난다. 요한계시록과 히브리서에서 'Ιερουσαλήμ만 사용되며, 바울서신에서는 갈라디아서 1장 17절과 2장 1절을 제외하고 나타나며, 마태복음에서는 23장 37절에만 등장하며, 누가복

---

3 위의 책, 177. 신약에서는 유대 문헌처럼 'Ιερουσαλήμ과 'Ιεροσόλυμα의 두 가지 형태가 나타난다. 이 두 형태는 70인역에서 유래하는데, 이 중에서 히브리 정경에 포함된 책에는 헤브라이즘 양식인 'Ιερουσαλήμ만 사용한다.

음과 사도행전에서는 부분적으로 나타난다. 누가복음과 특별히 사도행전에서도 때때로 다른 복음서와 두 개의 바울서신에서 사용된 Ἱεροσόλυμα를 발견할 수 있다.

누가 문헌에서 두 단어를 복합적으로 사용한 이유를 밝히기는 어려운 문제다. 다시 말하면, 이는 '우리-자료'(we-section)와 같은 자료에 따른 명칭 사용의 문제라기보다는 저자와 바울이 두 가지 형태의 명칭을 가지고 있기 때문이다.[4] Ἱερουσαλήμ은 바울서신에서 쉽게 눈에 띈다. 누가는 복음서에서 Ἱεροσόλυμα를 4번만 사용한(눅 2:22; 13:22; 19:28; 23:7) 반면, Ἱερουσαλήμ은 곳곳에서 나타난다. 사도행전에서도 1장 4절을 제외하고 보다 옛 표현인 Ἱερουσαλήμ을 사용한다. 그러나 8장부터 그 이후에 두 가지 형태가 함께 등장하는데, 이러한 변경을 증명하는 명백한 원칙은 존재하지 않는다.

Σιών은 신약에서 단 7회 등장하며, 구약 인용문 안에서 5번 나타난다:[5] 마태복음 21장 5절(=사 62:11; 슥 9:9), 요한복음 12장 15절(=시 40:9; 슥 9:9)은 '시온의 딸'을 언급할 때는 주민들을 의미한다. '시온'이 언급되는 로마서 9장 33절에 이사야 28장 16절과 8장 14절의 인용문은 강조점이 λίθον προσκόμματος에 있음을 보여준다. λίθος는 베드로전서 2장 6절(사 28:16)에서도 강조된다.

구약으로부터 이스라엘의 종말론적 구원을 증명하기 위하여 로마서 11장 26절에서 바울은 이사야 59장 20절과 시편 14편 7절에 호소한다. ἥξει ἐκ Σιὼν ὁ ῥυόμενος('구원자가 시온에서 오사').

---

4 예루살렘은 종교적인 개념이며(갈 4:25,26), 바울이 예루살렘의 성도들을 떠올리는 표현(롬 15:25,26,31)들이 나타나는 곳에 Ἱερουσαλήμ을 그 밖의 경우에서는 Ἱεροσόλυμα(갈 1:17,18; 2:1)를 사용한다. 그러나 롬 15:19; 고전 16:3은 예외적으로 나타난다. R. Schütz, "Ἱερουσαλήμ & Ἱεροσόλυμα im NT," *ZNW* 11(1910), 169-87.
5 E. Lohse, *TDNT*, vol. VII, 327-28.

이외에도 히브리서 12장 22절과 요한계시록 14장 1절에서는 각각 나오는데, 여기에는 구약 인용문이 나타나지 않는다.

(3) 요약

구약에서 시온과 예루살렘의 사용은 일정하지 않다.

예루살렘과 비교할 때, 시온은 에스겔, 말라기, 느헤미야는 물론 실제로 사무엘하, 열왕기상, 열왕기하, 역대상, 역대하에서조차 현저히 적게 나타난다. 이 문헌에서 시온은 여부스 족속의 가나안 도시로 단지 4번 정도 나타난다. 이것은 상대적으로든, 절대적으로든 열왕기하, 예레미야, 스가랴와 아가에서 드물게 나타난다. 반면에 시온은 시편과 예레미야애가에서 예루살렘보다 훨씬 더 많이 등장한다.

이러한 상황은 시온의 사용을 다양한 면에서 설명할 수 있는 근거가 된다. 포로기 이전 예언서에서 시온은 예루살렘과 같이 왕의 거주지요 죄와 심판의 도시였다. 예언서의 다른 예증들은 대개 포로기 혹은 포로 후기의 종말론에 속한다. 이사야 40-55장은 시온을 공동체의 상징으로 사용한다. 시편에서는 시온의 명칭은 특별히 하나님의 보좌와 도시를 가리키고, 공동체와 제의의 자리, 성전을 가리킨다. 또한, 때때로 거룩한 처소, 신비적이고 종말론적인 측면들을 가리킨다. 예레미야애가에서 시온은 백성 혹은 공동체에 사용하며, 제의의 자리와 성전으로, 드물게 죄와 심판의 도시로 사용되기도 한다. 반면에 예루살렘의 명칭은 특별한 면에 집중되지 않고 다양한 영역에서 골고루 분포되어 사용된다.

신약에서 '시온'의 용례는 거의 등장하지 않으며, 대신에 예루살렘이 대부분 등장한다. 예루살렘의 용어가 'Ιερουσαλήμ와 'Ιεροσόλυμα와 같이 두 개의 단어로 사용된다.

누가-행전의 경우에 구약과의 연속성 차원에서 전개하고 있지만, 신약성경의 대부분 후기 예언서들을 기독론적으로 해석하면서 예루살렘을 종말론적이고, 묵시문학 관점에서 해석하고 있음을 보여준다. 이는 구약에 나타난 예루살렘의 다양한 관점과 의미들이 신약에서 거의 이어지지 못하고 있는 것을 반영한다. 이와는 반대로 묵시문학 전통을 후기 유대교 랍비 문헌에서는 거의 인용하고 있지 않은 특징을 보인다.

2) 예루살렘-시온 명칭 기원

(1) 예루살렘

'예루살렘' 명칭은 고대로부터 알려져 있었음이 밝혀지고 있다. 최초의 문서는 1970년에 발굴된 에블라 문서다.[6] 서부 셈어 점토판에 기록된 이 문서에는 성경의 예루살렘에 해당하는 것으로 여겨지는 지명인 '살림'(Salim)이 하솔, 므깃도, 라기스, 욥바, 아스돗 같은 도시 이름들과 함께 나오고 있다.[7] BC 19-18세기의 것으로 추정되는 애굽의 저주문서들(Execration Texts)에는 예루살렘이 가나안의 도시국가 명단 가운데 '우루살림마'(Urushalimma) 또는 '루살리뭄'(Rusalimum)으로 표기되어 나타난다.[8]

또한, BC 14세기경의 아마르나 문서(Amarna Letters)에서 '우루살림'(Urusalim)으로 나타난다. 이 문서에는 당시 예루살렘의 통치자이자 애굽의 봉신이었던 아빗히바(Abid-Hiba)가 애굽 왕 아메노피스 4세(아케나텐)에게 충성을 다짐하면서 적들을 격퇴하도록 도와 달라는 내용의 편지가 들어 있다.[9] 이들 편지에는 BC 14세기 무렵에 예루살렘이 얼마나 중요한 요충지

---

[6] 에블라는 B. C. 3000-2000년 사이에 번창하였던 가나안 제국의 수도였다. 특히, 이 제국의 왕이었던 Ibrum 시대에는 애굽에서 페르시아 만까지 이르는 거대한 지역을 통치하기도 하였다. 권혁승, "다윗 이전의 예루살렘 역사에 관한 소고," 『신학과 선교』 18집 (1993), 212. no. 30.
[7] N. Avigad, *Discovering Jerusalem*(Nashville: Thomas Nelson Publishers, 1983), 23.
[8] Abraham Negev,(ed.), *Archaeological Encyclopedia of the Holy Land*(Jerusalem: The Jerusalem Publishing House, 1972), 105.
[9] James B. Pritchard, *Ancient Near Eastern Texts relating to the Old Testament*(Princeton:

였는지가 잘 나타난다.

보다 후기의 문헌으로는 BC 701년 산헤립의 예루살렘 포위를 기록한 앗수르의 문서에 '우르살림무'(Ursalimmu)로 표기되어 나타난다.[10] 이처럼 예루살렘은 BC 19세기부터 14세기까지 번성하던 도시국가였으나, 이스라엘 족속들의 정복과 정착에 따른 혼란기가 계속되면서 그 세력이 급격히 쇠퇴한 것으로 보인다.

예루살렘은 종전까지 셈족어 'Uru'(도성)와 'Salim'(아모리인들의 신명)의 합성어인 '우루살림'(urusalim)에서 나온 말로, '살림의 성읍'을 뜻하는 것으로 해석됐다.[11] 그러나 히브리어로 '예루살라임'(yerushalayim)으로 표기되고, 아람어로는 '예루살렘'(yerushalem)으로 표기되는 이 명칭이 'ירה'(세우다)와 שלם(신의 이름)의 합성어로서 '살렘 신의 기초'를 뜻한다는 주장이 더욱 설득력 있는 견해로 받아들여지고 있다.[12]

따라서, 예루살렘이라는 지명은 어원학적으로 볼 때 이곳이 원래 가나안 신 살렘의 숭배지였음을 반영하며,[13] 최소한 다윗의 정복 무렵까지도 예루살렘에 살렘 제의가 존속했을 가능성이 있다.[14]

    Princeton University Press, 1969), 487-89. 아마르나 서신 가운데 예루살렘과 관련된 서신은 285-290번까지다.
10 Philip J. King, "Jerusalem," *ABD*.(ed.), D. N. Freedman(New York: Doubleday, 1992), vol. III, 751.
11 B. J. Beitzel, "Jerusalem," *Baker Encyclopedia of the Bible*,(ed.), Walter A. Elwell(Grand Rapids: Baker Book House, 1988), II, 1123.
12 G. Fohrer, *TDNT*, 298. 따라서 '평화의 도시'로 풀이해 온 전통적인 해석은 역사적으로나 어원학적으로 정확한 것이 아니라 할 수 있다.
13 예루살렘과 살렘 신의 어원학적 관련에 대해서는 다음 논의들을 참조하라. N. W. Porteous, "Shalem-Shalom," *Glasgow University Oriental Society Transections*, X(1940-41), 1-2; E. Burrows, "The Name of Jerusalem," *The Gospel of the Infancy and Other Biblical Essays*,(ed.), E. F. Stucliffe(London: Burn Oates & Washbourne, 1941), 118-23; G. Fohrer, *TDNT*, 297; 권혁승, "다윗 이전의 예루살렘 역사에 관한 소고," 200-01.
14 D. L. Eiler, *The Origin and History of Zion as a Theological Symbol in Ancient Israel*(Ph. D. dissertation, Princeton Theological Seminary, 1968), 89. 여기서 에일러는 살렘을 창 14:18-22에 나오는 '지극히 높으신 자'(엘 엘리욘)와 동일시하고 있다.

그러나 구약성경에서 살렘을 신의 호칭으로 사용하거나 간주한 사례는 전혀 발견되지 않는다. 그러므로 예루살렘이 다윗에 의해 정복된 이후로는 이 지명이 지닌 원래의 의미가 더이상 기억되지 않았다고 할 수 있다.

(2) 시온

'시온'(ציון)의 어원은 히브리어, 아랍어, 아람어 같은 셈족어와 엘람어, 후리어 같은 비셈족어에서 유래했을 가능성이 있다.

'시온'에 매우 근사한 히브리어 어근으로는 ציה(메마른 땅, 황무지)가 있다. 이에 상응하는 시리아어 동사는 *shy*('건조하다', '목마르다')로, 여기서 시온을 나타내는 시리아어 *sehyon*이 나왔다고 볼 수 있다.[15] 그러나 '시온'이라는 어휘가 구약성경에서 이러한 의미가 있는 것으로는 전혀 확증되지 않고 있다.

그 밖에 가장 가능성이 큰 전통적인 이론은 '시온'을 아랍어 어근 *syn*('보호하다')과 관련시킴으로써, '요새, 성채'의 의미를 부여하려는 시도다.[16] 이 것은 많은 구약의 구절, 특히 מצדת ציון('시온산성' 삼하 5:7=대상 11:5)에 나타난 시온의 용례와 부합하는 것으로 보인다. 그런데 자체가 '성채'를 의미할 때 동일한 의미가 있는 מצדת(산성)은 이 어구에서 불필요한 군더더기 말이 되어 버린다는 문제가 발생한다.

이처럼 시온의 어원을 명확히 밝혀내기 어려우므로 이 말이 다윗 당시에는 이미 그 어원과 본래의 의미를 상실한 지 오래된, 단순한 지명에 지나지 않았다는 주장이 설득력 있게 제안되고 있다.[17] ציון이 관사 없이 사용

---

15 G. Fohrer, *TDNT*, 295.
16 위의 책, 295. 포러는 시온이란 지명이 그것이 위치한 지형의 특성과 관련되었을 가능성을 강하게 시사한다. 즉, 시온은 지표면에 형성된 구릉 또는 언덕을 의미하는 것이다.
17 김진희, "시온 주제의 기원과 전개," 『이사야서의 시온사상』(서울: 기독교문서선교회, 1997), 36을 참조.

되고 있다는 점도 이러한 주장을 뒷받침한다.

사실상 구약성경은 이 단어의 유래를 암시하는 어떤 기원론적인 이야기도 전해 주지 않는다. 그뿐만 아니라 성경 밖의 자료들도 시온의 유래를 규명할 만한 단서를 제공하지 않고 있다.

따라서, '시온'은 그 단어의 원래 의미가 어떠했건 이스라엘 종교에서 처음부터 지명으로서 상징적인 지위를 확보해 왔다고 결론 내릴 수 있다.

2. 역사적 개관

고고학적 증거들에 의하면, 예루살렘의 역사는 청동기 시대인 BC 3500년경 기혼샘 위 오벨(Ophel) 지역에 사람들이 정착함으로써 시작되었다. 출애굽한 히브리인들이 가나안을 점유할 때 정복하지 못했던 이곳에 여부스 사람들이 살고 있었는데, 다윗왕이 이 지역을 정복한 다음에야 예루살렘은 비로소 이스라엘의 영토에 편입되었다. 다윗은 이곳을 이스라엘의 정치적, 신앙적 중심지로 삼았는데, 그 아들 솔로몬이 모리아 산등성이에 성전을 건축한 후 예루살렘은 이스라엘의 도성으로 명성을 얻기 시작하였다.

이스라엘에 왕정이 시작된 통일 왕국 시대 이후 현대에 이르기까지 예루살렘의 역사를 간추려 보면, 다음과 같다.[18]

솔로몬이 성전을 건축한 후 유다가 바벨론 포로로 잡혀갈 때까지 '제 1

---

18 장흥길, "거룩한 도성, 예루살렘(I)," 175-79. 예루살렘의 역사적 개관에 대한 자료로는 Philip J. King, "Jerusalem," *ABD*, 747-66; Y. Aharoni. *The Land of the Bible*(Philadelphia: Westminster, 1979); D. Bahat, *The Atlas of Biblical Jerusalem*(Jerusalem: Carta, 1994); M. Hengel, *Juden, Griechen und Barbaren*, 임진수 역, 『신구약 중간사』(서울: 살림, 2004)를 참조하라.

성전 시대'(BC 1000~AD 586)에 예루살렘은 물이 있는 기혼샘 위쪽의 오벨 지역인 다윗성과 성전이 건축된 성전산으로 이루어져 있었다.

바사(Persia)의 초대 왕 고레스(Cyrus)의 칙령에 따라 포로기를 마감한 유다가 본토로 귀환한 이래로 BC 515년 스룹바벨에 의해 건축된 두 번째 성전이 파괴될 때까지 '제2성전 시대'(BC 568~AD 70)의 예루살렘 역사는 다시 '느헤미야 시대', '초기 하스모니안 시대', '하스모니안의 왕정 시대'로 구분될 수 있다.

BC 445년 느헤미야가 예루살렘에 돌아와 첫 번째 성벽을 건축할 때까지 예루살렘은 거의 폐허로 남아 있었다(느 2장과 12장 참조). 느헤미야는 오벨 및 성전산 지역과 소위 '상부 도시'와 '하부 도시'를 포함한 예루살렘을 성벽으로 둘렀다.

BC 332년 알렉산더 대왕(Alexander the Great)이 이곳을 점령하면서 예루살렘은 바사의 통치에서 벗어나 애굽의 '프톨레미'(Ptolemy) 왕조와 시리아의 '셀류키드'(Seleucid) 왕조 사이에서, 먼저는 프톨레미 왕조의 통치(BC 320~AD 198) 아래에 있었고, 안티오쿠스(Antiochus) 3세가 프톨레미 5세를 물리친 후에는 셀류키드 왕조의 지배(BC 198~AD 142)를 받았다.

안티오쿠스 4세는 도시를 헬라화하고 성전에 제우스 제단을 세우며, 예루살렘의 성벽을 무너뜨려 자신의 수비대를 위한 요새인 '아크라'(Akra, 요세푸스의 『유대 고대사』 12. 5. 4와 *1 Macc.* 1:29-36 참조)를 세웠다. 하스모니안 가문의 유대교 제사장 맛다디아스(Matthathias)는 다섯 아들의 도움을 받아 셀류키드 왕조에 대하여 반역을 일으켜 독립 전쟁을 벌였다. 그의 아들 유다 마카비(Judas Maccabeus)는 안티오쿠스 4세로부터 아크라를 제외한 예루살렘을 해방하고 BC 164년 성전을 다시 봉헌하였다(수전절, 요 10:22).

BC 141년 그의 형제 시몬 마카비(Simon Maccabeus)가 아크라를 점령하고 AD 63년 로마의 폼페이가 이곳을 점령할 때까지 유다는 정치적인 독립을 누렸으며, 이때 예루살렘은 '요단 건너편 땅'(Transjordan)을 포함한 유다의 수도였다.

하스모니안 시대(BC 142~AD 63)의 예루살렘은 '상부 도시'와 '다윗성'을 포함하게 되었고, 하스모니안의 행정 중심부인 상부 도시는 중앙의 티로푀온 골짜기를 가로지르는 다리를 통하여 성전산과 연결되었다. 하스모니안 왕조는 성전의 북쪽을 방어하기 위해 '바리스'(Baris)라고 불렸던 요새를 건설하였는데, 이는 헤롯 시대에 '안토니아' 요새의 전신이었다.

헬라주의자이며 로마의 봉신이었던 헤롯 대왕(Herod the Great, BC 37~AD 4 재위) 시대에 예루살렘은 경제적 번영을 누렸는데, 부유층은 '상부 도시'에 빈곤층은 '하부 도시'에 거주하였다. 헤롯은 유대인의 환심을 사고자 BC 20년 성전 공사를 시작하여 10년 뒤에 봉헌하였다. 헤롯 대왕 이후 예루살렘은 가이사랴의 총독부에 거주하던 로마 총독의 지배를 받는 로마의 속주에 포함되었다.

유다의 마지막 총독 게시우스 플로루스(Gessius Florus)가 성전 보물을 약탈하여 유대인들의 봉기를 촉발하였는데, 이때 유대인들은 로마에 저항하였고, 기독교인들은 예루살렘을 떠나 요단 건너편에 있는 펠라(Pella)로 피신하였다. '유대 전쟁'(AD 66~70) 후 70년 티투스(Titus)는 방어에 취약한 예루살렘 북쪽을 공격하여 예루살렘 주변에 공성 벽을 쌓았다.

성경 시대 이후 로마의 오현제(五賢帝) 중 세 번째 왕이었던 하드리아누스(Hadreanus, AD 117~138)로 말미암아 유대인들의 예루살렘은 사실상 끝나게 되었고, 예루살렘은 로마의 도시로 탈바꿈하게 되었다.

AD 129~130년 하드리아누스 황제가 이 도시를 방문하여 도시를 재건하고, '예루살렘'의 지명을 자신의 두 번째 이름에서 유래된 '엘리아'와 로마 '카피톨린의 2신조'(the Capitoline Triad)의 주신(主神) 주피터(Jupiter), 그의 아내 주노(Juno), 지혜와 산업과 무역의 여신 미네르바(Minerva)를 기억나게 하는, 새로운 도시의 수호신인 '카피톨리나'를 합쳐 '엘리아 커피톨리나'(Aelia Capitolina)로 개명하였다.

하드리아누스는 성전산에 '주피터 카피톨리누스' 신전을 세우고, 지금의 성묘(聖墓)교회 자리에 로마의 여신 아프로디테(Aphrodite) 신전을 세웠다. 하드리아누스의 예루살렘 재건축과 재명명으로 인해 두 번째 유대인의 반란인 '바르 코흐바'(Bar Kokhba) 반란(AD 132~135)이 일어났으나 실패로 끝난 후, 유대인들의 예루살렘 거주와 방문이 금지되었다.

게르만족의 위협으로 콘스탄티누스(Constantinus, 280~337년 재위)는 수도를 로마에서 비잔틴(Byzantine)으로 옮겼는데, 312년 최초의 기독교 황제로서 그는 기독교를 공인하였고, 324년에는 팔레스타인을 지배하였다. 이때 콘스탄티누스는 하드리아누스에 의해 개명된 '엘리아 카피톨리나'를 다시 '예루살렘'으로 명명하였다.

이후 아랍이 이곳을 점령하기 전까지인 '비잔틴 시대'(AD 324~638)에 예루살렘에 많은 기독교 건축물이 세워졌다. 칼리프 '오마르'(Omar)가 이 도시를 점령하고 십자군이 이 성지를 탈환하기까지 초기 아랍 시대(658~1099년)에 예루살렘은 이슬람의 통치를 받았다. 오마르는 유대인들의 예루살렘 출입을 허용하고, 그들에게 호의를 베풀어 회당과 종교 학교를 세우는 것을 허락하였다. 이때 아랍인들은 예루살렘을 '엘-쿠즈'(el-Quds), 곧 '거룩한 성'(사 52:1)으로 불렀는데, 이로써 이 도시는 회교의 창시자 무함마드(Muhammad)의 탄생지인 메카(Mecca)와 그의 무덤이 있는 메디나(Medina)에 이어 그의 승천지로 여겨지는 세 번째 중요한 회교 성지가 되었다.

칼리프 '우마야드'(Umayyad)에 의해 시작된 '우마야드'(AD 661~750)는 예루살렘에 여러 중요한 종교적 건축물을 세움으로써 이 도시를 종교적 중심지로 만들었다. 비이슬람교도들에게 관대했던 '압바시드'(Abbasid) 왕조의 예루살렘 통치 기간(AD 750~909)과 그 후의 파티마(Fatimid) 왕조 통치 시기(AD 910~1099)에 예루살렘은 쇠퇴하였는데, 이때 파티마 왕조의 칼리프인 알-하킴(al-Hakim)은 유대인과 기독교인들을 박해하고 성묘교회를 포함한 기독교 성지들을 파괴하였다.

1099년 성지를 탈환하기 위해 유럽 지역에서 결성된 십자군을 이끈 '고드프루아 드 부용'(Godfrey de Bouillon)이 5주 동안 포위한 끝에 예루살렘을 정복함으로써, 아랍인들이 다시 정복할 때까지 이 도시는 약 1세기 동안 십자군 왕국의 수도였다. 당시 예루살렘의 인구는 3만 명 정도였는데, 이곳에 유대교인과 이슬람교도의 거주가 허락되지 않아 대부분 프랑스 기독교인이었으며, 사용된 언어도 불어였다.

1187년 '아이유비'(Ayyubid) 왕조를 세운 '살라딘'(Saladin 또는 Salah ed-Din)이 십자군이 통치하던 예루살렘을 점령한 후, '오스만 튀르크'(Ottoman Turk)가 이곳을 점령할 때까지 '후기 아랍 시대'(AD 1187~1517)에 예루살렘은 다시 아랍화 되었다. 유대인과 기독교인들에 대하여 유화 정책을 썼던 살라딘은 이들의 도시 거주를 허락해 주었다.

1244년 아이유비 왕조를 물리친 '마믈룩'(Mameluke)에 의해 시작된 마믈룩 왕조의 술탄들은 1517년까지 예루살렘을 통치하였는데, 이곳을 이슬람 신학 연구의 중심지로 삼았다. 이때 예루살렘의 경제가 악화하였고, 이로 인해 인구도 1만 명 정도로 줄었다.

1517년 예루살렘은 '오스만 튀르크' 통치 아래 놓인 이후로 1917년까지 4백 년 동안 오스만 튀르크 제국의 지배를 받는 '오스만 튀르크 시대'(AD 1517~1917)를 겪었다.

제1차 세계 대전(AD 1914~1918)이 진행 중이던 1917년부터 1947년까지 예루살렘은 30년간 영국의 위임 통치를 받았으며, 이스라엘과 아랍 세계 간의 '6일 전쟁'이 일어난 결과 이스라엘의 승리로 돌아간 1967년까지 요르단의 지배 아래 있었다.

그 후 지금까지 '구 예루살렘'은 이스라엘의 통치하에 네 지역(유대인 지역, 아르메니안 지역, 기독교인 지역, 모슬렘 지역)으로 구분되어 있으며, 성지 순례자들에게 절정(絶頂)의 순례지로 남아 있다.

제3장

구약성경의 예루살렘

1. 시온 전승이란 무엇인가
2. 시편과 예언서
3. 역사서
4. 소결론

제3장

구약성경의 예루살렘

예루살렘은 이스라엘 역사에서 매우 독특한 위치를 차지하고 있다. 이스라엘의 역사의 무대에 비교적 늦게 등장한 도시인 예루살렘이 이스라엘의 역사와 신앙에 끼친 영향력은 너무나도 지속적이고 주도적이었다.[1]

다윗에 의해 이스라엘의 수도가 된 예루살렘은 정치의 중심지라는 지역적 차원을 넘어서 이스라엘의 민족적, 종교적 의식 속에 불멸의 요소로 남아 있게 되었는데, 이런 현상은 이스라엘의 국가적인 운명이 유지될 때는 물론이거니와 나라 전체가 멸망하였을 때도 계속되었다.

이처럼 한 지역이 역사의 긴 과정에서 그러한 영향력을 지속해서 유지할 수 있다는 것은 고대 근동의 역사에서만 아니라 이스라엘의 역사에서도 유례를 찾아볼 수 없는 독특한 현상이다.[2]

예루살렘은 적어도 바벨론과 로마에 의하여 두 차례 심각한 파괴를 당하였다. 성과 성전은 완전히 소실되었고, 대다수의 상류층 엘리트는 해외로 강제 추방되었다. 국가로서의 주권도 빼앗겨 더는 한 나라로서 역사적인 맥을 이어갈 수 없는 절망적인 상황에 부닥치게 되었다.

그런데도 예루살렘은 여전히 이스라엘의 신앙 안에서 분명한 위치를 유지하고 있다. 이러한 사실은 구약성경에서 예루살렘이 단순한 지명 내지

---

[1] D. E. Gowan, *Eschatology in the Old Testament* (Edinburgh: T. & T. Clark, 1986), 3-6.
[2] 권혁승, "다윗 이전의 예루살렘 역사에 관한 소고," 197-98.

는 이스라엘의 정치적 수도의 의미만을 가진 것이 아니라, 그 이름 자체가 이스라엘의 신앙을 표현하는 구약신학의 한 주제가 되어 구약 전체를 이끌어 가는 중요한 신학적 흐름을 형성하고 있음을 보여준다.[3]

이러한 전제를 바탕으로 하여 본 단락에서는 먼저 구약에서 중요한 주제인 '예루살렘'의 성서신학적 개념인 '시온 전승'에 대하여 개략적으로 살펴보고, 다음으로 '예루살렘'이 신학적 주제로 자리잡은 '시편'과 '예언서'에서의 의미를 요약한 후, 마지막으로 시편 저자들과 예언자들에 의해 묘사된 '예루살렘'의 특징적인 면들이 이스라엘의 역사적 현실에서 어떻게 반영되고 있는지 정리해 보고자 한다.

1. 시온 전승이란 무엇인가?

비교적 짧은 기간 내에 예루살렘이 이스라엘 역사와 신앙 안에서 확고한 위치를 가지게 된 배경은 과연 무엇일까?

예루살렘은 다윗의 정치적 선택으로 그 역사가 시작되었고, 그 이후에도 다윗 왕가에 의하여 수도로서의 위치가 지속해서 유지되었다. 그런 면에서 예루살렘 역사에 있어서 다윗의 역할은 대단한 비중을 가지고 있는 셈이다. 특히, 다윗 왕가의 궁중 신학자들의 신학적 노력은 수도인 예루살렘에 여러 가지 면에서 중요한 의미를 부여하였다. 즉, 여호와께서 다윗을 그의 지상 대리자로 선택하셨다는 것은 다윗에 의한 예루살렘의 선택이

---

[3] 탈몬(S. Talmon)은 예루살렘의 성서적 의미를 논하는 그의 논문에서 시온-예루살렘의 의미를 시내산과 대비시켜 설명한다. 시내산과 시온산을 이스라엘의 구속 시작과 정착이라는 개념으로 대비시키면서, 시온산으로 표현되는 예루살렘이 가진 역사적 의미와 신학적인 중심성을 강조하였다. S. Talmon, "The Biblical Concept of Jerusalem," JES(Spring, 1971), 190.

단순한 정치적 행위가 아닌 하나님께서 예루살렘을 자신의 영원한 거처로 삼으시겠다는 것을 의미하는 것으로 보았다. 이처럼 예루살렘은 다윗 왕가를 위한 수도의 의미를 넘어 하나님의 영원한 도성으로서의 의미를 띠게 된다.

이와 같은 신학적 주제로서 예루살렘을 다루고 있는 신학을 '시온신학' 혹은 '시온 전승'(Zion Tradition)이라고 부른다. 다음은 '시온 전승'의 핵심적인 내용이다.

첫째, 야웨께서 시온을 자신의 도성으로 선택하셨다는 것
둘째, 시온은 야웨와 그의 택한 자의 보좌가 된다는 것
셋째, 야웨께서 자연적 또는 초자연적인 적들의 위협을 물리치고 그 도성을 안전하게 보호하신다는 것[4]

시온 전승의 개념인 '예루살렘'이 구약에서 집중적으로 나타나는 곳은 역사서와 시편 그리고 예언서다. 이것은 구약의 세 부분이 각각 '예루살렘'의 다른 측면들을 조명해 주고 있음을 보여주는 것이라고 할 수 있다.[5] 즉, 역사서는 예루살렘의 기원과 그에 관한 사회-역사적인 배경을 보여주

---

4 G. von Rad, *Old Testament Theology*, vol. I(Edinburgh: Oliver & Boyd, 1962), 46-47; Ben. C. Ollenburger, *Zion, the City of Great King*(Sheffield: JSOT Press, 1987), 16. 여기에 언급된 세 가지 요소는 모두 시편 2편에서 발견할 수 있다.

5 시온 전승의 개념인 '예루살렘'은 인간 중심적인 경향이 강한 지혜서에서는 두드러진 내용이 되고 있지는 않지만, 그 외의 구약 전체에서는 그 시대의 신학적 흐름을 대표하는 주제가 되고 있으며, 이스라엘이 경험하는 급격한 사회적, 역사적 변화에도 불구하고 끊임없이 새로운 차원으로 발전하여 가는 성서신학 개념이 되어왔다. N. D. Porteous, "Jerusalem-Zion: The Growth of a Symbol," *Living the Mystery*(Oxford: Basil Blackwell, 1967), 93-94; 특히, 영(J. C. de Young)은 예루살렘의 신학적인 의미를 구속사 및 종말론과 연관 지어 그 중요성을 연구하였다. J. C. de Young, *Jerusalem in the New Testament: The Significance of the City in the History of Redemption in Eschatology*(Kampen: J. H. Kok, 1960).

는 것이고, 시편은 이 개념이 이스라엘의 신앙 속에 어떻게 정착하였는가를 강조하고 있으며, 반면 예언서는 예루살렘이 이스라엘의 종말 사상과 관련되어 새로운 차원으로 발전하는 측면을 보여주는 자료로 이해할 수 있다.[6] 이렇듯 '시온 전승'은 구약신학의 핵심 주제지만, 그 기원의 문제는 아직 어떤 합의에도 이르지 못한 상태로 남아 있다.

시온 전승의 기원에 관하여 세 가지의 입장이 존재한다.

첫째, 여부스 기원설[7]
둘째, 다윗-솔로몬 제국의 기원설[8]
셋째, 이사야 기원설[9]

그러나 시온 전승의 역사적인 기원과 관계없이 시온은 기본적으로 시내산으로부터 오는 상징을 이어받는다.[10]

몇몇 시내산 상징은 법궤가 예루살렘 성전으로 들어오면서 시온으로 이전된다. 물론, 이스라엘의 추억에 대한 과거 경험이 남아 있는 시내산과 달리, 시온 전승은 이스라엘의 역사의 과정에서 정치적이고 종교적인 이

---

6 권혁승, "시온-예루살렘 신학의 성서신학적 위치와 의미," 214-15.
7 이 입장을 지지하는 견해에 대해서는 H. Schmid, "Jahwe und die Kulttraditionen von Jerusalem," *ZAW* 26(1955), 168-98; R. E. Clements, *God and Temple*(Philadelphia: Fortress, 1965), 40-48; J. H. Hayes, "The Tradition of Zion's Inviolability," *JBL* 82(1963), 419-26; H. H. Rowley, "Zadok and Nehushtan," *JBL* 58(1939), 113-41; C. E. Hauer, "Who was Zadok?" *JBL* 82(1963), 89-94. 하우어는 사독이 예루살렘의 여부스 제사장이라고 주장 한다; H. J. Kraus, *Worship in Israel*(Oxford: Basil Blackwell, 1966), 201ff.
8 J. J. M. Roberts, "The Davidic Origin of the Zion Tradition," *JBL* 92(1973), 329-44; "Zion in the Theology of the Davidic-Solomonic Empire,"(ed.), Tomoo Ishida, *Studies in the Period of David and Solomon*(Winona Lake: Eisenbrauns, 1982), 93-108.
9 R. E. Clements, *Isaiah and the Deliverance of Jerusalem*(Sheffield: JSOT Press, 1984), 72-89.
10 Jon D. Levenson, *Sinai and Zion: An Entry into the Jewish Bible*(Minneapolis: Winston, 1985), 187-217.

상주의를 표현하기 위해 지속해서 발전되고 확장되었다는 차이점은 존재한다.[11] 따라서, 시내산과 시온 전승의 관계에서 연속성과 불연속성을 동시에 주목하는 것이 중요하다.

2. 시편과 예언서

'예루살렘'이 시편과 예언서들의 중요한 신학적 주제로 자리잡고 있다는 점에는 이견이 없다. 따라서, '예루살렘'의 역사적 측면을 다루기 위한 기초 작업으로 시편과 예언서에서 '예루살렘' 주제가 어떻게 반영되고 있는지 그 윤곽을 검토해 보고자 한다.[12]

1) 시편

시편에는 시온이라는 말이 38회 등장하는데, 이것들은 궁켈에 의해 '시온의 노래'로 분류된 46, 48, 76, 84, 122편 등에 주로 나타난다.[13] 이들 시편 중에서도 시편 46, 48, 76편이 다윗과 그의 집의 선택과 같은 예루살렘 주제와 관련되지 않고, 순수하게 시온 주제의 핵심 교리를 보여준다는 면에서 관심을 끈다.[14]

이들 시편은 시온의 불가침성을 강조한다는 점에서 특징적이다. 시온은

---

11 법궤와 시온 전승의 출현 사이의 관계에 대한 논의에 대해서는 Ben. C. Ollenburger, *Zion, the City of Great King*, 70-72를 참조하라.
12 이와 관련하여 김진호, 『이사야서의 시온사상』제2부 "시온 주제의 기원과 전개," 53-58을 참조하라.
13 H. Gunkel, *The Psalms: A Form-Critical Introduction*, trans. by Thomas M. Horner, Facet Books 19(Philadelphia: Fortress Press, 1967), 31.
14 바이저(A. Weiser)는 특히 76편(고전적인 시온 시편)에 대하여 종말론적인 성격을 띠고 있음을 주장한다. A. Weiser, *The Psalms*(London: SCM, 1962), 526-28.

하나님의 성읍이며, 그의 거처이기 때문에 안전을 보장 받는다(46:6-8). 이방 원수들이 공격하더라도 시온산의 왕이신 야웨께서 친히 막아 주신다(48:2-9). 시온은 우주와 세상의 혼돈 세력을 정복할 수 있는 야웨의 능력이 나타나는 곳이다(9:12; 53:6; 48:3; 125:1).

이처럼 하나님의 성읍은 절대 정복되거나 공격 받지 않는다. 또 시온은 북방에 있는 산으로 묘사된다(48:2). 이것은 시온이 야웨가 계신 장소임을 지시하는 표현이다. 시온은 온 세계가 즐거워하는 곳, 곧 세계의 중심이다(48:3).

그러나 시편은 시온의 긍정적인 면만 노래하지 않는다. 시편 74편은 시온이 하나님으로부터 영원한 보호를 보장 받지 않고 있음을 보여준다. 시편 기자는 성소를 향해 돌진하고, 나무 울타리를 부수고, 성소의 조각품을 파괴하고, 성소에 불을 지르고, 야웨의 처소를 더럽힌 대적들의 만행을 묘사한다(4-8절). 또한, 자기 백성을 기억하고 구원하시며, 원수에게 보응하실 수 있는 능력의 하나님을 애타게 찾는다(12-17절). 다른 시편들에서는 황폐해진 시온을 재건하고 복구해 주실 것을 야웨를 향해 호소한다(51:18; 69:35; 102:13).

더 나아가 시편 87편의 경우는 '시온신학'이 배타적이지 않다는 것을 명백하게 암시하기도 한다.[15] 라합과 바벨론이 야웨의 아는 자 중에 있으며, 블레셋과 두로와 구스가 시온에서 났으며, '모든 민족의 근원이 네게서 났다'고 진술한다. 이는 시온의 불가침성이라는 '시온 전승'의 입장을 넘어서서, 우주적이고, 보편화하고 있음을 보여준다. 이 시편 형성의 자리가 제1성전의 제의가 아니라 바벨론 이후일 가능성 때문이다.[16]

---

15 이와 같은 시온에 관한 시편의 입장은 정경비평의 관점에서 보면, 기존의 '시온신학'과는 상당히 다르다는 것을 알 수 있다. B. S. Childs, *Introduction to the Old Testament as Scripture*(London: SCM, 1979), 14.

16 G. McConville, "Jerusalem in the Old Testament," *Jerusalem: Past and Present in the Purpose of God,*(ed.), P. W. L. Walker(Cambridge: Tyndale House, 1992), 31.

특히, 시편 89편은 시편 3권(73-89편)의 마지막에 있으면서, 시온 전승 연구에 상당히 중요한 논제를 제공한다.

시편 제3권은 다윗의 표제가 나타나지 않는 특징을 보인다. 그 내용은 1-2권에서 암시된 다윗의 역할에 대한 일종의 반응처럼 나타난다. 3권의 시작인 73편에서 야웨의 공의에 대하여 문제를 제기하며, 74편과 79편에서는 예루살렘 파괴를 직접 반영하고 있다. 89편은 전반부인 1-37절은 예루살렘과 그 왕들의 안전과 영속성에 대하여 송축하는 반면에 후반부인 38-52절은 탄식시의 형태를 보이는데, 여기에는 시온의 파괴와 파괴된 예루살렘과 관련하여 야웨가 언약적 신실성을 깨뜨리는 것에 대한 강력한 항의가 나타난다.

3권의 마지막과 다르게 4권에서는 시작과 동시에 다윗과 시온에 대한 전망을 전환한다. 시편 90편 '모세의 기도'에서 이스라엘 전 역사와 그 근거를 다윗과 시온 언약에 두지 않고 창조신학에 두고 있다. 지혜 주제와 같은 인간의 하나님 신앙에 대한 표현을 더이상 시온의 회복에 의존하지 않고, 훨씬 더 넓은 범주를 설정한다. 90편과 91편은 시온과 관련된 '거주지', '피난처'와 같은 단어들이 등장하지도 않는다. 93편, 96-99편에서 하나님의 왕권을 강조하면서, 창조에 근거를 두고 있는데, 이는 시편 89편에 제기된 깊은 회의감에 대한 명백한 대답으로 볼 수 있다.[17]

이처럼 시편은 시온이 야웨의 처소이고 기쁨과 평화와 아름다움이 있는 곳이지만 이 성읍의 영광은 보장된 것이 아니라는 것과, 한때 번성하고 아름다운 곳이었으나 지금은 황폐해진 성읍을 회복시켜 달라고 야웨께 간절히 호소하게 될 것을 말한다. 더 나아가 시온 전승의 종말화 내지 창조신학에 따른 보편화도 드러난다.

시온에 대한 이러한 시편의 묘사에는 일정한 사고의 진전이 발견된다.

---

17 위의 책, 32.

역설적이게도 시편은 다른 어떤 책보다도 예루살렘과 그 성전에 대하여 밀접한 연관성을 보여주고 있지만, 궁극적으로 그 의미는 상대적임을 보여준다.

2) 예언서

8세기 유대 예언자들은 미래의 시온을 중심 주제로 삼는다. 그것은 미가와 이사야에서 더욱 두드러지게 나타난다. 북부 예언자들인 아모스와 호세아는 다윗(호 3:5; 암 9:11-12)과 유다(호 1:7, 11)에 관한 약속을 하고 있음에도 불구하고 종말론적 시온에 관해서는 언급하지 않는다.

7세기 후반과 6세기 초의 예언자들로는 스바냐, 예레미야, 에스겔에서 포로기와 포로 후기의 예언서들로는 스가랴에서 시온 주제가 발견된다. 또한, 이상적인 도성으로서의 예루살렘은 요엘(3:17-21), 오바댜(15-21), 학개(2:9), 말라기(3:4), 다니엘(9:2, 24-26) 등에 나타난다.[18]

이처럼 종말론적 시온에 관한 언급은 예언서에서 폭넓게 발견할 수 있다.[19] 하지만, 그 분포는 예언서마다 고르지 않다. 즉, 이사야와 스가랴에는 집중적으로 나타나는 데 반해, 예레미야와 에스겔은 비교적 드물게 나타난다.

본 단락에서는 예언서 중에서 세 개의 예언서 즉, 이사야와 예레미야 그리고 에스겔에 나타난 시온 사상을 중심으로 고찰해 보고자 한다.

---

18 D. E. Gowan, *Eschatology in the Old Testament*, 9.
19 T. L. Donaldson, *Jesus on the Mountain*(JSNTSS, Sheffield: JSOT Press, 1985), 41-47.

(1) 이사야

이사야는 시온 주제로 시작해서 시온 주제로 마무리될 만큼 시온 본문들의 보고(寶庫)다.

첫째, 이사야 2장 2-4절에서 시온은 세계 중심인 우주적 산으로 등장한다. 본문에서 시온산은 '하나님의 전의 산'으로 지칭된다. 시온은 야웨의 전으로서 이곳에 하나님이 현존하고 활동하기 때문이다. 이 산은 지상의 모든 산의 우두머리로 우뚝 설 것이고 하늘과 땅이 만나는 접촉점[20]인 우주적 산으로 높임을 받을 것이다.[21]

3절에는 시온을 향한 많은 민족의 순례가 시작된다. 이는 이사야 45장 14-23절, 60장 1-18절, 61장 5-7절에 나타난 예루살렘을 향한 민족들의 순례 광경을 예견하게 해준다. 야웨의 율법과 말씀이 바로 이곳에서 나올 것이기 때문이다.[22]

4절에는 야웨의 통치권이 시온으로부터 온 세계에 미치고 그 결과 평화의 기운이 시온에서부터 열방에 확산한다. 여기서는 인간의 중재자가 개입되지 않고, 야웨께서 친히 우주적인 왕으로 즉위하고 판결하실 것임을

---

20 산의 표상은 성경 저자들이 하늘과 땅 양쪽 모두에 거하시는 하나님의 역설을 표현하기 위해 즐겨 사용하는 것이다. 높은 산의 꼭대기가 구름에 닿을 때 하늘과 땅의 간격을 이어주는 형국이듯 하나님의 처소도 그러하다는 것이다. 느 9:13은 "(야웨께서) 시내산에 강림하시고 하늘에서부터 저희와 말씀하신다"고 기록한다. 이와 같이 시온산에서도 하늘과 땅의 경계가 소멸된다. Robert L. Cohn, "The Mountain and Mount Zion," *Judaism* 26(1977), 113.

21 이는 시온산이 실제로 다른 산에 비해 높은 산은 아니지만, 종말론적으로 신학화 되면서 세계의 중심으로 묘사되고 있다. H. Wildberger, *Isaiah 1-12*. trans. by T. H. Trapp(Minneapolis: Fortress Press, 1991), 89.

22 3절의 "율법이 시온에서 나올 것이요, 여호와의 말씀이 예루살렘에서 나올 것이니라"는 눅 24:47의 "죄 사함을 얻게 하는 회개가 예루살렘으로부터 시작하여…", 요 4:22의 "구원이 유대인에게서 남이니라"는 형태로 원용되는데, 율법과 야웨의 말씀이 회개와 구원을 가져올 근원이 되며, 이는 시온에서 비롯되는 것임을 천명하면서 이사야의 시온 사상을 확장하고 있다. 김진호, 『이사야의 시온사상』, 118-19.

드러낸다.[23]

둘째, 이사야 11장 6-9절에서 시온은 이상적인 평화가 실현되는 낙원이다. 이 본문은 특히 메시아적 약속[24]과 관련된 내용을 언급한다. '어린 목동', '어머니 품에 안긴 젖먹이', '이제 걸음마를 시작한 아이' 등의 표상을 통해 위험이 없는 목가적인 상황을 그려낸다. 이곳은 이리, 표범, 사자, 곰과 같은 맹수들이 어린양과 염소, 송아지 등과 공존하는 평화의 장소다.

이 장면은 회복된 낙원, 곧 종말론적 시온에서 실현될 완전한 평화를 예시한다. 본문에서 '나의 거룩한 산'은 시온산을 지칭하는 고정된 어구이며, 나아가 하나님이 구속하고 재창조하신 세상 전체를 암시하는 표현으로 사용된다.[25] 이를 통해 이사야는 시온을 축으로 하고 종국에는 시온을 향해 수렴된다는 사실을 드러낸다.

셋째, 이사야 4장 2-6절과 31장 4-9절에서 시온은 하나님의 특별한 보호를 받는 대상이다. 전자는 가혹한 정화의 과정('심판하는 영과 소멸하는 영', 4절)을 통과한 예루살렘의 남은 자들이 하나님의 특별한 보호를 받게 될 것을 말한다. 특히, '거룩하다 칭함을 얻을 시온에 남은 자들'(3절)은 신약에서 '성도'라고 불리는 그리스도인에 상응하는 어구라고 할 수 있다(행 9:13, 32, 41; 26:10). 이 경우 '시온'과 '교회'는 평행 개념으로 이해할 수 있다.

---

23 시 122:5; 사 9:7; 11:4-5처럼 다윗계 왕의 전통적인 역할을 떠올리는 것과는 다른 면을 보여준다.
24 다윗계 왕의 정의로운 통치 아래에서 펼쳐질 평화를 묘사하는데, 이는 10-16절에 메시아의 통치와 관련된 귀환의 환상에 의해 뒷받침된다. John D. W. Watts, *Isaiah 1-33*, (WBC, Waco: Word Books, Publisher, 1985), 278.
25 위의 책, 173. 카이저도 '거룩한 산'이 문자적으로는 산악 지대를 뜻하고 하나님의 도성을 가리키지만, 넓은 의미로는 세상 전체를 가리키는 말로 받아들인다. Otto Kaiser, *Buch des Propheten Jesaja. Kapitel 1-12*, 한국신학연구소 역, 『국제성서주석: 이사야 I』(천안: 한국신학연구소, 1993), 212. 델리치는 '거룩한 산'은 이스라엘의 전체 산악 지대를 가리키며, '세상'은 이스라엘 땅이 전 세계의 중심부가 될 것임을 뜻하는 말로 본다. F. Delitzsch, *Biblical Commentary on the Book of Isaiah*, vol. I, trans. by J. Martin(Grand Rapids: Wm. B. Eerdmans, 1877), 287.

또한, 출애굽 표상[26]을 사용하여 야웨께서 출애굽 때 구름기둥과 불기둥으로 보호하신 광야의 이스라엘을 '여호와께서 거하시는 시온산'으로 묘사한다. 이것 역시 '시온'과 거룩하게 재창조된 신실한 백성인 '교회'가 상응 관계임을 암시하고 있다.

후자는 시온은 야웨가 선택하신 곳으로, 야웨는 결코 시온을 앗수르('여러 목자')[27]와 같은 이방 나라에 빼앗기지 않고 보호하실 것임을 묘사한다. 여기서 야웨는 끝까지 자기 전리품을 지키는 사자와 둥지 위를 날아다니며 새끼를 보호하는 어미 새에 비유됨으로써, 시온을 보호하고 지키시는 야웨의 의지와 능력을 강조한다. 야웨에 대한 새끼를 보호하는 어미 새의 이미지는 Q 13장 34-35절의 암탉이 새끼를 날개 아래 보호하고 모으려는 모성적 이미지와 밀접하게 연결된다.

넷째, 이사야 24장 21-23절에 시온은 야웨가 마지막 승리를 거두시고 통치권을 행사하시는 장소다.[28] 야웨는 '그날에' 곧 모든 역사가 한 점으로 수렴되는 그때, 자신의 영광을 완전히 드러내실 것이며 가장 밝은 빛을 발하는 천체들도 야웨의 영광의 광채 앞에서는 무색해질 수밖에 없을 것이다.[29]

---

26 이 외에도 '거룩한 백성', '하나님의 영', '연기', '풍우' 등의 표상들은 시온에 대한 하나님의 항구적인 보호를 상징하기 위해 사용된다. 다만 예외적으로, '풍우'는 출애굽에는 야웨의 현현 사건과 관련되는데 비해(시 29편), 여기서는 시온에 엄습할 위험 요소로 등장한다는 점이다. C. R. Seitz, *Isaiah 1-39*. Interpretation: A Bible Commentary for Teaching and Preaching(Louisville: John Knox Press, 1993), 42.

27 '목자들'은 흔히 한 나라의 통치자를 가리킨다(렘 3:15). H. M. Wolf, *Interpreting Isaiah: The Suffering and Glory of the Messiah*(Grand Rapids: Zondervan Publishing House, 1985), 158.

28 사 24-27장은 '이사야의 묵시록'이라 지칭되며, 이방 나라들에 대한 신탁의 대단원으로 간주되는 부분이다. 여기서는 야웨께서 시온산에 자신의 통치를 시작하시기 전에 세상에 임할 마지막 심판을 예견하는데, 이원론적 투쟁과 같은 묵시적 요소들이 강하게 나타난다. 위의 책, 137.

29 이 광경은 출애굽 당시 시내산에서 계약을 체결할 때 빛에 둘러싸인 모습으로 이스라엘의 장로들 앞에 스스로를 계시하시던 장면을 떠올리게 한다. 출 24:9-10 참조.

그때 야웨는 시온산에서 대권을 행사하시고 우주적인 통치를 시작하신다. 그리하여 시온은 시내산에서 체결된 계약이 지시한 모든 것이 성취되는 최후의 지점이 될 것이다.

다섯째, 이사야 29장 1-8절에서 시온은 심판이 집행되고 구원이 베풀어지는 도성이다.[30] '아리엘'[31]로 불리는 시온은 여기서 이제까지와는 달리 심판의 대상이면서 동시에 구원의 대상이라는 긴장 관계 속에서 묘사된다.

시온은 비록 야웨가 택하신 거룩한 성읍이지만 범죄할 때는 야웨의 엄한 심판을 면하지 못한다. 그러나 시온은 여전히 시온이다. 시온이 심판받을 때도 그것이 곧 시온의 종말을 뜻하지는 않는다. 예루살렘을 심판하기 위해 도구로 사용되었던 이방의 군대들은 목적이 달성된 후 야웨의 징벌을 받고 축출될 것이다.

이는 이사야의 시온 전승의 핵심 요소다.[32] 본문은 심판과 구원이라는 상반된 개념을 사용하면서도 궁극적으로 시온의 구원이 시온의 심판을 압도하는 것으로 결론짓는다.

여섯째, 이사야 40장 1-11절과 52장 7-10절에서 시온은 구원의 회복과 기쁜 소식을 전하는 전령이다. 전자에서 지금까지 시온은 범한 죄의 징벌에 대한 중압감에 시달리며 위로를 기다리는 처지였지만, 이제 상황은 반

---

30 카이저는 이 본문이 총체적으로 이방민족들로부터 시온의 구원을 노래하는 '구원의 곤궁과 구원'으로 명명한다. O. Kaiser, *Buch des Propheten Jesaja. II*, 한국신학연구소 역, 『국제성서주석: 이사야 II』(천안: 한국신학연구소. 1993), 418.

31 오스왈트는 '아리엘'에 대한 세 가지 해석을 제시한다. 1) '살렘의 성읍'이란 '우루살리마'에서 파생한 변형어인 '우루엘'로 이해하는 것이다. 2) 하나님의 사자를 의미하는 것으로 이해한다. 이는 유다를 '사자'(창 49:9), '사자 보좌'(왕상 10:19, 20), '삼키는 사자'(사 31:4; 삼하 23:20; 대상 11:22)로 비유한다는 점에서 지지를 받는다. 3) '번제단'으로 해석하는 입장이다. 3)이 가장 타당하다. 이는 1절의 절기와 일치하고, 2절 마지막 대목의 의미를 설명해 주기 때문이다. 따라서, 이는 하나님을 의뢰하기보다 제의에 의존하여 구원 받고자 하는 예루살렘에 대한 경고의 표현이다. J. N. Oswalt, *The Book of Isaiah. Chapters 1-39*, NICOT(Grand Rapids: Wm. B. Eerdmans, 1986), 526.

32 D. L. Eiler, *The Origin and History of Zion as a Theological Symbol in Ancient Israel*, 272.

전되어 유다의 기쁜 소식을 전하는 전령으로 불리게 된다.

'아름다운 소식을 시온에 전하는 자여'는 다수의 주석가에 의해서 '아름다운 소식을 전하는 자 시온이여'로 번역된다.³³ 이는 1절 이하에서 이미 기쁜 소식을 청취한 시온이 같은 소식을 반복해서 듣는 것보다, 이제 그들이 그것을 다른 성읍들에게 전해 주는 것으로 이해할 수 있다.

후자에서는 야웨께서 시온으로 돌아오시고 여기서 통치를 시작하신다는 기쁜 소식이 시온에 전해진다. 그 소식은 먼저 예루살렘의 파괴된 성벽을 지키는 파수꾼들에게, 다음에는 '예루살렘의 폐허들', 곧 예루살렘에 거하는 이스라엘의 남은 자들에게 선포된다. 그리고 마침내 이 야웨의 구원 위업은 시온에서 땅끝까지 전해져서 세상 모든 사람이 하나님의 구원을 목격하게 된다.³⁴

비록 52장 7-10절에서 시온의 역할이 40장 1-11절에 비해 다소 수동적으로 나타나기는 하지만, 이 두 본문은 시온을 구원 메시지의 진원지로 묘사한다는 점에서 공통성을 보여준다. 그리고 '예루살렘'을 중심으로 한 이스라엘의 민족주의를 뛰어넘어 '땅끝까지'라는 세계주의를 표방함으로써 시온의 선교적 사명을 뚜렷이 부각한다. 이는 누가-행전에서 시온을 대체한 교회가 예루살렘을 구심점으로 시작하여 세계 복음이 원심적으로 확산하는 공간으로 확보하려는 입장에 대한 전승사적 연결점을 제공한다.

일곱째, 이사야 49장 14-26절과 62장 1-5절에서 시온은 종말론적 회복과 구원의 대상이다. 전자는 시온에 대한 야웨의 사랑을 지극한 모성애적 사

---

33 70인역은 מְבַשֶּׂרֶת צִיּוֹן을 ὁ εὐαγγελιζόμενος Σιων으로 번역한다. 이에 관하여 영(Young)은 세 가지 해석의 가능성을 제시한다. 1) 시온에 아름다운 소식을 전하는 자. 2) 아름다운 소식을 전하는 자 시온. 3) 시온의 아름다운 소식 전달자이다. מְבַשֶּׂרֶת 표현이 여성형이란 점과 후반절의 '유다의 성읍'들과의 대조를 고려할 때, 두 번째가 가장 적절한 해석이다. E. J. Young, *The Book of Isaiah* vol. III.(Grand Rapids: Wm. B. Eerdmans, 1965), 36-37.

34 C. Westermann, *Das Buch Jesaja Kapitel 40-66*, 한국신학연구소 역, 『국제성서주석: 이사야 III』(천안: 한국신학연구소, 1993), 290.

랑에 비유한다. 또한, 야웨가 폐허가 된 예루살렘 위에서 성벽의 재건을 위한 설계도를 작성하시는 모습("그 모든 무리로 장식을 삼는다", 18절)을 묘사함으로써 야웨의 구원이 구체적으로 실현되고 있음을 표명한다.[35] 그러나 본문의 '시온'은 민족적 개념을 넘어서서 야웨의 우주적 중심지로 등장한다.[36]

후자는 결혼이라는 계약 용어를 사용하여 시온의 회복과 갱신을 묘사한다. 4절은 시온의 지난날의 처지가 야웨로부터 '버림받은 자'요, 황무지와 같았음을 서술한다. 하지만, 시온은 더이상 버림받은 자요 황무지로 불리지 않고, '나의 기쁨이 그에게 있다'는 헵시바와 '결혼한 자'를 뜻하는 '뿔라'로 불리게 될 것이다. 이는 야웨가 시온을 배우자로 맞아들이고 그를 기뻐하심으로 양자 간의 사랑 관계가 회복된 것을 말해준다. 더 나아가 하나님의 구속으로 시온은 성스러워지고 세상 사람들이 지혜와 공의와 진실을 구하기 위해 찾아오는 대상이 될 것이다.[37]

이러한 시온의 이미지는 요한계시록의 새 예루살렘의 신부 메타포에 전승사적인 연결점을 제공한다.

여덟째, 이사야 60장 1-22절에서 시온은 열방들이 찾아드는 순례의 장소다. 이제까지 암흑에 잠겨 있던 세상은 하나님의 도성 시온을 통해 새 시대의 여명을 목격한다. 그리고 뭇 민족과 왕은 빛을 찾아 시온을 향해 나아온다. 그동안 시온을 멸시하고 억압하던 민족들이 시온을 향해 나아와 그 발 앞에 엎드린 후 '야웨의 성읍', '이스라엘의 거룩한 자의 시온'이라 부르는 장면에서 시온의 영광은 절정에 이른다.[38] 여기서 '시온'은 여성으로서 의인화되며, 마침내 하나님의 영광을 나타내는 세계의 중심지로

---

35 마, 253-54.
36 노스는 '하나님 중심적이며, 우주주의 지향적인 언급'이라고 하였다. C. R. North, *The Second Isaiah*(Oxford: The Clarendon Press, 1967), 196.
37 장일선, 『이사야 II』, 전망성서주해(서울: 전망사, 1993), 135.
38 C. Westermann, *Das Buch Jesaja Kapitel 40-66,* 411.

영화롭게 부상한다.

이사야 60장의 시온을 향한 '순례' 사상은 히브리서 13장에 나타난 시온산, 다가올 도성과 같은 종말론적 순례 사상에 대한 전승사적인 기초를 제공한다.

위에서 살펴본 바와 같이, 이사야에게 있어서 '시온'은 여러 신학적 주제 중의 하나가 아니라 자신의 신학을 전개하는 사상적 기반이라고 할 수 있다.[39] 이사야에게 있어서 시온은 세계의 중심이요, 우주적 산으로서 확실한 시온 전승 위에 서 있음을 볼 수 있다.

하지만, 시온 역시 자신의 죄악으로 인한 심판의 대상인 동시에 구원의 대상이기도 하다. 시온의 구원 사상이 심판을 압도하는 것을 통해서 시온은 이미 민족주의를 넘어 '땅끝까지'의 세계주의나 우주적인 상징으로 그 의미는 확대된다. 그뿐만 아니라 구원의 대상인 동시에 구원과 회복을 전하는 전령으로서의 사명을 가진다. 시온의 종말론적 회복과 구원 메타포는 열방의 순례지로 묘사되는 특징을 보인다.

이와 같이 이사야에 나타난 시온 사상은 시온 전승의 의미 확대를 가져왔고, 중간기 문헌뿐만 아니라 신약의 '예루살렘' 모티프에 전승사적인 배경을 제공하고 있다.

(2) 예레미야

예레미야는 '예루살렘'에 대해 106회 언급하는데, 세 구절만 긍정적이고 미래적인 의미로 사용한다. 시온은 17회 사용되고, 그중 4회는 종말론적 구절에 나타난다.[40]

---

39 김진희, 『이사야서의 시온사상』, 208.
40 위의 책, 55.

예레미야의 예루살렘에 대한 의견은 이사야와는 다른 위치에 서 있다. 예루살렘에 대한 야웨의 보호와는 다르게, 그의 메시지는 백성들의 지속적인 죄로 인한 그 도성의 치명적인 파괴를 견지한다. 이사야처럼 시온의 용어는 문자적인 동시에 확장된, 즉 '시온의 딸'(렘 4:31; 6:2, 23)과 같은 용례를 보인다. 하지만, 용어의 맥락을 보면, 도시의 파멸과 관련된 황폐화와 그로 인한 슬픔의 묘사가 나타난다.

시온 전승 자체가 이러한 선포의 배경을 형성하고 있다는 것은 8장 19절에 명백하게 나타난다.

> 여호와께서 시온에 계시지 아니한가, 그의 왕이 그 가운데 계시지 아니한가? (렘 8:19)

예레미야의 지속적인 부담감은 시온의 불안전성으로 나타난다. 이는 예레미야의 가장 유명한 사건인 소위, 성전 설교인 7장 1-15절과 26장 1-6절에 강하게 드러난다. 그의 메시지는 백성들의 명백한 기대와는 반대로, 예루살렘과 그 백성에 대한 야웨의 헌신은 맹목적인 보장이 아니며, 더 엄밀하게 말하면 제의에 주목함으로써 확보되지도 않는다. 단지 "이것이 여호와의 성전이라 여호와의 성전이라 여호와의 성전이라"고 읊조리는 것은 율법의 더욱 중대한 문제를 무시하는 것으로, 전혀 도움이 되지 않는다.

예레미야는 언약에 대한 신명기적인 이해를 연상시키는 관점을 제시한다(5-7절, 참조. 신 4-5장). 지금의 예루살렘과 같은 특권을 향유했지만, 역사 속으로 사라진 실로의 사례는 예레미야의 언급이 진실하다는 증거를 보여준다(12-15).[41]

예루살렘 운명에 관한 선포는 예레미야의 예언 사역의 절정이다. 전통

---

41 G. McConville, "Jerusalem in the Old Testament," 37.

적인 시온 전승을 뒤집는 예레미야의 언급은 너무 강렬해서 심지어 거룩한 전쟁이란 용어로 바꾸어 사용되기도 한다.

하나님께서 예루살렘을 지키기 위해서 싸우지 않고, 도리어 예루살렘의 배반 때문에 그들의 적군이 되어, 그에게 속한 유산임에도 불구하고 그것을 파괴하신다(21:4-7). 이를 위해 선택된 야웨의 도구는 바벨론이며, 예레미야의 고소는 바벨론에 항복하는 자는 미래가 있고, 반대로 그들에게 저항하는 자들은 미래가 보장되지 않을 것을 보여준다(24장). 이러한 기록은 이 도시와 백성들뿐만 아니라 다윗 왕조에도 해당한다.

예레미야는 유다의 멸망 이전의 마지막 왕들에 대하여는 비판으로 일관한다(22장). 비난으로부터 면제된 요시아에 대해서도 열왕기하 22장 이하에서 묘사한 것과는 다르게 그에 대한 칭찬은 희미하다(렘 22:15-20). 이러한 예레미야의 메시지는 전통적인 시온 전승을 일관되게 공격하는 것으로 간주된다. 그의 이러한 입장은 배반자로 간주될 정도였다(37:11-15).[42]

하지만, 그의 메시지가 바벨론으로부터 귀환을 통하여 백성들의 회복을 포함하고 있음을 보게 된다(24장). 바벨론 포로는 70년이며, 그 이후에는 바벨론이 망하게 될 것이며(25:12-14), 포로들은 그들의 땅으로 돌아오게 될 것이다(29:10). 예레미야 역시 복음을 선포한다. 이 복음은 이스라엘과 유다와 하나님 사이의 새 언약의 선포다(31:31-34). 이 구절은 '위로의 책'으로 알려진 30-33장의 구원 주제에 관한 말씀의 맥락 가운데 들어 있다.

흥미로운 것은 예레미야의 회복에 대한 핵심적인 선포가 바벨론의 침략의 맥락 속에서 견고하게 드러나고 있다는 점이다. 새 언약의 내용은 예루살렘이 재건될 것이며, 그 성읍의 범위도 확장될 것이다(31:38-40). 더욱이 영속성에 대해 오래되고 거짓된 개념들이 새롭고 영원한 다윗 계약으로

---

42 위의 책, 38.

선포된 새 약속들로 대체된다(33:12-26).[43] 그 안에서 예루살렘은 세계 열방 앞에서 야웨의 기쁜 이름이 되며, 찬송과 영광이 될 것이다(33:9).

역설적으로 예레미야는 그의 사역 대부분이 시온 전승의 가장 적대적인 입장을 견지하였으나, 전체적으로 볼 때 이사야의 회복 메시지보다 훨씬 더 회복에 대한 소망을 드러내고 있다.

특히, 30-33장의 땅의 재소유에 대한 약속과 관련하여 주목해야 할 것들이 있다. 이것은 이 장들의 핵심을 보여주는 것으로, 예레미야가 그의 사촌으로부터 땅을 구매하는 것(32:6-15)은 포로기가 끝나고 백성이 돌아올 때 집과 들과 포도원들을 이 땅에서 다시 살 수 있다는 일종의 보증 역할을 한다. 그러므로 32장 36-41절 같은 구절은 성경 예언들이 현재의 사건 속에서 성취되었다는 견해와 아직 성취를 기다려야 한다는 의견을 견지하는 사람들에게는 대단히 중요한 본문이다.[44]

표면적으로 볼 때, 예레미야는 이사야와는 다르게 시온 전승의 극단에 자리잡은 것 같다. 그도 그럴 것이 그의 성전 설교를 비롯한 대부분의 시온에 대한 용례는 부정적이고, 심판의 맥락에서 등장하고 있다. 하지만, '위로의 책'에 언급된 새 언약 사상과 그로 인한 예루살렘의 회복 메시지는 극적인 전환을 보여준다.

예레미야의 시온에 관한 메시지의 특징은 다음과 같다.

---

43   렘 33:14-26은 70인역에는 없다. 하지만, 이런 사상은 예레미야 '위로의 책' 곳곳에서 발견될 수 있다. 참조. 렘 32:37.
44   이와 관련한 자세한 입장은 D. Prince, *The Last Word on the Middle East*(Eastbourne: Kingsway, 1982); C. Chapman, *Whose Promised Land?*(Tring: Lion, 1983); G. McConville, *Judgment and Promise: Interpreting the Book of Jeremiah*(Leicester: Apollos, 1993)를 참조하라.

첫째, 성전 설교가 예수의 성전 정화 사건에 인용되면서, 성전의 파괴와 심판 전승의 근거를 제공한다.

둘째, 새 언약을 통한 회복 사상은 예수의 마지막 만찬에서 '언약'의 메시지와 바울의 '새 언약'을 통한 회복의 공동체로서의 하나님의 백성에 대한 대체 사상의 기초를 제공한다.

이러한 측면에서 예레미야는 시온 전승의 흐름에 있어서 신약과 관련하여 결정적인 위치를 점하고 있다.

(3) 에스겔

에스겔은 시온이란 말을 전혀 사용하지 않으며, 예루살렘의 이름도 긍정적인 문맥에서는 절대 사용하지 않는다. 그가 미래의 축복을 말할 때는 도성, 산, 언덕, 성소와 같은 다른 용어를 사용한다. 이러한 현상은 시온의 긍정적인 면을 강조해 온 전통적인 시온 전승에 제동을 걸기 위함이다.[45] 이에 대해 고완(Gowan)은 다음과 같이 말한다.

> 에스겔은 하나님이 예루살렘에 영원토록 거하신다는 통속적인 신앙과 그 도성의 난공불락에 대한 믿음을 비판했다. 에스겔은 자신들의 유일한 희망이 하나님이 그 도성에 지속적으로 현존하시고 그곳을 보호하시는 것으로 생각한 포로들만을 대상으로 활동하면서, 예루살렘은 꼭 멸망할 것이라고 강력하게 역설한다(7:22-24). 그는 도성과 백성들의 완전하고 참혹한 파괴에 관해 말하고 (겔 5장), 자신의 상징적인 행동으로 그 결과를 나타내 보였으며(12장), 야웨께

---

45 갈람부쉬는 에스겔 16장과 23장을 중심으로 예루살렘을 '야웨의 아내'로 묘사한다. 이러한 의인화는 심판의 문맥(1-24장) 하에서 예루살렘의 죄와 타락을 드러내는 기능을 감당한다. 이에 대한 자세한 사항은 Julie Galambush, *Jerusalem in the Book of Ezekiel: The City as Yahweh's Wife*. SBLDS 130(Atlanta: Scholas Press, 1992)를 참조하라.

서 자신이 선택하신 곳으로부터 떠나시는 것을 환상 중에 목격하였다(10:18-19; 11:22-23).[46]

그런데도 시온 전승은 에스겔의 메시지의 핵심이다. 에스겔 1장의 첫 번째 환상은 야웨가 바벨론 위에 좌정하였는데, 그 묘사는 장막과 성전으로부터 끌어오는 상징들을 사용하고 있다(삼상 6:7f; 출 25:21f). 이는 예언서 전체 구조로 볼 때, 야웨가 타락한 백성에 진노하기 위해 예루살렘을 일시적으로 떠나 있는 것이며, 곧이어 승리의 귀환으로 이어진다. 8-11장은 성전으로부터 야웨의 영광이 떠나고 있음을 보여주며, 43장 1-5절에서 그의 영광의 귀환이 이루어진다.[47] 이 기간 동안 야웨 자신이 바벨론으로 끌려간 그 백성에게 성전이 되어 준다(11:16).

따라서, 에스겔의 주제는 성전으로 표현된 그의 백성과 함께하는 야웨의 현존 사상이다(37:26-28).[48] 새 성전 안에서 그의 백성 가운데 야웨가 거주하는 환상의 대결말(41-48장)은 이 주제의 절정이다.[49]

회복의 근거는 예레미야와 다르지 않다. 즉, 새 언약의 언어는 야웨와 그의 백성 간의 미래 관계가 실행될 것이라는 기대의 근거로 드러난다(11:19f). 이런 관점에서 시온 전승은 에스겔에서 강하게 드러남을 볼 수 있다. 바벨론 포로로부터 '이스라엘의 높은 산'으로의 귀환 약속은 다윗 왕조의 회복에 대한 기대와 연결되어 있다.[50] 17장 22-24절은 이러한 시나리오가 바벨론의 멸망으로 이어진다. 20장 40절은 열방 가운데 우상을 숭

---

46 D. E. Gowan, *Eschatology in the Old Testament*, 8-10.
47 Thomas Renz, "The Use of the Zion Tradition in the Book of Ezekiel,"(ed.), R. S. Hess and G. Wenham, *Zion, City of Our God*(Grand Rapids: Eerdmans, 1999), 89-95.
48 G. McConville, "Jerusalem in the Old Testament," 40.
49 J. Levenson, *Theology of the Program of Restoration of Ezekiel 40-48*. HSMS 10(Missoula, MT: Scholars Press, 1976), 5-53.
50 다윗 왕조에 대한 약속에 관하여는 34:23f; 37:22-26; 삼하 7장 등을 참조하라.

배하려는 유대 백성을 보존하려는 야웨의 조치를 보여주며(20:32), 이로써 열방의 목전에서 그 자신의 정당성을 입증한다(20:41-42).

따라서, 에스겔의 메시지는 분명하다. 야웨는 자기 백성을 바벨론으로부터 구원할 것이며, 예루살렘 가운데 거할 것이며, 다윗 가문의 왕과 함께하면서 열방 가운데 자신의 정당성을 입증할 것이다(36:24, 33-38). 예레미야와 마찬가지로 에스겔의 예언에서 예루살렘은 하나님 백성의 문자적인 회복을 위한 역사적인 땅으로서의 의미가 있다.

하지만, 예루살렘은 에스겔의 마지막 부분에서 종말론적인 희망으로 나아간다. 38장 이후의 종말론적 거룩한 전쟁의 환상은 시온 전승의 초월성을 묘사하는 방향으로 의미가 확대된다. 이 전승의 뚜렷한 발전이 40-48장에 드러난다. 여기에는 다윗 언약이 침묵하며, 흥미롭게도 새 성전 환상은 땅에 터를 잡고, 일정한 경계 안에서 고도로 규격화되어 나타난다. 47장의 생명이 살아나는 환상은 성전에 대한 고도의 시적인 묘사를 포함한다. 성전 문지방에서 흘러나오는 물은 시온 전승에 속하지만(참조. 시 46:4), 이 모티프는 창세기에서 강들이 발원하는 에덴이라는 신화적인 개념으로부터 유래한다(창 2:10-14 참조). 성전으로부터 흘러나오는 생명수는 사해까지도 소생시키는 창조적 능력으로 묘사된다. 이러한 이미지는 전통적인 한계를 따라 지파별 경계를 정해주는 일종의 서문 역할을 한다(47:15-20).

예루살렘은 지파별 분배 사이의 분리된 영역, 즉 '야웨께 드려 예물로 삼을 땅'(48:9)으로 등장한다. 13개의 지역으로 나누어져 있는데, 예루살렘은 레위 지파의 땅에 속한 거룩한 땅으로 구별되어 있다(48:10). 마지막으로, 이 도성은 "야웨께서 거기 계시다"(48:35)로 불린다. 예루살렘이란 지명이 이 도성의 본질적인 성격과 운명을 언급하는 표현으로 대체된다.

이처럼 에스겔의 시온 전승에 대한 해석은 복잡하다. 한편으로 전승의 주된 내용을 강력하게 확증한다.[51] 새 성전에 대한 이상적인 묘사와 같은 신화적인 언어 사용은 명백히 옛 예루살렘 도성에 있는 성전의 실제적인 재건축을 강력하게 뒷받침하고 있다. 이는 새 다윗 왕조의 희망이라는 관점을 보여준다.

이와 달리, 에스겔이 '시온'이란 용어를 단 한 번도 사용하지 않는다는 점도 주목해야 한다. 38-39장의 종말론적인 기록은 40-48장의 묘사에 대한 맥락으로 여겨지는데, 여기에 언급된 선택과 정착 전승은 시적인 문체로 재진술됨으로써 포로기 이전 회귀 약속을 희석하는 효과를 준다. 그뿐만 아니라 40-48장에서 다윗의 역할은 축소된다(44:3)[52]. 마지막 환상의 본질은 야웨가 그 백성들 가운데 다시 거주할 것이라는 점이다.

따라서, 에스겔의 문맥을 확장해 볼 때, 그 백성은 새 언약 신학에 근거한 '신실한 자'들을 기대하게 한다(11:16-21). 이러한 근거 위에서 마지막 환상 가운데 예루살렘은 그의 진정한 성격과 운명에 따라 묘사되고 있음을 볼 수 있다.

다시 말하면, 에스겔은 포로 이후에 땅으로의 즉각적인 귀환과 성전의 재건축에 대한 소망을 의심 없이 드러내고 있다. 하지만, 그는 이 회복 사상이 단순한 것이 아님을 알고 있다. 그는 유다뿐 아니라 열방의 역사 가운데 하나님의 결정적이고 새로운 행위를 기대하고 있었다.

특히, 에스겔 40-48장의 새 성전 기록은 요한계시록의 새 하늘과 새 땅에 이루어지는 새 예루살렘이 건축 양식으로 묘사되는 데 전승사적인 기초를 이룬다는 면에서 단순한 역사적인 측면보다는 종말론적이고 우주적인 전망을 묘사하는 것으로 인식할 수 있다.[53]

---

51   W. Zimmerli, *Ezekiel : A Commentary on the Book of the Prophet Ezekiel*, trans. by Ronald E. Clements(Philadelphia: Fortress Press, 1979), 41.
52   왕들에 대한 비판은 43:7-9를 보라.
53   비일은 겔 40-48장 새 성전 묘사는 요한계시록 '새 예루살렘'(21:1-22:5)에서 완성된

3) 요약

전술한 바와 같이 시편과 예언서에서 시온은 긍정적인 면과 부정적인 면이 동시에 서술된다.

시편에 묘사된 시온은 하나님의 도성이자 그의 거처로서 즐거움과 아름다움이 넘치는 곳이지만, 그 영광과 번영이 무조건적으로 보장 받는 곳이 아니다. 때로 시온은 자신의 범죄로 인해 대적의 침입과 원수들의 조롱을 당하기도 하기 때문이다.

더 나아가 시온 전승의 종말화 내지 창조신학에 따른 보편화도 드러난다. 시온에 대한 이러한 시편의 묘사에는 일정한 사고의 진전이 발견된다. 역설적으로 시편은 다른 어떤 책보다 예루살렘과 그 성전의 밀접한 연관성을 보여주고 있지만, 궁극적으로 그 의미는 상대적임을 보여준다.

시편의 기조는 예언서에 동일하게 나타난다. 즉, 예언자들의 시온에 대한 긍정적인 입장 즉, 하나님의 임박하고 지속적인 현존의 약속을 가진 성스러운 장소, 세계의 중심, 창조가 시작되는 곳, 지상에서 가장 높은 곳, 즉 하늘과 땅의 접촉점이라는 입장을 보여준다. 하지만, 동시에 부정적인 입장, 즉 시온의 범죄로 인한 심판 사상도 강하게 드러난다.

예언자들에게 시온 묘사는 미래적이고 종말론적인 성격이 더욱 두드러지며 그 범위도 보편적이고 우주적으로 확대된다는 특징을 가진다. 이러한 의미의 확대는 중간기 문헌뿐만 아니라 예수와 바울을 비롯한 신약 각 저자의 성전과 예루살렘 모티프의 전승사적인 배경을 제공한다.

다는 성경신학적인 주장을 한다. 더 나아가 성전의 시작점을 에덴동산으로 본다. G. K. Beale, *The Temple and the Church's Mission: A Biblical Theology of the Dwelling Place of God*(Downers Grove: InterVarsity Press, 2004), 335-364; 이와 비슷하게 렌츠 역시 겔 47-48장에 나타난 새 성전 모티프가 에덴 이야기를 회상하게 하며, 이러한 에덴과 시온 전승의 결합이 겔 28, 31장에 등장한다고 주장한다. Thomas Renz, "The Use of the Zion Tradition in the Book of Ezekiel," 94.

이를 기반으로 이제 시편과 예언서의 시온에 대한 의견이 이스라엘의 역사 속에 어떻게 흡수되어 전개되는지 살펴보자.

3. 역사서

시온-예루살렘이 이스라엘의 수도가 된 이래 역사적으로 정치, 종교, 사회 등 모든 면에서 중심 위치를 벗어난 적이 없었다. 비록 국운의 부침에 따라 그 위상에 다소의 혼란과 변화가 없었던 것은 아니지만, 이스라엘 국가가 존립할 동안뿐 아니라, 나라가 멸망한 이후에도 그것의 중심적인 위치는 고수되었다. 시온-예루살렘은 이스라엘인들의 민족적 종교적 의식 속에 영원히 지워지지 않는 중심축으로 확고히 자리잡고 있었다.[54]

이 단락에서는 시편과 예언서에 묘사된 시온-예루살렘의 특징들이 이스라엘의 역사적 현실에서 어떻게 구체적으로 반영되고 발전되는지를 살펴보고자 한다.

1) 다윗 이전 시기

(1) 창세기

성경에서 예루살렘에 관한 언급이 가장 먼저 나타난 곳은 '살렘'으로 표기하고 있는 창세기 14장 18절이다.[55] 여기에는 아브라함이 자기의 조카

---

54   맥컨빌은 "예루살렘은 이스라엘 자기 이해와 경건의 가장 중심에 자리잡고 있다"고 말한다. G. McConville, "Jerusalem in the Old Testament," 26.
55   해리슨은 창 14:18의 '살렘'을 예루살렘과 동일시하는 데 의문을 표하면서, 후대의 세례 요한의 활동 무대였던 살렘(요 3:23)과 연결시킬 수 있는 가능성을 제안한다. R. K. Harrison, "Jerusalem, Old Testament," *The New International Dictionary of Biblical Archaeology*, (ed.), E. M. Blaiklock & R. K. Harrison(Grand Rapids: Zondervan Publishing

롯을 사로잡아 간 가나안 다섯 왕을 정벌하고 돌아오는 길에 살렘 왕 멜기세덱으로부터 환대와 축복을 받는 광경이 기술되고 있다(14:18-19).

여기서 멜기세덱은 '엘 엘리욘',[56] 곧 지극히 높으신 하나님의 이름으로 아브라함을 축복하고, 아브라함은 '엘 엘리욘'의 이름으로 포로들을 돌려주기로 서약한다. 이는 아브라함이 멜기세덱이 자기 신을 부르는 호칭을 야웨 하나님에게 적용한 것이다.[57]

이처럼 예루살렘을 배경으로 한 창세기 14장의 아브라함과 멜기세덱의 기사가 지닌 중요한 신학적 의미는 예루살렘을 믿음의 조상 아브라함이 야웨 신앙을 고백하고 종교적인 의무를 이행하는 곳으로, 야웨 제의와 관련하여 옛적부터 성별된 영원히 거룩한 성읍으로 묘사하고 있다는 점이다.[58]

(2) 여호수아

도시로서의 예루살렘 이름이 처음으로 성경에 언급된 곳이 여호수아 10장 1-5절이다. 여호수아 군대와 화친 조약을 맺은 기브온 주민들을 공격하기 위해 아모리 다섯 왕이 연합군을 결정하게 되었는데, 그 주도자는 예루살렘 왕 아도니세덱이었다. 이는 가나안 남부 지역에서 예루살렘이 차

House, 1983), 266; 하지만, 시 76:2는 살렘과 시온을 평행시키고 있으며, '창세기 묵시록'(1QapGn) 22:3도 살렘과 예루살렘을 동일시한다. J. A. Fitzmeyer, *The Genesis Apocryphon of Qumran Cave 1: A Commentary*. Biblia et Orientalia 18(Rome: Pontifical Biblical Institute, 1966), 153-54.

56 시 46:4; 47:9; 78:56. '엘 엘리욘', 즉 '지극히 높으신 자'란 표현은 특히 중간기 시대 이후에 이스라엘의 하나님을 지칭하는 말로 널리 사용되었다. C. Westermann, *Genesis 12-36*, trans. by John J. Scullion(Mineapolis: Augsburg Publishing House, 1985), 204.
57 Gordon J. Wenham, *Genesis 1-15*(WBC, Waco: Word Book, Publisher, 1987), 322.
58 U. Cassuto, "Jerusalem in the Pentateuch", *Biblical and Oriental Studies*(Jerusalem: Magnes Press, 1975), 71-74. 카수토는 더 나아가 창 15:21에 이스라엘이 축출한 나라들의 명단이 나오는데, 여기서 여부스가 마지막에 기록된 것은 여부스족을 축출하는 것이 이스라엘 정복의 절정이며, 종결이란 점을 예시한다고 주장한다.

지하고 있었던 위치가 다른 지역들보다 더욱 중요하였음을 보여준다.

특히, '아도니세덱'의 이름 중 '세덱'은 창세기 14장의 멜기세덱('나의 왕은 세덱')과 연관 지어 볼 때, 가나안 시대에 예루살렘에서 숭배되었던 신으로 여겨진다.[59]

여호수아 12장 10절에 예루살렘이 두 번째로 언급되는데, 여호수아에 점령 당한 가나안 왕들의 명단 속에 예루살렘 왕도 포함되어 있다. 그 명단에는 아도니세덱의 이름이 거명되고 있지 않는데,[60] 이 역시 다윗 이전에 이미 예루살렘에는 상당한 수준의 왕권이 존재하고 있음을 제시해 주고 있다.

여호수아 15장은 유다 지파의 경계들을 설명하여 주고 있는 장이다. 15장 8절에 의하면, 예루살렘은 유다 지파 영역 내에 있으며,[61] 15장 63절에는 예루살렘과 여부스가 동일 지명임을 분명히 밝힌다. 또한, 본 절은 예루살렘이 유다 지파 소유지의 일부임을 드러내는 동시에, 아직 완전히 점령되지 않은 채로 남아 있었다는 역사적 사실을 지적하고 있다.[62]

(3) 사사기

사사기 1장에서는 예루살렘 왕 아도니베섹이 죽고 난 후에 유다 자손이 그곳을 쳐서 점령했다는 것(1:7-8)과 베냐민 자손은 예루살렘에 거한 여부

---

59 D. N. Freedmann(ed.), *The Anchor Bible Dictionary*(New York: Doubleday, 1992), vol. I, 75.
60 노트는 수 10장과 12장의 왕들 명단이 다른 이유에 대하여 서로 다른 전승에 근거하고 있기 때문이라고 주장하기도 한다. M. Noth, *The Laws in the Pentateuch and Other Studies*(Philadelphia: Fortress Press, 1966), 132.
61 수 18:28에는 예루살렘이 유다 지파의 소유가 아니라 베냐민 지파에 속한 지역으로 나타난다. 이에 대하여 카우프만은 베냐민 지파 소유 주장이 오래된 것으로 보고, 유다 지파의 주장은 예루살렘을 점령한 다윗이 유다 지파 출신이기 때문으로, 후대의 전승으로 본다. Y. Kaufmann, *The Biblical Account of the Conquest of Palestine*(Jerusalem: Magnes Press, 1953), 24-25.
62 권혁승, "다윗 이전의 예루살렘 역사에 관한 소고," 206-07.

스 사람을 쫓아내지 못하였음을 보도한다(1:21). 이는 여호수아 15장 63절의 역사적 상황을 반복적으로 표현한 것으로, 이는 하나의 전승이 여러 집단에 의하여 각자의 목적에 적합하게 사용되고 있음을 보여주는 동시에 예루살렘의 역사적 중요성을 반증하는 것이다.

사사기 19장에서 '예루살렘'은 특별한 역할을 하는 도시가 아니다. 하지만, 레위인이 예루살렘에서의 유숙을 거부하고 기브아로 갔다는 사실은 당시 예루살렘과 여부스 사람들에 대해 이스라엘 사람들이 가진 정서를 반영한다. 여전히 그곳은 이방인의 도시였다.[63]

2) 다윗부터 포로기 이전 시기

(1) 통일 왕정 시대

예루살렘이 이스라엘 역사의 전면에 등장하면서 이스라엘 정치·사회·종교 등 모든 영역에 중심적 역할을 하기 시작한 것이 이 시기부터다. 또한, 시온 전승이 본격적으로 대두되고 꽃을 피우기 시작한 것도 이 시기다.

다윗은 그의 기간에 예루살렘을 정복하고(삼하 5:6-9; 대상 11:4-8), 통일 이스라엘의 새로운 수도로 정한다.[64] 특히, 종교적 측면에서 예루살렘이 아브라함 이래 이스라엘 신앙 전통과 오랜 관련을 맺어온 곳이라는 점도 이곳을 선택한 중요한 근거가 되었다.[65] 이는 다윗의 예루살렘 선택이 야웨의 섭리에 따라 이루어진 것임을 강하게 시사한다.[66]

---

63 R. G. Boling, *Judges* AB(Garden City: Doubleday, 1975), 278.
64 다윗이 새로운 수도로 예루살렘을 선택한 이유에 대해서는 김진희, "시온-예루살렘 주제의 발전," 『이사야서의 시온사상』, 73-74를 참조하라.
65 신명기에 '야웨께서 택하실 그곳'(12:5; 14:23-25; 16:6, 7)과 왕상 11:36; 대하 6:6은 "내가 내 이름을 거기에 두고자 하여 택한 성 예루살렘에서," 슥 3:2는 야웨를 가리켜 '예루살렘을 택한 이'로 지칭한다.
66 그밖에 야웨의 예루살렘 선택을 언급하는 구절로는 왕상 8:44; 왕하 21:7; 23:27; 대하 6:38; 12:13; 33:7; 슥 1:17; 2:12 등이 있다. 야웨의 예루살렘 선택의 신학적인 의미에

특히, 블레셋에게 언약궤를 빼앗긴 이래 기럇여아림에 방치되어 있던 법궤를 예루살렘으로 옮기면서(삼하 6장), 다윗은 자신이 창건한 국가가 이스라엘 옛 질서의 합법적인 계승자임을 천명하고 과거의 성스러운 제도들의 보호자이자 후원자임을 공포한다. 이로써 예루살렘은 거룩한 도성이자 왕의 도성으로서의 이중적 성격을 지니게 되었으며, '다윗 성'(삼하 5:7)과 '하나님의 성'(시 46:4)으로 불리게 되었다.[67]

솔로몬은 7년간의 준비를 거쳐 성전 건축을 완성하였다(왕상 5장). 성전의 1차적 기능은 종교적이었지만, 아울러 국가의 경제 정치적인 면에서도 중요한 역할을 담당하였다.[68] 통일 왕정 시대의 이스라엘은 솔로몬 통치를 거치면서 영토가 크게 확장되고 주변의 많은 군소국을 봉신국으로 지배할 수 있었다.

그와 동시에 다윗 왕조의 정통성과 신성을 합법화하는 왕정 이데올로기가 생겨났다. 이것은 특히 시편의 제왕시에 반영되고 있는데, 그 핵심은 다윗 가문의 왕들은 야웨의 기름 부은 자들로 왕위가 전적으로 보장된다는 사상이다(시 89; 132편). 한편, 나단 신탁에도 왕정신학이 나타나는데, 여기에는 왕은 야웨 통치의 지상 대리자이며 종이므로, 다윗의 후손을 통해 그 왕국이 영원토록 보호 받게 된다는 확약이 나온다(삼하 7:8-17).[69]

관하여는 권혁승, "하나님의 왕권과 시온 전승의 관계성에 관한 고찰," 『신학과 선교』 21집(1996), 33-37을 보라.

[67] 헤이즈에 따르면, 예루살렘을 왕도로 선정하고 다윗 왕조를 창립함으로써 다윗의 선택과 시온의 선택이라는 새롭고 특수한 두 개의 전승이 생겨난 계기가 되었다. J. H. Hayes, "The Tradition of Zion's Inviolability," 420.

[68] 고대 성전은 재정 업무와 환전을 관할하는 중앙은행의 기능을 겸했다. Philip J. King, "Jerusalem," *ABD*, 755.

[69] 밀러의 분석에 의하면, 왕정신학은 예루살렘과 성전 사이에 밀접한 관련이 있다. 1) 야웨는 예루살렘을 자신의 특별한 임재의 장소로 그리고 그의 백성의 수도로 선택했다. 2) 야웨는 다윗과 그의 후예들을 예루살렘에서 영원토록 통치하도록 선정하였다. 3) 예루살렘에서 성전은 제의의 구심점이었다. 4) 다윗 계열의 왕은 백성과 야웨 사이를 중재하는 특별한 역할을 담당했다. 5) 야웨의 예루살렘 수호와 다윗 왕조의 지속은 야웨에 대한 왕과 백성의 충성에 달려 있다. J. M. Miller and J. H. Hayes, *A History of*

(2) 분열 왕정 시대

이 시기는 남북 왕조의 분열과 그에 따른 국력의 약화, 강대국 앗수르의 위협과 북 왕국의 멸망 그리고 약 한 세기 이후 바벨론에 의한 남왕국의 멸망과 포로 사건으로 이어지는 역사적 격변기라 할 수 있다.

이러한 국가적 변란을 겪으면서 시온-예루살렘에 대한 개념 역시 변화의 국면을 맞게 된다. 특히, 유다의 국가적 정치적 위상의 변화는 곧바로 예루살렘에 대한 신학적인 이해의 변화를 수반하였다. 즉, 국가의 몰락과 더불어 예루살렘이 더이상 정치적·종교적 중심지 기능을 다하지 못하게 됨에 따라 시온은 이스라엘의 종말론적 회복의 거점으로 내재화되어 간다.

웃시야 당시 북 왕국에는 유다 드고아 출신 아모스 선지자가 벧엘을 중심으로 활동하였다. 그는 예루살렘 제의의 합법성을 은연중에 강조하고 있으며(암 5:4), 예루살렘이 야웨의 현현 장소임을 밝힌다(1:2). 그렇다고 야웨가 반드시 예루살렘에서만 예배 되어야 한다는 것으로 발전하지는 않는다. 아모스에게 있어서 야웨는 지역에 매여 있지 않은 우주적인 하나님이기 때문이다(9:2, 7).

앗수르의 팽창기에 이사야 선지자는 야웨가 친히 선택하신 거룩한 시온산은 모든 원수의 공격을 막고 야웨의 보호를 받는다고 역설한다(8:9-10; 10:27-34; 14:24-32; 17:12-14; 29:1-8; 30:27-33).[70]

특히, 히스기야는 이교 관습에 깊이 오염된 이스라엘의 제의를 바로잡기 위해 철저한 개혁을 단행한다(왕하 18:3-6; 대하 29-31장). 히스기야는 제의의 중앙화를 통해 예루살렘의 지위를 한껏 격상시켰고, 이를 통해 모든 국력을 예루살렘에 집중시키고자 했다. 이사야에 따르면, 시온은 인간적인 어떤 세력도 전복하거나 파괴할 수 없는 야웨의 백성을 위한 확고부동

Ancient Israel and Judah(London: SCM Press, 1986), 203.

70 B. S. Childs, *Isaiah and the Assyrian Crisis*, SBT. Second Series 3(Naperville: Alec R. Allenson, 1967), 59-61을 참조하라.

한 신적 상징이다.

그러나 시온이 불가침성에 대한 신적 보증을 절대적으로 담보하는 것은 아니었다. 오히려 그것은 오직 야웨를 신뢰할 때만 안전을 보장 받을 수 있는 도피처일 따름이다. 이사야는 바로 이 지점에서 시온의 불가침성에 대한 맹목적인 신념에 제동을 가한다고 할 수 있다(사 7:9; 10:5-6).[71]

이사야와 동시대의 미가는 시온 해석에 있어서 보다 급진적인 성향을 보인다. 시온을 피로, 예루살렘을 죄악으로 건축한 자들의 부패와 압제를 규탄하고 시온과 성전의 돌이킬 수 없는 마지막 파멸을 선포했다(미 3:9-12). 미가는 야웨가 시온을 자신의 거처로 영원히 정하였다는 기존의 신학에 반기를 들었는데, 시온은 더이상 심판과 재앙에서 면제된 불멸성과 안전의 상징이 아니라는 것이다. 더 나아가 다윗 왕조와 결부된 야웨의 약속들을 예루살렘이나 성전과 동일시하는 것마저 거부하였다.[72]

므낫세 이후에 요시아는 성전을 수축하는 과정에서 율법책을 발견하고 예루살렘 성전을 중심으로 단호한 개혁을 단행하였다(왕하 22:3-20; 23:1-25). 그의 개혁은 지방에까지 확산하여 벧엘을 위시한 각 지방의 성소를 철폐하고 심지어 지방 성소의 제사장들마저 처형하였다(왕하 23:19-20). 요시아의 개혁은 백성들의 마음속에 예루살렘이야말로 유일한 합법적 성소라는 인식을 확고하게 심어주었다.[73]

요시아 통치 초기에 예언 활동을 한 스바냐는 므낫세와 아몬 등 선왕들의 재위 때부터 성행해 온 우상 숭배와 타락한 관습들을 비판하며, 야웨의 날에 예루살렘에 임할 징계와 심판을 예언한다(습 3:1-7). 이 도성이 누리고 있는 큰 특권은 그에 걸맞은 책임을 수반한다고 믿기 때문이다.[74]

---

71 J. H. Hayes, "The Tradition of Zion's Inviolability," 425-26.
72 J. Bright, *A History of Israel* (Philadelphia: Westminster Press, 1981), 294.
73 위의 책, 323.
74 김진희, 『이사야서의 시온사상』, 95.

스바냐는 시온-예루살렘의 불가침성이라는 전통 신학에 근거한 자기 위안의 허구에 대해 경종을 울린다(1:12).

결국, 유다는 BC 598년에 바벨론의 침공을 받고 3개월 만에 항복하게 된다.

유다가 종말을 향해 달려가는 비극적인 시기에 예언한 예레미야의 '예루살렘'은 비관적으로 묘사한다. 시온을 위한 구원의 희망은 거의 강조되지 않는다. 도리어 실로의 운명에 관한 주제를 거꾸로 시온에 적용함으로써 시온의 처참한 파멸을 선포한다.[75]

3) 포로기 및 귀환 시기

포로기 동안 예루살렘은 거의 폐허가 되었다. 상류층 인사들은 포로로 잡혀가고 예루살렘은 주로 가난한 하층민들이 남아 농사를 지어 하루하루 연명하는 곳으로 전락하였다(왕하 25:12; 렘 39:10).

이렇듯 예루살렘의 쇠퇴와 성전 파괴는 다윗 계약의 존속과 예루살렘의 불멸성에 큰 타격을 주었지만, 동시에 이스라엘 종교와 신앙에 새로운 성찰을 가져다준 전기가 된다. 이러한 관점은 예언자들에게서 나타난다. 이 같은 국가적 파국은 야웨의 무능에서 기인한 것이 아니라 이스라엘의 불순종에 대한 징벌로 주어졌다는 것이었다(애 1:18). 또한, 성전이 파괴되었지만, 제의가 완전히 중단된 것은 아니었다(렘 41:4-5).[76]

고레스 칙령에 따라 포로로부터 유다 백성은 스룹바벨 인솔하에 예루

---

75 예레미야는 예루살렘을 '하나님의 성'이라 부르는 대신에 경멸적인 어투로 '이 성'(렘 19:11-15; 21:4-10)으로 부르며, 그에게 있어서 희망적인 표현은 31:2-6이 유일하다고 할 수 있다.
76 정중호는 이에 대한 근거로 1) 성전이 파괴된 것을 탄식하는 예레미야애가의 탄식. 2) 페르시아가 성전 기물을 반환한 사실. 3) 예루살렘 주민들이 갑자기 종교 생활을 중단할 수 없다는 것. 정중호,『이스라엘의 역사』(서울: 대한기독교서회, 1994), 259.

살렘으로 귀환하여, 무너진 성전을 재건한다(스 1-5; 학 1-2; 슥 1-8장). 이후 성벽 재건은 느헤미야에 의해서 주도되었다(느 1-6장). 성벽 재건으로 인한 정치적인 안정의 기반 위에 에스라는 율법을 중심으로 유대인 공동체를 재조직하고 공동체의 내적인 삶을 쇄신하는 데 공헌했다.

지금까지 논의를 기초로 포로기 이후 예루살렘에 대한 변천 과정을 살펴볼 때, 가장 특기할 만한 것은 파괴된 예루살렘에 대한 현실적인 좌절을 극복하고 종말론적인 새 예루살렘에 대한 기대가 움트고 있다는 사실이다.[77]

이와 관련한 예언자들의 예루살렘에 대한 종말론적 기대가 어떻게 진술되고 있는지를 살펴보고자 한다.[78]

첫째, 예루살렘 및 성전의 회복과 영광: 에스겔은 예루살렘 파괴를 말하면서도 다른 한편으로 고국에로의 귀환을 예고함으로써 포로 된 백성을 위로한다(20:42; 34:13; 36:34-35; 37:12, 14, 21). 동시에 40-48장의 종말론적 프로그램은 새로운 성전을 중심으로 한 회복된 공동체를 묘사한다.[79] 포로 후기의 예언자인 학개와 스가랴 역시 예루살렘과 성전의 장엄한 회복을 바라본다(슥 1:17; 8:13; 2:5).[80]

이들 예언자에게 있어서 성전 재건은 야웨의 오심을 위한 선결 요건으

---

[77] 챈스에 따르면, 종말론적 기대는 네 가지 동기로 구성된다. 1) 예루살렘과 성전이 영광스럽게 회복되리라는 것. 2) 예루살렘과 성전이 회복된 이스라엘 백성의 중심 기지로 봉사하리라는 것. 3) 야웨께서 이방 나라들을 다스리시는 중요한 장소가 되리라는 것. 4) 메시아가 성전 및 도성과 관련하여 중심적인 역할을 하리라는 것. J. B. Chance, *Jerusalem, the Temple, and the New Acts in Luke-Acts*(Georgia: Mercer Univ. Press, 1988), 5-6.

[78] 이와 관련하여 김진희, 『이사야서의 시온사상』, 102-05를 요약하였음을 밝혀둔다.

[79] 이와 관련된 자세한 연구는 Douglas Levenson, *Theology of the Program of the Restoration of Ezekiel 40-48*. HSMS 10(Cambridge: Scholars Press for Harvard Semitic Museum, 1976)을 참조하라.

[80] 이와 관련한 자세한 연구는 W. J. Dumbrell, "Kingship and Temple in the Post Exilic Period," *RTR* 37(1978), 33-42; D. L. Petersen, "Zerubbabel and Jerusalem Temple Reconstruction," *CBQ* 36(1974), 366-72를 참조하라.

로 이해되었다(학 1:8).

둘째, 회복된 예루살렘과 이방 나라들: 여기에는 우주적이고 세계적인 중심지로서의 새 예루살렘의 종말론적 특징이 뚜렷이 드러난다.

많은 구절에서 예루살렘을 이방 나라들이 복종하는 장소로 묘사한다(겔 38-39; 슥 14장; 학 2:7). 동시에 종말론적 예루살렘이 이방 나라들의 구원과 밀접히 관련되어 있음을 묘사하는 구절도 많다(사 2:2-4).

셋째, 회복된 예루살렘과 새 성전과 메시아: 학개와 스가랴는 메시아와 도성과 제의 간에 긴밀한 관계가 있음을 묘사한다. 이 두 선지자는 스룹바벨을 메시아로 간주하는데, 학개는 성전과 관련한 문맥에서 스룹바벨의 메시아적 면모를 강조(학 1:14-15; 2:2-9)하는 데 반해, 스가랴는 스룹바벨을 성전의 제의적인 측면과 밀접히 관련시킨다.[81]

에스겔 40-48장에서는 미래의 다윗계 통치자, 곧 메시아와 회복된 제의 사이의 밀접한 관계를 예견한다. 여기서 메시아의 주요한 임무는 이스라엘에 대해 속죄하기 위한 제사 그리고 절기와 월삭과 안식일을 위한 제사를 지내는 일로 묘사된다(45:17; 46:6-15). 이런 식으로 에스겔은 메시아가 공동체의 제의적 삶을 이끌어 가는 주역으로서 특별한 위치를 차지하게 될 것을 강조한다(44:3; 46:2).

---

81 J. Klausner, *The Messianic Idea in Israel: From its Beginning to the Completion of the Mishnah*, trans. by W. F. Stinespring(New York: The Macmillan Company, 1955), 185-205; S. Mowinckel, *He that Cometh*, trans. by G. W. Anderson(New York/Nashville: Abingdon Press, 1954), 119-22

4. 소결론

구약에 나타난 시온 전승의 체계화된 개념은 야웨가 예루살렘에 거주하기 위해 그곳을 선택하였고, 그의 왕권을 그 도성에서 그 대리자를 통하여 실현한다는 것이다.

이 중요한 양 개념으로부터 많은 전승의 흐름이 자극을 받고 나타났는데, 즉 시온의 불가침성, 피난처로서의 시온, 축복의 장소로서의 시온, 열방의 순례 장소로서의 시온, 야웨의 우주적인 지배 장소로서의 시온으로 정리할 수 있다.

이 사상은 예루살렘의 파괴로 인하여 폐기되기보다는 도리어 종말론적이고 우주적인 차원의 옷을 입게 된다.

포로 이후 예언자들의 간절한 한 가지 열망은 포로로부터 재 회집이다. 이 미래 회복은 영화된 시온에서 자리잡을 것으로 기대되었다. 즉, 시온의 회복은 본질에서 변형되리라는 암시다. 이러한 특별한 흐름(시온의 종말론적 회복)은 이후에 제2성전 시기에 더욱 성찰되고, 확장되며, 유대 종말론적 사상의 대부분을 주도하는 하나의 전승으로서 세대를 넘어 계승된다. 그리고 이 전승은 예수의 많은 동시대의 사고와 실천을 형성하게 된다.

제4장

초기 유대교 문헌의 예루살렘

1. 외경
2. 묵시문학
3. 12족장 유언
4. 쿰란 문헌
5. 소결론

제4장

초기 유대교 문헌의 예루살렘

시온의 종말론적 회복 그리고 이와 관련된 사상들은 구약의 시편과 예언서에 등장하지만, 제2성전 시기의 많은 유대교 문헌 가운데서도 지속적인 주제였다.

영광스러운 예루살렘의 종말론적 희망은 이 시기에 유대교의 중심 사상이었다. 이 시기 유대교에 있어서 예루살렘 중심 사상은 시온 전승의 끈질김을 보여주는데, 보다 발전적이고 강화된 형태로 나타난다.

이스라엘은 자신들의 고국을 재건하기 위해 바벨론 포로로부터 돌아왔다. 하지만, 제2이사야에서 주어진 영광스러운 약속은 아직 성취되지 않는 것으로 여겼다.

귀환은 이루어졌지만, 야웨가 약속한 진정한 귀환은 이루어졌는가?

성전은 재건되었지만, 그 찬란함은 이전 성전에 비해 초라하기 그지없었다.

이것이 과연 에스겔 40-48장에서 묘사된 성전의 모습인가?

이러한 질문들은 귀환공동체 가운데 계속해서 제기되었고, 이러한 사상은 이 시기의 문헌들에서 발견된다. 유대교는 외적인 압박으로 해체의 위협을 받았고,[1] 내부적인 긴장들은 분열을 초래하는 것처럼 보였다.

---

1 시리아 왕인 안티오커스 에피파네스 통치하에서 이방인의 관습에 따라 경기장이 예루살렘에 세워졌고 또한 이방인 제의가 드려졌다. 몇몇 유대인들은 할례의 흔적을 제거하고, 거룩한 언약을 포기하기도 하였다(*1 Macc* 1:11-15; *2 Macc* 4:9-17). 안티오커스는

이런 상황에서 유대교를 생존할 수 있게 한 것은 시온 전승이었다. 대체로 구약의 동일한 주제들이 이 시기의 문헌들 가운데 이어졌지만, 새로운 환경들은 전승의 창조적인 재해석을 기대하게 했다. 따라서, 이 시기의 문헌들에는 종말론적인 도시와 성전 그리고 그 회복에 대한 열망이 두드러지게 나타난다.

본 단락에서는 시온 주제와 관련하여 두 가지 원칙으로 문헌들을 선정하였다.

첫째, 예수 전승과 연결되는 것들을 중심으로 하여 시기적으로 역사적 예수 이전 시기와 동시대에 기록된 문헌들로 한정하였다.
둘째, 헬라적 영향을 받은 디아스포라 문헌들은 포함하지 않았다. 이를 바탕으로 하여 본 단락에서는 외경, 묵시문학, 12족장 유언, 쿰란 문헌을 다룰 것이다.

이 문헌 분석을 통해서 초기 유대교의 '시온 전승'이 구약과는 어떤 연속성과 차이점을 지니며, 예루살렘에 대한 예수 전승에 어떤 영향을 끼쳤는지를 살펴보고자 한다.

예루살렘에 강한 성루를 세웠으며(*1 Macc* 1:29-35), 하나님께 제사 드리는 것을 금지시켰다(*1 Macc* 1:41-64). 또한 예루살렘 성전을 올림피안 제우스 신전으로 명명하였다(*2 Macc* 6:1-2).

1. 외경

먼저, 예루살렘의 선택 사상은 다양한 문헌에서 발견된다.

> 예루살렘은 이스라엘 모든 지파가 희생제물을 드리는 유일한 장소로 선택된 곳이다. 거기에는 하나님께서 거처하실 성전이 오고 오는 모든 세대를 위하여 따로 지어져 있었다(*Tob* 1:4).

> 주님의 거룩한 도성, 당신의 안식처인 예루살렘을 불쌍히 여기소서. 시온성이 주님의 찬양으로 차게 하시고, 지성소가 당신의 영광을 노래하게 하소서(*Sir* 36:12f).

> 이 집은 당신께서 세워 주신 집입니다. 이 집은 당신 백성이 당신의 이름을 부르는 곳이며 당신께 기도 드리고 간구하는 곳입니다(*1 Macc* 7:37).

이 본문들에는 성전이 하나님이 선택한 곳이며, 하나님의 거주지(*Tob* 1:4)이며, 예루살렘은 하나님의 안식처요 성소(*Sir* 36:12-136)란 사상이 강하게 나타난다.[2]

또한, 포로에서 풀려나 시온으로 다시 회집할 것이라는 열망은 마카비2서에 잘 드러난다.

> 우리는 하나님께서 머지않아 우리에게 자비를 베푸시고 우리를 하늘 아래에 있는 모든 지방으로부터 당신의 거룩한 땅으로 모아 주실 것을 믿고 있습니다.

---

[2] G. Fohrer and E. Lohse, "Zion-Jerusalem in post-Biblical Judaism," Kittel, *TDNT*, vol. VII, 319-27 참조. R. Kischner, "Apocalyptic and Rabbinic Responses to the Destruction of 70," *HTR*(1985), 27-46.

하나님께서는 여러 번 큰 위험에서 우리를 건져 주셨고, 당신의 거룩한 땅을
정결하게 해 주셨기 때문입니다(*2 Macc* 2:18).

이것은 시온의 회복에 대한 열망과 밀접하게 연결되어 있다(*Tob* 13:5, 6; *Bar* 4:36-37; 5:5-6). 시락서에서 이에 대한 탄원이 구체적으로 드러난다.

주여, 당신의 이름을 받드는 이 백성들, 당신의 맏아들로 여기신 이스라엘을
불쌍히 여기소서. 당신의 거룩한 성소이며, 영원한 안식처인 예루살렘에 사랑
의 은총을 내려 주소서. 시온을 당신의 찬미로 가득 넘쳐흐르게 하시고 당신의
성전을 영광으로 충만하게 하소서(*Sir* 36:17-18).

하지만, 토빗서에 포로에서 시온으로 돌아옴과 예루살렘의 재건에 대하여 탄원이 아니라 확실한 주장으로 나타난다(*Tob* 13:5, 16-18). 이는 시온에 대한 야웨의 약속을 확신하고 있음을 의미한다. 또한, 마카비1서 5장 53-54절에서 제2이사야가 예언했던 것처럼 포로에서 다시 돌아옴을 회상하면서 남은 자를 격려하는 유다의 행동이 흥미롭게 묘사되어 있다.[3] 이것을 통해 포로에서 돌아와 회집할 것이란 기대와 시온의 회복이 그 당시에 유대인의 삶에 있어서 중대 관심사였다는 결론을 내릴 수 있다.

흥미롭게도 시온으로의 회집과 회복에 대한 기대는 이미 팔레스타인에 돌아온 유대인 공동체가 존재하지만, 여전히 성취되어야 하는 것으로 인식되고 있다. 당시의 정치적인 상황은 이러한 기대를 계속하게 만드는 원인이 되기에 충분했다. 하지만, 이런 현상은 약속의 성취에 대한 희망들이 종말론적인 미래를 향하고 있음을 가리킨다.

---

3 이에 관하여 골드슈타인(J. Goldstein)은 "저자는 대담하게 이사야의 예언이 유다의 승리 가운데 성취된 것으로 여기고 있다"고 주장하였다. J. Goldstein, *1 Maccabees*(New York: Doubleday, 1976), 304.

구약에서 시온과 관련된 다른 주제들, 즉 예루살렘을 향한 열방의 순례 (*Tob* 13:13-14), 이스라엘의 어머니로서의 예루살렘(*2 Macc* 7), 시온산의 왕으로서의 야웨(*Jub* 1:28; 참고. 사 24:33) 역시 외경에서 발견된다. 이는 시온과 연관된 사상에 대하여 구약과 외경 사이에 연속성이 있음을 보여준다.

주목할 만한 것으로 BC 1세기 후반에 기록된 솔로몬 시편이 있다. 이 문헌은 이방 군대에 의해 예루살렘과 성전이 점령된 현실(BC 63) 앞에서 신정론 문제와 씨름하면서 하나님의 구원이 다윗의 자손 메시아에 의해 임박한 종말에 실현될 것을 노래한다.[4] 본서는 18개의 시편으로 구성되어 있는데, 이 시기의 문학 중 유일하게 다윗의 자손 메시아가 예루살렘을 정화할 것이라고 노래한다.[5]

> 주여 보소서. 당신이 이미 알고 계시는 그때 하나님 당신의 종 이스라엘을 다스릴 다윗의 자손을 왕으로 세우소서. 그리고 그에게 당신의 능력으로 띠를 두르사 불의한 왕들을 멸망케 하시고 예루살렘을 짓밟아 파괴하는 이방인들로부터 예루살렘을 정결하게 하소서(*Ps. Sol* 17:21-22).

이 시기의 유대교 문헌의 종말론에서 정치적 메시아가 거의 등장하지 않는 것에 반해, 여기서는 다윗의 자손 메시아가 종말 심판과 축복의 도래에 결정적인 역할을 한다는 점이 대단히 독특하다.

그러나 동시에 이 메시아의 힘은 영적이고(17:33), 죄가 없고 성령으로 충만하며(17:38), 그의 입에서 나오는 말로 이방 나라를 파괴한다(17:24; 35). 메시아는 다윗 계약에 의한 지상적 메시아임과 동시에 초월적 존재이

---

[4] J. H. Charlesworth, "The Concept of the Messiah in the Pseudepigrapha," (ed.), W. Haase and H. Temporini, *ANRW* II, 19.1(1979), 188-218.

[5] John J. Collins, *The Apocalyptic Imagination*, 박영식 역, 『묵시문학적 상상력: 유대묵시문학입문』(서울: 가톨릭출판사, 2005), 268.

기도 하다. 그 밖에도 본서는 메시아가 다스릴 그날에 하나님께서 이스라엘을 정결케 하실 것을 다시 한번 소망함으로써 종말과 정화의 주제가 연관되어 있음을 표현한다.[6]

> 하나님께서 자비의 날, 메시아가 다스릴 약속된 그날을 위하여 이스라엘을 축복 속에서 정결케 하시기를 원하노라(Pss. Sol 18:5).

이상과 같이 솔로몬 시편은 예수가 활동하기 직전의 유대교 내에서 다윗의 후손인 왕 메시아가 임박한 종말에 하나님의 대리자로 이스라엘을 다스릴 것이며, 모독을 받은 예루살렘을 정화할 것이라고 기대했던 전승이 있었다는 귀중한 자료를 제공해 주고 있다.

2. 묵시문학

묵시문학은 BC 2세기에 출현해서 AD 2세기까지 성행했던 것으로 역사 안에서의 고난과 하나님의 주권에 대한 유대인들의 신학적 해석 가운데 나타난 문헌이다.[7]

묵시문학가들은 지상에서 일어나는 일들을 하늘에서 일어나는 하나님과 사탄의 우주적 투쟁의 반영으로 본다. 따라서, 그들은 천상의 일에 관심을 가지며, 천상의 비밀을 밝혀내려 한다. 그들은 하나님의 최종적 승리, 임박한 세상의 파국, 최후의 심판, 성도의 구원과 새 시대의 도래를 상징

---

6 R. B. Wright, "Psalm of Solomon,"(ed.), J. H. Charlesworth, *The Old Testament Pseudepigrapha*, vol. I(New York: Doubleday, 1985), 642-43.
7 묵시문학의 기원에 대한 다른 견해에 대해서는 P. D. Hanson, *The Dawn of Apocalyptic*, 이무용 외 역, 『묵시문학의 기원』(서울: 크리스챤다이제스트, 1996), 35 이하를 참조하라.

과 환상의 형식을 빌려 표현한다. 이러한 임박한 종말 사상[8]의 관점에서 역사 안에 정향되었던 이스라엘의 희망의 시계를 역사 너머로 확장했다.

종말에 대한 새로운 해석은 이미 구약 예언자들에게서 비롯되었다. 따라서, 구약의 예언자들에 나타난 종말론적 환상은 묵시문학의 전 단계라고 할 수 있다. 묵시문학 가운데 시온의 주제는 크게 종말화되며, 다른 종말론적인 주제들도 함께 자주 다루어진다.[9]

창세기와 출애굽기에 대한 미드라쉬인 희년서(BC 150년경)[10]는 하나님께서 이 땅의 배꼽이며, 새 창조의 중심인 시온산(Jub 8:19; 4:26)에 성전을 지을 때 만물의 완성이 이루어지며, 그때 하나님은 열방이 주목하는 가운데 '시온산의 왕'으로 임하실 것으로(Jub 1:17, 26-28) 묘사한다.

> 거룩한 이름을 선포하지만, 진실이나 의는 없다. 그리고 그들은 부정과 오염된 부패함으로 지성소를 더럽힐 것이다(23:21).

> 그리고 나는 내 성소를 그들 가운데 세우고 그들과 함께 거하리라. 나는 그들의 하나님이 되고 그들은 진실로 내 백성이 되리라(1:17).

> 주님은 모든 사람의 눈앞에 현현하시리라. 그때 모든 사람이 내가 야곱의 모든 자손의 아버지, 시온산의 왕, 이스라엘의 하나님임을 영원히 알게 되리라(1:27).

---

8   모든 묵시문학이 역사의 종말에 관심하는 것은 아니다. 묵시문학 가운데는 천적 사변, 혹은 천적 여행에 관심하는 책들과 역사의 종말에 관심하는 책들이 있다. 이에 관하여 김경희, "성전비판에 관한 전승사적 연구"(미간행 신학 박사 학위 논문, 장로회신학대학교, 2000), 132-33과 no. 339를 참조하라.
9   묵시문학 문헌 중에서 AD 70년경으로 추정되는 바룩 2서(시리아어 바룩서)와 에스라 4서(에스드라 2서)는 예수 전승과의 비 관련성 차원에서 본 단락에서 제외하였다.
10 R. G. Hamerton-Kelly, "The Temple and the Origin of Jewish Apocalyptic," *VT* 20, 1.

현존하는 성전은 오염되었기 때문에 하나님이 직접 지으실 새로운 성전에 의해 대체되어야 함을 선포한다. 새로운 성전으로의 대체 사상과 하나님의 직접 통치에 대한 종말론적 소망이 잘 나타나 있다.

에녹1서[11]에는 종말론적 성전에 대한 소망이 더 분명하게 나타난다. 90장 28-42절에 새 예루살렘이 묘사되어 있다.

> 나는 일어서서 주님께서 그 옛집을 헐어 버리는 것을 보았는데, 기둥은 전부 빼내고 그 집의 들보와 장식품을 모두 정리하여 밖으로 운반하여 그 토지의 남쪽에 있는 어느 장소에 내려졌다. 나는 양들의 주님이 전에 있던 것보다 크고 높으며 새로운 집을 가지고 와서 전에 헐어버린 그 장소에 다시 구축하는 것을 보았다. 그 기둥은 아주 새로운 것이었으며 장식품도 이전의 낡은 것과는 비교할 수 없는 만큼 훌륭한 것이었고 양들도 모두 그 속에 들어 있었다…(중략)…죽임을 당했거나 흩어졌던 모든 것과 들짐승과 하늘의 모든 새가 그 집에 모여들었다. 양들의 주님은 그들 모두를 환영하고 자기 집으로 돌아온 것을 기뻐하였다…(중략)…그들은 모두가 그 훌륭한 광경을 목격하였으며 그들 중에 보지 못한 자는 한 사람도 없었다. 나는 그 집이 크고 광대하며 온갖 좋은 것들로 가득차 있는 것을 보았다…(중략)…나는 그들과 함께 잠을 잤다. 그리고 마침내 잠을 깨고 모든 것을 보았다. 이것이 잠자는 중에 본 환상이다. 나는 잠을 깨고 정의의 하나님을 찬양하고 그분을 찬미하였다. 그 후 나는 몹시 울었다. 그 주위의 광경을 보았을 때 내 자신도 감당할 수 없을 만큼 눈물이 흘렀다. 모든 것이 도래하고, 성취되고 있었다. 인간의 행위는 하나하나가 순서를 좇아 나의 눈앞에서 전개됐다. 그날 밤 나는 맨 처음에 본 꿈을 생각하고 울었다. 또 그 환상을 본 일로 인

---

11 에티오피아 에녹서라고 불리는 이 책은 다섯 개의 개별 저작물, 파수꾼의 책(1-36), 비유의 책(37-71), 천문학 책(72-82), 꿈의 책(83-90), 그리고 에녹의 편지(91-108), 주간묵시록(93:1-10; 91:11-17)으로 구별되어 있다. 이와 관련한 자세한 논의는 John J. Collins, *The Apocalyptic Imagination*, 93-155를 참조하라.

하여 마음이 동요하기 시작했다.

많은 학자는 여기에 묘사된 새 예루살렘이 천상 예루살렘 사상의 기원이라고 묘사한다.[12]

하지만, 천상 예루살렘의 개념들은 AD 70년 이후에 나타났으며(*4 Ezra; 2 Apoc. Bar*), 여기에는 지상의 예루살렘을 대체할 천상의 도시라는 사상을 명백하게 보여준다는 면에서 다른 특징을 갖고 있다.

그런데 에녹1서 90장에 나타난 새 예루살렘은 천상의 도시가 강하한 것이라기보다는 옛 유적 위에 하나님의 대리자를 통하여 지상의 예루살렘을 기적적으로 재건하는 것으로서 묘사되고 있다.[13] 옛집이 완전히 파괴되고 난 후 새집이 지어지고 있다. 이는 종말론적 시온의 임함은 지상의 예루살렘과 성전의 파괴와 제거가 전제되어야 함을 보여준다. 그리고 예루살렘이 죄인들에 의해 오염되었음을 보여준다(90:9-13).[14]

위의 구절은 다른 흥미로운 문제를 불러일으킨다. 이스라엘의 종말론적인 갱신이 새 예루살렘의 관점에서 이해되고 있으며, 새 성전의 관점은 존재하지 않는다는 점이다.

> 그들은 이전처럼 다시 건축을 시작해서 그 탑을 다시 세우고 높은 탑이라고 불렀다. 그들은 그 탑 앞에 식탁을 차렸지만, 그 위의 음식은 모두 오염되고

---

12 데이비스(W. D. Davies)는 천상 예루살렘은 에녹1서 90:28-38에서 첫 번째로 나타난다는 확신을 가지고 있으며, 많은 학자도 본문에 나오는 '그 집'의 건설자가 하나님으로 인정하였다(90:29). 이와 관련한 학자들의 견해에 대하여 W. D. Davies, *The Gospel and the Land: Early Christianity and Jewish Territorial Doctrine*(Sheffield: JSOT Press, 1994), 143을 참조하라.

13 Kim Huat Tan, *The Zion Traditions and the Aims of Jesus*(Cambridge: Cambridge Univ. Press, 1997), 35-36.

14 M. Himmelfarb, *Ascent to Heaven in Jewish and Christian Apocalypse*(New York/ Oxford: Oxford University Press, 1993), 9-13.

부정했다. 양들의 눈이 너무나 어두워졌기 때문에 이 모든 일과 그들의 목자를 양들은 제대로 볼 수 없었다. 그래서 그들은 목자들의 손에 넘겨졌고, 목자들은 양들을 짓밟고 잡아먹었다. 양들의 주님은 양들이 숲속에 흩어져 들짐승과 섞일 때까지, 그래서 들짐승의 손에서 구출되지 못할 때까지 침묵하셨다 (*1 Enoch* 89:73-75).

추측건대 탑은 성전에 대한 상징으로 보이며(*1 Enoch* 89:50, 73),[15] 종말론적인 시온의 묘사에는 '탑'이 세워지는 언급이 없다(*1 Enoch* 90). 이 구절에서 성전이 없는 회복된 도시를 직면하게 된다.[16]

위의 묵시문학은 시온과 관련된 전통적인 요소들은 비록 종말론적인 요점이 선포되었다고 하더라도 지속해서 유지하고 있다. 희년서에 나타난 강한 시온 중심 사상이 그것이다.

하지만, 종말론적 희망은 새로운 성전으로의 대체 사상이 나타나며, 에녹서에서는 새 시온의 재건은 기존 성전과 시온의 파괴와 제거를 전제로 하고 있으며, 기존 예루살렘을 대체할 천상 예루살렘은 하나님의 대리자를 통하여 건설될 것이라는 사상이 등장한다.

---

15 개스턴(L. Gaston)은 '집'은 성전을 의미하지 않고 예루살렘을 의미한다고 옳게 주장하였다. 그 근거로 "모든 양이 그 안에 있다"(29절)는 말의 해석이 불가능하기 때문이다. 성전은 '탑'으로 표현되었기에 '집'을 성전으로 확대 해석해서는 안 된다고 주장한다. L. Gaston, *No Stone on Another*(Leiden: E. J. Brill, 1970), 114.
16 C. C. Rowland, "The Second Temple: Focus of Ideological Struggle?"(ed.), W. Horbury, *Templum Amicitiae*(Sheffield: JSOT Press, 1991), 186. 이 대목은 요한계시록 21:22의 "거룩한 성에서 성전을 볼 수 없는 이유가 전능하신 이와 어린양이 성전이기 때문이라"는 구절의 전승을 형성한다.

3. 12족장 유언

유언 문학인 12족장 유언서는 묵시문학과 매우 가까우면서도 서로 상이한 점이 있으므로 묵시문학과는 별도로 취급해야 한다.[17]

위의 두 문학의 유사점은 모두 미래를 예견하고 있다는 점이다. 하지만, 묵시문학이 미래의 예견이 하늘 존재의 중재를 통해 환상가에게 전해지지만, 유언 문학에서는 이스라엘 사람들에게 이미 알려진 사람들(족장들)에 의해 그들의 자녀와 자손들에게 전해지는 형식이 취해진다.

> 이것이 내가 너에게 레위의 말을 들으라고 명한 이유이다. 레위는 하나님과 율법을 알고 있고, 주님이 말씀하신 기름 부음 받은 대제사장이 올 약속의 그날까지 이스라엘에 의와 제사에 관하여 가르칠 것이기 때문이다(*T. Reu* 6:8).

> 너의 땅은 황폐한 바 되고 너의 성소는 더럽혀지리라…지극히 높으신 이가 이 땅을 찾아오실 그날까지[그분은 인간으로 오셔서 사람과 더불어 먹고 마실 것이다]…[하나님께서는 사람처럼 말씀하신다](*T. Gad* 7:2f).[18]

위의 언급은 이스라엘의 제사장직이 종말론적인 대제사장이 올 때까지만 유효하며, 성전도 그때까지 부패할 것이라고 주장한다.

---

17 M. McNamara, *Intertestamental Literature*, 채은하 역, 『신구약 중간 시대의 문헌 이해』 (서울: 이화여자대학교출판부, 1995), 96; 본서의 기원과 저작 시기에 관해서는 논란이 계속되고 있다. 이와 관련한 자세한 논의를 위해서는 김경희, "성전비판에 관한 전승사적 연구," 138. no 352를 참조하라.

18 [ ] 부분이 현저하게 기독교적/비 유대교적 개념을 나타내므로 학자들에 의해 진정성을 받지 못하고 있다. 하지만, 그 이외의 구절은 예언자들의 종말 개념과 부합되므로 그 진정성을 인정해야 한다. H. C. Kee, "Testaments of the Twelve Patriarchs," *The Old Testament Pseudepigrapha*(New York: Doubleday, 1983), 818.

하늘의 하늘에는 모든 거룩함보다 뛰어난 지극히 거룩한 곳에 크신 영광이 거하신다. 그곳에는 그분과 함께 천사장들이 있어서 의인들이 부지중에 지은 죄를 위해 주님께 속죄하며 주님을 섬기고 있다. 그들은 주님께 기뻐하시는 향기, 즉 이성적이고 피가 없는 제물을 드린다(T. Levi 3:4-6).

그리고 그들은 다섯 번째 주에 황폐한 땅에 돌아와 주님의 집을 새로이 건축할 것이다. 일곱 번째 주에 제사장들이 올 것인데, 그들은 우상 숭배자요, 간음한 자요, 돈을 사랑하고 거만하며 불법한 자요, 음란한 자요, 남색하는 자로서 짐승 같이 행동하는 자들이다(T. Levi 17:10f).

주님의 응보가 그들에게 임할 때에 제사장직은 폐지될 것이다. 그 후에 주께서 새로운 제사장을 일으키시고, 주님의 모든 말씀이 그에게 임할 것이다(T. Levi 18:1f).

본문들은 천상 성전에 대해 묘사하고 있고, 그곳에서는 천사장들이 이성적이고 피 없는 제물을 드리고 있는데, 이는 현저하게 영화(靈化)된 제의 개념이다.

특히, 레위 유언서 18장의 '새 제사장'에 대한 예언은 역사를 일곱 주간에서 일곱 희년으로 구분하는 예언의 끝에 온다. 일곱 번째 희년의 특징은 제사장들의 죄, 곧 우상 숭배, 폭력, 탐욕, 방종이다. 끝 지점에 이르러 옛 제사장직은 사라질 것이고, 하나님이 새 제사장을 파견하실 것이다. 그는 계시를 받는 수용자이기도 할 것이며, 재판관과 임금의 특징을 가진다.[19]

이는 지상의 성전이 얼마나 오염되어 있는가를 반증하며, 이러한 지상 성전은 천상의 성전으로 대체될 것과 새로운 제사장이 천상의 성전에서

---

19   John J. Collins, *The Apocalyptic Imagination*, 266.

서임을 받고, 옛 제사장의 직임을 대체할 것을 보여준다.

> 그러므로 네가 주께로 돌아설 때 너는 자비를 얻고, 그분은 너에게 평화를 선포하시며 너를 그분의 거룩한 곳으로 인도하실 것이다. 거기서 유다와 레위 족속에서 너를 위하여 주님의 구원이 일어날 것이다(T. Dan 5:9-10)…(중략)…성도들은 에덴에서 안식하고 의인들은 새 예루살렘에서 기뻐할 것이다. 새 예루살렘은 영원히 하나님의 영광이 될 것이다. 주님께서 그들 가운데 거하시매 예루살렘은 다시 황폐해지는 일이 없고, 이스라엘이 다시 포로가 되는 일이 없으리라. 이스라엘의 거룩하신 이가 겸손과 가난 속에서 그들을 다스리시고 그분을 의뢰하는 사람은 진실로 하늘에서 다스릴 것이다(T. Dan 5:12f).

단의 유언서에는 하나님의 구원과 의인들이 거할 '새 예루살렘'에 관해 언급하는데, 이는 범죄한 이스라엘이 하나님께로 돌아설 때 하나님의 구원이 일어날 것과 그때 구원받은 의인들이 새 예루살렘에서 하나님과 함께 영원히 거하리라는 사실을 알려준다.

4. 쿰란 문헌

쿰란공동체의 역사는 예루살렘 제의, 성전, 제사장과 통치자들에 대한 대립으로 설명되는데,[20] 자칫 오해할 수 있는 점은 쿰란이 하나님에 의해서 택함을 받고, 종말론적 희망이 스며들어 있는 성전과 예루살렘의 위치를 전적으로 거부했다는 식으로 생각하는 것이다.

---

20 이와 관련한 요약된 정리를 위해서 G. Verms, *The Dead Sea Scrolls in English*(London: SCM, 1977), 19-55; 김창선, 『쿰란문서와 유대교』(서울: 한국성서학연구소, 2002), 79-87을 참조하라.

하지만, 현존하는 쿰란 문헌에는 시온-예루살렘을 거부하지 않는다. 사실 쿰란에 대한 시온 전승의 영향은 쿰란의 시온에 대한 찬양이 정점에 도달할 정도로 대단히 크다고 할 수 있다. 더욱이 성전은 쿰란의 사상에서 황폐해지지 않았다.[21]

1) 쿰란과 시온

예루살렘과 성전을 유대 사상에서 분리할 수 없듯이, 쿰란과 시온, 쿰란과 성전을 분리하여 취급하는 것은 바른 해석을 그르칠 수 있다. 하지만, 몇몇 부분에서는 이 두 실체 사이의 약간 분리가 암시되어 있으며, 성전에 대한 쿰란의 논쟁적 요소는 이 점을 더 강화하므로, 분리하여 취급하는 것을 정당화시켜 주기도 한다.

몇몇 구절들은 예루살렘 도시를 향하여 적대적인 입장을 보인다. 4QpNah[c-d] 2장 1절에서 예루살렘에 대하여 '피의 도성'으로 언급한다. 이는 하스모니안 왕이 대제사장직을 찬탈하면서, 사독 계열의 대제사장을 쫓아냈기 때문이다. 예루살렘 도성은 불의한 제사 때문에 더럽혀졌기 때문에 피의 도성에 견줄 만하다.

따라서, 쿰란공동체는 그들 자신을 예루살렘의 제사장으로부터 거리를 두게 된 것이다. 이와 비슷한 형태로 예루살렘을 고발하는 내용이 1QpHab 12장 7-8절에도 나타난다.

위에서 언급된 경향과 관련하여 1QH 6장 22-34절에서 쿰란공동체가 하나의 도시에 비유하는 흥미로운 대목을 발견할 수 있다. 6장 25-28절은

---

21 C. A. Evans, "The Recently Published Dead Sea Scrolls and the Historical Jesus,"(eds.), B. D. Chilton and C. A. Evans, *Studying the Historical Jesus: Evaluations of the State of Current Research*(Leiden: E. J. Brill, 1994), 547-65.

시온의 언어를 포함하는 것으로 간주하는 좋은 근거들이 등장한다.²²

> 내가 요새화된 성에 들어가 높은 벽에 구원을 위한 피난처를 찾습니다. 오 하나님! 나는 당신의 진리 위에 기대어 섭니다. 당신은 바위 위에 기초를 세우시고, 당신의 의로운 측량 하심으로 들보를 얹으시고…강한 건물을 위해 택한 돌을 놓으십니다. 그곳에 들어간 모든 자는 걸려 넘어지지 않으며, 사악한 자들은 그리로 들어가지 못하리니, 그 문은 든든히 잠겨 있어서 아무나 들어가지 못하며, 강한 빗장으로 채워져 있어서 어느 누구도 깨뜨리지 못합니다(*1QH* 6:25-28).

저자는 자신의 공동체 안에서 피난처를 찾는데, 그곳이 바로 하나님의 진실한 도성이다. 이 도성은 요새화되어 있고, 적들이 침범하지 못한 견고한 진으로 묘사되어 있다. 이러한 이미지 사용은 하나님의 도성에 대한 전승과 상징이 비록 그들 자신을 예루살렘과 분리하고 있다고 하더라도 여전히 그들 가운데 사용되고 있음을 암시한다.

이는 시온 상징이 거부되지 않을 뿐만 아니라 시온은 공동체의 종말론적 희망의 중심이 되고 있음을 보여준다. CD 20장 22-23절에서 성소가 부정한 것으로 선포되고 있을지라도 '예루살렘'은 같은 구절에서 여전히 거룩한 도성으로 불리고 있다.

1QM 1장 3절에는, 마지막 전쟁을 준비하는 이스라엘 진영이 예루살렘의 광야에 서 있다. 이러한 구절은 구약 안에서도, 랍비 문헌에서도 발견되지 않지만, 결정적인 전투가 일어나는 곳은 예루살렘의 근처임을 암시한다. 1QM 1장 3절의 마지막 부분은 예루살렘으로 올라가는 것을 언급한다. 이는 3장 11절에서 공동체가 전쟁을 위해 예루살렘으로 돌아가기 때

---

22 S. Holm-Nielsen, *Hodayot: Psalms from Qumran*(Aarhus: Universitet- forlaget, 1960), 119.

문이다. 바꿔 말하면, 전쟁은 예루살렘에서 지휘한다는 말이다.[23] 이러한 입장은 예루살렘은 쿰란공동체가 마지막 전쟁 중이여야 할 장소이며, 그곳에서 그들은 중요한 임무를 수행하게 될 것을 암시한다.

1QM 12장 12-15절에 전쟁을 성공적으로 수행한 후에 '감사의 노래'에서 예루살렘과 시온을 향하여 기뻐하라고 권면하기도 한다. 이 구절에서 열방을 정복하는 것, 열방의 순례, 하나님의 왕권과 같은 시온과 관련된 모티프들이 발견된다.

> 오! 시온아 크게 기뻐하라. 오 예루살렘아, 환희에 찬 네 자신을 자랑하라! 기뻐하라, 유다의 도시들아. 너의 문을 활짝 열어 이방 국가들의 군대가 들어오게 하라! 그들의 왕들이 너를 섬기고 너의 압제자들이 네 앞에 무릎을 꿇게 하여라. 그들이 너의 발의 먼지를 핥으리라. 기쁨으로 소리쳐라. 나의 백성의 딸들아! 빛나는 보석으로 네 자신을 치장하고, 왕국들을 통치하라! 주권이 주님께 있을 것이며, 영원한 통치권이 이스라엘에 있을 것이다(*1QM* 12:12-15).

위에 언급된 본문들은 현재 성전과 도시가 쿰란공동체에 의해 거부되고 있다는 사실을 논증한다. 그 이유는 불의한 제사와 제사장직에 의해서 더럽혀진 것이지, 성전 자체의 본래 제도 때문은 아니다.

그러므로 정결화 그리고 보다 더 나은 성전과 도시에 대한 희망은 간직되어 있다. 비록 예루살렘과 성전을 어쩔 수 없이 떠나게 했던 재앙과 같은 경험이 있었다고 하더라도, 예루살렘이 그들의 종말론적인 희망의 중

---

23 4QMMT에는 예루살렘이 광야의 거룩한 진으로 나타나며, 이스라엘의 다른 모든 도시 중에서 탁월하게 드러난다. J. Strugnell and E. Qimron, "An Unpublished Halakhic from Qumran,"(ed.), J. Amitai, *Biblical Archaeology Today*(Jerusalem: Israel Exploration Society, 1985), 400-07. 이외에도 4QpPSa 3:8-13에는 쿰란공동체가 언젠가 이스라엘의 가장 높은 산을 소유하게 될 것이라는 기대감을 표현한다. 이곳은 바로 시온산을 가리킨다.

심이라는 쿰란공동체의 신념은 흔들지 못했다. 이러한 사태는 시온 전승이 쿰란공동체에 강력한 영향을 끼쳤다는 것을 생생하게 증언한다.

시온과 관련된 전통적인 모티프는 쿰란공동체 안에서 유지될 뿐만 아니라 발전된다. 논의의 초반부에 공동체가 하나의 도시로 묘사되었다. 이것은 공동체가 타락한 예루살렘 밖에서 하나님의 진정한 도시로서 기능하고 있음을 암시한다(*1QH* 6:25-28). 이는 백성과 도시 사이의 관계성을 보여주는 구약의 사상을 뒤엎는 것이다. 구약에서는 도시는 백성을 대표하지만,[24] 전술한 구절에서는 백성의 공동체가 도시를 대표한다.

5Q15에서 '시온 전승'의 흥미로운 발전이 나타난다. 여기에 사용된 많은 언어는 에스겔 40-48장에서 기원한다.[25] 특징적인 것은 에스겔 40-48장은 성전만 측량되지만, 5Q15에서 전체 도시, 즉 집과 거리, 방들, 계단과 창문을 포함한 모든 것이 측량되고 있다는 점이다. 측량의 의미는 '보호'다.[26] 따라서, 에스겔에서 성전에 대한 하나님의 보호는 본문에서 전체 도시와 모든 건물로 확대된다.

그러나 종말론적 희망의 중심으로서 시온의 개념에 대한 가장 흥미로운 발전은 '시온의 의인화'(the Apostrophe to Zion)[27]로 잘 알려진 11QPsª 22에서 발견된다.

> 시온아 내가 너를 축복한 것을 기억한다. 나는 온 힘을 다하여 너를 사랑했다. 그 축복의 기억이 영원하기를! 오 시온 너의 희망이 크도다. 평화가 올 것이며,

---

24　G. Fohrer and E. Lohse, "Σιων κτλ." *TDNT* VII, 308-09.
25　G. Verms, *The Dead Sea Scrolls in English*, 271.
26　J. P. M. Sweet, *Revelation*(Pelican Commentaries; London: SCM, 1979), 183; 이와 관련된 보다 자세한 논의에 대해서는 F. G. Martinez, "The 'New Jerusalem' and the Future Temple of the Manuscripts from Qumran," *Qumran and Apocalyptic: Studies on the Aramaic Texts from Qumran*(Leiden: E. J. Brill, 1992), 180-213을 참조하라.
27　C. E. L'Heureux, "The Biblical Sources of the Apostrophe to Zion," *CBQ* 29(1967), 60-74.

구원에 대한 기대가 충만할 것이다. 대대로 네 안에 거주할 것이며, 신실한 세대들은 너의 영광이 될 것이다(*11QP*.ᵃ 22:1-3).

이 문헌에서 야웨 자신에게 적용된 용어들, 즉 '영광', '희망', '축복' 등이 시온에 적용되고 있다. 이 문헌은 그 언어와 이미지를 볼 때, 명백하게 이사야 54장과 66장의 시온 송가로부터 차용하고 있다.[28]

그러나 한 단계 더 나아간다. 두 개의 구절이 추가되었다.

첫째, 1a절에서 '내가 너를 기억한다'의 구절이 추가되었다. '기억하다'(זכר)는 전문적인 제의 용어로 "이름을 부른다"는 의미를 포함한다.[29] 따라서, 여기서 예상되는 이름은 '시온'이지 야웨가 아니다.

둘째, "나는 온 힘을 다하여 너를 사랑했다"(2b)는 구절은 신명기 6장 5절의 "너는 마음을 다하고 뜻을 다하고 힘을 다하여 주 너의 하나님을 사랑하라"와 비교된다. 이러한 시온의 의인화에 대한 특징[30]은 더 나아가 시온의 모성애로 나타나기도 한다.

그들은 구원의 날을 갈망하며, 너(시온)의 충만한 영광 가운데 기뻐할 것이다(4절).

이러한 시온의 모성에 대한 이미지는 '시온의 의인화'의 탁월한 주제 중 하나다(5, 8, 18). 특히, 위의 4절은 수많은 자녀가 시온으로 돌아올 것을 언

---

28 J. A. Sanders, *The Psalm Scrolls of Qumran Cave 11(11QPsa)*, 85.
29 C. E. L'Heureux, "The Biblical Sources of the Apostrophe to Zion," 61; 구약성경에서 '시온'은 어머니로(사 66:8), 딸로(왕하 19:21), 처녀로(사 37:22), 신부로(사 62:3), 심지어 창녀로(렘 2:20) 의인화되기도 한다. K. Son, *Zion Symbolism in Hebrews,* 45-47.
30 유대교 문헌 중에 이러한 시온의 의인화에 대한 문헌으로는 4 Ezra 9:26-10:59와 *2 Apoc. Bar* 4:8; 5:5, 그리고 JosAsen 15, 18-19장에 나타난다. 하지만, 이들은 기원후의 기록 시기를 가지고 있다.

급한다(사 43:3-5; 49:18-23; 54:1-3; 60:4-9; 66:7-9 참조). 이러한 예언 전통 위에 두 가지가 추가되는데, 시온 안에서 자녀들이 기뻐한다는 것과 시온의 진정한 자녀로서 이방인들을 포함한다는 것이다.

결론적으로 이러한 시온의 의인화 현상은 시온의 이상화로 가는 한 단계다. 시온은 그곳에 거주하신 주님 때문에 찬양을 받는다. 그러나 시온 자체는 이전에 주님께 적용된 개념들이 시온에 적용되면서 더욱더 찬미의 대상이 되어간다.[31]

예루살렘 제의와 지도층으로부터 분리된 공동체에서 시온의 이상화를 언급한다는 것은 놀랄 만한 일이다. 이것은 쿰란공동체의 종말론에 대한 이해 가운데 시온의 중요성을 언급한 문헌 가운데 하나다. 그러므로 비극적인 경험에도 불구하고 쿰란 분파는 시온이 하나님의 종말론적 구원의 적절한 장소요, 상징이라는 것을 거부하지 않았다고 볼 수 있다.

2) 쿰란과 성전

쿰란공동체가 불의한 제의와 제사장직 때문에 성전을 불결한 곳으로 간주한 것은 사실이지만, 하나님의 현존과 하나님과 인간이 만나는 장소로서 성전 그 자체를 거절한 것은 아니다.

> 계약에 들어온 자는 그 누구도 제단에 헛되이 불을 지피기 위해서 성전에 들어가서는 안 된다. 하나님께서 "너희가 내 단 위에 헛되이 불사르지 못하게 하기 위하여 너희 중에 성전을 문을 닫을 자가 있었으면 좋겠도다"(말 1:10)라고 말씀하신 만큼 그들은 성전 문을 닫아야 한다. 그들은 이 악한 시대에 정확한 율법 해석에 따라 행동하도록 조심해야 한다. 그들은 지옥의 아들들로부터 분리

---

31   K. Son, *Zion Symbolism in Hebrews*, 73-74.

되어야 하고 맹세나 저주 또는 성전 금고로부터 얻은 악인의 부정한 제물로부터도 분리되어야 한다(CD 6:11-15).

위에서 비난했던 것은 불법적인 대제사장과 오염된 제의였지, 성전이나 제의 자체를 부인한 것은 아니었다. 실상 부패한 제의를 비난하는 것은 올바른 제의에 대한 깊은 존경에서 비롯된 것이다.

이러한 사실은 11QT 같은 문서에 드러나는데, 제2성전은 하나님께서 다른 성전을 창조하거나 대체할 때까지는 하나님의 영광스러운 장소임을 명확하게 진술한다.

> 나는 영원히 그들과 함께 거하고 내 성소를 내 영광으로 거룩하게 하리라 나는 내가 내 성소를 지을 창조의 그날까지 내 영광을 그곳에 두리라. 나는 벧엘에서 야곱과 맺은 언약에 따라 그것을 나를 위하여 영원히 세우리라 (11QT 29:8-10).

1QM의 증거는 성소가 빛의 아들과 어둠의 아들 간의 종말론적 전쟁이 일어날 때, 결정적인 역할을 할 것을 암시한다(1QM 2:3).

> 이스라엘 가운데서 이 사람들이 이 모든 규칙에 따라 공동체의 회원이 될 때에는 그들은 영원한 진리에 따라 거룩한 영을 소유해야 한다. 그들은 반역과 불성실의 죄를 대속해서 번제의 고기나 희생의 기름 없이도 이 땅을 위해 인자하심을 받아야 한다. 그리고 올바로 드려진 기도는 받으실 만한 의의 향기이고 행위의 완전함은 기뻐 드리는 제물이 되리라. 그때에 이 공동체의 사람들은 거룩한 집, 즉 이스라엘 공동체의 집이 되리라(1QS 9:3-6).

이와 같은 본문들의 진술을 통해서 우리는 공동체가 그들 스스로를 '중간기의 성전'으로 그리고 더럽혀진 땅을 위한 대속자로 이해했다는 점을 알 수 있다(*1QS* 8:8-9; 9:4-5). 그들은 현재 성전이 더럽혀졌기 때문에 공동체는 자신을 이스라엘의 땅을 위한 대리자의 기능을 수행하는 것으로 인식하였다(*1QS* 8:1-10 참조). 성전의 부정함에 대한 두루마리의 진술 관점에서 이러한 제의적인 언어는 공동체와 그들의 경건한 행위가 예루살렘 제의를 대체하는 것으로 이해한다.[32]

> 그는 속죄에 의해서 정결케 될 수 없고, 정결케 하는 물에 의해서도 깨끗해질 수 없으며, 바다나 강으로도 거룩하게 할 수 없고, 어떠한 목욕에 의해서도 깨끗하게 씻을 수 없다. 그는 부정하고 부정하리라. 그가 하나님의 교훈을 멸시하는 한, 그는 공동체로부터 아무런 가르침도 받지 못하리라(*1QS* 3:4-6).

> 하나님은 거룩의 영으로 그를 모든 악한 행위로부터 깨끗하게 하시리라. 그분은 모든 가증한 것과 불의로부터 그를 깨끗하게 하려고 그에게 진리의 영을 정결케 하는 물처럼 쏟아부으시리라(*1QS* 4:21).

> 주여! 당신을 찬송하옵나니, 당신께서는 당신의 강직함으로 나를 붙잡으셨고, 당신의 성령을 내게 부으셨기에 동요하지 않습니다. 사악한 전쟁의 와중에서도 내게 힘을 주셨나이다…(*1QH* 7:6-7).

> 그들은 거룩한 동료들의 정결한 식사에 참석하기 위해서 물에 들어가서는 안 된다. 자신의 죄악에서 돌아서지 않는 한 그들은 깨끗해질 수 없고, 그분의 말씀을 거역하는 모든 사람은 부정하기 때문이다(*1QS* 5:13).

---

32 G. W. E. Nickelsburg, *Jewish Literature Between the Bible and Mishnah* (London: SCM, 1981), 133.

위의 언급들은 현실적으로 제의를 드릴 수 없는 종교적 진공 상태를 어떻게 해결하였는지를 보여준다.

먼저 '세신'(洗身)은 죄악의 정화와 속량이라는 의미가 있고 제사가 가졌던 속죄의 기능을 대신했다.[33] 다음은 성령 사상으로, 사람은 하나님의 명령에 순종함으로써 성령에 의해 깨끗하게 되며, 정결케 하는 물처럼 하나님은 성령을 사람에게 부으셔서 그 죄를 사할 것으로 생각했다.[34]

마지막으로, 공동 식사는 이렇게 회개하고 세신에 의해 성령으로 정결케 된 자들만이 참석할 수 있는 거룩한 의식이었다. 하루에 두 차례씩 행해진 공동 식사는 다가올 메시아 시대의 향연의 선취적 실현이었으며, 세신과 함께 사실상 제의적 의미가 있는 의식이었다.

이렇게 성전과 제의로부터 고립되어 제의의 대체를 추구했던 공동체는 자신의 공동체가 영원한 계약의 공동체, 즉 참 이스라엘을 위해 진리의 기초를 놓을 것이고, 그들의 죄를 속할 것이라고 말함으로써 공동체를 성전으로 간주하는 사고로 발전하였다.

---

33 이 의식은 예루살렘 성전 제의에서는 단지 제의를 위한 정화만을 그 목적으로 삼았으나 쿰란에서는 제사 없이 죄악의 정화와 속량을 실천해야 했으므로 새로운 의미로 쓰이게 되었다. K. H. Schelkle, *Die Gemeinde von Qumran und die Kirche des Neuen Testaments*, 김윤주 역, 『쿰란의 공동체와 신약의 교회』(왜관: 분도출판사, 1971), 83.

34 공동체 내의 성령은 종말을 위해 예비하신 현재 활동하시는 하나님의 은사이다. 여기서 성령은 결코 독자적으로 혹은 인격화된 모습으로 나타나지 않고, 예외 없이 하나님께서 택하신 자들을 위한 당신의 구원 은사로서 종말에 사용하시는 도구인 것으로 파악되고 있다. 하지만, 쿰란공동체는 성령을 단지 소망으로 대상으로만 기대하지 않고, 자신들이 처한 현실에서 실제로 체험하였으며, 앞으로도 체험 가능한 하나님의 은사로 믿었다. 김창선, "1QH(쿰란찬송시편)에 나타난 성령이해," 『쿰란문서와 유대교』, 112-35.

그것은 영원히 있을 밭이고, 이스라엘을 위한 거룩한 집이며, 아론을 위한 지극히 거룩한 총회이다. 그들은 심판 때에 진리에 대해 증언자가 될 것이고, 그 땅을 위해 속죄할 하나님의 선택된 자들이며 악인들에게 보응할 자들이다. 그것은 시험한 벽(tried wall)이며 흔들리지 않는 귀한 기초돌(사 28:16)이다. 그것은 의의 계약에 대한 영원한 지식을 가지고 아론을 위한 지극히 거룩한 처소가 되고 아름다운 향기를 드릴 것이다. 그것은 이스라엘에서 완전과 진리의 집이 되어 영원한 명령에 따라 계약을 세울 것이다(*1QS* 8:5-11).

이러한 변화는 그들이 처했던 역사적 정황과 이들의 독특한 경험에서 초래된 것이었지만, 당시에 초기 유대교에서 일반적으로 진행되던 예배의 영화(靈化)라는 넓은 맥락 안에서보다 잘 이해할 수 있을 것이다.

이상에서 살펴본 쿰란공동체의 시온 사상과 성전에 대한 태도는 복합적이라고 할 수 있다. 분명히 쿰란공동체는 예루살렘과 성전이 유대교 안에서 중요한 역할을 하는 것을 부인하지 않는 것 같다. 도리어 그들은 더럽혀진 성전을 대체하였다.

시온의 종말론적 희망인 성전의 회복과 정결한 성전이 현실화할 때까지 그들은 성전을 대신하여 행동하였다. 이는 그들 자신이 성전이 다시 정결하게 되고, 의로운 제사장이 설 때까지의 중간 단계로서의 최고의 대안으로 인식한 것으로 보인다.[35]

이렇듯 시간상으로 지리적으로 기독교와 근접한 유대교의 한 공동체가 당시의 예루살렘 성전은 부패했고, 선택받은 백성인 자신들의 공동체가 종말 시대의 잠정적인 성전이며, 자신들이 종말 시대의 선택받은 백성이라고 생각했던 증거[36]가 분명하다면, 그리고 그들이 사용했던 구약성경의

---

35 Kim Huat Tan, *The Zion Traditions and the Aims of Jesus*, 40-41.
36 B. Gärtner, *The Temple and the Community in Qumran and the New Testament: A Comparative Study in the Temple Symbolism of the Qumran Texts and the New Testament*(Cambridge:

전거가 신약성경의 것과 유사한 맥락을 가지고 있다면, 우리는 쿰란공동체에 스며들어 있는 시온 전승이 신약성서, 특히 예수 전승과 밀접한 관련성이 있음을 짐작할 수 있다.[37]

5. 소결론

지금까지 초기 유대교 문헌에 나타난 시온 주제를 고찰하였다.

위에서 언급된 초기 유대교 문헌들은 구약의 시온 전승에 확실한 기반을 둔다. 예루살렘은 하나님이 택한 도성이요, 하나님의 거처이며, 영원히 흔들리지 않는 하나님의 왕권이 실현되는 곳이다.

하지만, 제2성전 시기는 시기적으로, 상황적으로 헬라화의 위협과 정치적인 혼란 그리고 내부적으로 성전을 중심한 지도층들의 부패와 갈등으로 인하여 시온 사상은 필연적인 변화를 맞이하게 된다.

이와 같은 전제 위에 초기 유대교 문헌들을 분석하였다. 그 결과 시온 전승에 대한 초기 유대교의 특징적인 입장을 정리할 수 있다.

첫째, 시온의 선택 사상은 견고히 유지된다. 이는 근본적으로 초기 유대교 문헌들이 구약의 시온 전승과의 연속성 가운데 있음을 보여준다. 시온에 대하여 가장 대립적인 관계에 있는 쿰란 문헌에서까지 시온의 본래 위치와 성전의 자체 제의와 제도에 대해서는 철저하게 인정하고 있다. 시대적인 상황과 예루살렘이 위협에 노출되면 될수록 시온 사상은 더 깊이 유

The University Press, 1965), 4-16.
37 K. H. Schelkle, *Die Gemeinde von Qumran und die Kirche des Neuen Testaments*, 91.에서 쿰란 문서와 신약성서에 나타난 여러 가지 유사성과 차이점(세례, 가난, 메시아 기대, 종말과 구원, 예배, 성서 해석 등)에 대해 논하고 있다.

대인들 가운데 뿌리를 내리고 있다.

둘째, 시온 전승은 이어지지만, 구약 예언자들의 전승 가운데 배아처럼 나타난 종말론적 희망이 강하게 드러나고 있다. 이러한 현상은 대부분 문헌에 나타난 공통점이다. 이는 역사적인 상황과 성전의 기능상의 한계에 대한 반영으로 여겨진다.

셋째, 시온 사상의 종말론적 희망은 초월성과 대체의 형태로 나타난다. 천상의 성전 혹은 천상의 예루살렘 개념으로 이는 묵시문학과 12족장 유언서에 주로 등장한다. 이는 종말에 하나님이 지상에 새 성전을 지으실 것에 대한 기대로 연결된다. 두 차례의 성전 건축과 이어지는 성전의 타락으로 인한 오염, 이에 따른 환멸 같은 역사적 경험이 역사를 넘어선 초월의 세계에 대한 사색으로 확장되었을 것이다.

넷째, 종말의 때에 새로운 시온으로의 대체는 기존의 성전과 시온의 파괴와 제거가 전제됨을 보여준다. 또한, 오염된 시온을 정화하고 재건하는 대리자(*1 Enoch*)와 다윗의 메시아(*Pss. Sol*) 사상이 드러나기도 한다. 물론, 구약의 예언 전통에 근거한 하나님의 직접 통치의 사상도 드러나지만, 대리자 사상은 구약의 시온 전승을 넘어서는 것이다.

다섯째, 대체가 초월적인 측면으로만 아니라 현실적으로 이어지는 경우가 쿰란 문헌에서 나타난다. 바로 오염된 지상 성전에 대하여 쿰란공동체로 잠정적으로 대체되고 있다는 점이다. 그뿐만 아니라 쿰란은 성전과 관련된 제의와 직분 등을 기도, 세신, 성령, 공동 식사와 같은 방식으로 대체하고 있다. 이러한 입장은 제의를 '이성적이고, 피 없는 제물을 드리는 것'으로 표현한 유언 문학에서도 볼 수 있다. 이는 초기 유대교 문헌의 시온 전승의 커다란 특징인 영화의 형태를 보여준다.

여섯째, 시온의 의인화 현상도 이 시기 문헌들에 나타난 특징 가운데 하나다. 쿰란 문헌에서 하나님에게 적용된 개념들이 시온에 적용되기도 하고, 시온의 모성적 이미지 등은 시온의 이상화의 절정을 보여준다고 하겠다.

결론적으로 초기 유대교 문헌에 나타난 시온 사상은 다양한 사고가 병존하고 있다고 볼 수 있다. 분명한 것은 구약 예언자들에게 나타난 종말론적 희망으로서의 시온 사상이 다양한 방향으로 확장되고 발전되는 시기라고 할 수 있다.

정리하면, 초기 유대교 문헌에 나타난 시온 사상의 발전 핵심은 '종말화', '초월성', '영화'인데, 이들은 '대체'로 엮어진다.

이러한 시온 전승은 역사적 예수에게로 이어진다. 특히, 예수의 예루살렘에 대한 상황에 있어서 쿰란 문헌과 밀접한 관련성을 인정하지 않을 수 없다.

그러므로 이제 우리는 다음과 같은 질문에 대답할 수 있다.

왜 예수가 예루살렘으로 가고자 했는가?

왜 예수는 예루살렘을 자신 사역의 완성지로 여길 수밖에 없었는가?

제5장

신약성경의 예루살렘

1. 예수
2. 바울서신
3. 복음서
4. 히브리서
5. 요한계시록

제5장

신약성경의 예루살렘

신약성경의 예루살렘에 관한 연구에 들어가면서, 자끄 엘룰(J. Ellul)의 『도시의 의미』에 나타난 의미심장한 한 대목을 인용하고자 한다.

> 예루살렘은 기다리고 있다. 우리가 이미 말한 것처럼 예수 안에서 예루살렘의 기대들은 성취된다. 그러나 메시아적 관점에서는 진실인 것이 도시 예루살렘에는 낯설고 심각한 결과들을 수반한다. 거룩한 성이 예고한 모든 것이 그 눈앞에 있는 이상, 예루살렘은 어떤 의미로는 사라져야 한다. 왜냐하면, 예루살렘이 단지 예표인 한, 실제가 나타날 때 예루살렘은 폐지되기 때문이다.
> 예루살렘이 구원을 위해서나 도시에 관해서나 하나의 '표징'으로서 그 독특한 의미를 갖는 한, 그 표징은 '진리'가 나타날 때 예루살렘은 그 의미를 잃는다…중략…예수의 나타남으로 예루살렘은 더이상 이중적인 기능, 즉 정치적이면서 영적인 기능을 갖지 않는다. 예루살렘은 더이상 왕국의 중심이 아니다. 왜냐하면, 예수님 자신이 왕국이시기 때문이다. 더이상 예루살렘은 기초도 모퉁이 돌도 아니다. 이제 우리는 예루살렘이 단지 놓여질 돌을 기다리는 동안만이 독특한 역할을 했음을 감지할 수 있다.[1]

---

1 Jacques Ellul, *The Meaning of the City*, 최홍숙 역, 『도시의 의미』(서울: 한국로고스연구원, 1992), 218.

> 예루살렘 성전에 대한 그리스도의 몸의 성전으로의 대체(replacement)는 성전의 유일한 역할 때문에 전체 도시에 적용된다. 예수님은 예루살렘에 대한 한 충만한 대체로서 자신을 주신다. 이후로 예수님은 예루살렘을 대신하시며 그 기능을 충만케 완성하실 것이다…중략…예루살렘에 대한 예수님의 이중적 행위(완성과 대체)는 그것의 성격에 있어서 하나의 거대한 변화로 귀결된다. 더이상 예루살렘은 거룩하지 않고 더이상 신성하지 않다. 예수님은 문자 그대로 예루살렘을 탈신성화 하였으며, 혹은 다른 말로 하여 그 신성한 역할을 박탈함으로써 예루살렘을 속화하신다.[2]

구약과 중간기를 거치면서 시온의 종말론적 회복의 메시지는 예수 그리스도를 만나면서, 정점에 서게 된다. 그 정점은 완성을 향한 또 하나의 전환점이 된다. 예수로 인하여 예루살렘은 참된 지평, 아니 새로운 지평의 역사로 뻗어 나가게 된다.

1. 예수

1) 예루살렘과 관련된 예수의 말씀

'예루살렘'이라는 단어는 공관복음에 총 54회 등장하는데, Ἰερουσόλυμα의 형태로 25회, Ἰερουσαλήμ의 형태로 29회 각각 나타난다.[3] 공관복음서에 나타난 이 단어 중에서 예수에게서 나왔다고 여겨지는 경우는 학자마다 견해가 다르다.

---

2 위의 책, 224.
3 L. Hartman, "Ἰερουσαλήμ Ἰερουσόλυμά" *EDNT* II, 177; J. K. Elliot, "Jerusalem in Acts and the Gospels," *NTS* 23(1997), 462-69.

일반적으로 8개 구절이다: 마가복음 10장 33절(병행, 마 20:18; 눅 18:31); 마태복음 5장 35절; 마태복음 23장 37-39절(병행, 눅 13:34-35); 누가복음 13장 4절; 13장 33절; 21장 20절; 23장 28절; 24장 48절.[4]

이 중에서 누가복음 13장 4절은 예루살렘에 대한 예수의 의견을 보려는 경우와 맞지 않으므로 고려 대상에서 제외한다. 남은 7개의 구절의 공관복음서 분포를 보면, 마가복음에서 한 구절, Q(마태복음과 누가복음의 공통 자료)에서 한 구절, 마태복음에서 한 구절, 누가복음에서 네 구절이다.

본 연구에서는 이 7개 구절 중에서 의미상 겹치는 부분이나 예수의 진정성을 확보하는 데 있어서 학자들 간의 논란이 심할 때는 제외하였다. 이러한 입장에 따라 본 연구에서는 Q 13장 34-35절과 마태복음 5장 33-37절, 그리고 누가복음 13장 31-33절의 세 본문을 다루고자 한다.

본 장에서는 위의 세 본문에 대한 예수 말씀의 진정성 문제를 다루며,[5] 이를 바탕으로 확정된 본문을 분석하여 아래의 질문에 답하고자 한다.

예수는 예루살렘에 대하여 어떤 입장을 가지고 있었는가?

예수는 예루살렘과의 관련성 속에서 어떤 자의식을 갖고 있었는가?

(1) Q 13장 34-35절

예루살렘을 향한 탄식은 마태복음 23장 37-39절과 누가복음 13장 34-35절에 등장하는데, 각각 다른 상황에서 나타난다. 이 복음서들에 나타난 말씀들(logia)은 몇 가지 해결해야 할 난제가 있음에도 불구하고 대부분 문자적인 일치[6]를 보여서 마태와 누가의 공통 자료 혹은 원자료(Q)를

---

4 Kim Huat Tan, *The Zion Traditions and the Aims of Jesus*, 55-56.
5 예수의 진정성을 찾는 기준에 대하여는 J. P. Meyer, "How Do We Decide What Comes from Jesus?" *A Marginal Jew: Rethinking the Historical Jesus*(New York: Doubleday, 1991), 167-95를 주로 참조하였다.
6 흥미롭게도, 마태는 '예루살렘'에 해당하는 Ἱεροσόλυμα를 선호하는데, 유일하게 이 구절에서만 Ἱερουσαλήμ을 사용하고 있다. 또한, 맨슨에 의하면 두 복음서 사이의 본문의

쉽게 복원할 수 있다.

이 본문을 통한 예루살렘에 대한 예수 전승의 의미를 파악하기 위해 몇 가지 연구가 선행되어야 한다.

첫째, 두 본문이 각각 다른 상황에서 기록되었기에 이 말씀의 원래 본문(Q)을 복원해야 한다.

둘째, 복원된 본문의 말씀이 예수에게서 온 전승인지에 대한 진정성을 다뤄야 한다.

마지막으로 이를 토대로 본문을 분석하여 예수 전승에 나타난 예루살렘의 의미를 탐구할 것이다.

① Q 본문과 사역

마태복음과 누가복음의 원자료에 해당하는 Q 본문은 다음과 같이 복원할 수 있다.[7]

> 34 Ἰερουσαλὴμ Ἰερουσαλήμ, ἡ ἀποκτείνουσα τοὺς προφήτας καὶ λιθοβολοῦσα τοὺς ἀπεσταλμένους πρὸς αὐτήν, ποσάκις ἠθέλησα ἐπισυνά(ξαι) τὰ τέκνα σου, ὃν τρόπον ὄρνις (ἐπισυνάγει) τ⟦(ὰ)⟧ νοσσία⟦ν⟧ αὐτῆς ὑπὸ τὰς πτέρυγας, καὶ οὐκ ἠθελήσατε.
>
> 예루살렘아, 예루살렘아!
>
> 선지자들을 죽이고, 네게 파송된 사람들을 돌로 치는 자여!
>
> 암탉이 그 날개 아래로 제 새끼들을 모으는 것 같이 얼마나 자주 내가

일치는 90퍼센트 정도다. T. W. Manson, *The Saying of Jesus*(London: SCM, 1949), 102.

7 마태와 누가의 공통 본문인 Q 본문은 국제 Q 프로젝트(IQP)에서 복원한 자료를 주로 참고하였다. J. M. Robinson, P. Hoffmann, and J. S. Kloppengorg, *The Critical Edition of Q*(Minneapolis: Fortress Press, 2000), 420-23.; 본문 사역은 소기천, 『예수말씀 복음서 Q 개론』(서울: 대한기독교서회, 2004), 374-45를 참조하였다.

너희 자녀들을 모으기를 원했느냐?
그런데 너희는 원하지 않았다.

35 ἰδοὺ ἀφίεται ὑμῖν ὁ οἶκος ὑμῶν (). λέγω [δὲ] ὑμῖν, οὐ μὴ ἴδητέ με ἕως

⟦[ἥξει ὅτε]⟧ εἴπητε· εὐλογημένος ὁ ἐρχόμενος ἐν ὀνόματι κυρίου.

보아라, 너희의 집이 버려진다. 내가 너희에게 말한다. '주의 이름으로 오시는 이는 복되시다!' 라고 너희가 말한 그때가 오기까지 너희는 나를 보지 못할 것이다.

㉮ ἐπισυνάξαι(눅 13:34)가 Q의 본문에 타당하리라 본다.[8] 누가가 사용한 ἐπισυνάξαι는 마태 본문은 물론 누가의 용례(12:1)와 70인역의 형태와도 다르다. 이러한 일반적이지 않고, 비-누가적인 표현은 누가 이전의 전승을 수용하고 있음을 보여준다.

㉯ ἐπισυνάγει(마 23:37)는 누가의 과도한 반복을 피하는 경향성을 볼 때, 누가가 삭제한 것으로 보인다. 따라서 이 표현은 Q에서 기원한 것으로 본다. 이러한 누가의 편집적 경향성은 34절에 나타난 재귀대명사인 ἑαυτῆς와 집합적 단수 명사인 τὴν νοσσιὰν의 결합에서도 잘 나타나는데, 이는 예수의 은유(metaphor) 가운데 개인적 친밀감의 묘미를 강조하기 위한 것으로 보인다.[9]

---

[8] IQP에서는 마태의 본문인 ἐπισυναγεγεῖν을 Q 본문으로 채택한다. 하지만, 70인역에 근거하여 볼 때, ἐπισυνάγω는 제 1과거형의 경우에는 수동태로, 제 2과거형인 경우에는 능동태로 사용된다. 이것이 이 단어의 일반적인 용례다. 눅 13:34의 단어인 ἐπισυνάξαι는 제 1과거형임에도 불구하고 능동태를 사용하고 있으므로, 70인역을 따르고 있는 누가복음의 용례(12:1)와 비교해도 독특하고, 드문 형태다. 이와 관련하여 F. D. Weinert, "Jesus' Saying about Jerusalem's Abandoned House," *CBQ* 44(1982), 72; I. H. Marshall, *The Gospel of Luke*(Exeter: Paternoster, 1978), 575를 참조하라.

[9] 공관복음에서 명사와 함께 사용된 재귀대명사의 예증이 나온 22개 중에서 누가복음에서 16개가 등장한다(눅 11:21 ἰσχυρὸς καθωπλισμένος φυλάσσῃ τὴν ἑαυτοῦ αὐλήν 막 3:21 καὶ ἀκούσαντες οἱ παρ' αὐτοῦ ἐξῆλθον κρατῆσαι αὐτόν·을 비교해 보라). 이러한 ἑαυτοῦ 사용은 누가와 마태가 공유한 비-마가적 자료에서 등장한다(눅 9:60; 마 8:22을 보라). 그러나 주로 누가에서 등장한다(눅 13:34; 마 23:37; 눅 14:26-27; 마 10:37-38).

㉰ 마태의 ἔρημος(38절)는 Q로부터 기원되지 않는 것으로 보인다. 누가복음에서 이 단어가 등장하는 사본들은 대부분 후대의 사본들로 이는 마태와 누가를 조화시키려는 시도로 보인다.

신약성경에서 이 단어(ἔρημος)는 47회 등장하는데, 그중 누가-행전에서 19회 나온다. 이 단어를 보존하려는 누가의 경향에도 불구하고 13장 35절에 삭제된 것은 마태와는 달리 예루살렘 파괴를 비극적으로 해석하는 마가의 경향을 피하려는 의도로 보인다.[10]

㉱ 누가의 일부 사본들은 δέ를 생략하였는데, 대부분의 유력한 사본은 추가하고 있다. 마태의 γάρ는 편집에서 온 것으로 보이며, δέ를 취한 누가의 형태가 Q에 가까운 표현이다.[11]

㉲ οὐ μή με ἴδητε(마태)와 οὐ μὴ ἴδητέ με(누가)에서 με의 위치 변화는 문장의 의미에 거의 영향을 미치지 않는다. 그러나 셈어의 대명접미사의 위치는 동사 후에 오는 것이므로 누가의 형태가 Q에 가까운 표현이다.[12]

ἀπ' ἄρτι는 마태가 선호하는 어구로서 묘사된 미래의 사건을 예고하려는 시도다.[13] 이는 예수가 마지막으로 예루살렘을 방문한 것으로 서술하는 장면 묘사와 어울리는 표현이다.

---

10 누가는 틀림없이 예루살렘(19:41-44; 21:20-24; 23:27-31)과 성전 파괴(21:5-7)에 대한 예수의 가르침을 알고 있었다. 그러나 누가는 이 사건에 대하여 일반적으로는 다가오는 이스라엘의 역사로, 특별하게는 예루살렘 역사의 일부분으로 받아들인다. 따라서, 그는 이 사건을 묵시적인 비극으로 해석하거나 예수와 그의 사역 가운데 만난 적대자의 상징으로서의 성전에 집중하려는 마가의 경향성을 피한다(눅 21:5-7, 20 참조. 막 13:1-4, 14). F. D. Weinert, "Jesus' Saying about Jerusalem's Abandoned House," 73을 참조하라.

11 C. M. Tuckett, *The Revival of the Greisbach Hypothesis*(Cambridge: Cambridge Univ. Press, 1983), 163-64. 반면에 IQP는 마태와 누가 본문 모두 접속사를 취하고 있지만, 어떤 형태의 접속사인지를 확증하지 못하므로 생략한다. 그러나 본문이 예수의 진정성 있는 말씀이라면 δέ는 해석의 결정적인 위치를 차지한다.

12 F. D. Weinert, "Jesus' Saying about Jerusalem's Abandoned House," 74.

13 J. A. Fitzmyer, *The Gospel According to Luke X-XXIV*, vol. II(New York: Doubleday, 1985), 1037.

⑪ ἕως [[ἥξει ὅτε]] εἴπητε(누가)와 ἕως ἂν εἴπητε(마태)의 차이에 대하여 Q는 누가의 읽기를 채택한다.

첫째, 사본의 증거인데, 사본들은 누가복음에서 이 본문의 단어에 관하여 정확하게 일치하지 않는다. 따라서, 더욱더 어려운 읽기인 누가 본문을 마태의 것보다 초기의 것으로 본다. 다른 이문(異文)들은 이 본문을 조화시키기 위한 시도로 보인다.

둘째, 복음서와 사도행전에서 ἥξω는 10번 중 6번이 비-마가적 자료에서 나타나며, 그중에서 5번이 누가복음에, 또한 누가복음 안에서 이 단어는 예수의 말씀에서만 나타난다(12:46; 13:29, 35; 15:27; 19:43). 신약성경의 용례에서 이 단어는 종말론적인 분위기를 띠고 있는데, 이는 예수의 말씀 전승과 밀접한 관련이 있음을 보여준다.[14]

셋째, ὅτε는 누가-행전에서 22회 사용되는데, 본문을 제외하고 전부 직설법과 결합하여 사용된다. 그뿐만 아니라 ἕως는 누가-행전에서 21회 사용되는데, 같은 문장에서 ὅτε와 함께 접속사로 사용된 경우는 본문 이외에는 없다.[15] 이러한 점은 누가의 본문은 마태나 누가의 타 본문에 비해 상당히 독특한 용례를 가지고 있음을 보여준다. 이는 누가의 본문이 이전 전승인 Q에 훨씬 더 가깝다는 사실을 증명하고 있다.

---

14   J. Schneider, "ἥξω" *TDNT II*(Grand Rapids: Eerdmans, 1982), 926-28.
15   F. D. Weinert, "Jesus' Saying about Jerusalem's Abandoned House," 74.

② 말씀의 진정성

Q 13장 34-35절의 진정성에 대하여 의구심을 가질 수도 있지만,[16] 이 말씀을 예수의 말씀으로 인정하는 좋은 근거들도 있다.

첫째, 종속절인 "선지자들을 죽이고, 네게 파송된 사람들을 돌로 치는 자여(ἡ ἀποκτείνουσα τοὺς προφήτας καὶ λιθοβολοῦσα τοὺς ἀπεσταλμένους πρὸς αὐτήν) 안의 접속사 καί는 두 개의 연결된 구절이 평행을 이루며, 동의어임을 보여준다. 따라서, '네게 파송된 사람들'은 하나님의 보내심을 받은 선지자들을, 이들이 돌에 맞는 것은 죽임을 당하는 것을 가리킨다. 유대인들에게 있어서 죽음의 형벌은 돌로 쳐 죽이는 것이 일반적이다.[17]

이 점은 예수가 돌로 치는 것을 처형의 주요 형식으로 간주했으며, 자신도 이러한 방식으로 처형되리라고 예상했음을 보여준다. m. Sanh 7장 4절에 의하면,[18] 돌로 쳐 죽임을 당하는 형벌에 해당하는 범죄로 마술을 행하는 것(예수의 기적 행함 참조), 안식일을 범하는 것, 신성을 모독하는 것(막 2:1-12. 참조), 거짓 예언을 행하는 것(백성을 어그러진 길로 인도하는 것; 신

---

[16] 대표적인 학자로 슈텍(O. H. Steck)을 들 수 있다. 그에 의하면, 1) ποσάκις ἠθέλησα ἐπισυνά(ξαι)는 역사적 예수의 시간 범주를 넘어선다. 2) 35 상반절은 하나님이 예루살렘을 유기하신다는 언급이므로, 이 사건은 예수의 메시지일 수 없다. 3) 35 하반절에 예수는 1인칭 단수로 그의 오심에 대하여 말한다. 이는 침묵 명령이라든가 또는 자신의 재림을 3인칭으로 언급하는 것(눅 12:8-9 참조)과 다르기 때문에 예수의 말로 보기 어렵다는 것이다. 따라서, 그는 '지혜'를 화자(the Speaker)로 본다. O. H. Steck, *Israel und das gewaltsame Geschick der Propheten*(Neukirchen- Vluyn: Neukirchener Verlag, 1967), 53-5. 하지만 1)에 대한 반증으로, ③ 본문 분석을 참조하라. 2)에 대하여는 렘 22:5처럼 예루살렘 심판을 행하는 자가 아닌 예언하는 선지자로서의 예수의 자의식을 반영하고 있다. 3)에 대하여는 본 장의 ③ 본문 분석을 참조하라.

[17] J. Blinzler, "The Jewish Punishment of Stoning in the New Testament Period,"(ed.), E. Bammel, *The Trial of Jesus*(London: SCM, 1970), 147을 보라.

[18] 명백히, m. Sahn 7:4의 증거는 후기의 것이지만, 이 문서가 구약에서 거짓 선지자들이 돌에 맞는다(신 13:1-5절. 6-10; 18:20 참조)는 초기 전승을 보존하지 않아야 할 이유는 없다.

13:6-10 참조) 등이 나타난다.[19]

따라서, 예수가 돌에 맞아서 죽음을 예기했다는 암시를 주는 이 전승은 진정성이 있다.[20] 중요한 것은 여기에 십자가의 형벌이 언급되지 않았다는 점이다. 이 점은 이 말씀들이 부활절 이후 초기 교회공동체에 기원을 두고 있지 않다는 것을 방증한다.

둘째, 말씀들 가운데 나오는 두 가지의 측면은 예수의 사역에 있어서 주요한 부분과 일치하고 있다는 점이다. 말씀 안에 포함된 위협은 성전의 종말에 대한 예수의 예언과 병행을 이루며(막 13:2와 병행), 또한 예수가 선지자들의 극단적인 운명을 언급하는 곳은 공관복음서 어디에나 존재한다는 점이다(눅 13:32-33; 눅 6:2=마 5:11-12; 눅 11:49-51=마 23:34-36). 따라서, 이 말씀들은 예수의 사역의 다른 두 가지 면을 한 곳에 집중시킨다.[21]

셋째, 이 구절들은 예수 사역의 예언적 측면과 잘 어울린다.[22] 구약 선지자들과 예루살렘성 사이에는 밀접한 관계가 존재했다. 특히, 예루살렘의 불의와 배교에 대한 예언자의 고발들은 국가적인 차원뿐만 아니라 특별히 예루살렘성과 그 거주자에게 집중되었다. 더욱이 예수 당대의 유대 예언자들까지 예루살렘과 그 내부의 헤롯 성전에 대한 명백한 멸망에 대한 심판 혹은 희망의 말씀을 선포하기도 하였다. 그런 측면에서 본문은 예수의

---

19 G. N. Stanton, "Jesus of Nazareth: A Magician and a False Prophet who Deceived God's People?"(eds.), J. B. Green and M. Turner, *Jesus of Nazareth: Lord and Christ*(Grand Rapids: Eerdmans, 1994), 166-80.
20 이와 유사한 결론에 대하여는 J. H. Charlesworth, *Jesus within Judaism*(London: SPCK, 1988), 144-45를 참조하라.
21 N. Perrin, *Recovering the Teaching of Jesus*(London: SCM, 1967), 39-47에서 *ipsissima vox*에 대한 기준으로 제시한 것 중에서 전자는 '내적 연관성의 기준'에, 후자는 '중복 증거의 기준'에 해당된다.
22 예수가 당대에 예언자로서 간주하였다는 사실과 그가 자신의 사명을 고대 이스라엘 예언자들의 사명과 동일시했다는 점은 부인할 수 없는 사실이다. 만약 그렇다면, 예수가 예루살렘에 대하여 언급하는 것은 그리 놀랄 만한 일이 아니다. D. E. Aune, *Prophecy in Early Christianity and the Ancient Mediterranean World*(Grand Rapids: Eerdmans, 1983), 153-63을 참조하라.

선지자로서의 자의식을 보여주는 동시에 예수 말씀에 대한 진정성을 보여준다.

넷째, 본문 34절에 나타난 '암탉'의 이미지는 유대 문헌에 등장하지 않는다.[23] 그러나 '날개'의 이미지는 구약에서 나타나는데, 주로 이스라엘을 보호하는 야웨를 묘사하기 위한 강한 이미지(독수리의 날개)로 사용된다(출 19:4; 신 32:11; 참조 사 31:5). 그런데 예수는 구약에 나타난 독수리의 날개 대신에 암탉의 날개를 사용함으로써 야웨의 강력한 이미지를 부드럽고 사랑스러운 모성적인 이미지로 변형시키는 독특함을 보여주고 있다.[24] 비록 쿰란 문헌에 시온의 모성적 이미지가 등장하지만, 암탉의 날개에 의한 예수의 모성적 이미지는 진정성의 결정적 근거가 된다.

③ 본문 분석

본문은 예루살렘을 향한 예수의 애가로서 임박한 재앙 예언 양식을 띠고 있다.[25] 다음은 재앙 예언이 가진 세 가지 형식이다.

㉮ 상황에 대한 암시 혹은 비난(diatribe) 부분
㉯ 재앙 혹은 징조
㉰ 결론적인 특성 묘사 등

---

23 Kim Huat Tan, *The Zion Traditions and the Aims of Jesus*, 110-11.
24 비록 야웨의 부드럽고 사랑스러운 돌봄에 대하여 구약성경에서 암탉이 제 새끼들을 날개 아래 모으는 이미지는 나타나고 있지 않지만, '날개' 자체의 이미지만으로 야웨의 돌봄과 보호를 나타내는 경우는 구약성경에 상당히 많다(신 32:11; 룻 2:11; 시 17:8; 36:7; 57:1; 61:4; 63:7; 91:4; 사 31:5. 참고. *2 Apoc. Bar* 41:3-4).
25 슈텍(O. H. Steck)은 본문의 애가에 나타난 일곱 가지의 양식적인 예언의 흔적을 다음과 같이 제시하였다. 1) ἰδού = הִנֵּה(hineh). 2) 비난과 심판 말씀의 결합. 3) 수신인을 반복적으로 부름. 4) 수신인의 행동을 묘사하기 위해 분사 용법 사용. 5) 비유를 위한 은유 사용. 6) 대조 모티프. 7) 신탁의 마지막 부분에 서론 형식의 반복 등이다. O. H. Steck, *Israel und das gewaltsame Geschick der Propheten*, 57-58.

이에 대한 세 가지 부분이 34-35 상반절에 나타난다.[26]

첫째, 상황에 대한 암시 부분이 예루살렘의 죄에 대한 묘사에 나타난다.

둘째, 재앙 혹은 위협에 대한 예언이 ἰδού로부터 시작되는 구절에 나타난다.

셋째, 결론적인 묘사는 이중 언급으로 나타나는데, οὐ μὴ ἴδητέ με와 ἕως [[ἥξει ὅτε]] εἴπητε이다.

이 외에도 ἐπισυνά(ξαι)는 구약에서 하나님이 회복시키시는 희망을 가리키는 단어(시 106:47; 147:2; 사 27:12; 52:12; 렘 31:8-11; 슥 2:6)[27]로 나타난다.

따라서, Q 13장 34-35절은 예언 전승에 뿌리를 두고 있으며, 예수는 그의 예언적 사역을 통하여 예루살렘을 하나님에게로 돌아오게 하는 선지자로 그 자신을 드러내고 있다. 34절의 ποσάκις ἠθέλησα ἐπισυνά(ξαι) τὰ τέκνα σου에서 τὰ τέκνα σου는 문자 그대로 예루살렘의 '거주민들'로 한정하기보다는 예루살렘이 모든 이스라엘의 어머니로 해석하여[28] 유대 지도자들을 포함한 유대 백성을 의미하는 것[29]이 타당하다.

이런 관점에서 본다면, 본 구절은 복음서 기사 속에서 예루살렘에 들어가기 전에 서기관과 바리새인과 만남이라는 맥락 속에서 예수의 사역에 대한 포괄적인 접근이 가능하게 된다. 이러한 예수의 사역은 야웨가 예수를 통하여 예루살렘을 회복시키고자 하는 사실에 의해서 절정에 도달하게 된다.

26　K. Koch, *The Growth of the Biblical Tradition*(London: SCM, 1957), 211-13; G. R. Beasley-Murray, *Jesus and the Kingdom of God*(Exeter: Paternoster, 1986), 304-05.
27　C. F. Evans, *Saint Luke*(London: SCM, 1990), 564.
28　Kim Huat Tan, *The Zion Traditions and the Aims of Jesus*, 126.
29　C. F. Evans, *Saint Luke*, 564.

그러나 이러한 예수의 제안을 예루살렘은 거절하게 된다. 이 거절은 바로 35절의 심판 선언으로 이어진다. 35절의 "보아라, 너희의 집이 버려진다"(ἰδοὺ ἀφίεται ὑμῖν ὁ οἶκος ὑμῶν)는 심판에 대한 예언이다.

그렇다면 심판의 대상이 되는 ὁ οἶκος는 무엇을 가리키는가? 이에 대하여 네 가지의 입장이 존재한다.

㉮ 예루살렘 도시
㉯ 성전
㉰ 이스라엘 민족
㉱ 예루살렘 지도자들

첫째, 예루살렘 도시로 보는 입장[30]이다. 이 애가가 예루살렘 도시 자체를 수신인으로 가리키고 있으며, ἀφίημι는 예루살렘 파괴에 대한 전형적인 신명기적 표현으로, 하나님이 이 도시를 떠날 때는 이곳은 원수의 먹이로 전락하게 될 것을 보여준다.

둘째, 성전으로 보는 입장[31]이다. 구약성경에서 οἶκος는 주로 예루살렘보다는 성전을 가리켰다(왕상 9:1-9; 대하 7:19-22; 렘 7:10-14; 26:4-6).[32] 또한, 애가의 마지막 부분의 인용문인 시편 118편 26절이 '성전' 안에 있

---

30 D. P. Moessner, *The Lord of the Banquet*(Minneapolis: Fortress, 1989), 235. 이와 같은 입장을 보인 학자로는 O. H. Steck, *Israel und das gewaltsame Geschick der Propheten*, 228; I. H. Marshall, *The Gospel of Luke*, 576; J. Nolland, *Luke 9:21-18:34*, 김경진 역, 『누가복음(중)』(서울: 솔로몬, 2004), 742. 등이 있다.
31 이 입장을 주장하는 학자로는, T. W. Manson, *The Saying of Jesus*, 127; C. H. Dodd, *The Parable of the Kingdom*(London: Fontana, 1961), 44-5; W. G. Kümmel, *Promise and Fulfillment*(London: SCM, 1989), 181; J. Jeremias, *The Parable of Jesus*(London: SCM, 1963), 168; E. E. Ellis, *The Gospel of Luke*(London: Oliphants, 1974), 191 등이 있다.
32 SB에 따르면, οἶκος에 복수 접미어(ὑμῶν)가 붙으면, 성전 언급일 수 없다고 주장한다. 오직 관사(ὁ οἶκος) 외에는 그 어떤 접미사도 붙여서는 안 된다는 것이다. *SB* vol. I, 943-44. 하지만, 사 64:10-11은 '성전'을 가리켜서 '우리의…집'이라고 표현하고 있다.

는 장소를 전제하고 있다. 이곳에서 제사장이 순례자를 영접하면서 '집', 즉 성전에서 나오는 축복을 선포하고 있다.[33]

셋째, '이스라엘 민족'으로 보는 입장[34]이다. 마태복음 10장 6절과 15장 24절의 '집'이 곧 이스라엘 민족을 가리킨다는 논증에 근거한다.

넷째, 예루살렘의 지도자들이란 입장이다. 심판 선포의 선구자인 예레미야 22장 5절에 근거하여, οἶκος는 성전을 언급하지 않고 유대 지도자들 혹은 그들의 권세 하에 있는 사람들을 가리킨다고 한다.[35]

위의 입장 중에서는 두 번째 견해가 타당하리라 본다. οἶκος가 '성전'을 언급하는 경우는 본 절의 인용문인 시편 118편 26절이 '성전'을 지칭하고 있기 때문이다.

하지만, 성전에 대한 심판 선포는 예루살렘 도시와 유대 지도자들, 이스라엘 민족에 직접적인 영향을 미치는 것으로 서로 밀접한 연관성을 가진다. 왜냐하면, 예루살렘이 이스라엘의 심장인 것처럼 성전은 예루살렘의 심장부이기 때문이다. 예수의 선지적 사명을 통하여 야웨가 그들을 모으려는 것을 거절함으로써, 예루살렘은 심판을 받을 것이고, 그 심판은 심장부인 성전이 버림을 받는 것과 직결된다.

성전이 버린 바 된 것은 야웨의 임재(Shekinah)가 떠나는 것이다.

과연 예루살렘은 심판으로 말미암아 영원히 버려지는가?

35절의 μέ가 지시하는 대상에 대한 다양한 견해가 존재하지만, 34-35절이 통일성 있는 단위임을 입증하였기에, 34절의 ἠθέλησα ἐπισυνά(ξαι) τὰ τέκνα σου의 주체와 35절의 μέ는 같은 존재임이 드러난다. 따라서,

---

33   H. J. Kraus, *Psalms 60-150*(Minneapolis: Fortress, 1989), 400.
34   H. B. Green, *The Gospel According to Matthew*(London: Oxford University Press, 1975), 195.
35   F. D. Weinert, "Jesus' Saying about Jerusalem's Abandoned House," 76.

34절의 화자가 역사적 예수라면, 35절의 με 또한 예수라는 논리적 결론이 나온다.[36]

예수는 어떤 의도로 "너희는 나를 보지 못할 것이다"라고 했는가?

예수는 예루살렘 입성을 염두에 두고 있는데, 특히 시편 118편 26절에 나오는 종말에 메시아를 환영하는 말씀을 인용하면서 자신에게 적용한다. 누가복음 19장 38절에서 제자들이 예루살렘에서 예수의 입성을 환영할 때 한 말들은 이러한 종말론적인 환영의 말을 미리 보여주는 것이다.[37] 그렇다면 με와 ὁ ἐρχόμενος ἐν ὀνόματι κυρίου는 동일 인물이 된다.[38]

주의 이름으로 오시는 이의 도래가 유대인들에게 단순히 심판에 대한 위협인가, 아니면 마지막 희망을 안겨주는 것인가?

특히, 마태복음 23장 39절의 문맥을 보면, 편집적 의도가 드러나는데, 심판에 대한 위협임을 명확하게 알 수 있다.

본문은 바리새인에 대한 저주가 나오는 23장과 종말론적 강화가 나오는 24-25장 사이에 있다. 이는 임박한 기대가 박해받는 교회를 위한 약속이 아니라 이스라엘에 대한 위협이며, 그 심판은 저 세대에 실현될 것임

---

36 보그(Borg)는 사 52:8 "이는 여호와께서 시온으로 돌아오실 때에 그들의 눈이 마주 보리로다"에 근거하여 με가 야훼를 가리키는 것임을 주장한다. M. J. Borg, *Conflict, Holiness and Politics in the Teachings of Jesus*(New York: Edwin Mellen, 1984), 183.

37 J. Nolland, *Luke 9:21-18:34*, 546-47.

38 여기에 나타나는 예수의 칭호는 '오시는 이'와 '주님'이다. Q에서 '오시는 이'는 다름 아닌 예수를 가리키면서 동시에 종말론적인 인물로 이해되고 있다. J. M. Robinson, "The Sayings Gospel Q," *The Four Gospels 1992: Festschrift F. Neirynck*, vol. I,(eds.), F. Van Segbroeck and et. al.(Leuven: Leuven University Press, 1992), 363. 또한, Q에서 '주님'은 다양하게 쓰이고 있는데(Q 6:46; 7:6; 12:42-43, 45; 13:25, 35; 14:21; 19:16, 18, 20), 대부분 예수의 비유에서 사용되고 있는 것으로서 하나님의 나라를 주관하시는 하나님을 비유적으로 표현하고자 하는 것들이다. 하지만, Q 6:46; 7:6; 13:35 등은 예수를 향해 '주님'이란 호칭이 빈번하게 불리어졌다는 것을 시사한다. 특히, 크레머는 '주님'의 구약성서적 배경을 제안하면서 바울과 바울 이전의 용례들을 탐구하여 볼 때, 바울 신학은 '주님'을 신앙고백적 차원으로 이해하고 있음을 주장하였다. W. Krammer, *Christ, Lord, Son of God*, SBT 50(London: SCM, 1963); R. Leivestad, "Exit the Apolcalyptic Son of Man," *NTS* 18(1971-1972), 156-59를 참조하라.

을 보여준다.[39]

하지만, 35절의 εὐλογημένος는 두려움이나 정죄 받거나 혹은 탄식하는 자들이 외치는 단어가 아님에 주목해야 한다. 본문에 인용된 시편 118편 26절(70인역, 117:26)에 해당하는 히브리어 בָּרוּךְ 역시 '기쁨'을 표현하는 단어이며, 이외에도 구약 용례에서도 이 단어는 지속해서 '찬송하다', '축복하다', '인사하다' 등의 긍정적인 의미를 내포하고 있다.[40] 이는 구약의 인용문이 ὁ ἐρχόμενος의 오심을 기뻐하는 상황에 어울린다고 할 수 있다.

또한, 유대 문헌에 악한 자 또는 불신자들이 메시아가 오실 때 축복을 선포한다는 용례가 없다는 점도 35 하반절이 심판의 위협이라기보다는 희망의 메시지일 가능성을 더해준다. 더 나아가 구약을 포함한 이전의 예언자들은 심판의 신탁을 희망과 구원의 메시지로 결론짓고 있음을 자주 볼 수 있다.[41]

본문 35절에서 결정적인 역할을 하는 것이 35 상반절과 35 하반절을 연결하는 접속사 δέ이다.

ἰδοὺ ἀφίεται ὑμῖν ὁ οἶκος ὑμῶν ( ). λέγω [δὲ] ὑμῖν, οὐ μὴ ἴδητέ με ἕως [ἥξει ὅτε] εἴπητε· εὐλογημένος ὁ ἐρχόμενος ἐν ὀνόματι κυρίου.

---

39 L. Gaston, *No Stone on Another*, 455.
40 D. C. Allison, "Matt 23:39=Luke 13:35b as a Conditional Prophecy," *JSNT* 18(1983), 75; W. Beyer, "εὐλογεῖν κτλ)" *TDNT* II, 754-65; J. Schaubert, "(בָּרַךְ,brk)" *TDOT* II, 279-308.
41 G. N. Stanton, "Aspects of Early Christian Jewish Polemic and Apologetic," *NTS* 31(1985), 385-90. 여기서 스텐톤은 이스라엘의 죄-추방-귀환(Sin-Exile-Return)의 도식은 이러한 선포의 배후에 자리잡고 있음을 제안하며. 이와 관련하여 예레미야스는 "예수는 하나님의 약속이 성취될 것과 비록 눈멀고 완고한 도시라고 하더라도 하나님께서는 '오시는 자'를 축복할 남은 자를 깨울 것이라고 확신한다"고 하였다. J. Jeremias, *The Eucharistic Words of Jesus*(London: SCM, 1966), 259-60.

여기서 접속사 δέ는 전자와 후자를 대조하는 접속사의 역할을 수행한다.[42]

따라서, 전자가 심판의 위협이라면, 후자는 회복의 소망을 담은 메시지가 되는 것이다. 다시 말해, 예루살렘이 '주의 이름으로 오시는 자'를 축복한다면, 그들은 예수를 다시 보게 될 것이다. 이는 예루살렘 입성 전 예수의 거절로 인한 심판 즉, 야웨 임재의 떠남이 입성과 함께 다시 예루살렘에 임하게 될 것을 의미한다.

본문은 예루살렘 입성 이전에 선지자적 자의식을 가지고 행한 일종의 예언 연설로, 이후에 하나님의 왕적 대리자로서 예루살렘의 회복을 위한 예루살렘 입성 사건을 미리 준비하고 있다.

④ 예수와 예루살렘

Q 13장 34-35절의 분석을 통해 나타난 예수 전승은 예수 자신과 예루살렘과 밀접한 관계를 보여준다. 본문은 예언 전승에 근거한 예수의 예언적 연설로서, 이 애가 안에서 예수는 예루살렘을 선지자를 죽이는 도시로, 눈멀고 완고한 도시라는 부정적인 묘사와 함께 자신을 통하여 하나님의 회복 약속이 성취되는 도시로 인식하고 있다.

이와 관련하여 예수는 예루살렘에 심판을 선포하며 거절 당하는 선지자인 동시에, 예루살렘을 회복시키는 '주의 이름으로 오시는 자'(ὁ ἐρχόμενος ἐν ὀνόματι κυρίου)로 자의식을 드러낸다.

---

42 F. D. Weinert, "Jesus' Saying about Jerusalem's Abandoned House," 73.

(2) 누가복음 13장 31-33절

① 본문과 사역

31 Ἐν αὐτῇ τῇ ὥρᾳ προσῆλθάν τινες Φαρισαῖοι λέγοντες αὐτῷ· ἔξελθε καὶ πο
ρεύου

ἐντεῦθεν, ὅτι Ἡρῴδης θέλει σε ἀποκτεῖναι.

그때 어떤 바리새인들이 나아가서 그에게 말했다. "나가서 여기를 떠나시오. 왜냐하면, 헤롯이 당신을 죽이려고 합니다."

32 καὶ εἶπεν αὐτοῖς· πορευθέντες εἴπατε τῇ ἀλώπεκι ταύτῃ· ἰδοὺ ἐκβάλλω δαιμόνια καὶ

ἰάσεις ἀποτελῶ σήμερον καὶ αὔριον καὶ τῇ τρίτῃ τελειοῦμαι.

그러자 그가 그들에게 말했다. "너희들은 그 여우에게 가서 말하여라. 보라! 오늘과 내일에 내가 귀신을 쫓으며, 병을 고치며 제 사흘에 내가 완전하게 되리라."

33 πλὴν δεῖ με σήμερον καὶ αὔριον καὶ τῇ ἐχομένῃ πορεύεσθαι, ὅτι οὐκ ἐνδέχεται προφήτην ἀπολέσθαι ἔξω Ἰερουσαλήμ.

참으로, 나는 오늘과 내일과 그다음 날에 가야만 한다. 왜냐하면, 선지자는 예루살렘 밖에서 죽음을 당할 수 없기 때문이다.

본문은 누가복음에만 등장하는 독특한 단락[43]으로, 두 부분으로 구분된다.

---

43 본 단락의 연대기적 순서를 재구성하는 것은 거의 불가능하다. 9장 51절에서는 예수가 예루살렘을 향해 출발하고 있으며, 본 단락에서 예수는 다시 갈릴리 혹은 베뢰아에 있다. 이어 등장하는 예루살렘을 향한 탄식(34-35)은 병행 구절인 마태복음 23장 37-39절에 의하면 다시 예루살렘이다. 17장 11절에서 예수는 아직 갈릴리와 사마리아 근

첫째, 예수의 말씀이 등장하는 배경으로, 헤롯이 예수를 죽일 의도가 있으므로 갈릴리를 떠나라는 바리새인들의 권면을 포함하는 13장 31절
둘째, 이에 대한 예수의 반응으로 주어지는 말씀 부분인 13장 32-33절

특히, 이 단락은 예수 사역에 대한 자기 이해는 물론 예루살렘과의 관련성 속에서의 자신의 의도와 운명을 보여주는 일종의 창(window)을 제공한다.[44] 만일 이 단락이 역사적으로 진정성이 있고, 적어도 예수의 말씀(*ipsissima vox*)이라는 사실이 확인된다면, 이러한 결과들은 더 분명해질 것이다.

아래에서는 예수의 말씀이 포함된 본 단락의 진정성을 논증하고 본문을 분석한 후, 예수가 자신의 사역을 예루살렘과의 관련성 가운데 어떻게 이해하고 있는지를 밝혀보고자 한다.

② 말씀의 진정성

본 단락의 진정성에 대한 증거다.

첫째, 바리새인이 예수에 대하여 적대적이지 않고 호의적으로 나타나는 데 있다.[45] 반-바리새인적 복음서에서 우호적인 바리새인의 모습이 나

처에 있다. 18장 5절에 이르러서야 누가와 다른 병행 본문(마가와 마태)의 연대기적인 순서가 분명하게 드러나고 있다. H. Hoehner, *Herod Antipas*(Cambridge: Cambridge University Press, 1972), 216.

44 콘첼만(H. Conzelmann)은 누가복음의 지리적 전망에 있어서 본 단락의 중요성을 지적한다. "이 단락은 예수가 갈릴리 혹은 헤롯과 연관된 지역에 머물러 있음을 전제하고 있으며, 그곳으로부터 떠나 예루살렘으로 향하는 이유를 첫 번째로 제시하고 있다." H. Conzelmann, *The Theology of St. Luke*(London: Faber & Faber, 1960), 68. 피츠마이어도 본 단락이 단지 여행의 무대만이 아니라 이 여행의 신학적인 중요성을 표현하고 있음을 주장하는데 즉, 장소의 이동만이 아니라 예수가 고난의 장소에 도달해야 하는 필연성을 강조하고 있다. J. A. Fitzmyer, *The Gospel According to Luke*, vol. II, 1028-29.

45 J. Nolland, *Luke 9:21-18:34*, 김경진 역, 『누가복음 9:21-18:34』 WBC 36 중(서울: 솔로몬, 2003), 542-43.

타난다는 것은 놀랄 만하다. 이 점은 바리새인에 대한 누가의 용례를 살펴보면 더 분명해진다. 마태와 누가의 공통 자료(마 11:7-19=눅 7:24-35; 마 23:23-4, 27-8=눅 11:42-4)와 마가와 누가의 공통 자료(막 2:1-3:6=눅 5:17-6:11)를 살펴보면, 바리새인에 대한 누가의 의견은 항상 부정적이다.

또한, 누가의 특수 자료에 나타난 바리새인의 언급에서도 마찬가지다(cf. 11:53-12:2; 15:2; 16:14; 17:20-1; 18:9-14). 이외에 종종 바리새인들이 예수에 대하여 우호적으로 등장할 때도 있지만(눅 7:36-50; 11:37-41; 13:31-3; 14:1-3), 13장 1-3절을 제외한 모든 본문이 결국 바리새인에 대한 악의적이고 부정적인 묘사로 마무리된다. 이는 본 단락만이 바리새인을 긍정적으로 묘사하는 유일한 구절임을 보여준다. 31절에서 바리새인은 예수에게 비난을 받지 않는다. 이러한 사실은 본 단락의 역사적 진정성을 의심 없이 보여준다.[46]

둘째, 본 구절의 진정성을 부정하는 경우 중의 하나는 33절이 32절의 반복이라고 주장한다. 불트만(R. Bultmann)은 두 가지 가능성을 제시한다. 31-32절과 33절이 두 개의 다른 로기온이거나, 또는 32절b(ἰδου부터 구절 마지막까지)와 33절의 πλήν이 편집적 첨가일 것으로 간주한다.[47]

예레미야스(J. Jeremias)는 불트만의 첫 번째 가능성을 지지하면서 예수의 길에 관한 두 개의 병행적 진술들이 병립되었다고 주장한다.[48]

---

46 이와 같은 견해의 학자로는 다음과 같다. H. Hoehner, *Herod Antipas*, 345-46; J. B. Tyson, "Jesus and Herod Antipas," *JBL* 79(1960), 245; J. A. Fitzmyer, *The Gospel According to Luke X-XXIV*, 1030; M. Goguel, *The Life of Jesus*, trans. by O. Wyon(New York : MacMillan, 1949), 350. J. Nolland, *Luke 9:21-18:34*, 540-41.
47 32 하반절과 33절의 πλήν을 편집적 첨가로 본다면, 32-33절은 "이르시되 너희는 가서 저 여우에게 이르되 오늘과 내일과 모레는 내가 갈 길을 가야 하리니 선지자가 예루살렘 밖에서는 죽는 법이 없느니라"가 된다. R. Bultmann, *The History of the Synoptic Tradition*(Oxford: Blackwell, 1968), 35.
48 J. Jeremias, "Die Drei-Tage-Wörte der Evangelien,"(ed.), G. Jeremias, *Tradition und Glaube*(Göttingen: Vandenhoeck & Ruprecht, 1971), 221-29. 이와 같은 입장을 주장하는 학자로는 J. Nolland, *Luke 9:21-18:34*, 540-1; J. A. Fitzmyer, *The Gospel According to*

벨하우젠(J. Wellhausen)은 약간 다른 해석을 내리는데, 그는 32절의 καὶ τῇ τρίτῃ τελειοῦμαι와 33절의 σήμερον καὶ αὔριον καὶ를 삭제하여 하나의 말씀을 수립하려고 한다.[49] 하지만, 첫 번째의 경우에서 이미 31절의 진정성이 확보되었기 때문에, 32절의 경우 어떤 종류이건 배경 묘사 없이 따로 있을 수 없기 때문에 31-32절은 통일적인 전승 부분으로 볼 수 있다.[50]

그렇다면 33절의 경우는 어떠한가?

33절에 나타난 어휘와 32-33절의 신학적 모티프를 분석하면서 진정성에 대한 결론을 이끌어 보고자 한다.

33절에 나타난 어휘들, 즉 πλήν[51]과 δεῖ[52] 그리고 πορεύεσθαι[53]와 Ἰερουσαλήμ[54]은 누가가 주로 사용하는 어휘들로 이는 33절이 누가의 창작물이거나

Luke X-XXIV, 1028. 등이 있다.

[49] 이러한 경우 32-33절은 "이르시되 너희는 가서 저 여우에게 이르되 오늘과 내일은 내가 귀신을 쫓아내며 병을 고치다가 모레는 내가 갈 길을 가야 하리니 선지자가 예루살렘 밖에서 죽는 법이 없느니라"가 된다. J. Wellhausen, *Das Evangelium Lucae*(Berlin: Georg Reimer, 1901), 76-7. 이와 달리, 블랙(M. Black)은 페쉬타 독법에 근거하여 'work'에 해당하는 단어를 33절의 σήμερον καὶ αὔριον 이후에 추가하여, πορεύεσθαι를 καὶ τῇ ἐχομένῃ와 조화를 이루도록 구성한다. M. Black, *An Aramaic Approach to the Gospel and Acts*(Oxford: Clarendon Press, 1967), 206-07. 이는 다음과 같이 읽을 수 있다.

(32) Behold I cast out demons, and I do cures day by day,
    But one day soon I am perfected.
(33) But day by day I must needs work,
    Then one day soon pass on.

[50] R. Bultmann, *The History of the Synoptic Tradition*, 5.

[51] 마태 5회, 마가 1회, 누가 15회, 사도행전 4회, 신약 전체 31회; 누가는 신약성경의 50% 이상의 용례를 가지고 있다. 이와 관련하여 H. J. Cadbury, *The Style and Literary Method of Luke*(Cambridge, MA: Harvard Univ. Press, 1920), 147을 참조하라.

[52] 마태 8회, 마가 6회, 누가 18회, 요한 10회, 사도행전 22회, 신약전체 101회.

[53] J. A. Fitzmyer, *Luke I-IX,* 169. 피츠마이어는 πορεύεσθαι의 풍부한 사용을 증명하면서 다음과 같이 인용한다.: 눅 4:30; 9:51, 52, 53, 56, 57; 10:38; 17:11; 19:12 그리고 13:33.

[54] J. A. Fitzmyer, *Luke I-IX*, 168; H. Conzelmann, *The Theology of St. Luke*, 74; J. T. Sanders, *The Jews in Luke-Acts*(London: SCM, 1987), 24-36. 이들에 따르면, 예루살렘은 누가의 구원사 이해에 결정적인 역할을 수행하는 것으로 간주한다.

32절에 대한 부연 설명이라는 주장의 근거가 되기도 한다.[55]

그러나 이러한 주장은 과장되거나 지나치게 비약된 면이 있다. 즉, πλήν 과 δεῖ를 누가가 독점적으로 사용하지도 않았으며, 또한 Ἰερουσαλήμ에 대하여 다른 복음서 기자들보다 누가의 관심이 크다고 할지라도, 그가 예루살렘에 관하여 새로운 말씀을 창작해 냈다고 볼 수 없다. 이는 예수 자신도 누가(Luke) 못지않게 예루살렘에 대하여 중요한 의미를 부여하며, 마가 또한 예루살렘으로의 예수의 '길'(way)과 관련하여 강조하고 있기 때문이다.[56] 더 나아가 33절의 ἐνδέχεται[57]와 예수가 자신을 선지자로 언급하는 것은 비-누가적이라 할 수 있다.[58]

따라서, 다음과 같은 결론이 가능하다. 33절은 초기 전승에 대한 편집이 들어 있는 경우라고 보아야 할 것이다.[59] 다시 말하면, 누가 자신이 선호하는 어휘들을 사용하고 대체하였을 가능성에도 불구하고 33절의 선포는 본질적으로 예수 전승으로 돌려야 한다.

셋째, 신학적 모티프를 통한 진정성 문제다. 먼저 32절의 '제삼일' 모티프를 마가복음에 등장하는 수난과 부활 예언과 연결시켜 이해하려는 입장이 있다(막 8:31; 9:31; 10:33-34). 마가복음의 '삼일' 모티프는 예수의 부활에 대한 예언으로, 일반적으로 예수의 진정성 있는 말씀이라기보다는 초대 교회공동체의 신앙을 반영하는 것으로 간주한다.[60] 이에 근거하여 누

---

55   J. Nolland, *Luke 9:21-18:34*, 540-41; J. A. Fitzmyer, Luke X-XXIV, 1028-30.
56   E. Best, Mark: *The Gospel as Story*(Edinburgh: T & T Clark, 1983), 84-92.
57   ἐνδέχεται는 신약성경에서 이곳에만 유일하게 나오는 어휘다.
58   E. Schweizer, *The Good News According to Luke*(Atalanta: John Knox, 1984), 228; 스타인(R. Stein)은 예수의 칭호로서의 선지자는 초대 교회에서는 흔치 않는 칭호로, 교회의 창작으로 보기에는 어렵다고 주장하였다. R. Stein, *The Method and Message of Jesus' Teaching*(Philadelphia: Fortress, 1978), 170; 이와 관련하여 D. E. Aune, *Prophecy in Early Christianity and the Ancient Mediterranean World*(Grand Rapids: Eerdmans, 1983), 153-69를 참고하여 보라.
59   I. H. Marshall, *The Gospel of Luke*, 570.
60   W. G. Kümmel, *Promise and Fulfillment*, 86.

가복음 13장 32절에 나타나는 '제삼일'(τῇ τρίτῃ) 모티프와 함께 등장하는 τελειοῦμαι의 의미를 부활에 대한 예언으로 이해하려는 것이다. 그러나 마가복음의 수난/부활 예언에 대한 '삼일' 모티프는 본 단락에서 발견된 것과 상당히 다르다는 것을 볼 수 있다.[61]

또한, τελειοῦμαι가 부활 예언과 관련하여 사용된 예는 공관복음 전승 어디에도 없다.[62] 본문 자체 안에도 '제삼일' 모티프가 부활을 가리킨다는 단서를 찾아볼 수 없다. 이는 32절 자체만으로 31절에 나오는 바리새인들의 경고에 대한 적절한 대답이 될 수 없다. 오직 33절을 통해서 '제삼일' 모티프는 완성의 날 즉, 예수 사역의 완성을 가져오는 죽음의 예견임을 알 수 있기 때문이다.

이러한 결과는 32절과 33절이 같은 말씀의 한 부분임을 입증하는 것이다.

지금까지 누가복음 13장 31-33절의 진정성에 대한 논의를 토대로 볼 때, 이 사건 자체가 출발점으로서 역사성을 가지고 있다는 것을 밝혀냈다. 또한 32 하반절의 첫 번째 선포는 역사적 예수에게로 소급될 수 있으며, 32 하반절이 불완전한 대답이므로, 33절이 31절의 경고에 대한 완전한 대답이 되도록 32절을 보충해 준다. 비록 33절에 누가의 편집적인 손길로 보이는 대목이 있을지라도, 이 때문에 33절을 누가의 창작(de novo)으로 돌릴 수는 없다.

따라서, 누가복음 13장 31-33절은 예수 전승의 진정성(ipsissima vox Jesu)을 제공하고 있다고 할 수 있다.

---

61 눅 13:32는 σήμερον καὶ αὔριον καὶ τῇ τρίτῃ(τῇ ἐχομένῃ, 33절)인 반면에 마가는 일관되게 μετὰ τρεῖς ἡμέρας로 단어 용례가 다르다는 것을 알 수 있다. 또한, 마가의 수난/부활예언에는 σήμερον καὶ αὔριον이 전혀 등장하지 않는다.

62 B. Lindars, *Jesus Son of Man*(London: SPCK, 1983), 70-71.

③ 본문 분석

31절에 바리새인들이 예수에게 헤롯이 그를 죽이려는 위협 때문에 이곳을 떠나라고 충고한다. 여기서 우리는 두 가지 질문을 던질 수 있다.

첫째, 바리새인들의 의도는 선한 것인가, 악의적인가?
둘째, 이 기록은 진정성이 있는가, 창작된 것인가?

이에 대한 답변으로 크게 세 가지 입장이 존재한다.

첫째, 이 헤롯의 위협은 바리새인들이 예수를 그들의 지역에서 몰아내려는 의도로 날조한 것으로 보는 입장[63]
둘째, 이 위협은 진정성을 가지고 있으며, 바리새인들은 헤롯의 의도를 예수에게 경고함으로써 그(헤롯)를 도와주려고 시도하였다는 입장[64]
셋째, 헤롯의 위협 기록의 진정성은 인정하나, 바리새인들은 예수와 그의 껄끄러운 사역을 제거하려는 시도로 이것을 사용하고 있다는 입장[65]

이에 관하여는 앞에서 본 단락의 진정성을 다루는 데서 두 번째의 입장이 타당함을 살펴보았다.

32절에는 바리새인의 경고를 들은 예수의 답변이 나타난다. 여기서 예

---

[63] A. Denaux, "L'hypocrisie des Pharisiens et le dessein de Dieu. Analyse de Lc, xiii, 31-33."(ed.), F. Neirynck, *L'evangile de Luc; problemes litteraires et theologiques*(Gembloux: J. Duculot. 1973), 245-85(246).

[64] 이 입장은 최근 주석자들의 주된 입장으로, 레제가 대표적이다. M. Rese, "Einige Überlegungen zu Lukas XIII, 31-33,"(ed.), J. Dupont, *Jesus aux origines de la christologie*(BETL 40; Leuven: Leuven University Press, 1975), 209-15.

[65] A. Plummber, *A Critical and Exegetical Commentary on the Gospel According to St. Luke*. (ICC, New York: Charles Scribner's Sons, 10th, 1914), 348-49; I. H. Marshall, *The Gospel of Luke*, 570-71.

수는 헤롯을 향하여 '여우'라고 표현한다.

예수는 헤롯의 정체를 어떻게 인식하고 있을까?[66]

첫째, 고대 지중해 세계에서의 '여우'에 대한 흔적들은 경멸적인 이미지, 즉 교활함을 상징한다.[67]

둘째, 열등함, 즉 사자의 강함과 용기에 비해 약함과 소심함을 상징한다. 자신의 힘으로 할 수 없기에 속여서 일을 성취하는 사람을 가리킨다.[68] 하지만, 누가복음에서 헤롯은 결코 약한 사람으로 묘사되지 않는다. 세례 요한의 처형 사건은 이를 뒷받침한다. 다른 복음서나 요세푸스에서도 동일한 입장이다.[69]

셋째, 파괴성을 상징한다. 세례 요한의 목을 베는 사건과 본문에서 예수를 죽이려고 위협하는 행위는 하나님의 대리자를 파멸시키는 자요, 하나님의 경륜을 방해할 이미지를 잘 보여준다.

더 나아가 33절과 연결시켜 볼 때, 헤롯의 위협에 대한 예수의 반응은 선지자를 죽이는 자로서의 헤롯과 예루살렘 사이의 암시적인 유비를 보여준다. 즉, '이 여우'(헤롯)는 지금 예수를 죽이지 못하지만, '저 여우'(예루살렘)는 주의 다른 선지자들을 죽인 것같이 그를 반드시 죽일 것이다. 이처

66　본 논의에 대하여 '여우'의 이미지에 대한 회너(H. Hoehner)의 포괄적인 연구를 요약적으로 인용하고자 한다. H. Hoehner, *Herod Antipas*, 343-47.
67　A. Plummber, *St. Luke*, 349. 플름버는 헤롯이 세례 요한을 죽임으로 그 교활함에 대하여 공개적인 여론에 고통을 받았다고 주장하면서 요세푸스의 기록을 인용한다. 또한, 본문에서 헤롯이 바리새인을 그의 작전에 교묘히 이용하고 있다는 입장도 취한다. 그는 본문의 문학적 문제를 해결하기 위하여 역사적 사실을 언급하고 있지만, 결정적으로 그의 입장은 본문의 지지를 받지 못한다.
68　H. Hoehner, *Herod Antipas*, 347.
69　J. A. Darr, *Herod the Fox: Audience Criticism and the Lukan Characterization*. JSNTSS 163(Sheffield: Sheffield Academic Press, 1998), 179-81.

럼 예수가 갈릴리에서 지금 헤롯의 손에 죽임을 당하지 않을 것이라는 사실은 헤롯의 약함이나 용기의 부족 때문이 아니라 예수가 예루살렘에서 죽어야 하는 신적인 계획 때문인 것이다.[70]

앞서 진정성을 다루는 부분에서 32 하반절의 첫 번째 선포는 역사적 예수에게로 소급될 수 있으며, 32 하반절이 불완전한 대답이므로 33절이 31절의 바리새인의 경고에 대한 완전한 대답이 되도록 32절을 보충해 준다고 하였다.

따라서, 33절은 32절의 온전한 의미가 성취될 수 있도록 예수께서 예루살렘으로 가야 한다는 맥락 속에서 32절의 정서를 실행하고 있는 것으로 볼 수 있다.[71] 이 절에 처음 등장하는 πλήν은 통상적으로는 '그러나/오직/그럼에도 불구하고'를 의미하지만 여기서는 '참으로'를 의미한다.[72] 이는 33절이 32절의 진술과 대비되는 것이 아니라 31절의 헤롯의 살인 의도와 대비됨을 알 수 있다.

δεῖ 속에 표현되어 있는 신적인 필연성은 하나님의 행위에 대한 언급을 함축하고 있는 수동적인 표현인 τελειοῦμαι에 내포되어 있다. 예수는 '오늘과 내일 제삼일에'라는 언급을 '오늘과 내일과 모레'라는 표현으로 바꾸어 다시 사용한다.

예수의 사역이 본질적으로 여행하며 행하는 사역이기에 이러한 표현의 반복을 설명하는데 도움이 된다. 즉, 귀신을 쫓아내며, 병을 고치는 동안 (32 하반절) 예수는 여행 중에 있었다(33절, "내가 갈 길을 간다"). 그리고 마지막 날('제삼일')에 그의 축귀와 치유 사역을 마칠 뿐 아니라 헤롯의 지경으

---

70 위의 책, 182-83.
71 J. Nolland, *Luke 9:21-18:34*, 544.
72 M. E. Thrall, *Greek Particles in the New Testament: Linguistic and Exegetical Studies*. NTTS 3(Leiden: Brill, 1962), 20-21.

로 벗어나게 될 것이다.⁷³

헤롯의 지경에서 벗어나는 순간은 그가 여행의 종착지인 예루살렘에 도달했음을 의미한다. 그러므로 τελειοῦμαι 는 예루살렘에 도달한 궁극적인 이유를 보여주는 33절의 "선지자가 예루살렘 밖에서는 죽는 법이 없느니라"와 연결된다. 헬라 문헌에 흔히 사용되는 οὐκ ἐνδέχεται 는 신약성경에서 본 구절에만 등장한다.⁷⁴ 이 표현 속에는 비록 예루살렘이 선지자를 죽이는 도시라는 전승이 희박함에도 불구하고,⁷⁵ 예수에게 있어서 선지자가 죽는 예루살렘이라는 장소는 그것이 긍정적이든 부정적이든 간에, 중요한 의미를 가진다.

특히, 예수가 본문에서 '선지자'라는 자의식을 가지고 있었다는 것은 자신에게 주어진 신적인 사명이 있음을 알 수 있게 하며, 예리하고 과장적인 표현들을 사용하여 이 도시를 부정적으로 그리고 있다는 것은 예수 자신이 신적인 계획 속에 사역을 완수하는 장소로 예루살렘을 인식하고 있음을 보여준다.

---

73 H. Hoehner, *Herod Antipas*, 222-23.
74 οὐκ ἐνδέχεται 에 대한 영역본들의 번역을 보면 다음과 같다. "it cannot be"(KJV/NAS/NIV), "it is unthinkable"(NEB), "it would not be right"(JB), "it would never be"(Philips) / "it is impossible"(NRSV).
75 밀러는 예루살렘이 선지자를 죽이는 도시라는 입장을 갖는 병행이 유대교 안에서 존재하지 않는다는 결론을 내렸다. 그러나 그는 이 표현이 이스라엘의 신명기적 특성에 해당하는 것으로 예루살렘이 온 이스라엘 민족의 대표로서 역할을 하는 것에 대한 예언자적 문제와 일치하는 것이라고 제안했다. R. J. Miller, "The Rejection of the Prophets in Q," *JBL 107*(1988), 234. 선지자의 죽음을 예루살렘과 연결시키고 있는 전승들에 대하여서는 J. A. Fitzmyer, *Luke X-XXIV*, 1032를 보라. 또한 슈바이처는 예루살렘이 선지자를 죽이는 기록에 대하여 렘 26:20-23; 대하 24:21; 왕상 18:4, 13; 19:10, 14절을 인용했지만, 렘 26:20-23만이 확실한 증거가 될 수 있다고 주장한다. E. Schweizer, *The Good News according to Luke*, 230.

④ 예수와 예루살렘

위의 연구 결과를 토대로 볼 때, 선지자의 죽음과 예루살렘 사이의 밀접한 관계가 있다. 특히, 예루살렘과 선지자의 죽음에 대한 관계를 명시적이고, 논리적으로 강조하는 것은 예수가 최초라고 할 수 있을 것이다.[76]

결론적으로 예루살렘은 선지자를 죽이는 도시라는 예수의 부정적인 진술에도 불구하고, 다른 측면으로는 예수 사역을 완성하는 자리가 된다.

한편, 본문에서 예수는 예루살렘에서 죽임을 당하는 선지자로서 이해하고 있다. 만일 예수가 선지자로서 예루살렘에서 죽을 것이라는 사실을 알았다면, 예루살렘에서 그의 말씀과 행위는 선지자적 행위로 이해될 수 있는 여지를 마련하게 된다.

(3) 마태복음 5장 33-37절

① 본문과 사역

33 Πάλιν ἠκούσατε ὅτι ἐρρέθη τοῖς ἀρχαίοις· οὐκ ἐπιορκήσεις, ἀποδώσεις δὲ τῷ κυρίῳ τοὺς ὅρκους σου.

다시 너희는 옛 사람들에게 말했던 것 즉, 거짓 맹세를 하지 말고, 네 맹세들을 주 님에게 지킬 것을 들었으나

34 ἐγὼ δὲ λέγω ὑμῖν μὴ ὀμόσαι ὅλως· μήτε ἐν τῷ οὐρανῷ, ὅτι θρόνος ἐστὶν τοῦ θεοῦ,

---

[76] Kim Huat Tan, *The Zion Traditions and the Aims of Jesus*, 75-76. 비록 렘 26:20-23에서 선지자 우리야가 예루살렘성에 대해서 경고함으로 여호야김 왕에게 죽임을 당했지만, 이러한 사실이 선지자를 죽이는 도시로서의 예루살렘에 대한 입장을 명확하게 드러낸 다고 단정할 수 없다.

그러나 나는 너희에게 말한다. 결코 맹세하지 말라. 즉, 하늘에도 하지 말라. 왜냐하면, 그것은 하나님의 보좌이기 때문이다.

35 μήτε ἐν τῇ γῇ, ὅτι ὑποπόδιόν ἐστιν τῶν ποδῶν αὐτοῦ, μήτε εἰς Ἱεροσόλυμα, ὅτι πόλις ἐστὶν τοῦ μεγάλου βασιλέως,

땅에도 하지 말라. 왜냐하면, 그것은 그의 발등상이기 때문이다. 예루살렘으로도 하지 말라. 왜냐하면, 크신 왕의 도시이기 때문이다.

36 μήτε ἐν τῇ κεφαλῇ σου ὀμόσῃς, ὅτι οὐ δύνασαι μίαν τρίχα λευκὴν ποιῆσαι ἢ μέλαιναν.

너의 머리에 맹세하지 말라. 왜냐하면, 너는 머리카락 하나도 희게 하거나 혹은 검게 할 수 없기 때문이다.

37 ἔστω δὲ ὁ λόγος ὑμῶν ναὶ ναί, οὒ οὔ· τὸ δὲ περισσὸν τούτων ἐκ τοῦ πονηροῦ ἐστιν.

너희의 말은 옳다 옳다, 아니라 아니라 하도록 하라. 그러나 이에 더한 것은 악으로부터 나온 것이다.

② 말씀의 진정성

마태복음 5장 35절은 산상수훈 중에 네 번째 반제인 33-37절 사이에 끼인 형태로 등장하는데, 여기에는 맹세 금지에 대한 예수의 입장이 명료하게 나타난다.

오늘날 많은 학자는 본문의 진정성을 지지한다.[77] 근거는 다음과 같다.

---

77 G. Strecker, *The Sermon on the Mount*(Edinburgh: T & T Clark, 1988), 78, 204 n. 7; U. Luz, *Matthew 1-7,* trans. by James E. Crouch(Minneapolis: Fortress Press, 2007), 260-63; A. Ito, "The Question of the Authenticity of the Ban on Swearing," *JSNT 43*(1991), 5-13. 본문의 진정성을 거부하는 견해에 대하여는, G. Dauzenberg, "Ist das Schwurverbot Mt 5:33-7; Jak 5:12 ein Beispiel für die Torakritik Jesu?" *BZ 25*(1981), 47-66을 참조하라.

첫째, 당대의 유대교와 비교해 볼 때 예수의 맹세 금지는 상당히 독특하다는 점이다. 맹세와 관련한 당시 유대교의 입장은 출애굽기 20장 7절[78]과 레위기 19장 12절,[79] 민수기 30장 2절[80] 그리고 신명기 23장 21절[81] 같은 맹세에 대한 성서적 규범들을 뒷받침하고, 맹세를 남용하는 것으로부터 하나님의 이름과 맹세 제도를 보호하는 것이었다.[82]

반면에 예수의 입장은 훨씬 더 급진적으로 나타난다. 이 부분을 잘 보여주는 대목이 ὅτι절이다.[83] 여기서 예수는 유대교의 입장과 전혀 다른 부분에 관심을 갖는다. ὅτι절이 보여준 것처럼, 예수는 맹세는 크고 작음에 상관없이 하나님 앞에서 하는 것임을 강조하면서, 하나님과 직접 연결하고 있다.[84]

34절 μὴ ὀμόσαι ὅλως의 표현은 비록 유대인들의 확신처럼 34b-36절의 대용어(하늘, 땅, 예루살렘)가 아무리 하나님의 이름이 불경스럽게 불리는

---

[78] "너는 네 하나님 여호와의 이름을 망령되게 부르지 말라 여호와는 그의 이름을 망령되게 부르는 자를 죄 없다 하지 아니하리라"(이하 개역개정).
[79] "너희는 내 이름으로 거짓 맹세함으로 네 하나님의 이름을 욕되게 하지 말라 나는 여호와니라."
[80] "사람이 여호와께 서원하였거나 결심하고 서약하였으면 깨뜨리지 말고 그가 입으로 말한 대로 다 이행할 것이니라."
[81] "네 하나님 여호와께서 서원하거든 갚기를 더디 하지 말라 네 하나님 여호와께서 반드시 그것을 네게 요구하시리니 더디면 그것이 네게 죄가 될 것이라"
[82] 맹세에 관한 유대교 문헌들은 사해문서, 필로, 요세푸스, 구약 외경과 위경 그리고 랍비 문헌에서 발견할 수 있다. 예를 들어, Sir 23:9-11에 "맹세가 내 입에 익숙해지지 않게 하고 거룩한 자의 이름을 함부로 부르지 마라…맹세를 자주 한 사람은 불의로 가득 찰 것이다. 만일 쓸데없이 맹세하면, 그를 의롭다 하지 않을 것이다."; CD 15:1-2절 "א과 ה [예: El, Elohim]으로도 맹세하지 말며, א과 ד [예: Adonai]으로도 하지 말라. 그렇지 않으면, 그 맹세가 언약의 저주 같이 될 것이다. 모세의 율법도 언급하지 마라. 왜냐하면…"(C. Rabin, *The Zadokite Documents* [Oxford: Oxford University Press, 1954], 70-72를 보라.
[83] 여기서는 4개의 ὅτι절이 34-36절에 등장하는데, 본서의 주제인 '예루살렘'과 관련하여 34b-35절에 '하나님'과 연관된 3개의 ὅτι절에 한정할 것이다.
[84] S. Westerholm, *Jesus and Scribal Authority*(Lund: Gleerup, 1978), 111.

것을 막을 수 있다고 하지만,[85] 결국에는 이 대용어들이 하나님 이름 이외의 다른 의미로 잠식당할 수도 있음을 보여준다. 이 문제를 해결하기 위한 방법으로 예수는 ὅτι절을 통해서 '하나님의 보좌'와 '하나님의 발등상', 그리고 '큰 임금의 성'으로 그 의미를 명확히 설명한다.

맹세에 대한 예수와 유대교와의 선명한 차이는 비유사성의 기준에 의해서 예수의 진정성을 확보할 수 있다.[86]

둘째, 본문의 내용은 마태복음 23장 16-22절에 나타난 맹세의 내용과 내적인 연관성을 갖고 있다.[87] 양 본문에서는 두 개의 공통된 구절이 나타나는데 하나님의 보좌인 하늘로 맹세하는 것(5:34; 23:22)과 '큰 임금의 성인 예루살렘'(5:35)을 '성전'(23:21)으로 대체하고 있는 대목이다. 양 구절은 예수가 맹세에 대한 서기관들의 궤변을 거부하는 공통점을 보여준다.

더불어 ὅτι절에 나타난 구약 인용 구절과 예수의 가르침과의 연관성을 보여준다.

처음 두 개의 ὅτι절은 이사야 66장 1절[88]을 인용하고 있는데, 이는 하나

---

[85] W. D. Davies and D. C. Allison, *The Gospel According to Saint Matthew I.*(ICC, Edinburgh: T & T Clark, 1988), 536.

[86] 다우첸버그(Dauzenberg)는 맹세 금지가 초기 기독교에 예수의 명령으로서 널리 알려지지 않았다는 근거를 내세워 이것이 유대 기독교공동체에서 기원했을 가능성을 진지하게 받아들였다. G. Dauzenberg, "Ist das Schwurverbot Mt 5:33-7," 65. 하지만, 맹세 금지 기원이 예수도 아니고, 그렇다고 이것이 유대교의 입장과도 같지 않는데, 유대 기독교공동체가 본문과 같은 맹세의 입장을 창작해 냈다는 것은 어불성설로 들린다. 이에 대하여 루츠(U. Luz)는 비유사성의 기준에 따른 예수의 진정성 있는 본문으로 받아들일 것을 주장하였다. U. Luz, *Matthew 1-7*, 262.

[87] 이에 대하여 미니어(P. S. Minear)는 5장과의 연결성에도 불구하고, 23장은 예루살렘 성전 파괴 이전 팔레스타인 유대 환경에서 나온 것으로 회당과 교회의 서기관적 리더 사이의 첨예한 경쟁의 시대 속에 형성되었다고 보았다. 23:16-22가 비록 예수의 전승으로 보기는 힘들지만 예수가 거절한 5:33의 원칙을 강화시켜 주고 있다고 평가하였다. P. S. Minear, "Yes or No: The Demand for Honesty in the Early Church," NovT XIII(1971), 4-6.

[88] "여호와께서 이와 같이 말씀하시되 하늘은 나의 보좌요 땅은 나의 발판이니 너희가 나를 위하여 무슨 집을 지으랴 내가 안식할 처소가 어디랴"(사 66:1).

님의 절대적인 왕권이 실행되는 영역의 범위를 나타낸다. 그러나 땅 위에 하나님의 통치의 자리는 다름 아닌 예루살렘이다. 이 사실은 시편 48편 2절(70인역, 47:3)[89]을 인용하고 있는 세 번째 ὅτι절에서 언급하고 있다. 여기서는 하나님이 왕이라는 개념이 강조되고 있는데, 이는 예수의 설교에서 특징적인 메시지가 바로 '하나님의 나라'(주권)라는 점과 일맥상통함을 보여준다.

이와 같이 마태복음 23장 16-22절과 본문과의 연관성, ὅτι절의 구약 인용구와 예수 설교의 핵심이 '하나님 나라'(주권)라는 공통점은 내적 연관성의 기준에 의한 본문의 진정성을 더해준다.

셋째, 맹세와 관련한 네 번째 반제와 유사한 형태를 띠는 야고보서 5장 12절[90]과 비교를 통해서 진정성에 대한 근거를 확보할 수 있다.

양자의 관계에 대하여 두 개의 입장이 존재한다.

야고보서 5장 12절을 마태복음 5장의 네 번째 반제보다 원 전승으로 보고 전자와 유사한 형태를 지닌 후자의 일부만 원래 형태로 보는 입장[91]과 야고보서 5장 12절에서 예수 전승의 직접적인 암시가 전혀 나타나지 않기 때문에 예수 전승으로 여기는 마태의 반제보다 야고보서를 더 오래된 전

---

89 "터가 높고 아름다워 온 세계가 즐거워함이여 큰 왕의 성 곧 북방에 있는 시온산이 그러하도다"(시 48:2). 70인역 인용의 본문 형태에 대하여는 R. H. Gundry, *The Use of the Old Testament in St. Matthew*(Leiden: E. J. Brill, 1967), 134를 참조하라.
90 "내 형제들아 무엇보다도 맹세하지 말지니 하늘로나 땅으로나 아무 다른 것으로도 맹세하지 말고 오직 너희가 그렇다고 생각하는 것은 그렇다 하고 아니라고 생각하는 것은 아니라 하여 정죄 받음을 면하라"(개역개정).
91 루츠(Luz)가 대표적인데, 그는 그 근거로서 33절의 내용에 대한 명확한 구약 언급이 없으며, 33절 내용과 반제 사이의 문자적인 일치가 나타나지 않는다는 점을 지적한다. 따라서, 33-34절이 다른 반제인 21-22절, 27-28절과 다르다는 것이다. 그는 약 5:12를 중심으로 마 5:36을 이차 추가로, 34-35절을 원래 텍스트로 인정하되, 구약 인용이 마태에서는 이차적인 것이므로 34-35절의 ὅτι절인 구약 인용 부분은 이차적인 것으로 간주한다. 또한, 37절에서 약 5:12에 나오는 '예'와 '아니라'의 이중 서술문 부분만 원래적인 것으로 인정한다. U. Luz, *Matthew 1-7*, 261.

승으로 보는 입장이 그것이다.[92]

하지만, 야고보서 5장 12절이 주의 말씀에 기원한다는 언급이 없다는 것 때문에 야고보의 맹세 금지를 예수에게서 온 것이 아니라고 한다거나, 더 나아가 마태보다 야고보의 말씀을 예수 전승의 기원으로 주장하는 것은 타당성이 없다. 오히려 저자가 이 말씀을 공동체를 위한 권고로 사용할 때, 주의 말씀에서 기원한 것이 당연한 경우에 그 사실을 특별하게 언급하지 않을 수도 있다.

이런 관점에서 야고보서 5장 12절은 주의 말씀에 대한 간접 인용으로 볼 수 있다. 비록 야고보서의 맹세 금지가 복음서에 나타난 주의 말씀과 가장 유사한 어법을 가진 예증이라고 하더라도, 이 외에도 야고보서에는 주의 말씀에 대한 암시들이 다양하게 나타나고 있다.[93]

바꾸어 말하면, 야고보서 5장 12절만이 예수 전승을 암시적으로 인용한 유일한 예증은 아니다. 마태복음 5장 33-37절이 다른 전승층인 야고보서 5장 12절에도 거의 유사하게 등장한다는 점은 중복 증거의 기준에 따른 진정성을 보여주며, 위의 비교 연구를 통해서 후자가 도리어 예수 전승을 담고 있는 전자인 본문을 반영하고 있음을 증명한다.

---

92 다우첸버그(G. Dauzenberg)는 사도 바울의 경우 주의 전승을 인용할 때, 그것을 밝힌다는 사실을 주목한다. 예를 들어, 고전 7:25의 경우다. 그의 "Ist das Schwurverbot Mt 5:33-7," 56-65를 참조하라. 하지만, 바울의 가르침 역시 예수의 가르침에 상당히 의존하고 있는데, 이렇게 의존하면서도 항상 그것을 명백하게 밝히고 있지만은 않다는 점이다. 다우첸버그에 대한 반대 입장에 대하여는 D. Wenham, *The Recovery of Jesus' Eschatological Discourse*(Sheffield: JSOT Press, 1984), 372; "Paul's Use of the Jesus Tradition,"(ed.), D. Wenham, *Gospel Perspective V: The Jesus Tradition Outside the Gospel*(Sheffield: JSOT Press, 1985), 7-37을 참조하라.

93 P. H. Davids, "James and Jesus," *Gospel Perspectives V*, 63-84; P. H, Davids, *The Epistle of James. NIGTC*(Exeter: Paternoster Press, 1983), 47-76. 데이비스는 야고보서에서 주의 말씀에 대한 명백한 암시, 가능성 있는 암시와 간접 인용(5:12)을 포함하여 47개의 암시를 제시하고 있다.

넷째, 반제 연구와 관련한 보다 흥미로운 문제들이 존재하지만, 본문을 통해서 입증하려는 예루살렘과의 관련성과는 거리가 있기에, 예루살렘이 등장하는 35절에 집중하여 진정성과 관련한 몇 가지 문제를 논의하고자 한다.

① 양식사적 입장, 즉 만일 마태복음이 예루살렘 파괴 이후에 기록되었다면,[94] 이 문제는 쉽게 해결될 수 있다. 왜냐하면, 예루살렘 파괴 이후라면 마태 공동체 안에서 이 말씀에 대하여 예루살렘을 삶의 자리로 삼는다는 것은 어렵기 때문이다.

마태가 최근에 파괴된 예루살렘을 사용하여 맹세하는 사람들을 다룰 가능성은 거의 없다. 그럼에도 불구하고 마태가 예루살렘을 맹세 공식 어구에 포함시킨 이유는 전승을 이어받고 있기 때문이다.[95] 이는 세 번째 공식 어구(35절)가 맹세와 관련한 전체 단위에 있어서 필수적인 부분으로 삽입되어 있었다는 증거가 된다.

② ἐν τῷ οὐρανῳ와 ἐν τῇ γῇ와 εἰς Ἱεροσόλυμα에서 나타나는 전치사의 차이 문제다. 일부에서는 이 문제로 35절의 진정성을 거부하는 경향도 있기 때문이다.[96]

이에 대하여는 두 가지로 설명될 수 있는데, 하나는 단순히 문체의 문제

---

94 루츠는 AD 80년을 넘지 않는 것으로 본다. U. Luz, *Matthew 1-7*, 58-59; 마태복음의 연대 문제에 다양한 학자들의 견해와 다양한 기준을 통하여 포괄적인 연구를 시도한 데이비스와 앨리슨은 마태복음 기록 연대를 넓게는 70-100년 사이로, 좁게는 80-95년 사이로 추정한다. W. D. Davies and D. C. Allison, *The Gospel According to Saint Matthew I*, 127-38.

95 G. N. Stanton, "Matthew"(eds.), D. A. Carson and H. G. M. Willamson, *It is Written: Scripture Citing Scripture*(Cambridge: Cambridge University Press, 1988), 213. 스탠톤에 따르면, 마태는 보통 그의 자료에 맞추어서 기술하였으며, 이것은 마태가 예루살렘 파괴로 말미암아 맹세 공식에 포함된 예루살렘을 편집할 수도 있는 상황이었음에도 불구하고, 본문에 포함시킨 이유에 주목할 것을 강조한다.

96 D. C. Dulling, "[Do not Swear.....] by Jerusalem because it is the City of the Great King(Matthew 5:35)," *JBL 110*(1991), 295-96.

로, εἰς는 ἐν의 동의어로 간주될 수 있다.[97] 다른 하나는 εἰς(~향하여)의 사용은 '예루살렘을 향하여'(toward) 맹세하는 것과 '예루살렘으로'(by) 맹세하는 것 사이를 구별하는 랍비적인 표현을 반영하는 것으로 본다.[98]

따라서, 앞의 두 부분에 나타나는 ἐν 과 다른 εἰς가 사용되었다는 점 자체가 진정성을 거부하는 근거가 될 수 없다.

지금까지 산상수훈의 네 번째 반제인 맹세와 관련된 본문인 마태복음 5장 33-37절의 예수의 진정성을 증명하였다. 이는 다음과 같이 정리할 수 있다.

첫째, 예수의 맹세 금지는 당대의 유대교와 비교해 볼 때 상당히 독특하다. 특히, 맹세를 남용하는 것으로부터 하나님의 이름과 맹세 제도를 보호하려는 유대교의 입장과는 달리, 예수는 ὅτι절을 통해서 모든 맹세는 크고 작음에 상관없이 하나님 앞에서 하는 것임을 강조하면서 하나님과 직접 연결하고 있다는 점에서 훨씬 더 급진적인 입장을 보여주었다(비유사성의 기준).

둘째, 마태복음 23장 16-22절과 본문과의 연관성, 34-36절의 ὅτι절에 나타난 구약 인용구와 예수 설교의 핵심이 '하나님 나라'(주권)라는 공통점을 띠고 있다(내적 연관성의 기준).

셋째, 본문이 다른 전승층인 야고보서 5장 12절에도 거의 유사하게 등장한다는 점과 예수 전승을 담고 있는 본문이 야고보서보다 앞선다고 할

---

97 W. Bauer, *A Greek English Lexicon of the New Testament and other Early Christians Literature, trans. and adapted* by W. F. Arndt, and F. W. Gingrich, 2nd edition revised and augmented by F. W. Gingrich and F. W. Danker(Chicago: University of Chicago Press, 1979), 230, 566.

98 R. A. Guelich, *The Sermon on the Mount*(Waco: Word, 1982), 213-15. 이에 해당하는 적절한 랍비 본문들은 m. Ned 1.3 그리고 t. Ned 1.3을 참조하라.

수 있다(중복 증거의 기준).

넷째, 본 연구와 직결된 '예루살렘'과 관련한 용어 사용 문제, 전치사의 차이 문제로 인한 진정성 시비에 대하여 반증하였다(언어적-환경적 기준).

이러한 네 가지의 입장을 볼 때, 본문은 다양한 학자들의 논란에도 불구하고 예수 전승의 진정성을 제공한다고 할 수 있다.

③ 예수와 예루살렘

본문에서 예수는 예루살렘을 거룩한 곳으로 간주하며, 어떤 맹세도 예루살렘을 모독하는 것으로 여길 정도로 하나님의 도성으로서의 위상을 부여한다. 이 점은 예수가 예루살렘에 가려고 한 이유가 단지 그곳이 사악한 도시였기 때문이라기보다는, 예루살렘이 그 악한 행위에 의해서도 지워질 수 없는 본래적인 중요성을 가지고 있음을 암시한다.

이는 시온 전승의 측면에서도 중요한 의미를 주는데, 예수가 예루살렘을 자기 사역의 절정의 장소로 이해하고 있다는 가능성을 보여준다. 예수의 메시지의 핵심이 하나님의 나라라고 한다면, 위대한 왕의 도시로서 예루살렘의 위치와 예수 메시지의 결정적인 핵심은 피할 수 없는 충돌을 맞이하게 된다.

따라서, 마태복음 5장 35절은 시온 전승이 예수와 자기 사역에 대한 인식에게 커다란 영향을 미치고 있음을 확인해 줌을 알 수 있다.

2) 예루살렘에서의 예수 행위

(1) 예루살렘 입성(막 11:1-11)

예수의 예루살렘 입성은 수난 주간의 시작을 알린다. 이 사건은 이후에 진행되는 성전 정화 사건을 비롯하여 마지막 십자가상의 죽음까지 이어질

드라마를 위한 무대를 설정한다.

예루살렘 입성 기사는 네 복음서에 모두 등장한다(막 11:1-11; 마 21:1-9; 눅 19:28-40; 요 12:12-19). 마태와 누가는 마가복음 기사를 자료로 사용하고 있다. 마태는 21장 4-5절에서 구약 인용문인 스가랴 9장 9절을 명시적으로 추가하고 있으며, 누가는 19장 38 하반절과 39-40절을 추가하고 있다. 이에 반해 요한은 독립적인 전승을 이어받고 있다.[99]

본 단락에서는 초기 자료인 마가복음 본문에 한정하고자 한다. 먼저 마가복음의 예루살렘 입성 사건의 진정성 문제를 다루고, 이를 근거로 예수와 예루살렘과의 관련성 차원에서 이 사건의 의미를 도출해 보고자 한다.

① 본문과 사역

1 Καὶ ὅτε ἐγγίζουσιν εἰς Ἱεροσόλυμα εἰς Βηθφαγὴ καὶ Βηθανίαν πρὸς τὸ ὄρος τῶν ἐλαιῶν, ἀποστέλλει δύο τῶν μαθητῶν αὐτοῦ

그리고 그들이 예루살렘에 가까이 와서 감람산 근처 벳바게와 베다니에 이르렀을 때에, 그는 그의 제자 중 둘을 보낸다.

2 καὶ λέγει αὐτοῖς· ὑπάγετε εἰς τὴν κώμην τὴν κατέναντι ὑμῶν, καὶ εὐθὺς εἰσπορευόμενοι εἰς αὐτὴν εὑρήσετε πῶλον δεδεμένον ἐφ᾽ ὃν οὐδεὶς οὔπω ἀνθρώπων ἐκάθισεν· λύσατε αὐτὸν καὶ φέρετε.

그리고 그들에게 말한다. 너희는 너희 맞은편 마을로 가라. 그리고 즉시 그리로 들어가게 되면 너희는 아직 아무도 타보지 않는 나귀 새끼가 묶여 있는 것을

---

99 마가에 대한 요한의 독자성에 대한 논의에 관하여는 D. Moody Smith, *John Among the Gospels*(Minneapolis: Fortress, 1992)와 그의 논문 "Historical Issues and the Problem of John and the Synoptics,"(ed.), M. C. de Boer, *From Jesus to John: Essays on Jesus and New Testament Christology in Honour of Marinus de Jonge*(Sheffield: JSOT Press, 1993), 252-67 을 참조하라.

보게 될 것이다. 너희는 그것을 풀어서 끌고 와라.

3 καὶ ἐάν τις ὑμῖν εἴπῃ· τί ποιεῖτε τοῦτο; εἴπατε· ὁ κύριος αὐτοῦ χρείαν ἔχει, καὶ εὐθὺς αὐτὸν ἀποστέλλει πάλιν ὧδε.
그리고 만일 어떤 사람이 너희에게 "왜 너희는 이것을 행하느냐?"고 묻거든,
너희는 "그의 주인이 필요로 한다. 그리고 즉시 그것을 다시 여기로 보낼
것이다"라고 말해라.

4 καὶ ἀπῆλθον καὶ εὗρον πῶλον δεδεμένον πρὸς θύραν ἔξω ἐπὶ τοῦ ἀμφόδου καὶ λύουσιν αὐτόν.
그리고 그들이 가서 문밖 거리에 나귀 새끼가 묶여 있는 것을 보았다. 그리고
그들이 그것을 풀고 있었다.

5 καί τινες τῶν ἐκεῖ ἑστηκότων ἔλεγον αὐτοῖς· τί ποιεῖτε λύοντες τὸν πῶλον;
그러자 거기 서 있는 어떤 사람이 그들에게 물었다. "너희들은 왜 나귀 새끼를
풀려고 하느냐?"

6 οἱ δὲ εἶπαν αὐτοῖς καθὼς εἶπεν ὁ Ἰησοῦς, καὶ ἀφῆκαν αὐτούς
그러자 그들이 예수가 말한 대로 그들에게 말했다. 그러자 그들이 그것들을
허락했다.

7 καὶ φέρουσιν τὸν πῶλον ρὸς τὸν Ἰησοῦν καὶ ἐπιβάλλουσιν αὐτῷ τὰ ἱμάτια αὐ'τῶν, καὶ ἐκάθισεν ἐπ' αὐτόν.
그리고 그들이 예수에게로 나귀 새끼를 가져와서 그들의 겉옷을 그 위에 놓으니,
예수가 그 위에 앉았다.

8 καὶ ολλοὶ τὰ ἱμάτια αὐτῶν ἔστρωσαν εἰς τὴν ὁδόν, ἄλλοι δὲ στιβάδας κόψαντες ἐκ τῶν ἀγρῶν.

그리고 많은 사람들은 그들의 겉옷을, 다른 사람들은 들에서 벤 나뭇가지를
길 위에 폈다.

9 καὶ οἱ προάγοντες καὶ οἱ ἀκολουθοῦντες ἔκραζον· ὡσαννά· εὐλογημένος ὁ ἐρχόμενος ἐν ὀνόματι κυρίου·

그리고 앞서 가는 자들과 뒤를 따르는 자들이 외쳤다. 호산나 주의 이름으로
오시는 이여 찬송을 받으소서.

10 εὐλογημένη ἡ ἐρχομένη βασιλεία τοῦ πατρὸς ἡμῶν Δαυίδ· ὡσαννὰ ἐν τοῖς ὑψίστοις.

오고 있는 우리 조상 다윗의 나라여 찬송을 받으소서. 가장 높은 곳에서 호산나.

11 Καὶ εἰσῆλθεν εἰς Ἱεροσόλυμα εἰς τὸ ἱερὸν καὶ περιβλεψάμενος πάντα, ὀψίας ἤδη οὔσης τῆς ὥρας, ἐξῆλθεν εἰς Βηθανίαν μετὰ τῶν δώδεκα.

그리고 그가 예루살렘에 와서 성전에 들어갔고 모든 것을 둘러보신 후에 시간이
이미 늦어서 열두 제자들과 함께 베다니로 나갔다.

② 사건의 진정성

예수가 제자들과 함께 예루살렘에 들어간 사실 자체에 대해서는 대다수의 학자들이 인정하고 있다.[100]

---

100 R. Pesch, *Das Markusevangelium II*(Freiburg: Herder, 1980), 187-88; A. E. Harvey, *Jesus and the Constraints of History*(London: Duckworth, 1982), 120-29; M. J. Borg, *Conflict Holiness and Politics in the Teaching of Jesus*(New York: Edwin Mellen, 1984), 170-71; C. C. Rowland, *Christian Origins*(London: SPCK, 1985), 180-82

이 사건의 진정성을 보여주는 몇 가지 근거는 다음과 같다.

첫째, 예루살렘에 입성할 때, 나귀를 탄 예수의 자세는 당시 예루살렘 순례자들이 도보로 행진한 것과 비교할 때 상당히 독특하다(비유사성의 기준).[101] 당시 종교적으로 민감한 반응을 불러일으킬 수 있는 이러한 불필요한 행동을 초기 교회가 창작했을 가능성은 적다.[102]

둘째, 예수 당대의 문헌 중에는 오시는 메시아를 묘사하고 있는 스가랴서가 사용된 증거가 없으며, 이러한 사실은 본 사건의 진정성을 강화하는 단서가 될 뿐만 아니라[103] 복음서의 예수의 예루살렘 입성 사건이 당시의 유대인들의 기대와는 상당히 다르다는 사실을 보여준다(비유사성의 기준).

셋째, 본 사건이 등장하는 사복음서 중에서 시기적으로 가장 이른 마가복음에서는 스가랴 9장 9절을 인용하지 않으며, 이 사건의 구체적인 기독론적 가능성-공의로우신 구원자, 겸손한 왕-도 언급하지 않는다.[104]

마태복음과 요한복음은 스가랴 9장 9절을 상당히 변경하여 다른 성경 본문과 융합시켜 인용하고 있다. 반면에 누가복음은 독자들의 시선을 스

---

101 초기의 랍비 문헌들을 보면, 불구자의 경우 그들이 도보로 순례할 수 없기에 순례의 의무를 면제받은 것을 제외하고는 대부분 도보로 순례를 하는 것으로 나타난다. m. Hag 1:1; b. Hag 6a; m. Ber 9:5 참조.
102 A. E. Harvey, *Jesus and the Constraints of History*, 121.
103 오시는 메시아에 대한 스가랴 예언이 적용된 때는 3세기 중엽에 이르러서야 나타난다. b. Sahn 98a에 따르면, 랍비 여호수아 벤 레위는 메시아가 구름을 타고 하늘로부터 내려오시는 것과 나귀에 앉아서 온화하게 오시는 것에 대하여 다음과 같이 설명하고 있다. "만일 유대인들이 타당하다면, 그는 하늘의 구름을 타고 오실 것이요, 만일 그들이 그렇지 아니하면, 나귀를 타고 오실 것이다"; 이와 관련하여 J. Blenkinsopp, "The Oracle of Judah and the Messianic Entry," *JBL* 80(1961), 60을 참조하라. 스가랴 13:7이 CD 19:5b-9의 B 사본에 언급이 되는데, 이는 목자로서의 메시아가 아니라 사악한 통치자를 가리킨다. 이에 대하여 F. F. Bruce, "The Book of Zechariah and the Passion Narrative," *BJRL* 43(1960-1), 343을 참조하라.
104 R. H. Gundry, *Mark: A Commentary on His Apology for the Cross*(Grand Rapids: Eerdmans, 1993), 632.

가랴 9장 9절로부터 떼어 놓은 시도를 하고 있는 듯, 이 예언을 인용하지 않는다. 만일 예수가 스가랴의 예언을 완성했음을 증명하기 위해 초대 교회가 이 전승을 창조했다고 가정한다면, 이러한 현상은 설명하기 어려워진다.

넷째, 구조와 관련하여 본문의 입성 기사는 두 부분 즉, 나귀를 얻으러 제자들을 보낸 이야기(1-6절)와 본래 입성 이야기(7-11절)로 구성되어 있으며, 이 두 부분이 문학적으로 통일성을 이루고 있다는 점은 명백하다.[105]

하지만, 1-6절의 비합리적인 요소 즉, 예수가 나귀를 미리 알고 있었다는 점, ὁ κύριος 단어를 사용한 점, 그리고 제자들이 동물을 너무 쉽게 얻은 점 때문에 이 부분을 일종의 동화적인 소재를 반영하는 전설로 보는 입장도 존재한다.[106] 이는 1-6절을 초대 교회 혹은 마가의 편집으로 보기 때문에 문학적 통일성뿐만 아니라 진정성을 부인하는 결과를 가져온다.

이에 대하여 다음의 견해가 제시된다.

첫째, 예수가 나귀를 미리 알고 있었다는 점은 예수의 순회 사역 가운데 병을 고치고, 귀신을 축출하고, 이적을 일으킨 것을 전제한다면, 독자들이 당혹해 할 정도로 신비적이지는 않다.

둘째, 3절에 "주가 쓰시겠다 하라"에서 사용된 ὁ κύριος가 누구를 가리키는지에 대한 의견은 다양하다. 하나님 혹은 나귀의 주인으로 보는 경향이 있다. 본 구절에 나타난 '주'가 하나님을 가리킨다고 보는 입장은 이 짐승의 주인은 당연히 하나님이시고, 그 권세 아래서 예수가 행동하고 있는데, "주께서 쓰시겠다 하라"는 '고르반', 즉 하나님께서 사용하시도록 드려

---

105 이에 관한 자세한 내용은 David R. Catchpole, "The Triumphal Entry," (eds.), E. Bammel and C. F. D. Moule, *Jesus and the Politics of His Day* (Cambridge: Cambridge University Press, 1984), 322-26을 참조하라.

106 R. Bultmann, *The History of the Synoptic Tradition*, 267.

진 물건이라는 의미를 함축하고 있다고 주장한다.[107]

하지만, 이미 예루살렘 입성을 기대하며 언급한 Q 13장 35절 "주의 이름으로 오시는 이는 복되시다"에서 '주'는 인용문인 시편 118편 26절에서 종말의 때에 오시는 메시아에 대하여 예수 자신에게 적용시키고 있으며, Q에서 예수의 칭호 자체가 '오시는 이'와 '주님'인 점, 그리고 마가복음에서 예수를 '주'(ὁ κύριος)로 부르지 않는데, 본 단락에서 '예수'를 '주'로 언급하고 있다는 점은 본문이 이전 전승을 이어받고 있다는 증거가 된다. 문맥상 나귀의 주인도 더더욱 어울리지 않다.

셋째, 제자들이 너무 쉽게 나귀를 얻는 것에 대하여 2절("그것을 풀어서 끌고 오너라")의 짐승의 징발은 공식적인 수송 제도[108]와 관련하여 설명될 수 있는데, 이런 관행은 당시에 널리 퍼져 있었다.

따라서, 예루살렘 입성 사건에 대한 진정성을 증명하기 위한 완전한 설명은 불가능하겠지만, 위의 네 가지 설명은 스가랴 9장 9절에 의해 근거하여 부활 이후 초대 교회가 이 사건을 창작했다는 사실만큼은 막을 수 있다.

이와 달리, 사건의 진정성을 반대하는 입장 중의 하나는 이 사건의 메시아적인 특성은 공적으로 드러날 수밖에 없고, 이로 인하여 예수의 죽음이 보다 더 일찍 찾아올 수 있기 때문에 이 사건 자체는 일어날 수 없는 일종의 허구(fictional)라고 주장하기도 하고, 이 사건의 역사성을 주장하는 일부

---

107 C. A. Evans, *Mark 8:27-16:20*(WBC 34B, Nashville: Thomas Nelson Publishers, 2001), 142-23.
108 이를 '앙가레이아'(ἀγγαρεία)라고 불리며, 히브리어에 '안가리아'(אנגריא)라는 차용어도 등장할 정도였다. m. B. Mes 6:3을 참조. 구약에서도 왕이 자기가 원하는 것을 백성들로부터 취하는 장면이 나타난다(삼상 8:16-18 참조). J. D. M. Derrett, "Law in the New Testament: The Palm Sunday Colt," *NovT 13*(1971), 241-58.

학자들의 경우는 이 사건의 크기와 의미를 대폭 감소시키기도 한다.[109]

하지만, 이러한 입장은 타당성을 잃는다. 물론, 당시 로마 밖에서의 메시아 운동들은 의심을 받았지만, 이 입성 사건은 그 당시의 체제 질서와 실제적인 충돌은 없었다. 게다가 팔레스타인 상황은 너무 복잡했는데, 이러한 메시아적인 성격의 주장은 너무 일상적이어서 대중들로부터 도리어 관심을 끌지 못했다. 이에 로마 정부는 가능한 한 이러한 이슈에 지나치게 대응하지 않는 전략을 추구하였다.[110] 따라서, 군중이 메시아적 성격을 띤 행진을 했을지라도, 이 사건이 폭력적인 시위와 연루되지 않았기 때문에 로마 정부가 이 사건에 행동을 취했을 가능성은 거의 없다고 볼 수 있다.

이상의 논의를 정리해 볼 때, 이 사건의 진정성에 대한 거부할 강력한 논증이 없고, 진정성을 위한 근거들이 존재하므로 예루살렘으로 입성 즉, 절기에 모인 군중의 함성 가운데 예수가 나귀를 타고 예루살렘으로 들어간 사건은 역사적이라고 결론 내릴 수 있다.

③ 본문 분석

마태와 누가와 심지어 요한도 마가의 입성 기사를 자료로 사용한 것으로 보는 입장이 일반적이다.[111] 따라서, 본 단락에서는 마가의 기사를 근거

---

109 이에 관하여 E. P. Sanders, *Jesus and Judaism*, 황종구 역, 『예수와 유대교』(서울: 크리스챤다이제스트, 1994), 413-30. 여기서 샌더스는 "만약 입성이 우리가 듣고 있는 그대로의 것이었다면, 왜 로마가 예수를 처형하는 데 그토록 긴 시간이 걸렸는가?라고 질문한다. 로마는 난동의 위협이 있었을 때, 완만하게 행동하지 않았거나 혹은 이것은 큰 시위가 아니었을 것이며, 로마는 그들에게 압력을 넣기 위해 유대인의 '심문'을 필요로 했을 것이다. 아마 그 사건은 발생하였으나 주목을 끌지 아니한 작은 사건이었을 것이다. 아마 소수의 사람들만이 조용하게 '호산나'를 중얼거리는 동안, 소수의 제자들만이 나귀의 전면에서 수수하게 그들의 의복을 깔았을 것이다" 라고 진술하였다.
110 E. Bammel, "The Titulus," *Jesus and the Politics of His Day*, 358.
111 요한과 마가 사이의 입성 사건의 가장 큰 차이점은 사건의 순서다. 마가는 예수가 나귀를 타고 나서 군중들이 환호로 반응하고 있는 반면에, 요한은 군중들의 환호에 예수가 우연하게 발견한 나귀를 타고 있는 인상을 주며, 바로 이어서 스가랴 9장 9절의 인용문이 등장한다(15절). 이는 정치적인 해방자를 기다리는 군중들의 열정을 꺾고,

로 하여 입성 사건을 재구성하고, 다른 복음서들과 비교 검토한 후, 본문을 분석해 보고자 한다.

위의 진정성을 위한 논의를 근거로 하여 나귀를 얻으러 제자들을 보낸 이야기(1-6절)는 역사적이며, 입성 이야기 전체로 볼 때 문학적 통일성을 형성하고 있다. 마가의 입성 기사는 비록 나귀의 징발에 대하여 많은 공간을 할애하고 있지만, 스가랴 9장 9절은 언급하고 있지 않다. 이는 마가의 진술이 사복음서 중에서 가장 원시적인 형태를 간직하고 있으며, 반면 이 구절을 인용하는 마태와 요한은 후대의 기독론적인 편집을 시도하고 있음을 보여준다.

7절에 군중들이 들에서 벤 나뭇가지를 길에 펴는 일은 당시 이러한 '나뭇가지'는 예루살렘 근처에 많이 자라고 있으므로 충분히 가능하며, '자기의 겉옷'을 길에 펴는 행위는 군중의 기독론적인 이해와는 상관없이 역사적으로 가능하다. 왜냐하면, 성전 의식에 참여하는 사람이 올라가는 길에 땅바닥이 불결하여 그 스스로 부정함을 막기 위해 의복을 길에 펴는 경우도 있었기 때문이다.[112]

군중들의 외침과 관련하여, 그들이 나귀에 탄 예수를 왕으로 높이며 찬양했을 가능성은 적다. 특히, "찬송하리로다 오는 우리 조상 다윗의 나라여 가장 높은 곳에서 호산나 하더라"(10절)의 표현은 마가의 기독론적인

자신은 평화의 왕임을 선포하려는 의도를 보여준다. 이러한 군중들의 입장은 6:14-15의 오병이어 기적 이후의 예수를 왕으로 삼으려는 대목과 거의 유사하다. 이러한 관점에서 마가복음에 있는 나귀를 얻는 부분(1-6절)은 무의미한 것처럼 과감히 삭제하고 있는 반면, 무리가 예수의 표적을 보고 그를 따른다는 바리새인들의 고백을 추가한다(17-19절). 이는 명백히 요한이 마가와는 다른 순서를 통해서 자신의 편집적 관심을 의도하고 있음을 알 수 있다. C. K. Barrett, *The Gospel According to St. John*(London: SPCK, 1978), 418; G. R. Beasley-Murray, *John*(Waco: Word Books, 1987), 206-10; R. E. Brown, *The Gospel According to John I-XII*(New York: Double-day, 1966-70), 462를 보라.

112 m. Zab 4:7.

반영으로 보인다.

　그렇다고 예수를 단지 다른 순례자 중의 한 사람으로 보기에는 지나친 면이 있다. 만일 예수의 명성이 병을 치유하고, 귀신을 축출하고, 기적을 일으키는 자로서 널리 알려졌다면, 적어도 군중들의 일부는 예수가 메시아임을 인식하고 있었을 것이다. 더구나 위에서 언급했듯이, 예수는 예루살렘으로 입성할 때 자신이 나귀에 오르는 자극적인 자세를 취하고 있다. 그럼에도 불구하고 군중들이 무슨 말을 했으며, 그들이 어떻게 예수를 인식했는가를 정확하게 확정하는 것은 어려운 일이다.

　따라서, 본문에 초대 교회의 입장이 반영되므로 입성 사건을 전체적으로 볼 때, 어떤 면이 더 부각되기도 했지만(특히, 8절의 '많은'; 10절의 '환호'), 그 사건의 성격상 시끄럽고 축제적이었다는 점은 분명하다. 그러므로 8-9절에 나타난 마가의 묘사는 쉽게 배제할 수 없다.

　위의 내용을 정리하면 다음과 같다. 마가의 입성 기사가 사복음서 중에서 가장 원시적인 형태를 보존하고 있다. 또한, 나귀의 징발 기사를 문학적 통일성과 역사성이 있다고 간주한다면, 마가의 사건의 순서가 가장 역사적이라고 할 수 있다. 만일, 위의 결론이 타당하다면, 이 전체 기사는 예수에 의해서 두 가지 측면에서 의도성을 가지고 행해진 것으로 볼 수 있다. 즉, 나귀 징발에 관한 의도적인 계획과 예루살렘으로 들어갈 때 나귀를 타고 들어간 도발적인 자세다. 그렇다면, 이런 행위를 통해서 예수 자신이 의도하려는 어떤 메시지가 담겨 있을 것이다.

　다른 한 가지는 이 사건의 실제적인 크기다. 샌더스(E. P. Sanders)처럼 단지 예수의 제자들만 포함시키는 정도의 사건으로 규정하는 것도 문제지만, 모든 군중이 이 사건 속에서 예수의 의도적인 상징과 메시아적 행위를 보았다고 단정하는 것도 어려운 일이다. 하지만, 이 입성 과정에서 로마 군대의 움직임은 없었던 것으로 보아 이것이 무법하거나 외적인 혁명적 시위가 아니었다는 점은 분명하다.

따라서, 본문의 기사의 역사적 예수의 진정성은 인정하되, 마가가 군중들의 환호(10절)와 '많은'(8절)과 같은 부분들의 편집을 통해서 기독론적 요점을 제공하고 있지만, 나귀 위에 옷을 펼치는 것이나 길 위에 겉옷과 나뭇가지를 펼쳐 놓은 것은 마가의 편집으로 볼 필요는 없다.

위의 논의를 근거로 본문을 재구성하면 다음과 같다.

예수는 나귀 징발에 대한 계획을 세워서 실행하였고, 예루살렘에 입성할 때에 나귀에 타는 도발적인 자세를 보여주었다. 군중들은 즐거워하였으며, 전통적인 시편과 노래들로 그를 칭송하였다. 일부는 이 사건 속에서 메시아적인 의미를 알았을 가능성이 있지만, 확실한 증거는 없다. 부활 이후에 제자들은 그 사건이 기독론적인 의미가 있음을 알았으며, 다양한 편집적인 암시를 통해서 그 의미를 구체화시켰다.

④ 예수와 예루살렘

본 사건의 진정성과 분석을 토대로 하여 예수의 예루살렘 입성 사건 가운데 예수가 행한 두 가지 즉, 나귀 징발과 입성 시 나귀에 타고 행진한 것은 의도적인 행위였음을 알 수 있다. 이 의도적인 상징적 행위 속에서 예수가 전달하려고 했던 의미는 무엇인지 찾아보고자 한다.

첫째, 예수가 나귀를 준비하고, 나귀를 타고 예루살렘으로 입성한 행동 배경인 창세기 49장 10-11절[113]에는 야곱의 유다에 대한 신탁이 등장한다. 여기에는 몇 가지 연결된 암시가 존재한다. 예수가 유다 지파라는 사실과 유다 지파에서 '규'와 '통치자의 지팡이'가 떠나지 않는다는 것, 여기서 등장하는 나귀(עִיר)가 유다의 통치자와 연결되어 있다는 점이다.

---

113 "규가 유다를 떠나지 아니하며 통치자의 지팡이가 그 발 사이에서 떠나지 아니하기를…그에게 모든 백성이 복종하리로다. 그의 나귀를 포도나무에 매며, 그의 암나귀 새끼를 아름다운 포도나무에 맬 것이며…그의 복장을 포도즙에 빨리로다."

둘째, 더 구체적인 부분이 열왕기상 1장 33절에 나타난다. 여기서는 다윗 왕이 솔로몬을 왕으로 선포하려고 기혼으로 내려갈 때, 그를 자기의 노새(פִּרְדָּה)에 태우고 갈 것을 명령하고 있다. 이는 왕과 나귀(혹은 노새)의 밀접한 관련성을 구체적으로 드러낸다.

셋째, 스가랴 9장 9절에는 야웨의 대리자인 왕이 예루살렘으로 나귀를 타고 임한다는 예언이 등장한다. 비록 마가복음의 본문에서는 명시적으로 이 구절이 인용되지 않았을지라도 예수의 예루살렘 입성의 가장 가능성 있는 배경이 된다. 위의 진정성 논의에 근거하면, 당시에 스가랴서가 메시아의 오심과 관련하여 랍비 문헌에 사용된 예가 없는데, 바로 이 점이 유대교와는 다른 예수의 독특성을 드러내 준다.

초대 교회의 기독론적 반영이 나타나는 요한복음 12장 16절[114]에는 이 사건을 통해 보여주려는 예수의 의도를 제자공동체가 부활 이후에 알게 되었다고 증언하는 점도 이 점을 지지해 준다. 또한, 마가복음 14장 27절에서 스가랴 13장 7절이 간접적으로 인용되고 있다는 사실은 예수가 자신의 역할에 대하여 스가랴서를 사용하고 있다는 증거를 제공한다.

따라서, 예수의 예루살렘 입성에 있어서 나귀를 준비하고, 나귀를 탄 상징적 행위는 구약 특히 스가랴 9장 9절을 배경으로 한다.

예수는 어떤 의도를 가지고 이런 상징적인 행위를 행하였을까?

예수는 하나님의 통치가 예루살렘에 오고 있음을 알리고자 했다. 스가랴 9장 9절에서 나귀가 중요한 역할을 한 것처럼, 예수의 예루살렘 입성은 그가 예루살렘에 대한 회복 약속을 성취하기 위한 야웨 하나님의 실제적인 대리자라는 의미를 가진다.

---

114 "제자들이 처음에 이 일을 깨닫지 못하였다가 예수께서 영광을 얻으신 후에야 이것이 예수에 대하여 기록된 것임과 사람들이 예수께 이같이 한 것임이 생각났더라."

여기서 중요한 점은 이 사건 가운데 구약의 스가랴 9장 9절이 인용되고 있지 않고, 예언 성취로서 실행되고 있다는 점이다. 여기에 등장하는 나귀는 대개 왕적 동물을 나타내지만, 반드시 평화를 상징하는 것은 아니다. 더욱이 당시 유대인들에게 있어서 메시아적 왕은 전쟁 영웅을 상징하며 예루살렘으로부터 이방인들을 축출하는 존재로 여겨졌다.[115]

만일, 예수가 그의 행동의 배경으로 스가랴 9장 9절을 의도했다면, 그는 평화의 시대가 예루살렘과 심지어 이방인에게 도래한다는 메시지를 전달하고자 하였을 것이다.[116]

본 입성 사건은 예수가 임박한 하나님의 나라의 도래를 예루살렘에 선포하면서 그들을 도전하는 선지자의 역할을 넘어서고 있음을 보여준다(눅 13:34-35 참조). 예루살렘 입성 사건은 일종의 '왕적' 주장이요, 예루살렘 도시의 회복을 위해 택함 받은 왕이 오심을 보여주고 있다.[117]

---

115 Pss. Sol 17:23-27을 참조하라.
116 슥 9:9에 나타난 나귀를 타고 등장하는 왕적 존재의 역할에 대해서는 슥 9:10을 참조하라.
117 N. T. Wright, "Jesus, Israel and the Cross,"(ed.), K. Richards, *SBL 1985 Seminar Papers*(Atlanta: Scholars Press, 1985), 87-88. 이런 입장을 견지하는 학자들로는 E. P. Gould, *A Critical and Exegetical Commentary on the Gospel according to Saint Mark*(ICC, Edinburgh: T&T. Clark, 1896), 205; C. H. Turner, *The Gospel according to St. Mark*(London: SPCK; New York: Macmillan, 1931), 53-54; A. E. J. Rawlinson, *St. Mark*(London: Methuen, 1947), 151; V. Taylor, *The Gospel according to St. Mark. 2nd ed.*(London: Macmillan, 1966), 451-53; S. E. Johnson, *A Commentary on the Gospel according to St. Mark. BNTC*(London: A. & C. Black, 1972), 186; E. Schweizer, *The Good News according to Mark*(Richmond, VA: John Knox, 1970), 227. D. D. Schmidt, *The Gospel of Mark. Scholars Bible 1.*(Sonoma: Polebridge, 1990), 204; C. F. D. Moule, T*he Gospel according to Mark. Cambridge Bible Commentary on the New English Bible*(Cambridge: Cambridge UP, 1965), 86-87; C. E. B. Cranfield, *The Gospel according to Saint Mark. CGTC*(Cambridge: Cambridge UP, 1963), 348; W. L. Lane, *The Gospel according to Mark. NICNT*(Grand Rapids, MI: Eerdmans, 1974), 392-94; R. Pesch, *Das Markusevangelium. vol. II, HTKNT 2.1-2*(Freiburg: Herder, 1979), 185; M. Hooker, *The Gospel according to Saint Mark. BNTC*(London: A. & C. Black, 1991), 257. 등이 있다; 특히, 예수의 왕의 역할에 대하여 샌더스(E. P. Sanders)는 예수가 제자들에게 하나님 나라에서의 열두 보좌에 앉아 통치하는 역할을 준 것은 예수의 역할이 그들의 역할보다

따라서, 예루살렘은 예수 사역의 완성지이며, 예수는 야웨의 대리자요 왕으로 임명을 받아, 하나님께서 이루고자 했던 예루살렘의 회복에 대한 약속의 성취를 행동으로 수행한 것이다.

(2) 성전 정화(막 11:15-19)[118]

성전 정화 사건은 예루살렘에서의 예수의 사역과 의도를 결정하는 데 있어서 중요한 사건일 뿐만 아니라 예수 시대의 유대교와 관련성 속에서 예수의 입장을 구성하는 일에 결정적인 위치를 차지한다. 하지만, 이 사건에 대한 복음서의 보도는 역사적인, 그리고 신학적인 해석에 있어서 복잡한 문제들을 제기해 왔다.[119]

그럼에도 불구하고 본 사건의 역사성은 대체로 인정되고 있으며, 이 사건이 예수의 죽음의 직접적인 동기가 되었다는 데 대체적으로 동의하

훨씬 더 우월하다는 것을 암시한다고 주장하였다. 그는 이와 같은 로기아(Logia)에 대한 진정성을 그의 책 전반에 걸쳐서 주장하고 있다(특히, 마 19:28 "예수께서 이르시되 내가 진실로 너희에게 이르노니 세상이 새롭게 되어 인자가 자기 영광의 보좌에 앉을 때에 나를 따르는 너희도 열두 보좌에 앉아 이스라엘 열두 지파를 심판하리라"). E. P. Sanders, *Jesus and Judaism*, 144-54.

118 이 사건의 명칭에 대한 다양한 입장이 존재하지만, '정화'에 대한 단어에 의미를 부여하기보다는 이 사건에 대한 일반적 통칭으로서 사용하고자 한다.

119 성전 정화 사건의 해석의 패턴은 크게 네 범주로 구분할 수 있다. 1) 예언자적 개혁의 행위로 보는 입장으로 유대교 성전 체제가 상업적으로 부패했었고, 예수는 성전의 본래적 목적을 구현하기 위해 예언자적으로 항거했다는 것이다. I. Abrahams; A. Edersheim; J. Roloff; J. Jeremias; A. E. Harvey; O. Cullmann; H. D. Betz; B. Chilton; C. A. Evans. 2) 혁명가적 행위로서, 이는 예루살렘 입성과 성전 정화 사건을 통해서 무력 반란을 시도하다가 실패한 후 로마 당국에 의해 체포되어 처형되었다고 보는 입장이다. R. Eisler; J. Carmichael; S. G. F. Brandon; H. v. Mendelssohn; H. Maccoby; G. W. Buchanan; E. Trocme; A. Nolan; R. A. Horsley. 3) 종말론적 메시아 행위의 입장으로, E. Lohmeyer; G. Bornkamm; W. G. Kümmel; R. H. Hiers; L. Gaston; R. Pesch; J. Gnilka. 4) 파괴와 심판의 상징적 행위로, 이는 성전 제도 혹은 제의 자체에 대한 일종의 폐기선언으로 보는 견해다. E. P. Sanders; J. Neusner; D. Juel; D. Seeley; W. H. Kelber; 김세윤. 이와 관련한 자세한 사항은 김경희, "성전비판에 관한 전승사적 연구," 13-31을 참조하라.

고 있다.

이른바 '성전 정화 사건'은 네 복음서에 모두 기록되어 있다. 특히, 요한복음의 경우, 그 맥락이나 내용, 사건 자체에 대한 해석이 공관복음과는 많이 다르다는 것을 알 수 있다. 이 중에서 공관복음의 보도가 더 역사성이 있다고 보며,[120] '두 자료설'에 근거하여 마가복음의 우선성을 인정한다.

이러한 전제 외에도 마가복음을 본문으로 선택한 데는 몇 가지 이유가 있다.

첫째, 이 사건을 가장 세밀하게 보도한다.
둘째, 종말론적 분위기가 가장 짙다.
셋째, 이 사건을 예수의 죽음과 가장 잘 연결시켜 준다.

이런 점에 근거할 때 마가복음 본문이 이 사건의 역사적 실체에 근접하다고 본다. 이를 전제로, 먼저 본 사건에 대한 역사적 예수의 진정성 문제를 다루고, 본문 분석을 통해서 예수와 예루살렘과의 관련성 차원에서 이 사건이 가지는 의미를 도출할 것이다. 마지막으로 역사적 예수의 자기 이해는 어떠하였는지를 도출해 보고자 한다.

① 본문과 사역

15 Καὶ ἔρχονται εἰς Ἱεροσόλυμα. Καὶ εἰσελθὼν εἰς τὸ ἱερὸν ἤρξατο ἐκβάλλειν τοὺς πωλοῦντας καὶ τοὺς ἀγοράζοντας ἐν τῷ ἱερῷ, καὶ τὰς τραπέζας τῶν κολλυβ

---

[120] C. K. Barrett, *The Gospel according to St. John*. vol. I, 한국신학연구소 역,『국제성서주석 요한복음』(서울: 한국신학연구소, 1978), 306.

ιστῶν καὶ τὰς καθέδρας τῶν πωλούντων τὰς περιστερὰς κατέστρεψεν,
그리고 그들은 예루살렘으로 갔다. 그가 성전 안에 들어가서 그 안에서 팔고 사는 사람들을 쫓아냈다. 그리고 돈 바꾸는 사람들의 상과 비둘기 파는 사람들의 의자를 둘러엎었다.

16 καὶ οὐκ ἤφιεν ἵνα τις διενέγκῃ σκεῦος διὰ τοῦ ἱεροῦ.
그리고 누구든지 물건들을 가지고 성전 안을 지나다니는 것을 금하였다.

17 καὶ ἐδίδασκεν καὶ ἔλεγεν αὐτοῖς· οὐ γέγραπται ὅτι ὁ οἶκός μου οἶκος προσευχῆς κληθήσεται πᾶσιν τοῖς ἔθνεσιν; ὑμεῖς δὲ πεποιήκατε αὐτὸν σπήλαιον λῃστῶν.
그가 그들을 가르치며 말하였다. " '내 집은 만민이 기도하는 집이라고 불릴 것이다' 라고 기록되어 있지 않느냐? 그런데 너희는 강도의 소굴로 만들어 버렸다."

18 Καὶ ἤκουσαν οἱ ἀρχιερεῖς καὶ οἱ γραμματεῖς καὶ ἐζήτουν πῶς αὐτὸν ἀπολέσωσιν· ἐφοβοῦντο γὰρ αὐτόν, πᾶς γὰρ ὁ ὄχλος ἐξεπλήσσετο ἐπὶ τῇ διδαχῇ αὐτοῦ.
그러자 대제사장들과 율법학자들은 이 말을 듣고 그를 죽일 방도를 찾고 있었다. 그들은 모든 무리가 그의 가르침에 놀라는 것을 보고 그를 두려워했기 때문이다.

19 Καὶ ὅταν ὀψὲ ἐγένετο, ἐξεπορεύοντο ἔξω τῆς πόλεως.
저녁때가 되어 그들은 성 밖으로 나갔다.

② 사건의 진정성
성전 정화 사건에 대한 오늘날 주요 논쟁점은 두 가지로 압축될 수 있다.

첫째, 그 사건의 역사성에 관한 질문(진정성 논쟁)
둘째, 그 사건서 예수의 진정한 의도가 무엇인가의 질문

본문의 진정성을 의심하는 일부의 학자들은 대체로 예수가 명시적으로 성전에 대해 반대한 적이 없다는 사실, 그리고 당시의 역사적 정황과 본문의 보도가 맞지 않는다는 사실에 주목한다.[121] 그러나 대부분 학자는 이 사건이 사복음서에 모두 기록되어 있고, 초대 교회의 전승에도 뚜렷이 나타나기 때문에(행 6:4f; 7장) 그 진정성을 인정하고 있다.[122]

---

[121] Mack은 두 가지 이유로 이 사건은 마가의 창작이라고 한다. 첫째, 예수가 성전에 대해 반대한 적이 없다는 점이고, 둘째, 반 성전 모티프가 마가의 신학에 부합된다는 점이다. B. Mack, *A Myth of Innocence: Mark and Christian Origins*(Philadelphia: Fortress, 1988), 282-92.; Buchanan은 이 본문을 초대 교회가 유대교와의 논쟁의 맥락에서 삽입한 것으로 간주한다. 1) 예수 당시에 성전에서의 재물 거래는 율법에 규정된 정결한 제사를 지내기 위해서는 필수적인 제도였다. 따라서, 그것을 성전 제도의 오염이라고 예수가 생각했을 리가 없다. 2) 만일, 정말 예수가 그런 식으로 성전에서 소란을 피웠다면, 예수는 그 자리에서 체포되었을 것이다. 왜냐하면, 당시에 로마 군대가 성전을 환히 내려다볼 수 있는 안토니아 요새에서 항상 성전을 감시하고 있었고, 또 레위인들로 구성된 성전 경찰들이 성전 안에 상주하고 있었기 때문이다. 더욱이 그때는 유월절이었고, 많은 사람이 성전에 모여 있었기 때문에 로마와 유대교 당국은 만일의 소요 사태를 대비해서 엄중한 감시를 하고 있었을 것이기 때문이다. G. W. Buchanan, "Symbolic Money-Changers in the Temple," *NTS* 37(1991), 280-90.

[122] 샌더스(E. P. Sanders)는 역사적 예수와 관련하여 논박의 여지가 없는 확실한 사실들로서 다음의 8가지를 제시한다. 1) 예수는 세례자 요한에 의해 세례를 받았다. 2) 예수는 설교를 하고 치유를 행한 갈릴리인이었다. 3) 예수는 제자를 부르고 그 가운데 열두 명을 택하였다. 4) 예수는 그의 활동을 이스라엘에 한정하였다. 5) 예수는 성전에 관한 논쟁에 참여했다. 6) 예수는 로마 권력에 의해 예루살렘 외곽에서 십자가에 달렸다. 7) 그의 죽음 이후 예수의 제자들은 동일한 운동을 계속하였다. 8) 적어도 얼마간의 유대인들은 그 새로운 운동의 최소한의 부분들이나마 박해를 가하였고(갈 1:13, 22; 빌 3:6), 이러한 박해는 적어도 바울의 활동이 거의 끝날 무렵까지 지속되었다(고후 11:24; 갈 5:11; 6:12; 비교. 마 23:34; 10:17). 이 중에서 5번에 해당하는 '성전 문제'를 그의 연구의 출발점을 삼을 정도로 가장 확실한 역사성을 부여하였다. E. P. Sanders, *Jesus and Judaism*, 28-29.; 이 외에도 J. D. G. Dunn, *The Partings of the Ways*(London: SCM, 1991), 47; B. F. Meyer, *The Aims of Jesus*(London: SCM, 1979), 170; M. J. Borg, *Conflict, Holiness and Politics in the Teaching of Jesus*(New York: Edwin Mellen, 1984), 172-73 등 최근 학자들도 있다.

본문의 진정성에 회의를 품고 있는 불트만은 15 상반절("그들이 예루살렘에 들어 가니라")과 18-19절을 후대의 첨가로 보고, 17절은 예부터 전승된 15-16절 장면에 대한 후대의 해석이라고 주장한다.[123]

그러나 예수가 성전 정화라는 극적이고 과격한 행위를 하면서 아무런 말도 하지 않았으리라고는 생각할 수 없다.[124] 또 말이 없는 채로 예수의 행위만이 따로 떨어져서 독립적으로 전승되었다는 사실 역시 희박하다. 이와 관련하여 공관복음서마다 예수의 말을 서로 조금씩 다르게 보도하고 있고, 요한복음은 완전히 다른 말로 보도하고 있는데,[125] 이는 전승 안에서 행위와 말이 굳게 결합되어 있었다는 사실을 보여 준다.[126]

15 상반절은 베다니에서 성전으로 가는 과정에 예루살렘을 거쳐 간다는 사실을 볼 때, 마가 이전의 전승에 속한다. 16절은 예수가 성전 뜰에서 물건을 가지고 다니지 못하도록 금지한 것에 대한 보도다.

슈바이처(E. Schweizer)는 본 절을 성전 운영에 대한 개혁으로 유화시키려는 마가의 의도가 들어 있는 삽입으로 본다. 그는 마가의 정황이 여전히 유대교의 범주 안에 기독교가 남아 있던 시기로 보면서, 마가가 16절을 삽입함으로써 예수의 원래적 행동에 들어 있는 성전비판 의도를 유화시켰으나, 마태와 누가는 이미 유대교와 결별한 상황에 있었기 때문에 사건 그대로(16절을 삭제하고) 보도했다고 주장한다.[127]

그러나 이 물건(σκεῦος)이 제사를 지내는 데 사용되는 성전 기명들을 가

---

[123] R. Bultmann, *The History of the Synoptic Tradition*, 42.
[124] 구약성경에서도 예언자가 상징적인 행동을 할 경우, 그 의미를 해석해 주었다(사 20:1-6; 렘 27:1-22; 28:1-2; 32:6-5; 43:8-13).
[125] 마태와 누가는 막 11:17a의 사 56:7 인용인 '만민의'를 삭제하고 있고, 요한은 "이것을 여기서 가져가라 내 아버지의 집으로 장사하는 집을 만들지 말라"(요 2:16b)고 예수가 말했다고 기록한다.
[126] 김경희, "성전비판에 관한 전승사적 연구," 230-31.
[127] E. Schweizer, *The Good News according to Mark*, 231.

리키는 것이라면,[128] 예수는 제의를 중단시키려는 의도를 가지고 있었을 것이다.

따라서, 마태와 누가가 이 구절을 생략한 것은 슈바이처의 견해와는 반대로 이 보도가 의미할 수 있는 제의의 중단이라는 과격한 의미를 피하기 위함이었을 것이다. 또한, '허락하지 않다'(οὐκ ἤφιεν)는 마가에게 있어서 낯설지 않지만(막 1:34; 5:19, 37 참조), ἵνα와 함께 사용된 것은 이례적이고, σκεῦος도 마가복음 3장 27절에 복수 형태로 한 번 나타나고 있기 때문에, 16절은 마가 이전 전승일 가능성이 높다.

17절은 일부 학자들에 의해 이차적인 마가의 해석적 삽입구로 평가되고 있는데, 그 이유는 다음과 같다.

첫째, 인용된 구약 본문이 70인역이라는 것[129]

둘째, 11장 17 하반절의 '강도의 소굴'(σπήλαιον λῃστῶν)이 예수 당시 역사적 정황에 맞지 않는다는 것[130]

첫 번째 이유에 대하여는 17 상반절의 인용문인 이사야 56장 7절의 70인역 본문이 히브리 성서의 문자적 직역이기 때문에 내용상 차이가 없고, 70인역에 익숙한 마가가 자신이 받은 이전 전승을 70인역으로 바꾸어 인용했을 수 있기 때문에, 이러한 사실이 진정성을 의심하는 근거가 될 수 없다.

두 번째 이유에 대하여, 뷰캐넌의 주장이 타당하다면, 마가복음 11장 17

---

128 C. Maurer, "σκεῦος" *TDNT VII*, 362.
129 J. Gnilka, *Das Evangelium nach Markus*, 한국신학연구소 역, 『마가복음 II』(천안: 한국신학연구소, 1986), 175.
130 뷰캐넌은 λῃστής는 단순한 도둑이 아니라 게릴라 전사를 의미한다고 주장한다. 따라서, 이 구절은 68-70년 유대 독립 전쟁의 상황을 반영하는 것으로 이 시기 이후에 삽입되었다. G. W. Buchanan, "Symgolic Money-Changers in the Temple," 287-89.

절이 15-16절의 행위를 설명해 주어야 한다. 본문에서 예수는 상행위를 비난하면서 נְחָהֵל נֶאֱלָהִים סֶפָה이라는 구약성경을 인용한다. 만일, λῃστής가 젤롯당을 강도로 비하하기 위해서 불렀던 명칭이라면, 예수가 폭도(젤롯당)들을 비난하면서 무슨 이유로 장사꾼들을 성전에서 내어 쫓았는지, 그 논리적 상관관계를 설명할 수 없다. 뷰캐넌의 주장은 지나치게 마가의 정황만을 의식한 것으로 볼 수 있다. 따라서, 이 구문이 예레미야 시대에 성전에 적용되던 비난이라면, 예수 시대에도 그대로 적용될 수 있다.

18절에서 대제사장이 복음서에서 처음 행동하는 자로 나온다. 대제사장과 서기관들이 예수를 죽이려고 모의했다는 보도는 앞서 예수가 성전을 정화한 것에 대한 반응이라는 점에서 역사적일 수 있다.[131] 성전에서의 소요 행위 이후에 예수가 유대 지도자들에 의해 어떠한 질문이나 힐책을 당하지 않고 성전을 떠날 수 있었으리라고 보기는 힘들기 때문이다.

본 절에서 예수의 대적자로 등장한 대제사장과 서기관은 장로들과 함께 산헤드린의 구성원으로 이제 유대교의 공식적 지도층이 예수와 대적하게 된 것을 보여주며, 그들이 예수의 체포와 처형에 직접 관여하게 되는 동기를 제시한다.[132]

이처럼 18 상반절을 마가 이전 전승으로 보지만, 18 하반절은 다른 곳에서 유비가 없기 때문에 마가의 해석으로 간주하기도 한다.[133] 하지만, 18 상반절의 대제사장들과 서기관들이 예수를 즉석에서 체포하지 않았는가의 해답은 18 하반절이 제공하기 때문에 18 하반절도 18 상반절과 함께 진정성 있는 구절로 보아야 한다.

19절을 마가의 편집으로 보는 견해가 있다. 성전 정화 사건을 샌드위치

---

131 박수암, 『성서주석 마가복음』(서울: 대한기독교서회, 193), 502; 김세윤, "예수와 성전," 『예수와 바울』(서울: 두란노아카데미, 2001), 160-61.
132 막 11:27; 14:1; 14:53, 55; 15:1 참조.
133 J. Gnilka, *Das Evangelium nach Markus*, 172-73.

형식으로 뒤에서 둘러싸고 있는 무화과나무 저주 이야기(12-14절, 20-21절)로 미루어 보건대 본 사건이 무화과나무 저주 이야기와 시간적 순서로 배치되었는가에 대해서 의문이 제기되기 때문이다.[134]

그러나 예수가 묵었던 곳이 베다니였기 때문에(11, 12절) 19절도 전승에서 왔다고 보지 못할 이유가 없다. 특히, 19절은 11장 11절과 같이 사건이 종결되고 날이 저물어서 예루살렘 밖으로 나간 것과도 일치한다.

따라서, 성전 정화 사건에 해당하는 마가복음 11장 15-19절은 완전한 단락으로 역사적 진정성을 가지고 있다. 전후 문맥, 특히 무화과나무의 저주 이야기와의 관련성 속에 마가의 편집은 역사적 진정성을 가진 성전 정화 사건의 의미를 분명하게 하기 위하여 무화과나무 저주 이야기를 샌드위치 구조로 배치하였고, 이를 위하여 무화과나무 사건의 후반부인 20-22 상반절은 마가가 창작한 것으로 보인다.

③ 본문 분석

15절을 이해하는데 있어서 배경이 되는 구절은 11절("예수께서 예루살렘에 이르러 성전에 들어 가사 모든 것을 둘러보시고")이다. 여기서 '성전'(ἱερόν)은 좁은 의미의 성소(ναός)와는 달리 성전 구역 전체를, 더 넓게는 성전산 언덕까지를 가리킨다.[135]

---

[134] 많은 학자는 무화과나무 저주 이야기 가운데 성전 정화 사건을 삽입해서 배치한 것을 마가의 신학적 의도에 따른 편집으로 간주한다. 따라서, 성전 정화 사건의 의미는 무화과나무 저주의 맥락 안에서 해석해야 한다는 것이다. J. R. Donahue, *Are You the Christ: The Trial narrative in the Gospel of Mark*. SBLDS 10(Missoula: SBL, 1973), 59; 박수암, 『성서주석 마가복음』, 503-04. 하지만, 샌드위치 기법이 마가 스타일의 전형적인 특징임을 볼 때, 위의 견해와는 반대로 마가는 무화과나무의 저주 이야기를 성전 정화 사건의 의미를 해석하고 강조하기 위해 이 사건 앞뒤에 샌드위치 기법으로 편집한 것으로 보아야 한다. 따라서, 무화과나무 저주 이야기의 후반부인 11:20-22 상반절은 마가가 작성한 것으로 보아야 한다.

[135] G. Schrenk, "ἱερόν" *TDNT III*, 235-36.

이 성전 안에서 예수는 '매매하는 자들'을 내쫓았다. 예수는 파는 자들만이 아니라 사는 자들도 성전 뜰에서 내어 쫓았다. 또한, "돈 바꾸는 자들의 상과 비둘기를 파는 자들의 의자"를 둘러 엎으셨다. 당시 환전상은 성전 당국에 의해 설치된 기관이나 다름없었으며,[136] 성전세 수납을 위해서는 필수적인 존재였기 때문에 예수가 환전상의 상을 뒤엎는 것은 단순히 그들이 성전 경내에서 일을 했다거나, 웃돈을 받고 환전을 해 주었다는 차원을 넘어서서 당시의 성전 제의 제도에 대해서 반대한 것으로 볼 수 있다.[137]

이러한 예수의 태도는 비둘기를 파는 자들의 의자를 엎은 것에서도 나타난다. 예수의 행동이 유독 비둘기를 파는 상인들에게 집중되고 있는 이유는 다음과 같다.

첫째, 비둘기 판매가 성전 당국의 독점적인 허가와 감독 하에서 판매되었다는 점이다.[138]

둘째, 비둘기는 가난한 사람들이 드리는 제물이었다.[139] 성전 당국이 비둘기 가격을 높게 책정했을 경우에 가난한 자들은 부담이 될 수밖에 없다.

결과적으로, 제의 제도는 가난한 자들에게 경제적 압박이 된 반면, 성전

---

136 성전세는 반드시 성전 주화(출 30:13)나 티리쉬 주화로만 환전해서 내야 했기 때문이다.
137 마 17:24-27에 의하면, 예수는 강제성(의무)을 띤 성전세를 반대하였으며, 막 12:41-44와 눅 21:1-4는 자발적인 성전 헌금에 대해서는 장려하고 있음을 볼 수 있다. 이와 관련하여 J. Neusner, "Money-Changers in the Temple: The Mishnah's Explanation," *NTS* 35(1989), 288-90을 참조하라.
138 J. Jeremias, *Jerusalem zur Zeit Jesu*, 한국신학연구소 역, 『예수시대의 예루살렘』(천안: 한국신학연구소, 1988), 73-4, 220.
139 m. Ker 6:8; Ant III, 230. 참조.

당국과 일부 상인들에게는 큰 이득을 가져다 주었다.

정리하면, 15절에 나타난 예수의 행위는 백성에게 부담을 지우고 그들을 착취하는 성전 제도(지도층)에 대한 반대일 뿐 아니라 동시에 그 제도에 순응하는 백성에 대한 비난이기도 하다.

16절은 공관복음 중 마가복음에만 있다. 위의 진정성 부분에서 언급했던 것처럼, 여기서 '물건'이 제물로 사용되는 기름, 곡식, 포도주 등을 운반하던 기구를 의미한다면,[140] 예수의 의도는 두 가지로 해석될 수 있다.

첫째, 제물로 사용되던 물품들이 성전 당국에 의해 독점 판매되었기 때문에 이들을 운반하던 기구를 가지고 다니지 못하게 한 것이라면, 일종의 상행위를 중단시킴으로써 제사 제도를 이윤 추구의 도구로 이용하는 성전 제도에 대항한 것이다.

둘째, 제의에 사용되던 기구 또는 그릇을 성전 경내에 가지고 다니는 것을 금한 것이라면 예수는 제의 자체를 중단시키는 것이 된다. 이는 성전에 대한 단순한 '정화'를 넘어서 성전 제의 폐지를 의도한 것이다.[141]

마가복음 11장 17절은 성전에 대한 하나님의 원래적 의도(γέγραπται, 기록 된 바)와 성전 당국자들(ὑμεῖς, 너희는)이 성전을 오염시킨 잘못을 반제적으로 대비시키고 있다. 여기에 인용된 성전에 대한 구약성경의 개념은 '만

---

140 Schrenk에 의하면 70인역에 σκεῦος가 300회 이상 나오는데, 그중 삼분의 일이 성전 도구를 가리킨다. W. Schenk, *Der Passionsbericht nach Markus*(Gütersloh: Mohn, 1974), 155.
141 Gaston은 이 사건이 스가랴 14:21의 종말론적 정결함의 성취라고 본다. "예루살렘과 유다의 모든 솥이 만군의 여호와의 성물이 될 것인즉 제사 드리는 자가 와서 이 솥을 가져다가 그것으로 고기를 삶으리라 그날에는 만군의 여호와의 전에 가나안 사람(장사꾼)이 다시 있지 아니하리라." L. Gaston, *No Stone on Another*, 86. 그러나 이 예언이 성취되었다면, 무엇 때문에 기구의 운반을 중단시켜야 했는가를 논리적으로 설명할 수 없다.

민이 기도하는 집'(ὁ οἶκός μου οἶκος προσευχῆς κληθήσεται πᾶσιν τοῖς ἔθνεσιν, 70인역의 사 56:7의 문자적 인용)과 '강도의 소굴'(σπήλαιον λῃστῶν, 70인역 렘 7:11의 부분적 인용)이라는 두 가지 개념이다.

이사야 56장 7절 "내가 곧 그들을 나의 성산으로 인도하여 기도하는 내 집에서 그들을 기쁘게 할 것이며, 그들의 번제와 희생을 나의 제단에서 기꺼이 받게 되리니 이는 내 집은 만민이 기도하는 집이라 일컬음이 될 것임이라"에서 보듯 기도하는 하나님의 집이 제사를 드리는 곳임을 분명히 밝힌다.

또한, 예수 당시의 유대교에서 기도는 이미 제의의 일부를 형성하고 있었으며(Bar 1:10-14; Apion 2:196; 참고. 느 11:17), 성전은 유대인들이 기도하기 위해서 가는 장소였다는 사실[142]은 당시 성전 제의가 매일의 기도에 있어서 핵심 부분을 형성했다는 것을 가리킨다.

그렇다면, 17a의 이사야 인용문에 나타난 '만민이'(πᾶσιν τοῖς ἔθνεσιν)의 의미는 무엇인지 살펴보자. 이 구절은 유대교의 배타성을 넘어서는 종말론적인 보편주의의 표현으로 이해되어 왔다. 본문의 문맥에 따르면, 포로 후기의 희망은 야웨의 집이 계약 공동체의 영역을 넘어서서(56:8) 이방인들과 이스라엘 외의 다른 백성(56:6)까지도 포함하는 중심지가 되리라는 것이다. 이는 개종한 이방인들도 제사를 드리기 위해 예루살렘 성전으로 올 수 있다는 의미다.[143]

---

142 단 9:21; Jdt 9:1; 눅 1:10, 2:37; 18:10; 행 3:1; 2 Macc 10:26; Sir 51:14; 3 Macc 2:10; Wis 50:17-19. 이와 관련하여 S. J. D. Cohen, *From the Maccabees to the Mishnah*, 황승일 역, 『고대 유대교 역사: 마카비 시대부터 미쉬나까지』(서울: 은성, 1994), 89-105를 참조하라.

143 제2성전 시대 유대교에는 이방인에 대한 상반된 생각이 병존했다. 하나는 종말에 열방이 모여 거룩한 도시를 대적해서 전투를 벌일 것이라는 개념이고(시 46; 겔 38; 사 17:12ff; 29:8; 슥 12; Sib. Or 3:663; Jub 23:22ff; 1 Enoch 56:4; 4 Ezra 13), 다른 하나는 종말에 열방이 시온산으로 하나님을 경배하기 위해서 모일 것이라는 개념이다(사 2:2ff; 45:14, 23; 56:7; 60:11; 61:18ff; 렘 3:17; 미 4:1ff; 습 3:10; 슥 8:20-23; 14; Tob

따라서, 이방인이 성전에 들어와 하나님께 경배하는 그날이 예언자들의 예언이 성취되는 날, 곧 종말론적인 완성의 날이 된다. 이러한 종말론적인 이해를 바탕으로 예수는 "지금까지는 다만 약속이었지만, 이제는 그것이 현실이 되었고 하나님이 그들을 위해서 정하신 기도하는 집이 준비되었다"고 주장한다.[144]

예수가 예루살렘 입성을 스가랴 9장 9절에 근거하여 자신을 "이방 사람들에게 화평을 선포하는 왕"으로 간주했다는 점으로 볼 때, 이사야 56장 7절의 '만민이'는 스가랴의 예언 성취와 내용적으로 합치된다.

이러한 몇 가지 고찰에 근거하여 예수는 성전에 대한 하나님의 원래적 의도를 종말론적인 이사야 56장 7절에 근거하여 모든 민족이 하나님께 기도를 드리는 곳으로 보고, 이제 종말의 때가 도래했으나 현재의 성전은 성전 당국자들의 재정적인 운영에 의해 왜곡됨으로 말미암아 그러한 의도를 실현하지 못하고 있음을 비난하고 있음을 알 수 있다.

그러나 표면적으로 드러나는 이러한 의미를 넘어 선 예수의 비판에 담긴 심층적인 의미는 마가복음 11장 17 하반절에 나타난 예수의 비난과 관련하여 해석할 때 그리고 그 해석이 성전 정화 사건의 행동(막 11:15)과 일치될 때, 가장 분명히 드러나게 된다.

예수는 '만민이 기도하는 집'으로서 성전의 원래적 용도에 대한 반제로 예레미야 7장 11절의 '강도의 소굴'이란 개념을 사용한다(막 11:17 하반절).

13:9ff; Sib. Or 3:772ff). 이러한 배타성과 보편주의 사이의 긴장과 갈등은 예수 자신의 메시지에서도 나타난다(막 7:27; 마 15:24; 마 8:10-12; 24:14).

144　L. Gaston, *No Stone on Another*, 87; J. Gnilka, *Das Evangelium nach Markus*, 175-77; J. Jeremias, *Jesus' Promise to the Nation*(Philadelphia: Fortress Press, 1982), 66. R. Bauckham, "Jesus' Demonstration in the Temple," *Law and Religion*(James, Clarke & Co., 1988), 84-85. 이와 관련하여 Davies는 예수의 성전 정화 사건이 '이방인의 뜰'에서 이루어졌음을 주목하면서 이는 예수가 성전 그 자체와 이방인의 권리에 대해 그리고 이방인들을 향한 유대교의 희망에 대해 관심을 가졌음이 분명하다고 본다. W. D. Davies, *The Gospel and the Land: Early Christianity and Jewish Territorial Doctrine*, 350-51.

예레미야는 '성전 문에 서서'(렘 7:2) 성전을 안전한 피신처로 생각하고 있는 사람들에게 그들이 속고 있으며(즉, 더 이상 성전은 야웨의 집이 아니며, 렘 7:4), 그들의 죄 때문에 성전이 실로와 같이 파괴될 것이라고 선언했다(렘 7:12, 14-15; 26:6).[145]

예수도 예레미야처럼 '성전에서' 이러한 심판과 성전 파괴 선언의 맥락(context) 안에 있는 비난 구절을 인용한다(렘 7:11).[146] 예레미야의 선포가 워낙 철저한 심판과 파멸의 메시지였기 때문에, 예수가 이 말을 인용하는 것은 단순한 성전 정화가 아니라 성전 심판과 파괴를 염두에 두고 있으며,[147] 이는 15-16절에 나타난 예수의 상징 행위[148]와 연결 지을 때 분명하게 드러난다.

또한, 18절에 대제사장과 서기관들이 예수를 죽이려고 모의하는 반응은 예수의 상징 행위와 말씀이 심각한 결과를 불러일으킬 수 있을 만한 사안임을 보여준다. 따라서, 예수는 예레미야 예언의 심판과 성전 파괴 예언의 의미를 생각하지 않고 단순히 '강도의 소굴' 용어만을 인용하지는 않았을 것이다.[149]

---

145 실로는 언약궤를 모셨던 장막이 있던 곳이었으나, 블레셋과의 전쟁에서 법궤를 빼앗긴 후 장막 처소가 되지 못한 곳이다. 최근의 고고학적 발굴은 BC 1050년 경 실로가 완전히 파괴되었음을 확인했다. R. E. Winkle, "The Jeremiah Medel for Jesus in the Temple," *AUSS* 24/2(1986), 169.

146 성전에서의 예수와 예레미야의 행동과의 관계성은 위의 각주 145에서 인용한 R. E. Winkle의 글에 잘 분석되어 있다. Winkle에 의하면 특히 마태가 예레미야 모델을 신학적으로 예수 사건의 해석에 사용했다.

147 예수가 사용한 πεποιήκατε는 완료형 시제로 이는 더 이상 성전이 회생할 소망이 없을 정도로 완전히 오염되었다는 최종적 심판의 뉘앙스를 풍기고 있다. 김경희, "성전비판에 관한 전승사적 연구," 256.

148 예수의 심판과 파괴에 대한 상징 행위는 구약성경 예언자들의 전승의 빛 하에서 조명될 수 있다. 슥 14:20f, 종말에 있을 성전과 예루살렘의 성결을 예언; 말 3:1-3, 주 곧 언약의 사자가 홀연히 성전에 임해서 제사장들을 정결케 해서 정결한 제물을 드릴 것을 예언; 렘 6:6, 8; 7:2, 12-14; 8:13; 9:11; 12:10; 19:7, 14; 25:18; 26:2, 6, 11; 32:24, 28, 31; 34:2, 32; 성전과 이스라엘 심판과 파괴 예언.

149 예수가 성전 파괴에 대해 무엇인가 말했으리라는 것은 막 13:2의 성전 파괴 예언과 막 14:58의 예수의 피소 죄목, 막 15:29의 십자가에 달린 예수에게 던져진 조롱을 보

마가복음 11장 15-19절에 대한 분석을 통해서 볼 때, 성전 정화 사건은 표면적으로는 하나님의 원래적 의도를 성취하는 데 실패한 성전 당국자들에 대한 비난이며, 심층적으로는 종말론적인 하나님 나라의 도래 앞에서 왜곡된 성전 제의 대한 최종적인 심판 혹은 폐기 선언이다.

예수는 고전적 예언자의 전승 위에 서서 자신의 상징적인 행동을 통해서 선포하고 있다.

④ 예수와 예루살렘

위의 결론에 근거하여 볼 때, 성전 정화 사건은 성전 당국자들에 대한 비난을 넘어서서 성전 자체에 대한 심판과 파괴의 선포였다.

성전은 예루살렘 도시와 유대 지도자들, 이스라엘 민족에 직접적인 영향을 미치는 것으로 서로 밀접한 연관성을 가지고 있다.[150] 왜냐하면, 예루살렘이 이스라엘의 심장인 것처럼, 성전은 예루살렘의 심장부이기 때문이다. 따라서, 예루살렘의 심장부인 성전에 대한 거부는 예루살렘에 대한 거부이며, 성전의 심판과 파괴는 곧 예루살렘의 심판과 직결된다.

예수는 예루살렘 입성 후 다음날 이어진 성전 정화 사건을 통해서 무엇을 의도하였을까?

이런 상징적 행위에서 예수의 예루살렘에 대한 입장은 어떤 것일까?

예수는 이 사건을 통해서 제사 의식을 중심으로 하는 성전이 돌이킬 수 없을 정도로 타락했기 때문에 성전 파괴의 형태로 하나님의 심판이 임박

면 알 수 있다. 예수의 성전 파괴 예언 전승은 초기 기독교 전승에 너무 확고하게 뿌리내려 있어서 모든 복음서 기자들의 보도에서 흔적이 나타난다(마 26:61 "내가 하나님의 성전을 헐고 사흘 동안에 지을 수 있다"). 누가의 경우 스데반의 피소 죄목에 나타난다(행 6:14, "나사렛 예수가 이곳[성전]을 헐고 또 모세가 우리에게 전하여 준 규례를 고치겠다"). 마가와 다른 전승을 사용하는 요한도 마찬가지다(요 2:19, "너희가 이 성전을 헐라 내가 사흘 동안에 일으키리라").

150 이에 대하여는 본서 Q 13:34-35 연구의 결론 부분을 참조하라.

했음을 보여주고자 하였다. 이 사건은 이전의 행위들, 즉 죄 사함의 선포, 안식일을 범함, 예루살렘 입성과는 다른 차원의 심각성을 띠고 있다.[151]

다시 말하면, 18절에 마가복음에서 처음으로 대제사장이 등장한다는 점과 이 사건으로 인하여 예수를 죽이려고 모의했다는 사실은 예수가 이 사건이 자신의 죽음을 초래하리라는 것을 알고 있었음을 짐작하게 한다.

따라서, 이 성전 정화 사건은 예수의 체포와 재판 그리고 처형으로 연결되는, 다시 말하면 예수가 스스로를 대속의 제사로 바치는 전 과정에 점화한 것으로 볼 수 있다. 예수에게 있어서 자신의 죽음은 성전의 진정한 목적 성취일 뿐 아니라 그 죽음을 통해서 하나님 나라 혹은 종말론적 하나님의 백성의 공동체가 실제화 될 것이었으므로, 자신의 죽음이 곧 새 성전을 건축할 것이라는 자의식을 갖고 있었다.[152]

문맥적으로 볼 때, 성전 정화 사건은 메시아로서의 왕적 입성을 상징했던 예루살렘 입성 사건과 대제사장으로서 속죄를 감당하며, 옛 예루살렘을 대체하는 새로운 종말론적 공동체가 탄생하는 최후의 만찬을 연결하는 다리 역할을 해주고 있다.

(3) 마지막 만찬(막 14:22-25)

마지막 만찬 기사는 예루살렘에 대한 예수의 의도를 이해하는 데 중요한 위치를 차지한다. 특히, 이 기사는 예수의 죽음이 무엇을 의미하는지에 대한 예수 자신의 이해를 보존하고 있으며, 앞의 두 사건, 즉 예루살렘 입성과 성전 정화 사건과 어떤 관련성을 맺고 있는가를 보여준다.

하지만, 본 기사를 연구하는 데 있어서 해결해야 할 논제들이 있는데,

---

151 김세윤, "예수와 성전,"『예수와 바울』, 159.
152 G. K. Beale, *The Temple and the Church's Mission: A Biblical Theology of the Dwelling Place of God*, 176-80, 182-83. 비일은 옛 성전은 예수의 십자가상의 죽음으로 이미 심판을 받았고, 예수의 부활로 인하여 새 성전이 재건되었다고 주장한다.

사건의 진정성의 문제, 즉 만찬 가운데 나타난 말씀들의 가장 초기 형태와 만찬의 유형의 문제는 학자들 사이에 예리한 논쟁 가운데 있다.

따라서, 본 단락에서는 사건의 진정성 문제와 본문으로 선택한 마가복음 14장 22-25절 분석을 통해서 예루살렘과의 관련한 예수의 의도를 찾는데 집중할 것이다.

① 최후의 만찬 병행 본문

마 26:26-29	막 14:22-25	눅 22:15-20	고전 11:23-25
		15 καὶ εἶπεν πρὸς αὐτούς· ἐπιθυμίᾳ ἐπεθύμησα τοῦτο τὸ πάσχα φαγεῖν μεθ' ὑμῶν πρὸ τοῦ με παθεῖν·	
		16 λέγω γὰρ ὑμῖν ὅτι οὐ μὴ φάγω αὐτὸ ἕως ὅτου πληρωθῇ ἐν τῇ βασιλείᾳ τοῦ θεοῦ.	
		17 καὶ δεξάμενος ποτήριον εὐχαριστήσας εἶπεν· λάβετε τοῦτο καὶ διαμερίσατε εἰς ἑαυτούς·	
		18 λέγω γὰρ ὑμῖν, [ὅτι] οὐ μὴ πίω ἀπὸ τοῦ νῦν ἀπὸ τοῦ γενήματος τῆς ἀμπέλου ἕως οὗ ἡ βασιλεία τοῦ θεοῦ ἔλθῃ.	
26 Ἐσθιόντων δὲ αὐτῶν λαβὼν ὁ Ἰησοῦς ἄρτον καὶ εὐλογήσας ἔκλασεν καὶ δοὺς τοῖς μαθηταῖς εἶπεν· λάβετε φάγετε, τοῦτό ἐστιν τὸ σῶμά μου.	22 Καὶ ἐσθιόντων αὐτῶν λαβὼν ἄρτον εὐλογήσας ἔκλασεν καὶ ἔδωκεν αὐτοῖς καὶ εἶπεν· λάβετε, τοῦτό ἐστιν τὸ σῶμά μου.	19 καὶ λαβὼν ἄρτον εὐχαριστήσας ἔκλασεν καὶ ἔδωκεν αὐτοῖς λέγων· τοῦτό ἐστιν τὸ σῶμά μου τὸ ὑπὲρ ὑμῶν διδόμενον· τοῦτο ποιεῖτε εἰς τὴν ἐμὴν ἀνάμνησιν.	23 ὅτι ὁ κύριος Ἰησοῦς ἐν τῇ νυκτὶ ᾗ παρεδίδετο ἔλαβεν ἄρτον
			24 καὶ εὐχαριστήσας ἔκλασεν καὶ εἶπεν· τοῦτό μού ἐστιν τὸ σῶμα τὸ ὑπὲρ ὑμῶν· τοῦτο ποιεῖτε εἰς τὴν ἐμὴν ἀνάμνησιν.

| 27 καὶ λαβὼν ποτήριον καὶ εὐχαριστήσας ἔδωκεν αὐτοῖς λέγων· πίετε ἐξ αὐτοῦ πάντες, 28 τοῦτο γάρ ἐστιν τὸ αἷμά μου τῆς διαθήκης τὸ περὶ πολλῶν ἐκχυννόμενον εἰς ἄφεσιν ἁμαρτιῶν. | 23 καὶ λαβὼν ποτήριον εὐχαριστήσας ἔδωκεν αὐτοῖς, καὶ ἔπιον ἐξ αὐτοῦ πάντες. 24 καὶ εἶπεν αὐτοῖς· τοῦτό ἐστιν τὸ αἷμά μου τῆς διαθήκης τὸ ἐκχυννόμενον ὑπὲρ πολλῶν. | 20 καὶ τὸ ποτήριον ὡσαύτως μετὰ τὸ δειπνῆσαι, λέγων· τοῦτο τὸ ποτήριον ἡ καινὴ διαθήκη ἐν τῷ αἵματί μου τὸ ὑπὲρ ὑμῶν ἐκχυννόμενον. | 25 ὡσαύτως καὶ τὸ ποτήριον μετὰ τὸ δειπνῆσαι λέγων· τοῦτο τὸ ποτήριον ἡ καινὴ διαθήκη ἐστὶν ἐν τῷ ἐμῷ αἵματι· τοῦτο ποιεῖτε, ὁσάκις ἐὰν πίνητε, εἰς τὴν ἐμὴν ἀνάμνησιν. |
| 29 λέγω δὲ ὑμῖν, οὐ μὴ πίω ἀπ' ἄρτι ἐκ τούτου τοῦ γενήματος τῆς ἀμπέλου ἕως τῆς ἡμέρας ἐκείνης ὅταν αὐτὸ πίνω μεθ' ὑμῶν καινὸν ἐν τῇ βασιλείᾳ τοῦ πατρός μου. | 25 ἀμὴν λέγω ὑμῖν ὅτι οὐκέτι οὐ μὴ πίω ἐκ τοῦ γενήματος τῆς ἀμπέλου ἕως τῆς ἡμέρας ἐκείνης ὅταν αὐτὸ πίνω καινὸν ἐν τῇ βασιλείᾳ τοῦ θεοῦ. | 18 λέγω γὰρ ὑμῖν, [ὅτι] οὐ μὴ πίω ἀπὸ τοῦ νῦν ἀπὸ τοῦ γενήματος τῆς ἀμπέλου ἕως οὗ ἡ βασιλεία τοῦ θεοῦ ἔλθῃ. | |

[사역]

22 그리고 그들이 먹고 있을 때 떡을 취하여 축복하신 후에 떼어 그들에게 주시며 말하였다. "받아라. 이것은 내 몸이다."

23 그리고 잔을 취하여 감사드린 후 그들에게 주었다. 그러자 모두가 그것으로부터 (돌려) 마셨다.

24 그리고 그들에게 말했다. "이것은 내 피 곧 많은 사람을 위하여 흘리는 언약의 피다."

25 진실로 너희에게 말하는 것은 내가 하나님의 나라에서 새로운 것을 마시는 그날까지 포도나무에서 나온 것을 결코 마시지 않겠다.

② 사건의 진정성

오늘날 대다수의 학자는 본 사건의 역사적 진정성을 인정하고 있다.[153] 샌더스(E. P. Sanders)는 본 사건의 역사성에 대한 근거를 구체적으로 설명하고 있지는 않지만, 성전 정화 사건과 같은 정도의 진정성을 부여한다.[154]

반면에 본 사건의 진정성을 거부하는 주된 이유 중의 하나는 리츠만(H. Lietzmann)에게서 볼 수 있다. 그는 예수를 기념하여 주의 만찬을 거행하는 기독교적 관념은 이교적 관습에서 유래한다고 주장하였다.[155]

하지만, 이교 식사와 주의 만찬에 사용된 어법에는 상당한 차이가 있으며, 이교 식사는 존경받는 사람의 죽음을 기념할 때가 아니라 일반적으로 그 사람의 생일에 베풀어지며, 나아가 1세기를 지나서 종교적이라기보다는 점차 세속적으로 변해갔다(비유사성의 기준).[156] 이는 이교 식사가 예수님을 기념하는 주의 만찬에 대한 동기의 기원을 제공하지 않음을 보여준다.

다른 측면에서의 접근은 불트만에게서 찾을 수 있다. 불트만은 헬라파 교회에서 거행된 성례전적 식사는 예수와 그의 제자들 사이의 식탁 교제에서 유래하여 팔레스타인 교회에서 거행한 교회 식사의 변형이라고 생각

---

153 이에 해당하는 주요 학자들로는 J. Jeremias, *The Eucharistic Words of Jesus*; A. J. B. Higgins, *The Lord's Supper in the New Testament*(London: SCM, 1952); W. Barclay, *The Lord's Supper*(London: SCM, 1967), H. Schürmann, *Jesu ureigener Tod*(Freiburg: Herder, 1975); L. Goppelt, *Theologie des Neuen Testaments*, 박문재 역, 『신약신학』(서울: 크리스챤다이제스트, 2007); H. Patsch, *Abendmahl und historischer Jesus*(Stuttgart: Calwer Verlag, 1971); R. Pesch, *Das Abendmal und Jesu Todesverständnis*(Freiburg: Herder, 1978); G. Theissen, *Der Historische Jesus*, 손성현 역, 『역사적 예수』(서울: 다산글방, 2001); N. T. Wright, *Jesus and the Victory of God*, 박문재 역, 『예수와 하나님의 승리』(서울: 크리스챤다이제스트, 2004); I. H. Marshall, *Last Supper and Lord's Supper*, 배용덕 역, 『마지막 만찬과 주의 만찬』(서울: 솔로몬, 1993) 등이 있다.
154 E. P. Sanders, *Jesus and Judaism*, 413-16.
155 이와 관련한 이교 식사의 특징에 대해서는 H. Lietzmann, *Mass and Lord's Supper*(Leiden: E. J. Brill, 1979), 182ff; I. H. Marshall, *Last Supper and Lord's Supper*, 34-37을 참조하라.
156 J. Jeremias, *The Eucharistic Words of Jesus*, 238-43.

한다. 그에 따르면, 처음 마지막 만찬은 특별한 의미가 없었지만, 나중에 교회가 헬라 혹은 이방 세계로 뻗어 나가면서 이교 식사 제의의 영향을 받게 되었다는 것이다. 그는 '인과 관계론적 제의 사화'(an etiological cult-narrative)라는 명칭을 사용하였는데, 이는 불트만이 마지막 만찬에 대한 기사를 '비역사적인 것'으로 간주하는 것이다.[157]

반대로 마지막 만찬의 역사적 진정성을 입증할 근거들은 충분하다.

첫째, 마지막 만찬 기사는 공관복음(막 14:22-25; 마 26:26-27; 눅 2:15-20)뿐만 아니라 요한복음 6장에도 성례전적 진술이 등장하며, 바울의 고린도전서 11장 23-30절에까지 나온다. 많은 전승 가운데 이 기사처럼 독립적인 문헌 자료에서 동시적으로 발견되는 경우는 거의 없다. 복음서는 물론 바울서신에 이르기까지 각각의 다양한 공동체적 상황 속에서 동시적으로 나타난다는 것은 이 자료가 초대 교회의 창작으로 주장하기에는 그 가능성 면에서 희박하다고 볼 수 있다(중복 증거의 기준).

둘째, 문학 양식의 입장에서 보면, 마지막 만찬을 묘사하고 있는 것으로 연대를 산정할 수 있는 최초의 자료는 고린도전서다. 그것은 또한 교회에서 주의 만찬을 거행한 최초의 증거이기도 하다. 바울은 이에 대하여 주께 '받아'(παρέλαβον) 고린도 교인들에게 '전한다'(παρέδωκα)고 말하는데, παρελάβον ἀπὸ τοῦ κυρίου에서 παραλαμβάνειν은 παρά와 ἀπό 전치사구를 이끈다. 전자는 판매자를 이끄는 반면, 후자는 기원자를 이끈다. 이 구절에 따르면 바울은 자신에게 전해진 주의 만찬의 직접적인 전승을 예수에게로 소급하고 있다.

또한, 바울 본문(고전 11:23-25)에서 사용된 어휘와 문체가 바울 자신의

---

157 R. Bultmann, *The History of the Synoptic Tradition*, 265-66. 이와 비슷한 견해에 대해서는 R. Pesch의 *Das Abendmal und Jesu Todesverständnis*, 9-21에 인용된 저자들을 보라.

것이 아니며[158] 연대적으로도 이 시기는 AD 52-53년[159]으로, 이는 바울의 진술이 예수께서 죽으신 지 약 20년 이내에 존재하였음을 의미한다.

따라서, 마지막 만찬에 대한 바울의 공식문은 교회의 매우 이른 시기에까지 거슬러 올라간다는 근거를 제공해준다.

셋째, 마지막 만찬과 유월절 만찬의 비교를 통하여 진정성을 확보할 수 있다. 유월절 만찬은 전식, 유월절 예전, 본 식사, 마무리의 네 가지 과정으로 이루어진다.[160] 그렇다면, 마지막 만찬 보도는 유월절 만찬의 진행과정을 전제하고 있으며, 그중 일부분만이 표면에 드러나 있다. 둘 사이의 공통점을 보면, 예루살렘에서 진행되었다는 점, 본 식사와는 달리 유월절 식사와 마지막 만찬이 밤중에 이루어졌다는 점, 유월절 밤에 예루살렘 성읍을 떠나지 않았던 것처럼 예수도 마지막 만찬을 나눈 후 성읍 지경(겟세마네)에 머물렀다는 점이 나타난다.[161]

이와는 달리 차이점도 존재한다.

첫째, 유월절 예전은 사건을 해석하고 본 식사로 들어가지만, 마지막 만찬에서 예수는 빵과 포도주를 나누어 주면서 그것들을 해석한다.

---

158 J. Jeremias, *The Eucharistic Words of Jesus*, 103-05. 바울은 회심한지 3년 만에 예루살렘을 방문했다(갈 1:18). 아마 바울의 공식문은 예루살렘의 헬라어를 말하는 그리스도인에게 거슬러 올라가는데, 이들은 히브리어 혹은 아람어를 말하는 그리스도인들이 사용한 마지막 만찬 이야기에서 헬라어로 번역하였을 것이다. R. Pesch의 *Das Abendmal und Jesu Todesverständnis*, 54-5; I. H. Marshall, *Last Supper and Lord's Supper*, 43-44 참조.
159 C. K. Barrett, *A Commentary on the First Epistle to the Corinthians*(London: A & C Black, 1968), 5-6.
160 유월절 만찬에 대한 네 가지 과정에 대한 구체적인 내용은 G. Theissen, *Der Historische Jesus*, 607을 참조하라.
161 마지막 만찬의 유월절적인 특징들에 대하여는 J. Jeremias, *The Eucharistic Words of Jesus*, 41-62에 자세히 기술되어 있다; I. H. Marshall, *Last Supper and Lord's Supper*, 87-95에서 12가지로 마지막 만찬의 유월절적인 특징을 정리한다.

둘째, 유월절 예전은 그 구성 요소의 특성만을 해석한다.

"왜 누룩을 넣지 않는 빵을 먹는가?"

반면, 예수는 두 구성 요소 즉 빵과 포도주를 하나의 전체로서 해석한다.

"이것은 내 몸이다."

"이것은 많은 사람을 위하여 흘리는 피 곧 언약의 피다."

셋째, 유월절 예전은 모든 사람이 자기 잔으로 마시지만, 예수는 제자들 모두 동일한 잔으로 마시게 한다. 이런 차이점은 예수가 일종의 비유적 행위를 통해서 유월절 만찬에 새로운 의미를 부여한 것임을 보여준다. 따라서, 예수의 마지막 만찬 사건은 구약 및 유대교적 배경에 비추어 이해할 수 있는 한편, 유대교에서는 찾아볼 수 없는 새로운 특징들을 포함하고 있다는 것은 사건의 진정성을 확보하는 중요한 근거가 된다(비유사성의 기준).[162]

넷째, 마지막 만찬 말씀 해석에서 잔에 대한 희생적 혹은 대리적 죽음의 의미에 대한 진정성 부분이다. 예수께서 그의 제자들과 함께 나눈 마지막 만찬을 해석한 말씀은 그 사건 전체의 중심 위치를 차지한다. 잔을 나눈 행위 속에서 예수는 마지막 만찬에 자신의 대속적 죽음의 의미를 부여하신다.

이 행위에 따른 말씀 해석이 역사적 예수로부터 나온 것인지에 대한 진정성의 논란은 AD 1세기 한 유대인이 그의 생명을 '많은 사람(혹은 너희)을 위하여' 내놓음으로써 자기 백성을 구하고 언약 갱신의 효과를 가져왔다는 것이 가능한 일인가에 대한 문제다. 과연 이 사실이 동시대인들에게

---

[162] 이 기준은 가끔 유대교와 병행을 가지고 있는 예수의 말씀 또는 행동의 역사성을 부인하는 데 잘못 사용되기도 한다. 이 기준의 적절한 사용은 유대교로부터 독특성을 두드러지게 드러내면서도 유대교의 배경에서 설명될 수 있는 예수의 말씀과 행동의 역사성을 확증하는 것이다.

이해될 수 있는 것인가에 대한 문제다.

이에 대한 해결책으로 당대의 유대교에서도 이와 같은 전승이 발견되는지를 살펴보아야 한다. 먼저, 이스라엘의 유익을 위한 순교 사상은 이른 시기에 기록된 마카비서 및 그 밖의 다른 팔레스타인 전승 속에 표현되어 있다.

마카비 1서 6장 44절에 의하면, 유다 마카비의 형제인 엘르아살은 "자기 백성을 구하고 영원한 이름을 얻기 위하여 스스로 바쳤다"고 한다(참고. 갈 1:4; 딛 2:4). 예수 시대와 거의 동시대에 나온 작품에서는 이렇게 말하고 있다.[163]

> 오 하나님, 나는 스스로를 구원할 수 있었지만 율법을 위하여 지독한 고문들 속에서 죽어간다는 것을 당신은 아십니다. 당신의 백성에게 긍휼을 베풀어 주시고, 우리에 대한 징벌로서 그들을 위해 충분하게 하옵소서. 나의 피로 그들을 정결케 하시고 내 생명을 그들의 생명 대신 취하소서.

쿰란공동체에서도 전체의 고난과 특히 그 창건자들 중 한 사람의 고난이 다가올 해방을 보여주는 지표들이자 그 도래의 수단들 중 일부라는 폭넓은 믿음이 존재하였다는 것은 분명하다. 이것은 종종 속죄라는 견지에서 표현되기도 하였다.[164]

> 공동체의 공회에는 열두 사람과 세 명의 제사장들이 있을 것이다…그들은 거룩한 땅에 대한 믿음을 견실함과 온유함으로 보존할 것이고, 공의의 실천을 통

---

163 4 Macc 6:27-29; 참조. 4 Macc 9:23-4.
164 1QS 8:1-4; 참조. 1QS 5:6; 9:4.

해서 및 환난의 슬픔들을 겪음으로써 죄를 속할 것이다…

또 하나의 팔레스타인 전승인 『모세의 유언』은 의롭고 희생적인 죽음에 관한 사상을 촉진시킨다. 탁소(Taxo)는 그의 일곱 아들들에게 "만군의 주의 계명들을 범하느니 차라리 죽어서 그들의 피에 대하여 여호와께서 보수해 주시도록 하라"고 역설한다. "그러면 그[하나님]의 나라가 그의 피조물 전체에 나타나 마귀가 끝장날 것이다."[165]

위의 본문들은 예수 당대의 유대교 문헌에서도 순교와 대속을 위한 죽음에 대한 사상이 나타나고 있음을 보여준다. 따라서, 예수가 자신의 임박한 죽음에 대속적 의미를 부여했을 가능성은 충분하다.[166]

성찬 전승을 보면 예수가 자신의 죽음에 속죄적 의미를 부여하고 있음을 확인할 수 있다. 예를 들어, 의식의 엄숙성, '언약의 피'와 관련된 제정의 말씀, 제자들에게 준 깊은 인상 등은 초기 기독교 속죄 교리를 탄생시킨 원동력으로 작용했다. 만일, 마지막 만찬에서의 예수의 말씀과 그 속죄적 의미들을 도외시하면, 속죄 교리(단순한 순교라는 개념과 반대되는)의 출현은 쉽게 설명될 수 없기 때문이다.

따라서, 마지막 만찬에 대한 역사적 진정성은 확실하며, 사실 진정성의 문제보다 신약성경 안에 나타난 마지막 만찬의 본문 사이의 우선성, 즉 어

---

165 T. Mos 9:6-10:1; 이와 비슷한 사상으로서 후대 팔레스타인 랍비 전승들에도 발견되는데, 왕상 20:42와 22:34를 시므온 벤 요하이(Simeon ben Yohai, AD 2세기)는 "그 의인(왕상 20:37의 선지자)이 흘린 피 한 방울은 온 이스라엘을 위한 속죄를 가져왔다"(y. Sahn 11:5)고 주해하였다.

166 N. T. Wright, *Jesus and the Victory of God*, 876-84; 이와 관련하여 예레미야스도 "자료들을 살펴보건대 예수께서 자신의 죽음의 대속적 권능을 생각하지 않았다고 말하는 것은 불가능하다는 결론을 내릴 수밖에 없다"고 주장하였다. J. Jeremias, *The Eucharistic Words of Jesus*, 231; 속죄에 대한 헬라 및 유대적 전승과 배경에 대한 다양한 자료에 대해서는 M. Hengel, *The Atonement: The Origin of the Doctrine in the N. T.*, 전경연 역, 『신약성경의 속죄론』(서울: 대한기독교서회, 2003)과 C. A. Evans, *Mark 8:27-16:20*, 385-89를 참조하라.

떤 본문이 원래적인가의 문제가 중요하리라 여겨진다.

③ 병행 본문 비교와 우선성

신약성경 안에는 마가복음 14장 22-25절 외에도 다른 세 개의 성만찬 본문이 나타난다(마 26:26-27; 눅 2:15-20; 고전 11:23-30). 이 중에서 어느 본문이 가장 오래된 본문인가 하는 문제를 놓고 지금까지 많은 해석이 존재한다.

하지만, 네 본문 중에서 하나의 원 본문을 재구성한다는 것은 지극히 어려운 문제이며, 마태의 본문을 제외하고는 남은 세 개의 본문이 모두 각각 독자적인 전승 과정을 거쳐 형성된 본문일 가능성이 높다. 마태복음 26장 26-29절만은 마가 본문에 의존된 이차적인 자료로 간주할 수 있다.[167]

남은 세 개의 본문 중에서 어느 본문이 더 원래적이냐 하는 문제에 아직 뚜렷한 답을 찾기는 어렵다. 지금까지 세 본문이 모두 여러 학자에 의해 각각 그 원래성이 주장되어 왔다. 원 본문을 찾고자 하는 노력들은 원 본문 확인 기준들을 만들어 냈다. 주로 사용되는 기준은 다음과 같다.

첫째, 본문 속에 원시 교회의 예배 의식적인 요소가 덜 가미되어 있을수록 원래적이다.
둘째, 신학적이고 기독론적인 해석이 덜 강한 본문일수록 원래적이다.
셋째, 언어와 내용에서 유대적인 색채(Semitism)가 강할수록 원래적이다.[168]

이러한 기준을 놓고 세 본문을 비교 분석했을 때, 바울에 보존되어 있는

---

167 I. H. Marshall, *Last Supper and Lord's Supper*, 44-5; R. Pesch, *Das Abendmal und Jesu Todesverständnis*, 24-25.
168 성종현, "예수의 마지막 만찬," 『기독교사상』332호(1986. 8), 209-11.

전승은 비록 표현법에 있어서 차이가 있음에도 불구하고 마가복음에서 예수의 마지막 만찬을 묘사하고 있는 중심 부분과 병행을 이룬다.

바울 본문은 마지막 만찬에서 중심적인 요소들, 즉 떡과 잔의 분배와 이들 의미를 설명하는 예수의 말씀이 상당히 제한되어 있는 반면, 마가복음은 이러한 요소들을 유월절 식사에 대한 준비, 하나님 나라가 임할 때까지 다시는 먹거나 마시지 않겠다는 말씀들이 보다 풍부한 문맥 속에서 묘사되고 있다.

또한, 바울의 기사는 '주 예수께서 잡히시던 밤에'서 보듯, 예수께서 그 행하신 것을 그의 제자들이 기념하여 지키는 하나의 양식을 보여주지만, 마가복음은 비록 그 공동체의 유용성을 고려하여 선택하고 구성되었음에도 불구하고, 마지막 만찬에 대한 역사적 기사를 제공해 준다.

이러한 점을 볼 때, 바울의 기사는 예수께서 행하신 일과 또한 그가 제자들에게 준 명령들에 대한 것인 반면, 마가복음은 예수와 제자들이 행한 일 자체를 기록하고 있다.[169] 이는 마가복음의 기사가 바울의 기사보다 예배 의식적인 용도로 보다 덜 개작되었음을 볼 수 있다.

다음으로 신학적인 해석 부분은 주로 바울 본문에만 나타난다. 마가 본문에서는 이사야 53장 12절을 반영하는 '많은 사람을 위하여'로 나오지만, 바울 본문에서는 '너희들을 위하여'로 보다 구체화되어 있고, 마가 본문의 '계약'이 '새 계약'(고전 11:25)으로 나타난다.[170] 마가 본문에서의 불분명한

---

169 이에 대하여 마샬은 마지막 만찬의 중심 기사의 가장 오래된 형식은 예배 의식적 공식문인 바울의 본문이지만, 바울의 예배 의식적 양식은 공관복음에서 발견되는 유형의 기사에서 유래하였을 가능성이 있음을 지적하였다. 다시 말하면, 복음서에 있는 기사 양식이 근본적으로 예배 의식적인 것이 아니며, 또한 이 기사들이 보다 오래된 기사들을 대체한 삽입도 아니라는 것이다. 따라서, 복음서 기사들은 바울에서 발견되는 예배 의식적인 양식에서 발전된 역사적 담화라고 주장한다. I. H. Marshall, *Last Supper and Lord's Supper*, 44-49.

170 이러한 변화는 예수께서 말씀하신 언약(마가의 본문)이 렘 31:31의 새 언약임을 분명하게 나타내기 위한 요구 때문이었을 것이다. H. Patsch, *Abendmahl und historischer*

'계약'과 '흘린 피'의 관계가 바울 본문에서는 더 구체화되어 있고,[171] 피, 즉 예수의 생명 바침을 통해서 새 계약이 하나님에 의해 맺어진 것으로 나타난다.[172]

마지막으로 용어나 표현에 있어서 유대적인 요소들은 마가 본문에서 훨씬 더 많이 나타난다.[173]

누가의 성만찬 본문은 별도의 문제점을 안고 있다. 누가 본문은 길이에 있어서 마가나 바울의 본문보다 더 긴 특징[174]과 진행 순서가 다른 두 본문과 다르다는 차이점을 지니고 있다. 즉, 하나님 나라 안에서의 포도주 마심에 대한 종말론적 말씀이 누가 본문에서는 첫 번째 잔(15-18절) 건넴과 함께 앞에 나타난다.

또 누가 본문에 의하면 예수는 제자들에게 두 번 잔을 건네신 것으로 나타나는데 한 번은 식사 시작 때, 다른 한 번은 식사 끝 부분으로 나타난다.

Jesus, 84-5.
171 예레미야스는 마가 본문의 "이것은 나의 피 곧 언약의 피니라"의 말씀은 유대 청중들에게는 피를 마시는 것으로 이해되었는데, 이러한 생각이 유대인들에게는 너무 혐오감을 일으키는 것이었기 때문에 이 표현을 부드럽게 하기 위한 시도에서 바울 본문의 "이 잔은 내 피로 세운 새 언약이다"로 변화되었다고 주장한다. J. Jeremias, *The Eucharistic Words of Jesus*, 170.
172 사실, 바울 본문에 있는 피에 대한 언급은 예레미야 31장에서 기원한 것일 수 없고, 출 24:8에서 기원한 것으로 명백하게 언급함으로써, 바울 본문이 마가 양식에 있는 말씀을 전제하고 있고, 이러한 근거 위에 그 말씀을 신학적으로 다듬고 있음을 볼 수 있다. B. Klappert, "Lord's Supper," *NIDNTT II*, 525; I. H. Marshall, *Last Supper and Lord's Supper*, 65-66.
173 J. Jeremias, *The Eucharistic Words of Jesus*, 173-201. 여기서 예레미야스는 마지막 만찬에서 예수의 말씀은 아람어 아니면 히브리어였으며, 식사의 최초의 기사는 이들 언어 중 하나로 주어졌을 것으로 본다. 따라서, 현재의 헬라어 판본은 번역본이라고 주장한다. 그러므로 셈족 표현들은 전승의 최초의 형태를 가리키는 중요한 기준이 된다. 이러한 측면에서 각 담화들을 평가하여, 마가가 가장 셈적이며, 누가가 그 다음이고, 바울이 가장 작다는 것을 보여주고 있다.
174 누가 본문은 대부분의 사본에서 긴 본문(22:15-20)을 취하고 있으며, 짧은 본문(22:15-19)은 D 사본과 구절을 변경한 일부 시리아와 라틴 사본들에서만 등장한다. 따라서, 본문비평적 근거에 의해서 긴 본문이 누가의 원래 본문이다. 이에 관한 자세한 사항은 J. Jeremias, *The Eucharistic Words of Jesus*, 139-59를 참조하라.

또 누가의 성만찬 본문의 특징은 예수의 마지막 만찬을 누가가 마가나 바울과는 달리 '유월절 식사'로 묘사하고 있다는 점이다.

이상의 원 본문 확인 기준을 통해서 마가복음 14장 22-25절의 본문이 다른 세 개의 성만찬 본문들에 비해서는 어느 정도 우선성을 지닌다고 말할 수 있다.[175]

④ 마가복음 14장 22-25절 분석

22절의 '그들이 먹을 때에'는 유월절 식사 순서에 따르면 세 번째 과정인 본 식사가 시작되었음을 알 수 있다. 18절의 '다 앉아 먹을 때에'의 표현이 이미 유월절 만찬의 첫째 과정인 전식(前食)을 가리키기 때문이다.[176]

그렇다면, 예수께서 떼신 '떡'은 유월절 만찬에 따라 누룩 없는 떡이 된다.[177] 떡을 떼어 주는 행위는 어떤 것을 상징하기 위한 예언적 상징 행위다.[178] 이 행위에 대하여 예수는 "이것은 내 몸이다"라고 한다.

---

175 특히, 페쉬는 마가의 본문이 마가와 바울 이전의 매우 오래된 수난 전승의 일부라고 주장하고 있는데, 이와 관련하여 R. Pesch, "The Gospel in Jerusalem: Mark 14:12-26 as the Oldest Tradition of the Early Church."(ed.), P. Stuhlmacher, *The Gospel and the Gospels*(Grand Rapids: MI: Eerdmans, 1991), 106-48을 참조하라. 여기서 페쉬는 문학적이고, 전승사, 양식사적인 비평을 통해서 마가본문의 우선성에 대하여 자세하게 논증하고 있다.

176 이와 관련하여 그닐카는 18절과 22절의 도입문이 유사한 점을 들어 22-25절이 '제자의 배반'을 다룬 앞 단락(17-21)과는 원래 독립적으로 구성된 전승인데, 편집자의 손에 의해 '마지막 만찬에 관한 전승'이라는 큰 테두리 안에서 앞뒤에 배치되었다고 주장한다. J. Gnilka, *Das Evangelium nach Markus*, 243.

177 박태식은 '떡'으로 번역된 헬라어 '아르토스'는 14:22를 제외하고 마가복음에 20회 등장하는데, 일반적인 떡을 뜻하며, 더욱이 70인역에서 '누룩을 넣지 않는 떡'을 '아르토스'가 아닌 '아주모스'로 번역하고 있음을 근거로 하여 마지막 만찬이 유월절 만찬이라기보다는 일반적인 만찬으로 해석한다. 박태식, "예수의 최후만찬", 『신학 사상』 97집(1997, 여름호), 127; 이에 반해 예레미야스는 '아르토스'를 사용했다고 해서 최후의 만찬을 유월절 식사로 해석하는 것이 불가능해지는 것은 아니라고 지적한다. '아르토스'는 무교병이나 일반적인 떡 어느 것이나 가리킬 수 있기 때문이다. 이와 관련된 자료에 대해서는 J. Jeremias, *The Eucharistic Words of Jesus*, 62-66. 참조하라.

178 예수의 이런 행위는 맨발로 걷거나(사 20:2), 오지병을 깨뜨리거나(렘 19:10), 멍에를

여기서 '몸'(σῶμα)은 인격 전체를 의미하는 아람어 게솀(גשם)을 번역한 것이다.[179] '이다'(ἐστιν)는 '~을 나타내다'를 의미하는 것으로 해석되어야 하며,[180] 이는 예수가 떡이 문자 그대로 그의 몸이라고 말할 의도가 있었던 것이 아니었음을 보여준다.

따라서, "이것(떡)은 나를 나타낸다"로 번역할 수 있다. 예수의 말씀에 비추어 볼 때, 그의 떡을 떼어 나누어 주는 행위는 자신을 나타내기 위한 것이 된다. 예수는 유월절 밤 축제의 배경에서 자신을 나타내고자 하였다.

유월절 식사를 시작할 때, 무교병 일부를 떼어 놓았다가 끝날 때 식사에 참여한 모든 이들이 이것을 먹는 관습이 있다. 이렇게 떼어 놓은 것을 '아피코만'(אפיקומן)이라 하는데, 이것은 메시아가 와서 이스라엘과 함께 유월절을 지킬 때 먹기 위해 남겨 놓은 식사의 일부를 나타낸다. 예수는 '아피코만'을 의미하는 떡 조각을 떼어서 제자들에게 나누어 준다. 예수는 떡 조각을 떼면서 '이것은 나를 나타낸다'라고 선언한다.

이와 같이 예수는 유월절 만찬의 순서에 따라 마지막 만찬을 베풀면서, 무교병을 떼어주는 상징적 행위를 통해서 자기 자신을 '아피코만', 즉 '오실 메시아'로 나타내고 있다.[181]

23절의 '잔'은 유월절 만찬에 따르면 세 번째 잔이 된다. 22절에서는 제자들의 행동이 나타나지 않는 반면, 23절에서는 '마신다'는 동사를 통해

매는(렘 28:10) 것과 같은 구약 선지자들의 예를 따른 것이다. C. A. Evans, *Mark 8:27-16:20*, 389.

179 단 3:27-28에 해당하는 3:94-95[70인역]를 참조하라. 달만(G. Dalman)은 영혼과 대조되는 전체로서의 사람을 의미하는 구파(גופא)라고 주장하였다. G. Dalman, *Jesus-Joshua : Studies in the Gospels*(London: SPCK, 1929), 141-3; 예레미아스는 '뼈'와 '피'와 반대되는 살 혹은 육체를 의미하는 비스라(בשרא)라는 견해를 밝혔다. J. Jeremias, *The Eucharistic Words of Jesus*, 198-201.

180 V. Taylor, *Jesus and His Sacrifice: A Study of the Passion Sayings in the Gospels*(London: Macmillan, 1937), 122.

181 D. Daube, *He That Cometh*(London: Diocesan Council, 1966), 6-14. '아피코만'과 메시아 대망의 연관성과 관련된 자료는 C. A. Evans, *Mark 8:27-16:20*, 390-91을 참조하라.

제자들의 구체적인 행동이 나타난다. "모두가 그것으로부터 (돌려) 마셨다"(ἔπιον ἐξ αὐτοῦ πάντες)는 표현은 각각의 잔을 가지고 마신 유월절 만찬과는 달리 마지막 만찬에서는 만찬에 참석한 이들이 한 개의 잔을 돌려 마셨음을 보여준다.

이러한 행위는 유월절 만찬의 배경에서 나온 예수의 독특한 행동으로 일반적인 식탁 교제(막 2:13-17; 눅 19:1-10)와도 상당한 차이를 보이는 것으로, 공동체적인 참여를 암시한다.

24절에서 예수는 '잔'의 의미를 "많은 사람을 위하여 흘리는 나의 피, 곧 언약의 피"라고 해석한다. 뗀 떡은 예수, 대망의 '오실 자'였지만, 잔은 예수의 '언약의 피'다.

이 잔의 의미에 관한 예수의 말씀은 구약의 언약 본문인 출애굽기 24장 8절, 예레미야 31장 31절과 스가랴 9장 11절, 고난 받는 종의 노래인 이사야 53장 12절을 서로 결합했음을 보여준다.

토대가 된 구절은 하나님께서 모세를 통하여 이스라엘과 시내산에서 언약을 맺으시는 출애굽기 24장 1-8절이다. 피는 열두 지파를 나타내는 열두 기둥 바로 옆에 있는 제단에 뿌려졌다. 그런 후에 피는 순종하겠노라고 외친 백성들 위에 뿌려졌다(출 24:4-8). 백성들에게 피를 뿌리는 동안 모세는 "이는 여호와께서 이 모든 말씀에 대하여 너희와 세우신 언약의 피니라"라고 외쳤다.[182] 스가랴에서 인유(引喩)한 것도 바로 이 구절이다. "네 언약의 피를 인하여 내가 너의 갇힌 자들을 물 없는 구덩이에서 놓았나

---

[182] 페쉬(R. Pesch)는 시내 광야에서의 언약을 개시한 '피 뿌림'이 이스라엘 백성이 언약 관계로 하나님께 속하도록 백성들의 죄를 속한 것이었다고 주장한다. 그는 출 24:7f에 대한 탈굼(Targum) 본문에서 모세가 단에 뿌린 피의 속죄 효과를 강조하고 있는 방식에서 그 근거를 찾는다. R. Pesch, *Das Abendmal und Jesu Todesverständnis*, 95-6. 이러한 입장에 따른다면, 예수가 구약의 출 24:1-8의 본문을 염두에 두면서 이스라엘 백성이 새 언약에 참여하는 사람들이 되도록 죄를 위한 대속 제물로 자신의 죽음을 해석한 것이 된다. 하지만, 예수가 출 24:1-8로 자신의 죽음을 속죄 사건으로 여겼다는 것은 무리한 해석이다.

니"(슥 9:11),

예수가 '내 언약의 피'라고 말할 때는 이 구절들을 인유하신 것이다.

그렇다면, 예수는 구약의 선지자들처럼 모세의 언약에 대한 갱신이라는 차원에서 '잔'의 의미를 부여하고 있는 것인가?

이와 관련된 구약 전승이 예레미야 31장 31절의 '새 언약' 본문이다. 비록 마지막 만찬의 병행 구절인 누가 본문과 고린도전서 본문과는 달리 '새 언약'이란 표현이 명시되지 않았다고 하더라도, 예수가 예레미야 31장 31절을 염두에 두었다는 사실은 의심의 여지가 없다. 예레미야 31장의 본문은 시내산 언약과 연속성과 불연속을 동시에 가지고 있다. 불연속적인 측면은 하나님의 법을 돌판이 아닌 하나님의 백성들의 마음에 기록한다는 것이다.[183]

이러한 개념이 어느 정도 완전히 '새로운' 것인가에 대하여는 논란이 있다. 그러나 여기에 토라에 대한 거부나 폐기의 입장이 전혀 나타나지 않고, 새로운 토라를 제시하지도 않는다. 따라서, 예레미야 31장 31절은 시내산 언약의 갱신이요, 이를 통하여 이스라엘이 땅을 회복하고, 하나님의 백성으로 재정립되는 이상을 의도한 것이다.[184]

그러나 예수가 예레미야 본문을 마지막 만찬에서 '잔'을 해석하면서 인유한 것은 시내산 언약의 갱신이나 이스라엘의 회복 차원을 넘어선다.

이를 위하여 '잔'의 의미를 설명하는 "많은 사람을 위하여 흘리는"의 구절을 인유한 고난 받는 종의 노래인 이사야 53장을 살펴보아야 한다.

---

183 R. P. Carroll, *Jeremiah*(London: SCM, 1986), 610.
184 이러한 언약의 갱신과 이스라엘의 회복은 많은 선지서들에서도 나타난다. 호 2:14-23; 겔 16:59-63; 사 55:3; 59:21; 61:8을 참조하라. 또한, 중간기 문헌에 렘 31:31의 '새 언약' 본문이 거의 언급되고 있지 않는데, 이는 대부분의 문헌들이 예레미야 본문을 급진적인 '새 언약'으로 이해하지 않았을 가능성이 크다. 이와 관련하여 Kim Huat Tan, *The Zion Traditions and the Aims of Jesus*, 205-15를 참조하라.

포괄적 의미의 πολλοί[185]는 구약에서 상대적으로 드물게 나타나는 반면, 이사야 53장에서는 최소한 다섯 번 나타난다. 내용이나 언어적 용법(포괄적 의미)에 있어서 본문의 ὑπὲρ πολλῶν은 이사야 본문을 인용한 것이다. 예수가 이 어구를 사용한 것은 자신이 다른 사람들의 대표자로서 속죄의 죽음에로 나아가는 자의식을 갖고 있음을 나타내기 위함이다.[186]

또한, '흘리는'(ὁ ἐκχυννόμενον)은 희생제물의 속죄에 관한 표현을 연상시킨다(참조. 레 4:7, 18, 25, 30, 34). 이와 같이 예수가 많은 사람들을 위하여 죽음에로 나아가고 있다는 말씀은 랍비의 교훈, 즉 죄와 죄인을 위한 속죄의 수단은 있으나 열방(이방인)을 위한 대속물은 없다는 교훈을 본다면, 더 분명해진다.[187] 따라서, 예수는 '잔' 해석을 통해 자신의 죽음을 사망의 희생물이 될 많은 사람들 위한 대표적(대리적) 죽음으로 명명하고 있다.

25절은 내용에 따라 둘로 구분된다. 먼저, "포도나무에서 나온 것을 결코 마시지 않겠다"는 예수가 옛 질서에 있어서 마지막 유월절이 될 것을 밝힌 것이다.[188] "하나님의 나라에서 새로운 것을 마시는 그날"은 종말 때에 실현될 '메시아 잔치'를 떠올리게 한다. '그날'은 하나님의 궁극적인 통치가 시작되는 날이고, '새로운'은 전혀 다르고 일찍이 경험해 보지 못한 것이라는 하나님의 속성을 보여준다.[189]

메시아 잔치는 성경에 토대를 둔 주제로(사 25:6; 63:13), 예수의 가르침에도 암시되어 있고(마 8:11; 22:1ff; 눅 13:28-29; 14:15-24; 22:10), 예수의 생

---

185 πολλοί는 포괄적 의미로(고후 5:14, 15; 딤전 2:6; 요 6:51 참조), '상상할 수 없을 만큼 많은 사람, 전체의 무리, 모든 사람' 등의 의미로 사용된다. J. Jeremias, *New Testament Theology I: The Proclamation of Jesus*, 정충하 역, 『신약신학』(서울: 새순출판사, 1990), 417.
186 위의 책, 417-18. 특히, 예레미아스는 "만일 이사야 53장이 없었다면, 성찬 제정의 말씀은 여전히 이해할 수 없는 본문으로 남아 있었을 것이다"라고 말한다.
187 J. Jeremias, *The Eucharistic Words of Jesus*, 230-31.
188 C. A. Evans, *Mark 8:27-16:20*, 626.
189 박태식, "예수의 최후만찬," 132-33.

활 양식 속에 나타나며(마 11:19=눅 7:34; 막 2:16), 쿰란 문헌에 나오고(1QSa 2:11-12), 후대의 유대교 및 기독교 전승들에 자세하게 규정되어 있다(1 Enoch 60:7; 62:14; 2 Apoc. Bar 29:5-8; 계 19:9).

예수는 하나님의 궁극적인 통치가 이루어질 날을 기대하며, 이 종말론적인 미래의 기대를 제자들과 나누는 마지막 만찬에 투영하고 있다. 하지만, 이 구절은 역설적으로 예수의 죽음이 눈앞에 와 있음을 보여준다. 종말론적인 메시아 잔치는 예수의 죽음을 통하여 실현되기 때문이다.

⑤ 예수와 예루살렘

유월절 만찬은 옛 질서와의 고별 식사인 동시에 종말론적인 메시아 잔치를 선취한 마지막 만찬이었다. 유대교의 보편적인 이해에 따르면, 시온의 회복은 이스라엘 백성의 회복과 불가분리의 관계였음을 알 수 있다.[190]

시온의 회복에 있어서, 정상적으로 기대되는 언약 체결은 하나님의 참 백성을 세우는 방향으로 전개되었다(사 59:20-21; 61:3, 8 참조). 마지막 만찬은 예수에게 있어서 시온은 성전과 예루살렘의 심판에도 불구하고 여전히 구원의 중심 자리로 남아 있음을 보여준다.[191]

성전 정화 사건을 통해서 나타나듯, 성전에 대한 심판은 예수로 하여금 성전을 대체할 잠정적인 공동체를 세우도록 유도하였다.[192] 예수는 유월절 밤 예루살렘의 한 다락방에서 종말론적인 메시아 만찬을 베풀면서, 그곳에 모인 12제자공동체를 언약의 피에 참여하게 하였다. 시온의 회복은 예수의 언약의 피에 참여한 참 이스라엘인 12제자공동체가 세워짐으로써 성

190　Kim Huat Tan, *The Zion Traditions and the Aims of Jesus*, 23-54를 참조하라.
191　P. Stuhlmacher, "Die Stellung Jesu und des Paulus zu Jerusalem," 146.
192　이런 예수의 입장은 쿰란공동체에서 이미 나타난다. 그들은 자신들의 공동체를 '잠정적인 성전'으로 인식하였는데, 이 공동체의 존재에 있어서 핵심적인 것으로 간주한 것이 바로 '언약' 개념이었다. M. A. Knibb, *The Qumran Community*(Cambridge: Cambridge University Press, 1987), 84를 참조하라.

취된다. 그것은 예루살렘에서도 아니고, 성전도 아닌 종말론적 회복의 수령자들인 마지막 만찬에서 예수의 언약의 잔에 참여한 공동체 안에서 실현되었다.

따라서, 마지막 만찬에서 예수는 실패한 예루살렘을 대체할 새 예루살렘으로 12제자공동체를 세운 것이다.

3) 요약

지금까지 예수의 '예루살렘'과 관련된 말씀(Q 13:34-35; 눅 13:31-33; 마 5:33-37)과 예루살렘에서의 예수의 행위, 즉 예루살렘 입성, 성전 정화, 마지막 만찬 사건을 분석하였다.

먼저, 말씀의 각 본문들의 진정성 문제를 다루었으며, 그 후에 본문을 분석하여 그 의미를 도출하였다. 이를 바탕으로 하여 예수와 예루살렘 사이의 상관성을 결론으로 제시하였다.

본 단락에서는 6개의 말씀과 행위에 대한 진정성 있는 본문을 통해서 예루살렘과 관련한 예수의 자의식은 어떻게 드러나며, 예수 자신은 예루살렘을 어떻게 인식하고 있는가를 요약적으로 정리해 보고자 한다.

(1) 예수의 자기 이해

① 선지자 예수

Q 13장 34-35절은 예언 전승에 뿌리를 두고 있는 예수의 예언적 연설로서, 이 애가 안에서 예수는 그의 예언적 사역을 통하여 예루살렘을 하나님에게로 돌아오도록 선포하는 선지자, 거절 당하는 동시에 성전의 심판을 선포하는 선지자로 자신을 드러낸다.

누가복음 13장 31-33절에서 예수는 자신의 사역이 완성되는 예루살렘에서 죽음을 맞이하는 선지자로 나타난다. 성전 정화 사건(막 11:15-17)을 통해서 예수는 구약 예언 전승(이사야와 예레미야)을 기초하여 성전의 폐기 혹은 심판을 선언하는 선지자로 부각된다.

② 시온의 진정한 왕 예수

Q 13장 34-35절은 예수의 사역이 예수의 선지자로서의 자의식 혹은 선지자의 범주 안으로만 한정하지 않는다. 이 사실은 35절의 인칭대명사인 με가 야웨가 아니라 예수 자신을 가리킨다는 점에서 분명하게 드러난다. 35 하반절에서 μέ는 ὁ ἐρχόμενος ἐν ὀνόματι κυρίου로서 예수를 지칭하는데, 예루살렘 입성 때에 제자들과 환호하는 무리들이 예수를 향한 외침과 상응한다.

예루살렘이 '주의 이름으로 오시는 자'인 예수를 축복한다면, 그들은 예수를 다시 보게 될 것이다. 이는 심판으로 예루살렘을 떠난 야웨의 임재가 예수의 예루살렘 입성을 통해 회복될 것을 기대하게 한다.

예루살렘 입성(막 11:1-11)에서 구약의 다양한 전승과 특히 스가랴 9장 9절을 배경으로 하여 예수는 나귀를 준비하고, 나귀를 탄 상징적 행위를 펼친다. 이는 예수가 예루살렘에 대한 회복 약속을 성취하기 위한 야웨 하나님의 실제적인 대리자라는 의미를 가진다.

여기서 중요한 점은 이 사건 가운데 구약의 스가랴 9장 9절이 인용되고 있지 않고, 예언 성취로서 실행되고 있다는 점이다. 또 무리는 '주의 이름으로 오시는 자'로 예수를 환영한다. 이는 예수가 임박한 하나님의 나라의 도래를 예루살렘에 선포하는 선지자의 역할을 넘어서고 있음을 보여준다.

따라서, Q 13:34-35과 예루살렘 입성 시 무리들이 예수를 향하여 외친 함성에 나타난 시편 118편 26절의 인용문 그리고 스가랴 9장 9절의 예언 성취는 예수가 야웨의 대리자요 왕으로 임명을 받아 하나님께서 이루고자 했던 예루살렘 회복에 대한 약속의 성취를 행동으로 수행한 것을 보여준다고 할 수 있다.

③ 참 성전 예수

성전 정화 사건은 이전의 행위들, 즉 죄 사함의 선포, 안식일 위반, 예루살렘 입성과는 다른 차원의 심각성을 띠고 있다.

이 사건으로 인하여 예수를 죽이려고 모의했다는 사실은 예수 자신이 이 사건을 통해서 죽음을 초래하리라는 것을 알고 있었음을 짐작하게 한다. 이는 성전 정화 사건으로 인한 예수의 체포와 재판 그리고 처형으로 연결되는, 다시 말해, 대속의 제사로 바치는 전 과정을 스스로 점화한 것으로 볼 수 있다.

예수에게 있어서 자신의 죽음은 성전의 진정한 목적 성취일 뿐 아니라 그 죽음을 통해서 하나님 나라 혹은 종말론적 하나님의 백성의 공동체가 실제화될 것이었음으로, 자신의 죽음이 곧 새 성전을 건축할 것이라는 자의식을 갖고 있었다.

예수는 성전 정화 사건이 자신의 메시아적 과업 즉, 종말론적인 속죄와 속죄된 공동체인 새 성전을 건축하는 일을 성취하는 그의 죽음을 유발하는 수단으로 택한 것이다.

④ 회복의 대리자(대제사장) 예수

마지막 만찬은 옛 질서와의 고별 식사인 동시에 종말론적인 메시아 잔치를 선취한 만찬이었다. '메시아 잔치'로 상징되는 하나님 나라의 새 질서는 역설적이게도 예수의 죽음으로부터 시작된다. 그는 자신의 죽음을 사망의 희생물이 될 많은 사람을 위한 대표적(대리적) 죽음으로 명명하고 언약의 잔을 제자들에게 나누어 주면서 언약의 피에 참여하게 하였다.

구약 전승은 시온의 회복을 위한 언약 체결이 하나님의 참 백성을 세우는 방향으로 전개되었음을 보여준다(사 59:20-21; 61:3, 8). 이러한 전승 위에 예수는 예루살렘의 회복을 더 이상 예루살렘도 아니고, 성전도 아닌 종말론적 회복의 수령자들인 예수의 대제사장적 언약의 피에 참여한 12제자공동체가 세워짐으로써 성취한다.

(2) 예수 말씀과 행위에 나타난 예루살렘

예수에게 있어서 예루살렘은 어떤 의미가 있으며, 그의 사역에서 어떤 위치를 차지하고 있는가?

예루살렘과 관련한 3개의 말씀과 예루살렘에서의 3개의 행위에 대한 연구 결과를 중심으로 예수와 예루살렘 모티프를 요약하고자 한다.

한편으로 예수는 예루살렘을 거룩한 곳으로 간주하며, 어떤 맹세도 예루살렘을 모독하는 것으로 여길 정도로 하나님의 도성으로서 위상을 부여한다. 예루살렘은 왕으로서 하나님이 좌정하신 보좌였으며, 그의 왕권을 행사하신 곳이었다(마 5:35). 이는 예수가 예루살렘을 그 사역의 절정의 장소로 이해하고 있다는 가능성을 보여준다.

다른 한편으로 예수는 예루살렘에 대한 부정적인 인상을 가진 것으로 보인다. 그는 예루살렘을 선지자를 죽이는 도시로서 인식한다. 더 나아가 예수 자신이 선지자적 자의식을 갖고서 예루살렘 입성 전에 하나님의 자녀들을 모으는 사역에 예루살렘이 거부했음을 밝힌다(Q 13:34). 그 결과 예수는 예루살렘에 심판을 선포하면서, 성전으로부터 야웨의 임재가 떠날 것을 선언한다(Q 13:35). 또한 자신이 예루살렘에서 죽을 것임을 암시하기도 한다(눅 13:33).

부정적인 인식과 심판 선언에도 불구하고 예루살렘에 대하여 지워질 수 없는 본래적인 중요성을 인정하는 것은 그가 예루살렘에 대한 변증법적인 긴장 속에 서 있음을 보여준다. 다시 말하면, 위대한 왕의 도시로서 예루살렘의 위치와 예수 메시지의 결정적인 핵심은 피할 수 없는 충돌을 맞이하게 된다.

예수는 예루살렘에 대한 말씀에서 선지자로서 그곳에서 죽임을 당함으로 자신의 사역을 완성한다고 선포하고(눅 13:33), 자신이 '주의 이름으로 오시는 자여'라고 축복할 때 회복의 가능성이 열려 있음을 암시한다(Q 13:35). 예수는 시온의 회복의 비전을 품고 하나님의 대리자인 왕의 자의식을 가지고 예루살렘에 입성한다(막 11:1-11).

하지만, 입성 전에 하나님의 백성을 모으는 자신의 사역에 거부함으로 하나님의 임재가 떠난 심판은 성전 방문을 통해서 그대로 이어지고 있음을 확인한다. 그는 성전 정화 사건을 통해서 표면적으로는 하나님의 원래적 의도를 성취하는 데 실패한 성전 당국자들을 비난하지만, 심층적으로는 종말론적인 하나님 나라의 도래 앞에서 왜곡된 성전 제의에 대한 최종적인 심판 혹은 폐기를 선언한다. 예수는 이 사건으로 자신의 체포와 재판 그리고 처형으로 연결되는, 스스로를 대속의 제사로 바치는 전 과정에 점화한다.

예수는 자신의 죽음을 통해서 하나님 나라 혹은 종말론적 하나님의 백성의 공동체가 실제화될 것이므로, 자신의 죽음이 곧 새 성전 건축이라는 자의식을 갖고 있었다(막 11:15-17).

죽음을 앞둔 만찬에서 그는 시온의 회복을 위한 결정적인 행동을 취한다. 그것은 자신의 대제사장적 죽음과 종말론적 새 시대를 선취한 마지막 만찬이었다. '메시아 잔치'로 상징되는 하나님 나라의 새 질서는 역설적이게도 예수의 죽음으로부터 시작된다. 그는 자신의 죽음을 사망의 희생물이 될 많은 사람들 위한 대표적(대리적) 죽음으로 명명하고, 언약의 잔을 제자들에게 나누어 주면서 언약의 피에 참여하게 하였다. 이로써 예수는 예루살렘에서 대속적 죽음에 참여한 제자공동체를 세움으로 사역의 완성을 이루게 된다.

정리하면, 예수에게 있어서 예루살렘은 긍정과 부정의 변증법적 긴장 관계를 보여준다. 마태복음 5장 35절에서 위대한 왕의 도시로서의 구속사적 중심지로, Q 13장 34-35절과 누가복음 13장 31-33절에서 예수 사역의 완성지로서의 긍정적인 인식과 Q 13장 34-35절의 예수의 선지적 사명을 거부하는 도시요, 누가복음 13장 31-33절의 선지자를 죽이는 도시로서의 부정적인 인식이 교차한다.

예루살렘에 대한 예수의 변증법적 입장은 예루살렘 입성 이후의 행위를 통해서 역설적으로 해결된다. 입성 사건은 Q 13장 35절의 성취로서 왕적 메시아의 입성이었고, 성전 정화 사건은 선지자를 죽이는 도시로서 예루살렘의 역할을 촉발시킨 사건인 동시에 기존 성전 파괴로 인한 새 성전으로서 예수 자신을 대체하는 결정적 사건이 되었다.

마지막 만찬은 예루살렘이 예수 사역의 완성지요, 그 완성은 예수 자신의 대속적 죽음 위에서 이루어짐을 보여준 상징적 행위였다. 이러한 완성과 죽음이라는 긍정과 부정을 통한 역설은 예루살렘의 회복이라는 새 차원의 질서를 열어 준다.

결론적으로 예루살렘의 회복은 더 이상 눈에 보이는 도시, 혹은 예루살렘의 심장인 성전 건물과 제도가 아니라 예수의 대속적 피의 언약에 참여한 12제자공동체로 상징되는 대체된 예루살렘으로 이루어진다.

4) 예루살렘의 전승사적 관계

이스라엘 역사에서 한 지명에 불과하였던 예루살렘이 이스라엘뿐만 아니라 전 세계의 역사를 포괄하는 구속의 정점에 서게 한 것이 바로 시온전승 혹은 시온신학이라고 할 것이다.

시온 전승은 다윗 이후 새로운 시대를 향한 신학적 지평을 열어주는 역할을 하였으며, 이스라엘의 현실적인 역사가 파멸로 치닫는 암울한 시대에는 오히려 미래 소망으로 신학의 중심축을 옮겨 놓는 종말론적 핵을 형성해주기도 하였다.[193] 따라서, 시온 전승은 구약의 전 역사 속에서 일관성 있게 그 신학의 내용을 유지하여 온 신학 사상이란 측면에서 구약신학의 중심점이라고 해도 과언은 아니다. 더 나아가 시온 전승은 구약에만 제한될 수 없고, 중간기 시대를 넘어 신약에까지 이어지고 있다는 점이다. 이런 점에서 볼 때 시온 전승은 신구약을 연결하는 가교의 역할을 감당하는 구심점이기도 하다.

그렇다면, 이런 시온 전승이 어떤 측면에서 신약, 특히 신약 전승의 기초인 예수와 연속성과 불연속성이 있는지를 고찰해 보고자 한다.

(1) 예수와 구약 전승

시온 전승은 야웨가 예루살렘에 거주하기 위해 그곳을 선택하였고, 그 도성에서 그 대리자(다윗)를 통해 왕권을 행사한다는 개념이다. 이러한 사상 때문에 예루살렘은 그 자체로 불가침의 장소, 계시의 장소, 축복의 장소, 열방의 순례의 장소, 더 나아가 우주적 지배 장소로 인정되었다.

이스라엘의 죄로 인하여 심판을 받아 예루살렘이 파괴되었지만, 이 전승은 폐기되기보다 종말론적으로 옷을 입으면서 강화되었다. 그 어떤 것에 의해서도 좌우되지 않는 본래적 중요성을 가진 도시가 된 것이다.

예수 역시 예루살렘에 대한 시온 전승을 이어받는다. 예루살렘은 '위대한 왕의 도시'로서 어떤 것으로도 그 위치가 흔들리지 않을 본래적 중요성을 가진 도시로서의 인식을 가지고 있었다. 예언자들이 예루살렘의 죄악을 고소하며 심판을 선포했던 것처럼, 예수도 선지자로서 그 심판을 선포하였다.

그러나 그는 예루살렘을 외면하지 않았으며, 하나님의 왕권 실현의 사명을 완성하는 장소로 인식하였다. 그리고 예수 자신이 야웨의 대리자로

---

[193] 권혁승, "시온-예루살렘 신학의 성서신학적 위치와 의미," 226-27.

서 야웨의 왕권을 실현하려는 자의식을 가지고 예루살렘에 입성하였다. 그가 예루살렘으로 올라간 것은 구약의 시온의 종말론적 희망의 정점에 자신이 서 있었기 때문이다.

(2) 예수와 초기 유대교 전승

구약의 시온 전승, 시온 선택 사상은 견고하게 유지된다. 외부적인 상황, 곧 헬라화의 위협과 억압 그리고 내부적인 상황, 곧 성전 기득권의 타락과 제의의 오염으로 인한 상황에도 시온 전승(시온의 의인화)은 더 깊이 뿌리를 내렸다.

이 시기 시온의 종말론적 희망은 초월과 영화(靈化)의 형태로 변형된다. 환멸스런 역사적 경험과 성전의 오염으로 인하여 천상의 예루살렘 사상은 초월의 극치를 보여주며, 성전 중심의 예루살렘의 물리적인 제도와 제의 등이 영적으로 변이된다.

또한, 시온을 정화하고 재건하는 대리자 사상도 등장한다. 특이한 점은 초월화, 영화, 그리고 종말화는 대체로 엮어지는데, 천상의 예루살렘이 지상의 예루살렘을 대체하며, 또는 쿰란에서는 그들의 공동체가 현재 성전을 잠정적으로 대체하기도 하며, 성전과 관련된 제의와 직분과 같은 물리적인 것들이 영적인 것들로 대체된다.

종말의 때에 새로운 시온으로의 대체를 위해서는 기존의 성전과 시온의 파괴와 제거가 전제됨을 보여주기도 한다. 예수는 성전 정화 사건을 통해서 기존의 성전을 폐기한다. 그리고 자신의 죽음을 통해서 예수 자신이 성전을 대체한다. 또한, 예루살렘이라는 물리적인 장소를 영화시키면서 마지막 만찬에서 예수의 언약의 피에 참여한 제자공동체로 대체한다.

이는 예수 자신이 오염된 성전과 예루살렘을 정화하는 신적 대리자이며, 시온의 종말론적 희망을 성취하는 메시아임을 드러내는 것이다.

(3) 전승사적 연속성과 불연속성

전승사적 관점에서 예수는 시온 전승 위에 있다. 그러나 구약의 예루살렘의 종말론적 희망은 예수라는 하나님의 대리자를 통하여 성취된다. 그는 다윗적인 메시아가 아니며, 도리어 자신을 속죄의 제물로 내어 놓는 죽음을 통해서 종말론적 회복의 역사를 이룬다는 면에서 구약과 중간기 문헌과 달리한다.

성전과 시온은 더 이상 눈에 보이는 장소가 아니다. 성전의 정화를 위해서 예수는 성전을 폐기했으며, 자신을 새 성전으로 대체한다. 그리고 예루살렘은 그의 새 언약에 참여한 공동체로 대체한다. 이 점에서 예수는 구약과 불연속성의 길을 걷는다.

그러나 시온 전승 자체는 폐기되지 않는다. 이는 예수가 예루살렘을 하나님 통치의 상징적인 실재(symbolic reality)로 그 합법성을 인정하고 있기 때문이다.[194] 시온 전승은 단지 물리적인 장소에서 공동체로 대체[195]되었을 뿐이다. 그리고 대체된 공동체 역시 완성품이 아니라 잠정적인[196] 성격을 가진다. 왜냐하면, 이 대체된 시온인(교회) 공동체는 새 하늘과 새 땅에 임할 새 예루살렘을 바라보며 새로운 출발선에 서 있기 때문이다. 시온 전승의 종착지인 요한계시록 '새 예루살렘'에 이르러서 시온 전승은 완성될 것이다.

---

194 이런 측면에서 예루살렘에 대한 예수의 입장에 대한 슈툴마허의 진술은 타당하다. "예루살렘과 지상 성전에 대한 예수의 심판에도 불구하고 시온은 그에게 회복된 신적인 공동체의 미래의 구심점으로 남아 있다." P. Stuhlmacher, "Die Stellung Jesu und des Paulus zu Jerusalem," 140-56.

195 이에 대하여 슈툴마허는 예수에 의하여 예루살렘은 일종의 '상징적 실재'가 되었다고 주장하였다. P. Stuhlmacher, "Die Stellung Jesu und des Paulus zu Jerusalem," *ZTK* 86(1989), 146.

196 '잠정성'의 의미는 교회가 구약의 율법과 제의, 절기와 같이 '불완전'하다는 의미가 아니라 '하나님 나라'의 '이미~아직 아니'라는 종말론적 긴장 상태에 있는 성격을 함유하고 있다는 말이다.

따라서, 시온 전승은 구약의 다윗과 함께 시작되었고, 예언자들의 종말화를 거쳐, 중간기의 초월과 영화를 넘어서 종말론적 회복을 가져온 하나님의 대리자인 예수의 대체로 그 정점을 맞이한다.

시온은 새롭게 대체되어 여전히 살아 있으며, 새 시온은 이제 새 시대에 새 언약과 함께 새 하늘과 새 땅의 새 예루살렘에 이르기까지 유대를 넘어 이방으로 확대될 것이며, 결국은 우주적인 교회로서, 진정한 야웨의 우주의 왕적 통치가 실현됨으로 완성될 것이다.

2. 바울서신

예루살렘에 대한 신약 저자들의 입장을 다룰 때 예수 전승 다음으로 바울서신을 언급하는 것이 가장 적절하다. 바울서신이 신약성경의 가장 초기 문서이며, 바울의 친서로 알려진 7개의 문서는 모두 AD 70년 전에 기록되었기 때문이다.

바울은 예루살렘에 어떤 의미를 부여하고 있는가?
예루살렘에 대한 그의 긍정적인 입장과 부정적인 입장이 일관된 의미 속에 어떻게 조화를 이룰 수 있는가?
바울이 예루살렘을 재평가할 때, 그의 긍정적인 입장과 부정적인 입장은 예루살렘의 신학적 의미를 도출하는 데 있어서 어떤 기여를 하는가?

예루살렘에 대한 바울의 견해를 연구하면서 그의 실천적 입장이 나타난 사도행전에 대한 접근보다는 이 문제에 대하여 바울 자신의 진술을 표현하고 있는 서신서가 더 타당하리라 여겨진다.

본 단락에서는 먼저, 성전에 대한 바울의 의견을 다룰 것이다. 이는 바울의 예루살렘에 대한 견해와 맞물려 있기 때문이다. 다음으로, 바울의 예루살렘에 대한 많은 서신의 구절 중에서 진정성의 논쟁이 없는 세 개의 서신서에 있는 본문을 차례로 다룰 것이다.

1) 바울서신에 나타난 성전

바울서신에는 예루살렘 성전에 관한 비판이나 논쟁은 뚜렷이 나타나지 않는데, 이는 그의 삶의 자리가 이방 선교의 현장이었기 때문으로 보인다. 그뿐만 아니라, 예루살렘에 있는 물리적인 성전을 좀처럼 언급하지 않는다.

하지만, 예루살렘 성전 제도에 대해서는 과거에 하나님께서 세우셨다는 확신이 있다. 로마서 9장 4절에서 유대인의 특권 목록을 제시하면서 '성전 예배'를 포함한다.[197] 또한, 데살로니가후서 2장 4절에서는 예루살렘 성전을 '하나님의 성전'으로 묘사한다. 다른 서신서들, 즉 성전에 대한 전제를 공유하지 못한 이방인 개종자들에게 보낸 서신에서도 물리적 성전에 대한 바울 자신의 견해를 지지한다(고전 9:13; 10:18). 이는 예루살렘 성전이 중요한 영적인 진리들을 간직하고 있기 때문이다.

반면에 바울은 성전에 대한 새로운 관점을 제시하기도 한다. 성전에 관한 언급이 여러 곳에 나타나고 각기 지칭하는 대상과 내용에 차이가 드러난다.

본 단락에서는 성전에 대한 바울의 견해를 '하나님의 거처로서의 성전', '예배의 본질로서의 성전', '새 경계선으로서의 성전'의 관점에서 몇 개의 관련 본문을 중심으로 분석해 보고자 한다.

바울의 성전에 대한 견해가 예수 전승에 기초하고 있으며, 자신의 선교적 맥락에 따라서 그 의미를 확대 적용하고 있음을 밝히고자 한다.

(1) 하나님의 거처로서의 성전

Οὐκ οἴδατε ὅτι ναὸς θεοῦ ἐστε καὶ τὸ πνεῦμα τοῦ θεοῦ οἰκεῖ ἐν ὑμῖν; εἴ τις τὸν ναὸν τοῦ θεοῦ φθείρει, φθερεῖ τοῦτον ὁ θεός· ὁ γὰρ ναὸς τοῦ θεοῦ ἅγιός ἐστιν, οἵτινές ἐστε ὑμεῖς.(고전 3:16-17).

너희는 너희가 하나님의 성전인 것과 하나님의 성령이 너희 안에 거하시는 것을 알지 못하느냐? 만일 누구든지 하나님의 성전을 더럽히면, 하나님이 그 사람을 멸하

---

[197] 본문의 '성전 예배'의 헬라어는 'λατρεία'이다. 하지만, 이는 명백하게 '성전 제의'를 언급한다. J. D. Dunn, *Romans*(WBC, vol. II, Waco: Word, 1988), 534.

실 것이다. 왜냐하면, 하나님의 성전은 거룩하기 때문이다. 너희가 그 성전이다.

οὐκ οἴδατε ὅτι τὸ σῶμα ὑμῶν ναὸς τοῦ ἐν ὑμῖν ἁγίου πνεύματός ἐστιν οὗ ἔχετε ἀπὸ θεοῦ, καὶ οὐκ ἐστὲ ἑαυτῶν; ἠγοράσθητε γὰρ τιμῆς· δοξάσατε δὴ τὸν θεὸν ἐν τῷ σώματι ὑμῶν(고전 6:19-20).

너희는 너희 몸이 하나님으로부터 가진 너희 안에 있는 성령의 전이라는 것과 너희는 너희 자신의 것이 아니라는 것을 알지 못하느냐? 왜냐하면, 너희는 값을 주고 산 바가 되었다. 그러므로 너희 몸으로 하나님을 영화롭게 하라.

16절의 성전은 건물이 아니라 하나님의 영이 거하시는 공동체를 의미한다.[198] 즉, 하나님의 영으로서의 교회와 성령의 내주하심이라는 주제가 우선적으로 공동체적 의미로 사용된다. 하나님의 이름이 거하시는 장소인 '하나님의 성전'(왕상 8:16-20)이 여기서는 영적으로 성령이 거하는 장소인 '교회'로 전이되고 있다. '너희 안에'라는 말은 그런 뜻에서 교회를 뜻하는 집합적인 의미로 이해될 수 있다.[199]

17절에서 거룩한 영이 이제는 인간의 손으로 만든 성전에 거하시는 것이 아니라, 거룩한 성전인 교회공동체에 임재하고 계신다. 그러므로 '하나님의 성전인 교회'를 파괴하는 자는 그에 상응하는 하나님의 심판을 받게 될 것을 역설한다. 바울은 성전 개념을 하나님의 거처로서의 교회공동체로 제시하면서 교회의 하나 됨을 깨뜨리는 자들에게 경고한다.

---

198 성전 개념을 예루살렘에 있는 건물로서의 성전에서 공동체로 적용한 경우는 쿰란 문헌에도 나타난다(1QS 9:6). 그러나 바울과의 차이점은 1) 쿰란이 이방인과 유대인 간의 구분을 짓는데 반해 바울은 그리스도 안에서 차별 없음을 강조한다. 2) 쿰란공동체가 하나님의 거주지인 근거로 그들의 예배와 제의적인 정결을 제시한 반면, 바울은 성령의 실제적인 현존으로 인하여 교회와 더 나아가 그리스도인 개개인이 하나님의 거주지임을 제시한다.

199 김지철, 『고린도전서: 대한기독교서회 창립 100주년 기념주석』(서울: 대한기독교서회, 1999), 188-90.

이처럼 바울은 성전 용어와 표상을 기독교공동체에 적용하고 있는데, 이는 예루살렘 성전 파괴 이전에 이미 성전 개념이 기독교로 전용되어 사용되었다는 것을 보여준다.[200]

이에 반해 6장 19절에서 '성령의 전'이 그리스도인 개개인 개체의 몸으로 의미가 확대되고 있다.[201] 3장이 공동체적인 의미에서 교회가 성령이 거하는 전임을 부각한 것이라면, 본 절이 성전을 그리스도인 개개인으로 확대한 이유는 6장 12-20절 문맥과 관련된다.

본 단락은 성적 부도덕성에 대한 논의의 결론으로서 그리스도의 십자가로 구원받은 그리스도인은 그 자신의 몸[202]을 성령의 전으로 거룩하게 보존할 것을 강조하고 있다.

ὅτι ἐν αὐτῷ εὐδόκησεν πᾶν τὸ πλήρωμα κατοικῆσαι(골 1:19).

그[아버지]는 그[예수] 안에 모든 충만으로 거하게 하시기를 기뻐하셨다.

ὅτι ἐν αὐτῷ κατοικεῖ πᾶν τὸ πλήρωμα τῆς θεότητος σωματικῶς, καὶ ἐστὲ ἐν αὐτῷ πεπληρωμένοι, ὅς ἐστιν ἡ κεφαλὴ πάσης ἀρχῆς καὶ ἐξουσίας(골 2:9-10).

그 안에는 신성의 모든 충만이 몸의 형태로 거하시고, 너희도 그 안에서 충만하여졌으니, 그는 모든 통치자와 권세의 머리이시다.

---

200 김경희, "성전비판에 관한 전승사적 연구," 342-43.
201 P. W. L. Walker, "A New Centre: Paul," *Jesus and the Holy City*, 120.
202 바울에게 있어서 '몸'은 단순한 동물체의 세포 조직 이상을 의미한다. '몸'은 인간의 본성의 일부가 아니라 전인을 지칭하기 위해 사용된 바울의 용어다. 바울의 인간학에 의하면, '몸'이란 결단의 자리로서 인간 자아를 대표하는 중립적인 용어다. C. K. Barrett, *The First Epistle to the Corinthians*, 한국신학연구소 역,『국제성서주석 고린도전서』(서울: 한국신학연구소, 1985), 180-82.

골로새서 1장 19절에서 예수 그리스도가 하나님의 거처로 등장한다. 2장 9-10절은 교회와 그리스도인도 그리스도 안에서 충만하게 된다고 선포한다.[203]

이러한 병행은 곧 예수 그리스도를 통하여 교회와 그리스도인이 하나님의 거처가 된다는 사실을 입증한다. 더 나아가 그리스도 안에 거하는 자들은 성령의 거주지가 된다(참고. 롬 8:9-11; 엡 3:16-17). 이처럼 이전에는 성전이 희미했으나 이제 그리스도로 말미암아 그 실체가 분명하게 드러나게 된다.

위의 구절 분석을 통해 바울에게 있어서 성전의 실체는 예수 그리스도라는 새로운 관점으로 해석된다. 즉, 그리스도 안에서 성령의 나타남과 하나님의 역사는 실재가 되고, 바로 이 점이 성전 이미지의 핵심이 된다.

전승사적으로 볼 때, 예루살렘 성전 건물의 의미를 부정하고 하나님의 거처인 자신들의 공동체를 성전으로 인정했던 쿰란공동체와 형식적인 병행이 있지만, 내용적인 측면에서는 궁극적인 차이점이 존재한다는 사실을 알 수 있다. 성전으로 묘사된 그리스도인은 개인이든 공동체든(고전 3:16-17; 6:19), 하나님의 거처로서의 성전인 그리스도 예수(골 1:19) 안에 포함된, 지어져 가는 성전이다(엡 2:21-22). 바울에게 있어서 '성전'은 예수 그리스도 안에서 새롭게 재해석되고 있다.

결과적으로, '하나님의 거주지'로서의 바울의 성전 모토는 성전 정화 사건을 통해 자기 죽음과 '성전' 파괴를 연계시켰던 역사적 예수의 입장에 서 있으며, 그 전승을 통하여 당시 교회의 상황과 그리스도인의 윤리에 대처하면서, 그 의미를 예수 안에 있는 교회공동체와 개개인 그리스도인까지로 확대하고 있다.

---

[203] 엡 2:21-22에도 이와 유사한 결론을 제시한다. "그의 안에서 건물마다 서로 연결하여 주 안에서 성전이 되어 가고, 너희도 성령 안에서 하나님이 거하실 처소가 되기 위하여 그리스도 예수 안에서 함께 지어져 가느니라." 이는 그리스도인 개개인이 성전이지만, 그 성전은 그리스도의 지체로서 그리스도 안에 있는 부분임을 드러낸다.

(2) 예배의 본질로서의 성전

> Παρακαλῶ οὖν ὑμᾶς, ἀδελφοί, διὰ τῶν οἰκτιρμῶν τοῦ θεοῦ παραστῆσαι τὰ σώματα ὑμῶν θυσίαν ζῶσαν ἁγίαν εὐάρεστον τῷ θεῷ, τὴν λογικὴν λατρείαν ὑμῶν· (롬 12:1).
>
> 그러므로 형제들아, 내가 하나님의 모든 자비하심으로 인하여 너희에게 권면한다. 너희 몸을 하나님께 인정받을 만한 거룩한 살아 있는 제물로 바쳐라. 이것이 너희의 영적 예배이다.

바울은 유대인들의 '성전 예배'(λατρεία, 롬 9:4)를 언급한 후에 그리스도인이 복음에 어떻게 반응하며 살 것인가를 묘사하면서 동일한 단어를 다시 사용한다. 이 단어(λατρεία)는 9장 4절에서 유대인과 관련되어 사용됐지만, 본 절에서는 새로운 하나님의 백성과 관련하여 사용되고 있으므로 서로 일치점은 없다. 또한, 형용사인 'λογικὴν'은 다양한 의미가 있지만, 로마서 9장 4절의 성전 예배와는 다른 예배를 암시한다.[204]

바울은 앞선 본문에서 이미 기독교공동체와 그리스도인 개개인이 성전으로 간주하였기 때문에, 성전의 영화 과정 안에서 제사도 영화되었다고 볼 수 있다. 이런 관점에서 그는 성도의 몸을 살아 있는 제물로 드리라고 말하며, 그 살아 있는 제물이 바로 영적 예배라고 말할 수 있다.

본 절에서는 이러한 그리스도인의 영적 예배는 본질에서 하나님의 자비하심에 대한 반응임을 강조한다. 그리스도의 자비하심은 이미 그리스도 안에서 성취된 하나님의 구속 사역에 기초한다(3:23-25). 여기서 그리스도의 죽음은 화목제물(ἱλαστήριον)로 묘사되는데, 이는 성전의 '시은좌'의 이미지에 의존한다.

---

[204] J. D. Dunn, *Romans*, 711-12.

따라서, 바울은 그리스도의 십자가를 성전 제의의 성취로 보고 있다.[205] 이는 과거에 예배의 본질이었던 성전 제사가 이제 예수 그리스도의 십자가로 대체되며, 이 기초 위에 그리스도인은 자신을 살아 있는 제물로 드리는 영적 예배가 가능해 진다.

(3) 새 경계선으로서의 성전

> οὐκ ἔνι Ἰουδαῖος οὐδὲ Ἕλλην, οὐκ ἔνι δοῦλος οὐδὲ ἐλεύθερος, οὐκ ἔνι ἄρσεν καὶ θῆλυ· πάντες γὰρ ὑμεῖς εἷς ἐστε ἐν Χριστῷ Ἰησοῦ(갈 3:28).
>
> 더이상 [너희는] 유대인도 헬라인도 아니며, 종과 자유인도 아니며, 남자와 여자도 아니다. 왜냐하면, 너희 모두는 그리스도 예수 안에서 하나이기 때문이다.

바울 신학에는 그리스도 안에서 더이상 유대인과 이방인 차이의 차별은 존재하지 않는다. 하지만, 예루살렘 성전은 유대인과 이방인 사이에 가장 큰 경계선을 만들어 놓았다. 디아스포라 회당에서는 유대인과 이방인 사이의 구분이 어느 정도 유연성을 가지지만, 성전에는 그 구분이 절대적이다. 성전은 그 신성함의 원리와 이방인에 대한 배타성으로 구체화하여 있다.[206]

바로 이 점에서 바울의 입장과 첨예한 대립을 보인다. 에베소서 2장 14절에서 바울은 "그는 우리의 화평이신지라 둘로 하나를 만드사 원수 된 것 곧 중간에 막힌 담을 자기 육체로 허시고"라고 한다. 그리스도의 죽음

---

205 L. Gaston, "Paul and Jerusalem,"(eds.), P. Richardson and J. C. Hurd, *From Jesus to Paul*(FS F. W. Beare, Waterloo: Wilfrid Laurier University, 1984), 70.

206 R. J. Bauckham, "The Parting of the Ways: What Happened and Why," *ST* 47(1993), 143, 146.

은 기존 성전에 요약된 인간의 이상을 산산조각 내버렸다.[207]

따라서, 그리스도는 기존 성전의 경계선을 무너뜨린 새 성전인 셈이다.

(4) 요약

바울에게 있어 성전은 하나님의 임재의 장소다. 예수는 자신이 성전임을 선포한다. 초기 교회 전승은 손으로 지은 성전에 하나님이 거하시지 않음을 언급한다(행 7:48-50).

바울은 AD 70년 성전 파괴가 이루어지기 전에 이미 예루살렘 성전이 대체될 것을 언급한다.[208] 기존 성전은 예수 그리스도의 인격과 사역의 관점에서 그 의미를 잃어버렸다.[209] 바울은 예수 자신이 성전임을 천명한 예수 전승과 성전 건물이 하나님의 임재 장소가 될 수 없다는 초기 교회 전승을 이어받아서 다양한 이미지로 그 의미를 확대한다.

따라서, 바울에게 있어서 '성전'은 예수 그리스도 안에서 새롭게 재해석되고 있다.

첫째, '하나님의 거주지'로서 바울의 성전 모토는 그 자신이 '성전'이라고 했던 역사적 예수의 입장에 서 있으며, 그 전승을 통하여 당시 교회의 상황과 그리스도인의 윤리에 대처하면서, 그 의미를 예수 안에 있는

---

[207] 이와 관련하여 로마서에 나타난 세 개의 본문인 14:14의 음식 문제, 15:25 ff의 예루살렘 방문(15:16 참조); 9:26의 인용문인 호 1:10 "너희는 내 백성이 아니라 한 그곳에서 그들이 살아 계신 하나님의 아들이라 일컬음을 받으리라 함과 같으니라"를 참조하라.

[208] D. Wenham, *Paul: Follower of Jesus or Founder of Christianity?*(Cambridge/ Grand Rapids: Eerdmans, 1995), 210.

[209] 데이비스(W. D. Davies)에 따르면, 바울이 성전을 교회의 새로운 성지로 대체하였지만, 그는 여전히 예루살렘 성전을 인정하였다. 그러나 비록 실용성과 화해의 관점에서 성전의 연속성을 부득이하게 인정했다고 하더라도, 바울은 성전의 신학적인 위치와 유효성에 대한 연속성 차원에서는 이를 인정하지 않았다고 주장했다. *The Gospel and the Land*(Berkeley: University of California, 1974), 193.

교회공동체와 개개인 그리스도인까지로 확대하고 있다.

둘째, 예수 그리스도의 십자가의 죽음을 성전 제사인 화목제물 이미지로 그리면서, 이제 예배 본질이 더이상 성전 제의가 아니며, 예수의 십자가로 대체됨을 선언한다.

셋째, 성전이 가지는 경계선이 예수 그리스도로 인하여 사라졌음을 선언(갈 3:28)하면서, 성전 중심의 질서를 폐기하고 예수 그리스도 중심으로 새롭게 해석한다.

2) 바울서신의 예루살렘

사도행전에 따르면, 예루살렘은 바울 교육의 장이었으며(22:3), 그리스도인들을 박해하고(8:1, 3; 22:4-5), 사도들과 교제하며 모임을 가졌으며(9:26-30; 11:30; 15:2-30; 18:22), 선교 여행 후 마지막 방문 여정에서 체포된 장소다(21:17-23:31).

비록 어떤 문제에서는 누가의 정보에 의존하기도 하지만, 바울이 예루살렘을 직접 알고 있다는 사실은 부인할 수 없다(갈 1-2장). 이 점은 예루살렘에 대한 바울의 사고 형성에 있어서 특별한 시사점을 암시해 준다.

바울의 예루살렘에 대한 의견은 긍정적인 면과 부정적인 면이 동시에 존재한다. 긍정적인 견해를 보여주는 것들로 다음과 같다.[210]

첫째, 가말리엘 문하에서 유대교를 배운 점
둘째, 다른 곳에서 사역했음에도 불구하고 예루살렘을 자주 방문한 점
셋째, 몸소 '연보'를 예루살렘으로 가져가기로 한 점(롬 15:25-8; 참고. 고전16:4)

---

210 게르하르트슨의 경우, 바울이 예루살렘을 거룩한 도시로서 구원의 드라마의 중심적 임무를 수행해 왔으며, 앞으로 수행할 것으로 보았다고 주장하였다. B. Gerhardsson, *Memory and Manuscript*(Lund: Gleerup, 1961), 274.

넷째, 이스라엘 민족을 향한 헌신적인 사랑(롬 9-11장)

다섯째, 성전 예배를 유대 민족에 주어진 하나님의 선물로 묘사하고 있는 점(롬 9:4)

여섯째, 예루살렘이 복음의 유일한 근원이었다는 암시(롬 15:19; 고전 14:36) 등

반면에 예루살렘에 대한 부정적인 견해를 보인 경우는 다음과 같다.

첫째, 예루살렘 교회 지도자들에 대한 양면적인 태도(갈 1-2장)

둘째, 예루살렘을 '그 자녀들과 함께 종노릇하는' 곳으로 묘사한 점(갈 4:25)

셋째, 그리스도인은 그 안에 내주하는 성령을 통하여 '하나님의 성전'이 되었다는 확신(고전 3:17; 6:19; 고후 6:16)

넷째, 그의 동료 유대인들이 하나님의 심판을 경험하고 있다고 이해한 점(살전 2:14-16; 롬 9-11)

다섯째, 그의 가르침(복음은 유대인이나 이방인이나 전 세계에 걸쳐서 차별이 없음)이 보편적인 입장을 보이는 점[211]

여섯째, 부름을 받은 신자들은 "땅 위의 것을 생각하지 않는다"는 영적인 영역의 강조(골 3:1-2) 7), 지리적인 위치와 그리스도인의 삶과의 관련성을 무시한 점[212] 등

---

[211] 이와 관련하여 고후 5:19(하나님 자신이 세상과 화목하려 하심); 롬 4-5장(아브라함에 대한 하나님의 부르심과 아담의 타락의 배경을 비교한 점); 갈 3:8(모든 이방인이 너로 말미암아 복을 받으리라); 엡 2:14 이하를 참조하라. 유대인과 이방인의 영적인 동등성에 관하여는 롬 5:2; 갈 3:26; 골 2:10; 엡 2:18; 3:12, 19를 참조하라.

[212] 바울이 그리스도인의 삶과 관련된 장소를 언급할 때, 예루살렘 혹은 팔레스타인과 연관된 구절은 한 군데도 없다(롬 10:6-7; 15:8; 고후 8:9; 엡 4:9-10; 빌 2:7-9). 주의 만찬 본문에서 일어난 시간을 묘사하지만, 장소는 언급하지 않는다('그가 잡히시던 밤에', 고전 11:23. 부활 사건을 진술하면서 '무덤'에 관하여 언급하지 않는다(고전 15:4).

예루살렘에 대한 바울의 양면적 입장을 고려하면서, 바울의 본문 중 세 개의 서신서에 있는 본문을 다룰 것이다. 예루살렘이 명시적으로 나타난 갈라디아서 4장, 예루살렘 명칭이 명시적이지는 않지만 예루살렘에 대한 바울의 생각을 보여주는 데살로니가전서 2장, 그리고 '시온'의 이름으로 나타난 로마서 11장에 나타난 관련 구절을 분석할 것이다. 마지막으로 '연보'와 관련된 몇 개의 구절을 종합적으로 고려할 것이다.

이를 바탕으로 하여 바울은 예루살렘에 대하여 어떤 의미를 부여하고 있으며, 예수 그리스도와의 전승사적인 관점에서 어떤 연속성을 가지고 있는가를 평가해 보고자 한다.

(1) 갈라디아서 4장 21-27절

갈라디아서는 현존하는 바울서신 중에서 가장 이른 시기에 기록된 것 중의 하나로 인정받고 있는데, 그 기록 연대는 49-53년 사이로 추정된다.[213] 이러한 사실은 바울이 개종한 후 15-20년 안에 갈라디아서가 기록되었음을 보여준다.

특히, 본 단락은 3장 1절-4장 31절의 문맥 가운데 결론을 짓는 대목으로, 바울의 가장 강한 논의를 보여주고 있다.[214] 바울은 갈라디아 사람들과

---

[213] 롱에네커의 심도 있는 연구에 의하면, 갈라디아서는 예루살렘 공의회(49년) 이전 남갈라디아 교회에 보내기 위해 바울이 쓴 서신이다. 갈 2:1의 바울의 예루살렘 방문은 사도행전 11:30에 기록된 방문과 동일한 것이 된다. R. N. Longenecker, *Galatians*, 이덕신 역, 『WBC 성경주석: 갈라디아서』(서울: 솔로몬, 2003), 102-05; D. Wenham, "Acts and the Pauline Corpus: The Evidence of Parallels,"(eds.), B. W. Winter and AD Clarke, *The Book of Acts in Its Ancient Literary Setting*(Grand Rapids: Eerdmans, 1993), 234-34;. R. J. Bauckham, "James and the Jerusalem Church."(ed.), R. J. Bauckham, *The Book of Acts in its Palesinian Setting*(Grand Rapids: Eerdmans, 1995), 415-80. B. Witherington III, *Grace in Galatia*(Grand Rapids: Eerdmans, 1998), 8-13. 이러한 사실에 근거하면 다음과 같은 추론이 가능하다. 갈라디아 교인들은 갈 2:1-10의 예루살렘 방문 이후와 안디옥 사건(갈 2:11-21)에 개종 되었을 것이다.

[214] 퀸틸리안(Quintilian)은 증명(*probatio*) 부분에서 가장 강력한 주장이 처음에 나오거나 마지막에 나와야 한다는 의견을 지지한다. 하지만, 알레고리는 유력한 증명이기보다

같은 이방 그리스도인들이 여종 하갈보다는 오히려 자유인으로 태어난 아브라함의 아내 사라의 자손이라는 입장을 논증한다.

① 본문과 사역

21 Λέγετέ μοι, οἱ ὑπὸ νόμον θέλοντες εἶναι, τὸν νόμον οὐκ ἀκούετε;
내게 말하라. 율법 아래 있기를 원하는 자들아, 너희가 율법을 듣지 않느냐?

22 γέγραπται γὰρ ὅτι Ἀβραὰμ δύο υἱοὺς ἔσχεν, ἕνα ἐκ τῆς παιδίσκης καὶ ἕνα ἐκ τῆς ἐλευθέρας.
왜냐하면, 아브라함은 두 아들, 즉 여종에게서 난 한 명과 자유한 여자에게서 난 한 명을 가지고 있다고 기록되어 있기 때문이다.

23 ἀλλ' ὁ μὲν ἐκ τῆς παιδίσκης κατὰ σάρκα γεγέννηται, ὁ δὲ ἐκ τῆς ἐλευθέρας δι'ἐπαγγελίας.
그러나 참으로 여종에게서 난 자는 육체를 따라 났지만, 자유한 여자에게서
난 자는 약속을 통하여 났다.

24 ἅτινά ἐστιν ἀλληγορούμενα· αὗται γάρ εἰσιν δύο διαθῆκαι, μία μὲν ἀπὸ ὄρους Σινᾶ εἰς δουλείαν γεννῶσα, ἥτις ἐστὶν Ἁγάρ.

는 예(*exemplum*)와 은유와 관계되기 때문에 환유 형태에 포함된다(*figurae per immutationem*). 따라서, 알레고리의 논쟁 효과는 그 모호성에 의해 약화된다는 견해도 존재한다. 그러나 위-데메트리우스(ps-Demetrius)는 "희미하게 암시하는 어떤 표현은 독자들을 오히려 더 깜짝 놀라게 한다. 그리고 그것의 의미는 청중들에 따라 각기 다르게 추측된다"고 말한다. 그는 그 증거로 '신비'를 언급한다. "신비는 어둠과 밤에 결합된 것 같은 전율과 두려움을 고취시키기 위해 비유적 형태로 표현된다." 따라서, 초기 교회의 맥락에서 아브라함 전승이 이러한 신비 안에 자리를 차지하고 있다는 것을 고려할 때, 바울의 주장은 아주 강력한 것이 된다. H. D. Betz, *Galatians,* 한국신학연구소 편집실,『국제성서주석: 갈라디아서』(서울: 한국신학연구소, 1987), 488-89.

이 일들이 알레고리적으로 해석되고 있다. 왜냐하면, 그 여자들은 두 언약이기 때문이다. 한 명은 참으로 시내산으로부터 와서 종 될 자를 낳았는데, 곧 하갈이다.

25 τὸ δὲ Ἁγὰρ Σινᾶ ὄρος ἐστὶν ἐν τῇ Ἀραβίᾳ· συστοιχεῖ δὲ τῇ νῦν Ἰερουσαλὴμ, δουλεύει γὰρ μετὰ τῶν τέκνων αὐτῆς.
그러나 하갈은 아라비아에 있는 시내산이며, 지금 예루살렘과 같은 곳이다. 왜냐하면, 그녀가 그녀의 자녀들과 함께 종으로 살기 때문이다.

26 ἡ δὲ ἄνω Ἰερουσαλὴμ ἐλευθέρα ἐστίν, ἥτις ἐστὶν μήτηρ ἡμῶν·
그러나 위에 있는 예루살렘은 자유하며, 이 여인이 우리 어머니이다.

27 γέγραπται γάρ· εὐφράνθητι, στεῖρα ἡ οὐ τίκτουσα, ῥῆξον καὶ βόησον, ἡ οὐκ ὠδίνουσα· ὅτι πολλὰ τὰ τέκνα τῆς ἐρήμου μᾶλλον ἢ τῆς ἐχούσης τὸν ἄνδρα.
왜냐하면, 이렇게 기록되어 있기 때문이다. 즐거워하라, 자녀를 낳지 못한 여인이여, 소리 지르고 외치라, 산고가 없는 여인이여, 이는 홀로 사는 여인의 자녀가 남편이 있는 여자의 자녀보다 더 많기 때문이다.

② 본문 분석

21절은 3장 1절의 "어리석도다 갈라디아 사람들아"와 같이 갈라디아 교회 내에 있는 모든 자를 가리킨다. 그들은 '율법 아래 있었던 자들'이 아니라 '율법 아래 있기 원하는 자들'로서 이는 그들이 유대주의자들의 교리들을 아직 채택하지 않았음을 암시한다.

본절의 ὑπὸ νόμον은 3장 22절과 4장 4절에서와 동일한 의미의 토라를 가리키고 τὸν νόμον은 22절의 "…라고 기록되어 있다"라는 문구와 관련

지어 생각할 때, 해석된 성서, 즉 성서적 전승을 가리킨다.[215]

"너희가 율법을 듣지 않느냐?"

이는 22-23절의 내용을 유도하는데, 율법이 말한 내용이 이어서 등장한다. 22-23절의 구절은 구약의 직접 인용이 아니라 창세기의 몇 장에서 발견되는 아브라함에 관한 이야기들을 요약하는 형태로 나타난다. 바울은 22-23절에서 하갈과 사라의 대조에 집중하기 위해서 인용된 본문에 부당한 해석을 가하지 않고 있다(창 16:1-16; 21:1-21). 왜냐하면, 이러한 입장은 바울 자신만이 아니라 당대의 다른 유대 자료들에서도 이와 같은 병행문들은 자주 발견되기 때문이다.[216]

본문의 창세기 인용문에는 주요 인물, 즉 이스마엘과 이삭은 명시적으로 드러나지 않고, 하갈만이 지리적인 기원을 강조하기 위해 명시적으로 나타나며, 사라는 내용을 상기시키기 위해 암시적으로 등장한다. 이러한 어법은 인용문에 나타난 이야기가 이미 갈라디아인들에게 알려져 있음을 나타낸다.

또한, 하갈과 사라의 인용문의 배후에 자리잡은 유대주의자들의 관점은 이 약속[217]이 아브라함과 사라의 아들 이삭인 그의 씨에게 주어졌으므로(ὁ δὲ ἐκ τῆς ἐλευθέρας δι' ἐπαγγελίας), 이방 그리스도인들은 이삭의 자손에게 주어진 모세 율법에 복종하고 할례를 받지 않으면 그 약속에 아무런 관련도

---

215 R. N. Longenecker, *Galatians*, 494.
216 바울과 다른 유대 저자들 간의 가장 유사한 병행문들은 제2성전 유대교 시기의 자료들에서 발견되는데, 이것은 나중에 미쉬나, 팔레스타인과 바벨론 게마라, 미드라쉬, 토세프타, 그리고 수많은 랍비 개인의 격언 모음집들에서 법전화 된 학자풍의 표현들과 탈굼들에서 발견되는 보다 대중적인 회당풍의 표현들 모두에서 그러하다. 이 병행문들 중 두드러진 것은 본문과 같은 하갈의 종 된 신분과 사라의 자유한 신분이 대조되는 구절들이다. 이와 관련한 구체적인 내용은 R. N. Longenecker, *Galatians*, 484-93에 나타난 "부록: 유대 저작들과 바울에게서 발견되는 하갈과 사라 이야기" 부분을 참조하라.
217 '약속'(ἐπαγγελία) 개념에 대해서는 갈 3: 14, 17, 18, 19, 21, 22, 29; 4:1-7, 28; 롬 4:13, 14, 16, 20; 9:4, 8, 9를 참조하라.

없다는 것이다.[218]

24절부터 바울은 유대주의자들의 성경 인용과 해석에 반대하면서 그것을 자신의 신학적 전망에서 재해석하고 있다. 여기서 사용된 ἀλληγορούμενα(ἀλληγορέω의 분사형)[219]는 신약에서 유일한 용례지만, 당시에 알레고리적 해석 방식은 상당히 발전했으며, 바울은 이러한 해석을 필로를 중심으로 한 알렉산드리아적인 알레고리가 아니라 팔레스타인 유대교 전통을 따르고 있다.[220]

갈라디아서 전체에 걸친 바울의 해석 관례는 자신의 대적자들에 의해 이용된 성경 해석을 정정하고, 그 성경 구절이 자신을 지지하고 있다는 방식으로 전개한다.

따라서, 바울의 아브라함과 두 여자에 대한 알레고리적 논법은 그 자신이 적대자들과 같은 논법을 가지고 그들의 주장에 정면으로 반박하면서 자신의 논리를 전개하고 있음을 보여준다.[221]

24-25절에서 바울은 몇 가지 단계의 논리를 보여준다.

---

218 C. K. Barrett, "The Allegory of Abraham, Sarah and Hagar in the Arguments of Galatians," *Rechtfertigung*(eds.), J. Friedrich, W. Pohlmann, P. Stuhlmacher(Tübingen: Morh-Siebeck, 1976), 9-10.

219 갈 4:24의 "ἀλληγορούμενα"의 방법론적 연구에 관하여는, Anne Davis, "Allegorically Speaking in Galatians 4:21-5:1," *BBR* 14.2(2004), 161-74를 참조하라.

220 D. Daube, "Rabbinic Methods of Interpretation and Hellenistic Rhetoric," *HUCA* 22(1949), 239-64.

221 이와 관련하여 핸슨(R. P. C. Hanson)은 *Allegory and Event: study of the sources and significance of origen's interpretation of scripture*(London: SCM, 1959), 82-83에서 갈 4:21-31에 대하여 다음과 같은 진술을 한다. "바울은 알레고리를 토라의 문자적 의미를 제거하기 위해 사용하였으며, 알렉산드리아적이기보다 팔레스타인 전통에서 사용했다. 하지만, 바울서신들에 알레고리에 몰입하는 경우가 거의 없기 때문에 이것을 알레고리라고 칭하기보다는 예표로 보는 것이 합당할 것 같다. 바울은 이것을 예표의 보조 수단 즉, 구약을 해석하는 하나의 방법으로 사용했는데, 이는 그것의 형식들이 아무리 공상적이라고 할지라도 적어도 역사를 의미심장한 것으로 여긴다."

첫째, 하갈은 자유하는 여인인 사라에게 종노릇을 하던 계집종이었다 (22-23절).

둘째, 하갈은 아라비아의 중심에 있는 시내산 칭호일 수 있을 뿐만 아니라 아라비아 페트라 근처에 있는 '하갈' 또는 '하그'라는 유대 전승에서 말한 계시의 산으로 간주하였다(25절).[222]

셋째, 하갈이 그녀의 자녀들과 종노릇을 하고 있었듯이 하갈, 즉 시내산에서 주어진 모세의 율법도 그 지배 아래 있는 자들을 종노릇하게 만든다. 그렇다면, 현재 예루살렘 중심성을 주장하며 토라를 유대교의 근본적 기초로 삼고 있는 예루살렘의 유대주의자들은 하갈의 후손처럼 종노릇하는 자들일 뿐이다.

유대인의 성경의 구원사적 계통은 아브라함, 사라 그리고 이삭에게서 시작되었으며, 모세와 시내산에서 주어진 토라를 통해 확장되고, 이스라엘의 율법, 땅, 성전에 대한 희망의 요약으로서 현재의 예루살렘에 초점이 맞추어져 있다. 하지만, 바울은 유대인들의 이러한 전통적인 생각을 뒤집으면서 인물과 장소들의 충격적인 재조명을 시도한다.[223]

---

222 이러한 입장은 맥나마라에 의해서 잘 대변된다. "실제로 하갈은 아마도 시내산에 대한 적절한 명칭일 텐데, 만약 시내산이 유대인의 번역 성경[탈굼들]에서 여종 하갈과 그녀의 아들 이스마엘의 거주지와 연관 지어지는 페트라 인근에 있다고 믿어졌다면, 더욱 적절할 것이다. 그 지역에는 (첫 글자가 헤트[ח]인) 하그라(Hagra) 또는 하갈이라고 칭해지던 곳이 역시 있었는데, 이 명칭 또한 (첫 글자가 헤[ה]인) 하그라 또는 하갈로 읽혀졌거나 발음되었을 것이다. 사실 바로 이곳 하갈이 유대 전승의 일부분에서 계시의 산으로 여겨졌을 것이라고 전적으로 생각할 수 있다. 실제로 하갈은 아마도 페트라의 인근 그리고 아라비아의 중심부에 위치한 시내산의 명칭이었을 것이다." M. McNamrar, "'to de(Hagar) Sina oros estin en te Arabia'(Gal 4:25a): Paul and Petram," *MS* 2(1978), 27-36 참조.

223 Ἱεροσόλυμα는 1:17, 18; 2:1에서 그리스도인으로서 바울 자신의 예루살렘 초기 방문들을 나타낼 때 나오는 반면, 여기서는 Ἱερουσαλήμ으로 나타난다. 전자는 단순하게 그 도시를 가리키기 위해 사용된 보다 세속적인 칭호이며, 후자는 흔히 신성한 함의를 지니는 것으로 사용된 히브리적이며, 70인역 명칭이다. 명백히 1:17-18과 2:1에서

시내산과 관계되는 하갈과 그녀의 아들 이스마엘이 현재의 예루살렘과 관련을 맺고 있으며, 그곳에서 율법에 종노릇하는 유대주의자들이 나왔다고 주장한다. 왜냐하면, 예루살렘은 하갈과 마찬가지로 '그 자녀들로 더불어 종노릇하기' 때문이다.

26절의 '위에 있는 예루살렘'이란 유대교의 정치적, 종교적 중심지인 '지금 있는 예루살렘'과 반대되는 개념이다. 그 개념은 신약의 다른 서신들 속에서도 나오지만(히 12:22; 13:14; 계 3:12; 21:2, 9-22), 바울은 그것을 오직 갈라디아서의 본 절에서만 사용한다. 특히, '위에 있는 예루살렘'이란 개념은 풍부한 유대 전승사적 배경을 지니고 있다.[224]

유대교 문헌에서 지상의 예루살렘과 대조를 이루는 '천상의 예루살렘'은 종말론적인 개념으로, 여러 형태로 구분된다. 더욱 오래된 개념은 역사적인 예루살렘성이 종말론적인 시대에 다시 건설될 것이라고 내다보거나,[225] 또는 지상의 예루살렘이 하늘에서 내려오는 새 예루살렘으로 대체될 것으로 내다본다.[226]

바울은 단지 지리적 위치만을 염두에 둔다. 하지만, 여기서는 특별히 26절의 ἡ ἄνω Ἰερουσαλήμ(위에 있는 예루살렘)과 대조하면서 강조점을 예루살렘의 종교적 의미에 둔다.

[224] '천상적인 예루살렘'을 지칭하는 구절들은 구약에서 희미하게 발견되며(시 87:3; 사 54:11ff; 겔 40-48), 유대 지혜문헌에서도 발견되지만(*Sir* 36:13ff; *Tob* 13), 유대 묵시문헌에서는 보다 발전된 형태로 자주 발견된다(*1 Enoch* 53:6; 90:28-29; *2 Enoch* 55:2; *Pss. Sol* 17:33; *4 Ezra* 7:26; 8:52; 10:25-28; *2 Apoc. Bar* 4:2-6; 32:2; 59:4; 1QM 12:1-2). 현재의 예루살렘과 천상적인 예루살렘 사이의 대조는 랍비 문헌에서도 여러 차례 나타난다(b. Ta'an 5a; b. Hag 12b; Gen. Rab 55:7; 69:7; Nub. Rab 4:13; Midr. Pss 30:1; 122:4; Cant. Rab 3:10; 4:4; Pesiq. R 40:6). 천상적인 예루살렘의 개념과 광범위한 참고문헌에 관하여는 G. Fohrer and E. Lohse, "Σιων κτλ," *TDNT* 7, 292-38; W. D. Davies, *The Gospel and the Land*, 138ff; 140ff; 142ff; 162; 196ff를 참조하라.

[225] 사 54:10 ff; 60-66; 겔 40-48; Tob 13:9-18; 14:7; Jub 4:26; *2 Apoc. Bar* 4:2-7; 32:2-3; Sib. Or 5:42ff 참조. 이와 관련하여 본서 "제4장 초기 유대교 문헌의 예루살렘" 단락을 참조하라.

[226] 4 Ezra 7:26; 10:40ff; 1 Enoch 90:28f. 참조. 이와 관련하여 본서 "제4장 초기 유대교 문헌의 예루살렘" 단락을 참조하라.

이 대체는 옛것의 성취로 또는 '새로운 시대'에 의한 그것의 파괴로 간주할 것이다.

종합해 볼 때, 이들 문헌 속에서 천상적인 예루살렘은 인간 역사 속에 나타난 하나님의 구속 목적들의 궁극적 성취, 하나님 통치의 완전한 실현과 관련을 맺고 있다.

바울은 현재의 예루살렘을 '종'으로 비유했지만, 위에 있는 예루살렘을 자유자로 표현한다. 이는 양자 사이의 대조를 의미한다. 이는 바울이 이 개념을 유대 문헌의 전승사적인 배경에서 사용하고 있지만, 종말론적으로 현재의 예루살렘이 재건될 의미로 사용하고 있지는 않다.[227]

또 다른 개념으로 묘사한 것이 '위에 있는 예루살렘'이 '우리의 어머니'란 표현이다. 이 표현 역시 풍부한 유대적 배경을 가지고 있다.[228]

따라서, 26절은 유대의 두 개의 전승을 융합하고 있다.

첫째, 열국의 어머니였지만 불임 상태였다가 자유자인 이삭을 낳는 사라 전승

둘째, 상징적으로 하나님의 백성의 어머니이며 종말론적인 시온인 거룩

---

227 시편 87편의 시온 전승과 갈 4:26의 예루살렘 전승의 관계에 대하여 Chris M. Maier, "Psalm 87 as a Reappraisal of the Zion Tradition and Its Reception in Gal 4:26," CBQ 69(2007), 473-86을 참조하라.

228 시 87편은 예루살렘(시온)을 하나님의 백성의 어머니로 찬미하며, 사 66:7-11은 예루살렘을 아들을 낳는 산고 가운데 있는 어머니로 묘사한다. 4 Ezra 10:7은 시온을 "우리 모두의 어머니라" 불리며, 25-57은 에스라의 환상 속에서 예루살렘은 천상의 예루살렘이 되고 결국 아들을 낳게 되는 불임의 여자로 묘사된다. 또한, 쿰란 문헌에 나타난 시온의 의인화(모성적 이미지) 단락은 '쿰란 문헌'의 '쿰란과 시온' 부분을 참조하라. 또한, 예수의 '암탉이 새끼를 불러 모은다'는 Q 13:34-35 본문 분석을 참조하라. 특히, 바울의 모성 이미지에 대한 전승사적인 연구에 대해서는 김철홍(Chulhong Brian Kim)의 박사 학위 논문인 *Paul-A False Prophet?: False Prophet Accusations Against Paul*, Fuller Theological Studies Dissertation. 2007. 제 3장 "예언자로서 바울의 자의식", 211-20을 참조하라.

한 도시 예루살렘 전승[229]

소유격 인칭대명사 '우리의'(ἡμῶν)는 단순히 유대인 그리스도인뿐만 아니라 갈라디아 그리스도인과 이방인 그리스도인 모두를 포괄하는 개념이다.

27절은 이사야 54장 1절[70인역]의 인용 구절로, 이는 유대인들의 종말론적인 기대에서 중요한 역할을 한다.[230] 본래 이 내용은 바벨론 포로로 인하여 자녀들을 빼앗긴 황폐해진 예루살렘성이 본래 잃어버렸던 자들보다 더 많은 자녀가 돌아옴으로써 축복을 받아 회복될 것을 예언한 것이었다. 이는 바울이 잉태치 못한 사라를 바벨론 포로로 인해 황폐해진 예루살렘과 동일시하는 전승을 유대교로부터 넘겨 받았음을 보여준다.[231]

따라서, 겉보기에는 육체를 따라 난 하갈의 후손이 자녀를 잉태치 못하던 사라의 후손보다 더 많고 번성할 것 같지만, 약속을 따라 난 사라의 후손은 더 많아져서 믿는 유대인들과 믿는 모두를 포함하게 될 것을 암시한다. 이들은 아브라함에게 주신 하나님의 약속이 그리스도 안에서 성취됨으로써 이사야가 예언한 종말론적인 미래의 실재에 이미 참여하고 있다.

---

[229] R. N. Longenecker, *Galatians*, 506.
[230] 예를 들어, Tg. Isa는 70인역 본문에서 이탈하여 예루살렘을 로마 도시와 대조한다. "오 예루살렘아 노래하여 찬양하여라. 아기 낳지 못하는 여인들을 찬양과 기쁨을 터뜨려라. 너 임신하지 못했던 여인이여, 사람이 사는 로마의 자녀들보다 황폐한 예루살렘의 자녀가 더 많을 것이라고 주께서 말씀하셨다." Tg. Isa(ed. and trans. by J. F. Stenning, *The Targum of Isaiah* [Oxford: Clarendon, 1949], 182) 참조.
[231] H. D. Betz, *Galatians*, 505.

③ 갈라디아서 4장 21-27절과 예루살렘

바울은 갈라디아서 4장 21-27절의 하갈과 사라 전승을 통해서 하갈을 종을 낳을 자, 그 종을 낳은 곳인 옛 언약인 시내산과 동일시하며, 지금도 그 율법에 종노릇하고 있는 현재의 예루살렘을 연결한다. 반면에 사라를 하갈과 대조시키면서 약속을 따라 자유자를 낳을 자요, '위에 있는 예루살렘'이라는 천상적 예루살렘 전승을 '어머니' 모티프를 통해서 일체화시킨다.

하갈이 현재 율법에 종노릇하는 예루살렘을 중심으로 하는 유대교와 유대적 기독교를 가리킨다면, 사라는 현재의 예루살렘과 다른 차원의 '천상적 예루살렘'을 가리킨다.

24절의 두 언약(δύο διαθῆκαι)을 따라 옛 언약은 하갈이요, 새 언약은 사라이다. 전자는 현재의 예루살렘을, 후자는 위에 있는 예루살렘을 의미한다. 전자는 종노릇하는 율법의 어머니이지만, 후자는 자유자인 모두의 어머니로서 유대인뿐만 아니라 갈라디아 그리스도인 그리고 이방인 그리스도인 모두를 포함하는 자유자의 어머니다.

이 자유자는 예수 그리스도를 통한 새 언약에 참여하는 자들로 새로운 정체성을 갖게 된 자이다(갈 5:1 참조). 따라서, '위에 있는 예루살렘'은 구약과 유대교의 풍부한 전승사적 배경하에서 나온 개념이지만, 현재의 땅, 율법과 성전을 포괄하는 현재의 예루살렘을 대체하는 종말론적인 상징, 즉 예수 그리스도를 통한 새 언약에 참여하는 교회공동체다.[232]

---

232 현재의 지상에 있는 예루살렘이 '위에 있는 예루살렘'으로 대체되었다는 것은 현재 존재하는 장소로서의 예루살렘과 이를 기반으로 하는 유대교의 특권과 중심성은 전적으로 부정되지만, '대체' 개념이 의미적 관점에서 지상의 예루살렘이 그리스도로 말미암는 종말론적인 새 언약공동체인 교회로 대체된 것으로 이해한다면, 연속성을 가진다. 왜냐하면, 위에 있는 예루살렘에는 유대인이나, 이방인이나, 남자나 여자나 종과 자유자나 차별이 없는 공동체요, 그리스도 안에서 이루어진 새 언약에 참여하는 우주적이고, 보편적인 교회이기 때문이다.

(2) 데살로니가전서 2장 14-16절

본 단락(13절 포함)은 진정성에 있어서 많은 논란이 있다. 다른 바울서신들의 유대교에 대한 견해는 본 단락과는 다르게 신학적으로든, 자서전적으로든 적대적이거나 정죄하지 않는다.

또한, 반유대주의적 입장이 나타나는 경우는 70년 이후의 문헌들에 집중되어 있는데, 그런 측면에서 볼 때, 신약성경 중 가장 먼저 기록된 본문에서 반유대주의적인 입장이 나온다는 것은 상당히 이례적이라고 할 수 있다.[233]

이런 이유로 많은 학자가 본 단락의 진정성의 문제를 제기하는데, 몇 가지 경우로 분석해 보면, 문학 양식적 입장[234]과 언어학적 입장[235]과 신학적 입장[236]으로 구분될 수 있다.

---

[233] John C. Hurd, "Paul Ahead of His Time: 1 Thess. 2:13-16,"(ed.), Peter Richardson, *Anti-Judaism in Early Christianity vol. I: Paul and the Gospel*(Toronto: Wilfrid Laurier University Press, 1998), 21-23.

[234] 피어슨(Pearson)은 2:15-16에서 대하 36:16("그 백성이 하나님의 사자를 비웃고 말씀을 멸시하며 그 선지자를 욕하여 여호와의 진노를 그의 백성에게 미치게 하여 회복할 수 없게 하였으므로")의 내용이 반복되고 있다고 분석하면서, "그들은 우리가 이방인에게 그들이 구원을 받도록 말하는 것을 막아서"(16)는 사도행전에 나타난 것처럼 바울의 선교 상황에 맞추기 위해 덧붙여졌고, "그래서 마침내 진노가 그들 위에 임하였다"(16)는 70년의 재앙을 반영하는 것으로 보았다. 또한, 13-14절을 1:2-10에 나오는 첫 감사의 시작 부분과 같은 것을 말하고 있는 것으로 보고 양식비평적 분석이 제시하는 결론은 13-16절이 원래의 바울서신에 속하지 않고 후대에 삽입된 것이라고 주장했다. B. A. Pearson, "1 Thessalonians 2:13-16: A Deutero-Pauline Interpolation," *HTR* 64(1971), 79-94. 또한 보어스(Boers)는 피어슨의 이론에 근거하여 양식비평적 논증을 발전시켰다. 즉, 그에 의하면 13-16절을 제거함으로써 "서신의 양식과 기능에 관련된 대부분 문제를 해결할 수 있고, 특히 2:1-12에 나오는 '사도의 변증'과 2:17-3:13의 '사도의 방문' 간의 밀접한 관계를 밝힐 수 있다"고 주장했다. H. Boers, "The Form-Critical Study of Paul's Letters. 1 Thessalonians as a Case Study," *NTS* 22(1976), 140-58.

[235] 슈미트(D. Schmidt)는 "1 Thessalonians 2:13-16: Linguistic Evidence for an Interpolation," *JBL* 102(1983), 269-79에서 언어학적 분석을 통하여 본 단락이 후대에 삽입된 것으로 진정성을 의심하였다.

[236] 신학적 입장에서는 본 단락의 유대 민족에 대한 입장과 로마서 11장에 나타난 바울의 자기 동족을 향한 입장이 모순된다는 점을 든다. 대표적인 학자로는 바우어(F. Baur)의 *Paul the Apostle of Jesus Christ: His Life and Work, His Epistles and His Doctrine*, revised

하지만, 최근의 연구는 이러한 입장들의 문제점을 재조명하면서, 한편으로는 비진정성의 증거들이 모호하다는 것을 지적하고 다른 한편으로는 본 단락이 나머지 데살로니가전서뿐만 아니라 진정성 있는 바울서신의 문체와 신학과 일관성이 있으며, 대다수 유력 사본이 이 단락을 포함하고 있다는 증거를 토대로 본 단락의 진정성을 인정하고 있다.[237]

본 단락에서 예루살렘에 대한 언급은 명시적으로 나타나지 않지만, 사도 바울의 예루살렘을 포함한 유대인들에 대한 생각을 보여준다는 점에서 중요하다.

갈라디아서 4장과는 달리, 유대인 그리스도인에 대한 비난이 없으며, 도리어 유대 지역에 사는 그리스도인들이 유대인들에게 박해를 받는 점에 집중하고 있다. 본문은 바울의 동족, 특히 예루살렘이 예수와 그의 사자들의 메시지에 어떻게 반응했는지에 대한 바울의 사상을 엿볼 수 있다.

본문 분석을 통해서 다음과 같은 몇 가지 사항을 살펴보고자 한다.

---

by Edward Zeller, trans. by A. Menzies, vol. II(2nd ed., London: Williams and Norgate, 1875-6), 84-97을 비롯하여 그의 영향을 받은 브랜든(S. G. F. Brandon), 슈미델(P. W. Schmiedel) 그리고 피어슨(B. Pearson)을 들 수 있다.

[237] 본 단락의 진정성을 인정하는 학자로 W. D. Davies, "Paul and the People if Israel," *NTS* 24(1978), 4-39; G. E. Okeke, "1 Thess. 2:13-16: The Fate of Unbelieving Jews," *NTS* 27(1980-81), 127-36; K. P. Donfried, "Paul and Judaism: 1 Thess 2:13-16 as a Test Case," *Int* 38(1984), 242-53; J. W. Simpson, "Problems Posed by 1 Thess. 2:15-16," *HBT* 12(1990), 42-72; C. A. Wanamaker, *1 and 2 Thessalonians*(NIGTC, Grand Rapids: Eerdmans, 1990); N. Taylor, *Paul, Antioch and Jerusalem*(JSNTSS 66, Sheffield: JSOT, 1992); D. Wenham, *Paul: Follower of Jesus or Founder of Christianity?*(Cambridge/Grand Rapids: Eerdmans, 1995)이 있다. 특히, 양식비평적 분석과 슈미트의 언어학적 견해를 비판하여 본 단락의 진정성을 강력하게 옹호하는 경우는 J. A. Weatherly, "The Authenticity of 1 Thessalonians 2:13-16: Additional Evidence," *JSNT* 42(1991), 79-98를 보라.

첫째, 본 단락에 나타난 신학적 문제인 유대인의 정체성에 대하여 레위 언약서 6장의 병행구를 통해서 설명할 것이다.
둘째, 본문과 예수 전승 사이의 관계를 다루고자 한다.

① 본문과 사역

14 ὑμεῖς γὰρ μιμηταὶ ἐγενήθητε, ἀδελφοί, τῶν ἐκκλησιῶν τοῦ θεοῦ τῶν οὐσῶν ἐν τῇ Ἰουδαίᾳ ἐν Χριστῷ Ἰησοῦ, ὅτι τὰ αὐτὰ ἐπάθετε καὶ ὑμεῖς ὑπὸ τῶν ἰδίων συμφυλετῶν καθὼς καὶ αὐτοὶ ὑπὸ τῶν Ἰουδαίων,

형제들아, 너희가 그리스도 예수 안에서 유대에 있는 하나님의 교회들을 본받는 자들이 되었다. 이는 그들이 유대인들로 말미암아 고난을 받았고, 이처럼 너희도 너희 동족들에게서 동일한 것을 받았기 때문이다.

15 τῶν καὶ τὸν κύριον ἀποκτεινάντων Ἰησοῦν καὶ τοὺς προφήτας καὶ ἡμᾶς ἐκδιωξάντων καὶ θεῷ μὴ ἀρεσκόντων καὶ πᾶσιν ἀνθρώποις ἐναντίων,

그들은 주 예수와 예언자들을 죽이고 우리들을 쫓아내었으며 하나님을 기쁘시게 하지 않고 모든 사람을 대적하였다.

16 κωλυόντων ἡμᾶς τοῖς ἔθνεσιν λαλῆσαι ἵνα σωθῶσιν, εἰς τὸ ἀναπληρῶσαι αὐτῶν τὰς ἁμαρτίας πάντοτε. ἔφθασεν δὲ ἐπ' αὐτοὺς ἡ ὀργὴ εἰς τέλος.

그들은 우리가 이방인에게 그들이 구원을 받도록 말하는 것을 막아서, 계속 그들의 죄악들을 채워나갔다. 그래서 진노가 그들 위에 철저하게 임하였다.

② 본문 분석

14절에서 바울은 데살로니가 교인들이 그들의 종족에게 당한 핍박을 견딜 것을 격려하면서 유대에 있는 교회와 그리스도인들 역시 유대인들에게 핍박을 받았다고 언급한다.

15-16절은 '유대인들'(οἱ Ἰουδαῖοι)들이 행한 내용을 다섯 개의 분사를 사용하여 나타낸다.

㉮ ἀποκτεινάντων(주 예수와 선지자를 '죽였다'): 바울서신 중 유대인들이 예수의 죽음에 대한 책임이 있다는 유일한 기록이다.[238] 예루살렘이 선지자들을 죽인 장본인으로 나타난다.[239]

㉯ ἐκδιωξάντων(우리들을 '쫓아냈다'): 최근에 바울과 그의 동료들이 데살로니가에서 추방된 사건(행 17:5-10)과 이어서 베뢰아에서 떠나도록 강요받은 사건(행 17:13-14)을 가리킨다.[240]

㉰ μὴ ἀρεσκόντων(하나님을 '기쁘시게 하지 않았다')

㉱ (ὄντων) ἐναντίων(모든 사람을 '대적하였다')[241]

㉲ κωλυόντω(우리를 '막았다')[242]

---

[238] 복음서에서 주 예수를 죽인 '유대인'은 대제사장을 가리킨다. 심지어 사도행전에서는 그 책임을 예루살렘 사람들과 그 통치자에게 국한한다(행 2:23, 36; 3:13-17; 7:52; 13:27, 28). 이곳 외에 바울서신에서 유일하게 예수를 죽인 자들을 언급한 고전 2:8에서는 그들이 '이 세대의 관원들'이라고 기록되어 있다.

[239] 마 23:37; 눅 11:47-51; 13:33, 34 참조.

[240] F. F. Bruce, *1 & 2 Thessalonians*, 김철 역 『WBC 성경주석: 데살로니가전후서』(서울: 솔로몬, 1999), 117.

[241] 이 구절은 헬라-로마 세계에 있는 비판자들의 소리같이 들린다. 타키투스(Tacitus)는 유대인에 대하여 "다른 모든 사람에 대하여 적대적인 증오심이 있는 사람들"이라고 말했다(*Hist* 5. 5. 2). 타키투스 이전 사람인 애굽인 아피온(Apion)은 유대인은 이방인 특히 헬라인에게 적의를 나타내 보이기 위해 창조주의 이름으로 맹세했다고 했다 (Josephus, *Apion*. 2. 121).

[242] 유대인들의 이러한 방해는 사도행전에 여러 번 나타나 있다(13:45-50; 14:2, 19; 데살로니가 내에서의 사건을 말한 17:5 "유대인들은 시기하여"(ζηλώσαντες δὲ οἱ Ἰουδαῖ

바울은 이러한 유대인들의 행위가 그들의 죄악을 채워가는 것으로 보았다. '채우며'(ἀναπληρῶσαι)는 유대인들이 '주 예수와 선지자들'을 죽임으로써 과거에 시작된 행위를 채우고 있으며, '계속'(πάντοτε)을 통해서 선지자들, 그리스도 그리고 현재 그리스도의 사자들에 대한 계속된 박해의 죄악이 가장자리에까지 가득 차고 있음을 강조하고 있다.[243]

"그래서 진노가 그들 위에 철저하게 임하였다"(ἔφθασεν δὲ ἐπ' αὐτοὺς ἡ ὀργὴ εἰς τέλος)에서 '진노'는 1장 10절에서 '장래의 노하심'을 말하는데, 여기서는 이미 철저하게(εἰς τέλος)[244] 임한(ἔφθασεν)[245] 것으로 나타난다. '임했다'(ἔφθασεν)는 문법적으로 예언적 과거(aorist)로서의 과거 직설법으로 '기대'와 '예상'의 미래적 의미로 해석하기도 하지만,[246] 본문은 유대인들의

οι). 이처럼 방해하는 목적은 선교사들의 메시지를 이방인들이 귀기울이지 못하도록 하는 것이었다. 바울의 관점에서 볼 때, 이러한 행위는 구원에 이르는 것을 방해하는 것이었다.

243 이에 대하여는 마 23:31-22 "그러면 너희가 선지자를 죽인 자의 자손임을 스스로 증명함이로다. 너희가 너희 조상의 분량을 채우라"와 행 7:52 "너희 조상들이 선지자 중의 누구를 박해하지 아니하였느냐 의인이 오시리라 예고한 자들을 그들이 죽였고 이제 너희는 그 의인을 잡아 준 자요 살인한 자가 되나니"를 참조하라.

244 εἰς τέλος는 70인역에서 נצחל를 번역한 것으로 '완전하게' 혹은 '철저하게'라는 의미다. D. W. Thomas, "The Use of hcn as a Superlative in Hebrew," JSS 1(1956), 106-09; P. R. Ackroyd, "ηχὶ εἰς τέλος" ExpT. 80(1968-69), 126. 이에 반해 뭉크(J. Munck)는 로마서 11장에 근거하여 '종말 때까지'로 해석한다. 그에 따르면, 유대인들이 현재 그리스도인들을 박해하는 것은 과거에서 시작된 완고함의 징후이며, 이러한 징후는 이방인들의 개종을 가능하게 하고, 그 충만함이 찰 때까지 하나님의 참으심은 유지되며, 그 마지막은 시온으로부터 구원자가 와서 유대인들을 돌이킴으로 완성된다. 이런 식으로 뭉크는 살전 2장과 롬 11장을 조화시키기 위해 많은 학자들이 제시한 심판의 현재성과 최종성의 의미를 제거하였다. J. Munck, Christ and Israel. An Interpretation of Romans 9-11(Philadelphia: Fortress Press, 1967), 63-64, 89-99 참조. 이러한 해석학적 견해는 거부되어야 한다.

245 바우어(F. C. Baur)는 '진노가 임한 것'에 대해 70년에 있었던 예루살렘 성전과 성읍 파멸로 보고, 이것이 데살로니가의 비진정성 문제를 제기한다. F. C. Baur, Paul the Apostle of Jesus Christ, 85-97. 이에 반해 제웨트(R. Jewett)는 49년에 있었던 성전 뜰 안에서의 대학살(Josephus, Ant 2. 20. 105-12; R. Jewett, "The Agitators and the Galatian Congregation," NTS 17 [1970-71], 205)로 가정하기도 한다.

246 J. E. Frame, The Epistle of St. Paul to the Thessalonians.(ICC, Edinburgh: T & T. Clark,

미래적 행위가 아니라 과거와 현재의 행위에 대한 심판을 언급하고 있다.

본동사를 수식하는 εἰς τέλος도 미래적이라기보다는 완료적 의미를 내 포하고 있으며, 본문의 전후 문맥을 통해서도 더 분명하게 밝혀진다.

전 문맥의 12절에서 그는 (오고 있는) 하나님의 나라와 영광이 그리스도 인의 생활에서 '이미' 구현되고 있다는 식으로 그리스도인의 생활을 묘사 했다.[247] 그러나 16 하반절은 그와 반대로 말한다. 즉, 그리스도인을 박해 하는 유대인들의 생활에서 '지금' 이미 종말의 진노가 내렸다는 것이다.[248]

바울은 이를 통해서 '유대인들'이 그리스도인에게 적대적인 태도를 보일 때 실제로 어떤 일이 벌어지게 되는가를 데살로니가 교인들에게 분명하게 설명한다. 그는 유대에 있는 교회와 자기 자신에 대한 유대인들의 태도를 예로 들어 데살로니가 교인들이 그들의 동족에게 당하는 박해를 어떻게 신학적으로 정립할 수 있고, 이해해야 하는가를 보여준다.[249] 유대인들의 박해는 종말적 사건의 일부이며, 이들의 행위는 종말론적 사건을 돕는 자들이라는 것이다.

따라서, 그는 데살로니가 교인들이 겪고 있는 일이 종말 사건에 속한다는 것을 인식시켜 주면서, 그들을 박해하는 동족들 역시 "하나님을 기쁘시게 하지 않는 자들이며, 모든 사람의 대적자라"(15)는 점을 부각한다. 이는 유대에 있는 하나님의 교회와 데살로니가 교회 사이의 일종의 연대감을

1912), 114. 이는 같은 서신인 살전 4:15의 '강림하실 때까지'(οὐ μὴ φθάσωμεν)에서도 미래적(anticipatory) 의미로 나타나고 있다.

[247] 복음서 전승에 따르면, 이 단어(ἔφθασεν)는 예수의 하나님 나라의 오심과 관련하여 등장하고 있는데, 여기서는 예기적 의미가 아니라 '이미 임했다'는 과거 사실적 의미로 등장한다(마 12:28; 눅 11:20).

[248] 요 3:18은 ἔφθασεν의 관련한 본문 해석에 상당한 통찰력을 제공한다. "그를 믿는 자는 심판을 받지 아니하는 것이요 믿지 아니하는 자는 하나님의 독생자의 이름을 믿지 아니하므로 벌써 심판을 받은 것이니라."

[249] W. Marxsen, *Der erste Brief die Thessalonicher*, 한국신학연구소 역, 『국제성서주석: 데살로니가전후서』(서울: 한국신학연구소, 1986), 74-77.

느끼게 하는 14절의 '본받는 자'(μιμηταί)를 통해 강화된다.

이로써 바울은 데살로니가 교회가 이 사실을 깨달아서 그들이 지금 겪고 있는 박해를 견디어 내는 데 도움을 주고자 했다.

③ 데살로니가전서 2장 14-16절의 신학적 문제

본문 분석과 문맥 연구를 통해서 위와 같이 본문의 의미를 도출하였다. 하지만, 본문의 중요성은 바울의 예루살렘 혹은 유대인에 대한 바울의 입장에 있다.

다른 바울서신과 비교해 볼 때, 본 서신은 가장 먼저 기록된 초기 문헌임에도 불구하고, 본문에 나타난 독특한 유대인에 대한 견해 때문에 본서의 진정성까지 도전받고 있다.[250] 다른 한편으로는 다른 서신들의 틀에 끼워 맞추기식의 다양한 해석들이 등장하고 있다.

이런 문제 제기를 전제하면서 본문 분석을 근거로 하여 예루살렘 혹은 유대인에 대한 바울의 입장을 정리해 보고자 한다.[251]

---

250 F. C. Baur, *Paul the Apostle of Jesus Christ*, 85-97. 바우어(F. C. Baur)는 '진노가 임한 것'에 대해 70년에 있었던 예루살렘 성전과 성읍 파멸로 보고, 이것이 데살로니가의 비진정성 문제임을 제기한다.; B. A. Pearson, "1 Thessalonians 2:13-16," 79-94. 피어슨은 바우어의 입장을 지지하면서, 이 구절에 표현된 입장은 바울이 자기 동족에 대한 견해를 가진 다른 서신들과 모순되기 때문에, 이 단락은 70년 예루살렘 멸망에 대한 사후 예언으로 이해되어야 한다고 주장한다. 이와 비슷한 견해의 학자는 P. W. Schmiedel; S. G. F. Brandon이 있다.

251 W. Marxsen, *Der erste Brief die Thessalonicher*, 73-74. 막센(W. Marxen)은 본문을 다루면서 주석가들이 빠지는 두 가지 함정을 지적한다. 첫째는 교리적인 것으로, 본 구절이 오늘날에도 동일하게 구속력을 가지고 있다고 생각하고 유대인에 대한 바울의 입장을 파악하려 하며, 둘째는 주석적인 오해로 본 구절에서 바울이 유대인에 대한 그리스도인의 입장을 명제로 표현한다고 생각한다는 것이다. 그는 바울이 본문에 나오는 구호와 관련하여 반-유대주의를 염두에 두지도 않았고, 사용하지도 않았다고 주장한다.

㉮ '유대인'의 정체성

첫째, 본문에 나타난 '유대인들'(τῶν Ἰουδαίων)을 지리적 개념으로 볼 것인지와 하나님을 반대하는 전문 용어로 볼 것인가의 문제

둘째, 유대인 전체로 볼 것인지와 유대 지역에 있는 일부 세력으로 볼 것인지의 문제

유대인의 정체성에 관한 논쟁은 첨예화되어 있다.

본문 분석을 근거로 '유대에 있는 하나님의 교회'와 '너희 동족'(τῶν ἰδίων συμφυλετῶν)이란 표현은 박해자를 언급하는 '유대인들'이란 용어가 지리적인 의미임을 보여준다.[252] 이를 통해서 바울은 박해하는 자나 박해받는 자들이나 유대 지역에 있는 유대인인 것처럼, 이 편지를 받는 자나 이들을 박해하는 자 또한 데살로니가에 있는 '동족'(οἱ συμφυλέτης)임을 보여준다.

이런 지리적인 의미는 '너희 동족'과 '유대인들'이란 표현이 전체로서의 이스라엘이 아니라 그 그룹의 일부를 가리킨다는 입장으로 유도한다.[253] 이러한 입장의 대표자인 데이비스는[254] 여기서 사용된 용어는 모든 유대인이 아니라 복음을 극렬하게 반대했던 믿지 않는 유대인이었다고 주장하

---

252 로웨(M. Lowe)는 1세기에 Ἰουδαῖοι의 지리적(geographical) 사용의 중요성을 강조한다. M. Lowe, "Who were the ΙΟΥΔΑΙΟΙ?," *NovT* 18(1976), 104-08.
253 전체로서 유대 민족과 대비되는 유대의 특별한 부분을 언급하기 위해 Ἰουδαῖοι를 조건 없이 사용한 경우는 요세푸스의 글에 잘 나타난다. 그에 따르면, 유대 전쟁이 유대 민족의 작은 집단의 선동이었으며, 대부분의 유대인들은 그들과 연대하기 머뭇거렸으며, 수동적으로 반항 집단에 참여하거나 전쟁을 적극적으로 반대하였다. 그럼에도 불구하고 요세푸스는 반항 세력을 언급할 때, 무조건적으로 Ἰουδαῖοι라고 표현하였다. Josephus, *War* 3.28, 471; 4.182-83, 326; 5.109, 251의 예를 참조하라.
254 W. D. Davies, "Paul and the People of Israel," *NTS* 24(1977-78), 6-9.

며,²⁵⁵ 이와 유사하게 막센 또한 비난 받은 자들은 일반적인 유대인이 아니라 복음의 확장을 반대함으로써 스스로 인류의 가장 큰 유익에 적대 행위를 한 유대인이라고 주장한다.²⁵⁶

월커(P. W. L. Walker)는 바울 자신이 복음과 교회를 핍박한 자로서 심판에 직면했을 때, 극적인 개종을 통해서 구원받은 것처럼 유대인에게 임한 이 진노를 '돌이킬 수 없는 징벌'로 보지 않았다고 주장한다. 그에 따르면, 데살로니가전서 1장 10절의 '진노'는 유대인이든 이방인이든 모든 사람에게 다가오는 것이지만, 2장 16절의 '진노'는 유대인에게 해당하는 것으로, 이것 또한 전 세계 위에 임할 보편적인 심판에 초점을 맞춘 일종의 전조 기능을 가진다.²⁵⁷

㉯ 본문과 레위언약서 6장의 병행구 비교

이 구절에 대한 주목할 만한 병행구가 레위언약서 6장 11절에서 발견되는데, "그러나 주의 노하심이 끝까지 저희(세겜 사람들)에게 임하였느니라"이다. 레위언약서의 본문은 데살로니가전서 2장 본 구절의 해석에 상당한 도움을 준다.

---

255 이에 대하여 브랜든은 종교적인 근거로 진행된 기독교 박해는 가말리엘의 개입(행 5:33-9)으로 사실상 끝났다는 견해를 제시하였다. 실제로 유대에 있는 교회는 당시 유대인들과 절대적인 평화를 누리며 살았기 때문이다. 이는 바울이 그리스도인으로서의 개종 전에 교회를 박해한 사실은 대다수의 유대인이 기독교를 유대교 안에 인기 있는 집단으로 환대한 반면, 교회를 박해한 괴짜의 유대인 그룹이 존재했다는 것을 보여주는 예증 역할을 한다. S. G. F. Brandon, *The Fall of Jerusalem and the Christian Church*(London: SPCK, 1951), 92-100.
256 W. Marxsen, *Der erste Brief die Thessalonicher*, 75-76.
257 P. W. L. Walker, "A New Centre: Paul," 132-34. 이에 상응하는 견해를 제시한 웨덜리(John A. Weatherly)는 여기서 유대인은 일부 그룹임을 주장하면서 16절에서 언급된 진노가 이들에게 임했다는 것은 장차 진노로부터 피할 수 있는 길을 제공하는 틀을 반영하고 있다고 결론짓는다. J. A. Weatherly, "The Authenticity of 1 Thessalonians 2:13-16: Additional Evidence," 88-91.

첫째, 세겜 사람들이 할례를 받아 언약에 참여하였다.

둘째, 세겜은 야곱의 딸 '디나'에게 수치를 보임으로써 야곱 가족에게 고통을 안겨준 것뿐만 아니라 더 넓게는 아브라함에게도 고통을 준 긴 역사가 있다.

셋째, 디나를 범한 세겜 한 사람의 범죄의 결과로 세겜 도시 전체가 형벌을 받게 되는 공동 책임의 성격이 나타난다.[258]

이러한 병행을 데살로니가전서 2장 14-15절에 적용해 볼 때, 바울이 언급한 '유대인들' 역시 할례를 통해 언약에 참여한 표징을 갖고 있다. 또한, 본문은 유대인들이 현재 그들이 복음 사역자들을 방해할 뿐만 아니라 과거 역사로 거슬러 올라갈 때, 예수를 죽이고, 선지자들을 핍박하는 기나긴 역사가 있음을 요약해서 보여준다.

결정적으로 본문은 전체로서의 유대 민족을 가리키지는 않고 복음을 방해하는 유대 지역에 사는 일부의 유대인을 가리키지만, 그 유대인에게 임한 진노는 그들에게만 해당하는 것이 아니라 유대인 전체가 공동으로 책임을 짐으로써 받게 되는 진노다. 그렇다면, 바울이 말한 '유대인'은 특정 개인이나 일부의 그룹을 가리키는 것이 아니라 이미 보편화된 진술이다.

특히, 11절에 나타난 εἰς τέλος는 레위언약서 6장 11절의 문맥에서 시기적인(temporal) 면과 형태적인(modal) 면의 해석이 동시적으로 가능하다. 그 진노는 레위의 복수로 세겜에 일어난 과거 사건이면서 결정적으로 혹은 철저하게 일어났다는 점이다. 이런 관점에서 데살로니가전서 2장 14-16절의 진노는 시기적으로 이해해야 하는 동시에 심판의 결정적인 사건으로 이해해야 한다는 점이다.

---

258 Jeffrey S. Lamp, "Is Paul Anti-Jewish?: Testament of Levi 6 in the Interpretation of 1 Thessalonians 2:13-16," *CBQ* 65(2003), 408-27.

따라서, 유대인들이 예수를 메시아로서 거부한 것 자체가 이미 심판을 받았다는 것이며, 이는 종말론적으로 확정될 신적 심판에 대한 일종의 표지라고 할 수 있다.

④ 데살로니가전서 2장 14-16절과 예수 전승

위의 결론은 데살로니가전서 2장 14-16절에서 '유대인'은 전체로서의 유대 민족을 가리키기보다는 유대 지역에서 하나님의 교회를 박해하는 일부 유대인 그룹으로 한정할 수 있다.

하지만, 유대인에게 임한 진노는 결코 일부 그룹에만 한정할 수 없고, 유대인 전체가 과거로부터 이어온 죄를 채워 왔으며, 레위언약서의 병행 본문처럼 진노에 대한 공동 책임이 있는 것이다. 16절에 나타난 "진노가 그들 위에 철저하게 임하였다"(ἔφθασεν δὲ ἐπ' αὐτοὺς ἡ ὀργὴ εἰς τέλος.)의 구절 분석은 진노가 이미 그들에게 임했으며, 이것은 예수와 복음을 거부하고 그리스도인을 박해하는 것 자체를 의미한다.

이러한 유대인에 대한 입장은 바울 자신에게서 왔는가, 아니면 그 이전 전승을 따르고 있는가의 문제에 주목할 필요가 있다.

데살로니가전서 2장 15-16절은 공관복음에 나오는 구절 사이의 주제와 언어상으로 유사성을 띠고 있다. 그중에서도 특히 주목을 끈 것은 마태복음 23장 32, 34-36절(병행 눅 11:48, 49-51)인데, 거기서는 선지자들의 죽음에 대한 강조와 하나님의 사자들에 대한 박해, 조상의 악한 행위의 관영 그리고 이 세대에 대한 심판의 확실성을 기록하고 있다. 이런 일련의 병행 구절은 본문이 공통적인 원시-공관적 자료(Q)에 의존하고 있음을 보여 준다.[259]

---

[259] R. Schippers, "The Pre-Synoptic Tradition in 1 Thessalonians II 13-16," *NovT* 8(1966), 223-34; J. Bernard Orchard, "Thessalonians and the Synoptic Gospel," *Bib* 19(1938), 19-42. 특히, 오카드는 데살로니가전서와 병행 문을 대부분 마태복음 본문을 설정하고 있

더 나아가 이 구절은 초기 교회에서 간직하고 있는 예수 전승에까지 나아갈 수 있는데, 이미 분석한 Q 13장 34-35절(마 23:37-39; 눅 13:34-35)에 나타난 예수의 진정성 있는 본문에는 '선지자를 죽이고, 네게 파송된 자들을 돌로 치는 자'로 예루살렘을 묘사한다. 그로 인하여 '보라 너희 집이 황폐하여 버린 바 되리라'는 심판의 묘사는 본문과 내용적 일치를 보여준다. 이는 바울이 하나님의 진노를 말할 때(살전 2:16), 예수 전승을 이어받고 있음을 보여준다. 그가 심판을 선포한 유대인은 전승과 연결 지을 때 유대의 심장인 예루살렘과 관련을 맺고 있는 것이다.

따라서, 바울은 유대인 또는 예루살렘에 대하여 그들이 예수를 거부하고 그리스도인들을 핍박하는 것 자체를 진노 아래 떨어진 것으로 보며, 이 진노는 장차 전 세계 위에 임할 종말론적 심판의 전조 기능을 한다.

(3) 로마서 11장 25-27절

로마서 1-8장은 주된 수신인이 유대인으로 나타난다(2:1-29; 3:1-20; 4:1-25에서는 직접적으로, 5-8장은 바울의 신앙고백이 동반된 간접적인 방식으로 대화가 진행된다). 한편, 9-11장은 대화의 대상이 유대인이 지닌 구원사적인 우선성에 대해 의심하는 이방인들을 향해 전환된다.

바울이 자신의 동족을 표현하기 위해 로마서 1-8장에서는 철저하게 '유대인'만을 사용하는 반면에 9-11장에서는 존경의 의미가 담긴 이스라엘(유대인과 이방인 대비가 요청되는 9:24; 10:12 제외)이란 명칭을 선호한다. 이는 바울이 동족 유대인을 민족적 의미에 고정된 틀을 넘어 하나님의 약속과 선택을 받은 하나님의 백성으로서의 보편성을 부각시키려는 의도가 깔려 있다.

바울이 선교 현장에서 부딪힌 위기감은 동족 유대인들의 그리스도와 복

는데, 마태복음 원자료를 바울이 사용하였고, 그런 측면에서 마태가 복음서 중 가장 오래된 것이라고 주장하기도 하였다.

음을 거부하는 완악함이었다. 이러한 사실은 하나님의 선택의 실패이며, 자신이 증거한 복음이 결국 하나님의 말씀을 폐기 처분하는 결과에 이르게 하는 것인 아닌가라는 물음에 봉착하게 되었다.

바울은 그리스도의 구원이 이방인과 유대인이라는 개인적이고 실존적인 적용을 넘어 약속의 백성인 이스라엘의 구원사에서 적용될 때 그 답을 얻을 수 있다고 말한다. 9-11장에서 이러한 사실을 변증하고 있는데, 이를 통해서 유대인에 대한 바울의 입장을 볼 수 있다.

① 본문과 사역

25 Οὐ γὰρ θέλω ὑμᾶς ἀγνοεῖν, ἀδελφοί, τὸ μυστήριον τοῦτο, ἵνα μὴ ἦτε [παρ'] ἑαυτοῖς φρόνιμοι, ὅτι πώρωσις ἀπὸ μέρους τῷ Ἰσραὴλ γέγονεν ἄχρι οὗ τὸ πλήρωμα τῶν ἐθνῶν εἰσέλθῃ

왜냐하면, 형제들아, 나는 너희가 이 비밀을 모르기를 원치 않기 때문이다.
이는 너희가 <u>스스로</u> 지혜 있다고 자처하지 못하도록 하기 위함이다.
(이 비밀은) 완고함이 이스라엘의 일부에게 주어져 있다. 이방인의 충만이 들어오기까지,

26 καὶ οὕτως πᾶς Ἰσραὴλ σωθήσεται, καθὼς γέγραπται· ἥξει ἐκ Σιὼν ὁ ῥυόμενος, ἀποστρέψει ἀσεβείας ἀπὸ Ἰακώβ.

그리고 그렇게 모든 이스라엘이 구원을 받게 될 것이다. 기록되어진 것처럼 구원자가 시온에서 오실 것이고, 야곱에게 경건치 않은 것을 제거하실 것이다.

27 καὶ αὕτη αὐτοῖς ἡ παρ' ἐμοῦ διαθήκη, ὅταν ἀφέλωμαι τὰς ἁμαρτίας αὐτῶν.

그리고 이것은 그들과 (맺은) 내 언약에서 비롯된 것이요, 내가 그들의 죄를 제거할 때 (그렇게 될 것이다).

② 본문 분석

μυστήριον이란 단어[260]는 하나님의 계시에 의하지 않고서는 사람에 의해서 알려질 수 없고, 일단 감추어졌다 하더라도 이제 그리스도 안에서 계시되었고, 귀 있는 모든 사람이 들을 수 있도록 선포되어야 할 어떤 것을 말하고 있다.[261] 이 비밀은 두 가지로 이해할 수 있다.

첫째, 로마서 9-11장 전체 문맥과 관련하여, '왜냐하면'(γὰρ)으로 결합되는 앞 단락 11-24절과 관련한 넓은 의미에서 이방인과 유대인의 구원

둘째, 뒤이어 나오는 문장과 관련한 좁은 의미에서 유대인의 구원

바울은 이 비밀을 로마 교회가 명백하게 깨닫기를 촉구한다(11:25 상반절). 그 목표는 이방 그리스도인들이 완악해진 유대인들을 무시하고 스스로 역전된 구원사적 위치를 자랑하려는 생각을 포기하게 하기 위함이다. 그런 점에서 이것은 바울이 선교 현장에서 이스라엘을 향해 근심하는 고통을 통하여 새롭게 된 비밀이다.[262]

"완고함이 이스라엘의 일부에게 주어져 있다. 이방인의 충만이 들어오기까지"에서 보듯이, 바울은 이스라엘이 영구히 버림을 받지 않았고, 이방인의 충만이 들어오기까지 일시적임을 말한다. 또한, 이스라엘을 완악하게 하는 주체가 곧 하나님임을 보여준다(9:18). 따라서, 바울은 이스라엘의

---

260 바울서신을 통틀어 21회 등장하는데(로마서 안에서는 여기서와 16:25에서 나온다), 고전 2:1, 7. 4:1, 13:2, 14:2, 15:51. 엡 1:9, 3:3, 4, 9, 5:32, 6:19, 골 1:26, 27, 2:2, 4:3, 살후 2:7, 딤전 3:9, 16절 등이다. J. A. Fitzmyer, *Romans A New Translation with Introduction and Commentary,* AB(NY: Doubleday, 1992), 621.

261 C. E. B. Cranfield, *The Epistle to the Romans* vol. II(ICC, Edingurgh: T&T Clark, 1985), 573.

262 비밀로서의 이스라엘의 구원 사실을 다메섹 도상의 그리스도의 현현으로 돌리는 S. kim("The Mystery of Rome 11:25-26," *NTS* 43 [1997])의 주장에 대해서는 그 내용적인 원리는 동의할 수 있으나 선교 역사적 과정에 대한 설명으로는 설득력이 부족하다.

완악함을 하나님의 섭리에 의해서 이루어지는 것으로 파악하고 있다.[263]

καὶ οὕτως는 본문 내에서 바울이 전달하는 비밀이 어디까지인가, 즉 성서 인용을 포괄하는지 아니면 성서 인용은 본래의 비밀 자체에 속한 것이 아닌지를 결정하는 해석의 열쇠를 제공한다. καὶ οὕτως는[264] 하나의 사상을 결론으로 이끌 때 사용하는 표현(살전 4:17; 고전 15:11)으로 25절까지의 결론을 이끌어 내는 양태적인 의미-'그리고 그렇게'-로 해석된다.[265]

따라서, 26절의 성서 인용이 아니라 앞에 나와 있는 25 하반절과 직접적으로 연결된다. 즉, "이스라엘의 완고함을 토대로 이방인이 구원에 들어온 것처럼 그렇게 전체 이스라엘은 구원을 받을 것이다."

그렇다면, 바울이 밝히는 비밀은 25 하반절과 26 상반절에 제한되고, 그

---

[263] O. Hofius, "Das Evangelium und Israel: Erwägungen zu Römer 9-11," *Paulusstudien*(Tübingen: J. C. B. Mohr, 1989), 175

[264] 이와 관련한 유력한 해석 중의 하나는 καί를 시간적으로, 즉 '그리고 나서', 혹은 '그 다음에'로 해석하고, οὕτως를 그 뒤에 나오는 καθὼς와 연결시켜 οὕτως ξ καθὼς 관계로 해석하는 입장이다. "그리고 나서 성서에…기록된 것처럼 그렇게 모든 이스라엘은 구원을 받을 것이다." 이렇게 되면, καὶ οὕτως는 성서 인용을 본래의 비밀 안으로 도입하는 역할을 하게 된다. 이 해석은 본문의 '비밀'은 '온 이스라엘'의 구원 사실뿐만 아니라 성서 인용을 통해 이스라엘 구원 시기와 방법을 설명해 주는 역사적 진단이 된다: 현재의 이스라엘의 완고함-이방인 총수의 구원-재림주에 의한 온 이스라엘의 구원(개종)-그리스도의 파루시아. 하지만, 젤러(Zeller)와 뮐러(Müller)는 양식사 연구를 통해서 kai. οὕτως를 시간적으로 해석할 수 없으며, οὕτως ξ καθὼς 관계가 타당하지 않다는 것을 밝혀냈다. 특히, 뮐러는 신약에 나오는 예언과 선포들의 양식 연구를 통해서 καθὼς γέγραπται는 바울이 자신의 주장을 성경에서 확인하기 위해 자주 사용하는 독립적인 인용 양식이며, καὶ οὕτως가 καθὼς γέγραπται와 연결되어 사용된 용례가 없음을 밝혀냈다. U. B. Müller, *Prophetie und Predigt im NT: Formgeschichtliche Untersuchung zur urchristlichen Prophetie*, STNT 10(Gütersloh: Gütersloher, 1975), 226; D. Zeller, *Juden und Heiden in der Mission des Paulus: Studien zum Römerbrief*(Stuttgart: KBW, 1973), 251. 또한 W. Bauer, *A Greek-English lexicon of the New Testament and other early Christian literature*, "οὕτως"에서 καὶ οὕτως와 καθὼς γέγραπται의 논리적인 상관관계에 대한 어떤 용례도 제시하지 않는다.

[265] J. C. Becker, *Paul the Apostle*, 『사도 바울』, 장상 옮김(서울: 한국신학연구소, 1991), 429-37; J. A. Fitzmyer, *Romans*, 622-3. καὶ οὕτως의 시간적 의미(temporal sense)로 보는 최근 입장에 대해서는 Pieter W. van Horst, "Only then will all Israel be saved: A Short Note on the Meaning of και`οὕτως in Roman 11:26," *JBL* 119, 521-25 참조.

뒤에 나오는 성서 인용은 포함하지 않는다. 뒤에 나온 성서 인용은 직접적으로 이스라엘 구원의 방법을 서술하는 것이 아니라 앞에 나오는 '비밀'의 타당성을 입증하고자 하는 추가적인 근거일 뿐이다. 그러므로 바울이 전달하는 '비밀'의 강조점은 '온 이스라엘'의 구원의 사실에 놓인다.

πᾶς Ἰσραηλ[266] 역시 히브리적 표현으로, 숫자적인 의미에서 모든 개개인들의 총합을 의미하는 것이 아니라 25절의 '이방인의 충만함'(τὸ πλήρωμα τῶν ἐθνῶν)에 상응하는 개념으로, 하나님이 정하신 마지막 날에 구원받을 유대인의 총수를 의미한다.[267] 이는 26절 전반부인 "온 이스라엘이 구원을 얻을 것이다"와 9장 27절의 "이스라엘 자손들의 수가 비록 바다의 모래 같을지라도 남은 자만 구원을 받으리니"와의 비교에 의해서 타당성이 뒷

---

[266] 이와 관련하여 신학적 논쟁은 오랜 역사를 가지며, 현대에 이르기까지 다양한 견해들이 존재한다. 몇 가지로 정리하면 다음과 같다. 1) 유대인들과 이방인들 중 택함 받은 모든 사람들을 의미한다[J. Calvin, M. Getty, N. T. Wright, J. Jeremias, K. Barth, M. Barth]. 이 견해는 "하나님의 이스라엘"(갈 6:16)의 경우처럼 이 구절을 유대인들과 이방인들로 이루어진 교회를 의미하는 것으로 간주한 것으로 특별히 5세기부터 12세기 사이의 대다수의 주석가들의 입장이다. 그러나 11:1-32절 사이에서 이스라엘과 이방인들 사이의 대조적인 관점을 제시하고 있다는 점에서 가능성에 있어서 희박하다. 2) 이스라엘 민족 중 택함 받은 모든 사람을 의미한다[W. Kraus, J. A. Bengel]. 즉, 복음 시대에 그리스도를 믿는 선택받은 유대인들 전체를 언급하는 것이다. 그러나 12절에 있는 "이방인의 충만함"(ὁ πλήρωμα αὐτῶν)과 15절에 있는 "받아들임"(πρόσλημψις), 그리고 23, 24절에 있는 부러진 가지들의 재접목에 대한 언급은 단지 모든 세대들 중에서 이스라엘의 택함 받은 남은 자들의 구원 이상의 어떤 것을 암시하고 있다. 3) 개개인을 포함하여 집단적인 전체 이스라엘을 의미한다[T. Aquinas, E. Kuhl, K. L. Schmidt, W. Vischer, F. Mussner, J. A. Fitzmyer]. 이 견해는 πᾶς를 집합적인 의미로 이해한다. 즉, 이 용어는 구약에서 이스라엘 전반을 가리키는 관용구였다는 것이다(대하 12:1; 삼상 7:5; 왕상 8:65; 단 9:11). 따라서, 이 견해는 온 이스라엘은 별도로 선택받은 남은 자나 완악해진 나머지가 더이상 존재하지 않을 정도로 아주 보편적인 유대인들의 미래 회심을 의미하는 것이다. 여기에는 '남은 자'(11:5), 선택 받은 자(11:7), 다른 사람들(11:7)을 포함한다. 하지만, 구약에 나타난 '온 이스라엘'은 항상 역사적, 종족적 이스라엘을 의미하였지만, 공시적, 즉 저자와의 동시대적 세대를 가리킨다. 말 3:22[개역, 4:4]는 예외적으로 통시적 의미를 보여준다.

[267] 이러한 입장을 견지하는 학자는 T. Zahn, M.-J. Lagrange, C. K. Barrett, E. Käsemann, H. Schlier. L. Goppelt, A. Dahl, D. Moo, D. J. Harrington이다.

받침된다.

다시 말하면, 이미 예수 그리스도를 믿고 구원에 참여한 이스라엘을 제외하고, 그리스도를 믿지 않는 유대인들, 즉 그리스도의 재림 때까지 계속 완악하게 된 유대인들을 지칭(결과적으로는 앞서 믿음에 들어온 유대인들도 포함)한다.[268]

26 하반절-27절의 인용은 이사야 59장 20절과 27장 9절의 혼합된 인용이다. 이사야 59장 20절의 ἕνεκεν이 ἐκ로 대체된 것(아마도 시 14[70인역 13]:7, 53:6[70인역 52:7], 110[70인역 109]:2절의 영향 때문인 것 같다)과 ἀποστρέψει 앞에 καί가 생략된 것을 제외하고는 이사야 본문의 70인역의 번역과 정확하게 일치한다. MT(마소라 본문)의 20절은 하나님 자신을 언급하는 것으로 보이나, 이에 대하여 메시아로 해석되었다는 랍비들의 증거[269]와 본문에서 ἕνεκεν 대신 ἐκ로 변경했다는 것은 바울이 구속자(ὁ ῥυόμενος)를 파루시아 때의 그리스도로 이해했음이 틀림없다.[270]

이런 측면에서 ἐκ Σιών은 어디를 가리키는가?

'시온으로부터'의 배후에는 시온을 종말론적인 구원 시기의 도시로 보는 구약성경의 시온 전승과 '시온'을 새 예루살렘과 동일시하는 묵시 전승

---

268 여기서 문제는 '이스라엘을 재림 이전의 완악해진 유대인들의 총체를 의미하는가(통시적), 아니면 재림 때에 살아 있는 유대인들만 지칭하는가?'(공시적)이다. 여기서는 완악해진 유대인(통시적)을 포함해서 전체 구원을 언급하는 것이 타당하다. m. Sahn 10:1, "모든 이스라엘이 다가올 세계 안에서 분깃을 가지고 있다"; T. Benj 10:11 참조. O. Hofius, "Das Evangelium und Israel: Erwägunged zu Römer 9-11," *ZTK* 83(1986), 195.

269 m. Sanh 98a 안에서, 랍비 Johanan(AD 250년)은 "당신이 수많은 압제적인 일들이 급류처럼 밀려오는 한 세대를 보았을 때, 그(즉, 메시아)를 기대하라"고 언급한다. 이는 사 59:19에서 "주님의 폭풍우가 몰고 오는 급류처럼 그 압제자가 임할 때"라고 말하고 있고, 이어지는 20절에서 "그는 구속자로서 시온에 임하신다"고 말하고 있기 때문이다.

270 U. Wilckens, *Der Brief an die Römer*(EKK 6. Bd.: Neukirchen-Vluyn, 1978-82, 2. Aufl. 1987-89), 256; P. Stuhlmacher, *Der Brief an die Römer übersetzt und erklärt*(NTD 6; Göttingen: Vandenhoeck & Ruprecht. 1989), 156.

이 놓여 있다.[271] 26절은 25절에서 언급되는 이스라엘 백성들의 거룩한 도성을 향한 순례 행진의 표상이 담겨져 있는 εἰσέρχεσθαι('들어가다')와도 연관된다.

따라서, 바울은 이사야 59장 20절에 나오는 ἕνεκεν을 본문에서 ἐκ로 변경하였는데, 이를 통해 천상의 예루살렘을 의도한 것으로 보인다(갈 4:26 참조).[272] 또한, 이사야 27장 9절의 인용에서 αὐτοῦ를 αὐτῶν으로, 그래서 τὴν ἁμαρτίαν을 복수 τὰς ἁμαρτία로 대체한 것은 문맥의 흐름을 그리스도 안에 있는 자들, 곧 유대인과 이방인 모두에게 확장시키고자 하는 의도가 엿보인다.[273]

"그가 야곱에게 경건치 않은 것을 제거하실 것이다"(ἀποστρέψει ἀσεβείας ἀπὸ Ἰακώβ)의 구절은 하나님의 적극적인 개입에 대한 표현이다. 즉, '제거하실 것이다'는 말에는 이스라엘의 불경건을 경건으로, 곧 그리스도에 대한 불신앙을 제거하고 신앙의 자리로 전환시켜 주겠다는 하나님의 강력한

---

271 G. Fohrer, "Σιών" *TDNT* VII(ed.), G. Friedrich(Grand Rapids: Eerdmans, 1971), 292-319.
272 이와는 다르게 워커(P. W. L. Walker)는 11:26에서 인용문은 미래형을 사용하고 있지만, 이미 이사야의 예언이 예수의 사역 속에 성취되었기 때문에, 여기서 '시온'은 미래적인 의미로 볼 수 없다고 주장한다. 그는 9:33에서 나타난 '시온'과도 의미가 상통함을 근거로 제시한다. 따라서, 그는 ἐκ Σιών을 구심적 관점에서 보지 않고, 원심적 관점으로 보면서, '시온'의 제사장적 역할을 수행하는 개념으로 이해한다. P. W. L. Walker, *Jesus and the Holy City*, 136-43. 하지만, 26절의 인용문에 나타난 '구속자'가 파루시아 때의 재림 예수임을 감안할 때, '시온'은 장소적인 개념으로서의 역할이 아니라 이미 이방인과 유대인에게 보편화된 종말론적 '천상의 예루살렘'으로 이해하는 것이 타당하다.
273 이에 대하여 Sanday와 Headlam은 "이스라엘[유대인들]이 기독교회 안으로 받아들여짐으로써 메시아 시대의 σωτηρία에 도달하게 될 것임을 나타내는 것이며, 따라서 바울은 지금 최종적인 구원에 대하여 생각하고 있는 것이 아니고 그는 이방인들의 나라(τὸ πλήρωμα τῶν ἐθνῶν)와 온 이스라엘(πᾶς Ἰσραήλ)을 포함하는 전체적인 지구가 하나님의 교회 안에서 일치하게 될 때를 선지자적인 시각에서 바라보고 있다고 주장한다. W. Sanday & A. C. Headlam, *The Epistle to the Romans*(ICC, New York: Charles Scribner's Son, 1956), 336.

의지가 반영되어 있다.

이 점은 약속의 백성이 빠진 하나님의 복음 역사의 완성을 상상할 수 없다는 바울의 입장을 대변한다.

③ 로마서 11장 25-27절과 예루살렘(시온)

복음 안에서 유대인과 이방인의 차이가 폐지된 것처럼, 바울의 선교에 있어서도 유대인과 이방인으로 구성된 하나의 교회라는 원칙은 언제나 그에게 유효하다.

그러나 그는 자신의 끊임없는 선교 노력으로 점점 많은 이방인들이 복음을 받아들이는 반면에, 유대인 그리스도인들을 제외한 유대인 대다수는 그리스도의 복음과 믿음을 거부하는 현상을 목도한다. 이러한 그의 선교 경험이 하나님의 복음과 약속의 관계, 하나님의 신실성에 대한 신학적 성찰로 이끌었고, 로마서 9-11장은 이것들이 함께 어우러져 있다.

본문 연구를 통해서 바울은 이스라엘의 불신앙적이고 불순종적인 인간적 관점이 아니라, 신실하신 하나님의 관점에서 하나님의 구원 행위가 이방인과 유대인을 결코 분리시킬 수 없다는 확신으로 이스라엘의 구원을 서술하고 있다.

본문 연구는 '비밀'은 구원의 시기나 특별한 방법을 끄집어내는 마법의 상자가 아니라 이스라엘의 구원에 대한 사실 자체를 확인시켜 줄 뿐이다. 그 이외의 모든 것에 대해서는 하나님의 자비와 능력에 달려 있을 뿐이라고 겸손하게 고백해야 한다.

분명한 것은 '온 이스라엘'의 구원은 '이방인의 충만함'이 모든 이방인 개개인을 의미하는 만인 구원론이 아니듯이, 개개인을 포함한 이스라엘 전체를 의미하지 않는다. 이는 '온 이스라엘'의 구원이 하나님의 신실성과 믿음이라는 인간의 책임성이 서로 얽혀 있음을 암시한다.

이러한 입장을 보여주는 것이 바로 '시온'과 관련된 26절의 이사야 본문의 인용문이다. 본문에서 ἕνεκεν 대신 ἐκ로 변경했다는 것은 바울이 이미 예수 그리스도를 통한 종말론적인 구원의 약속에 있어서 시온의 특권과 우선성(이스라엘만을 위한 구원의 특별한 길과 방법)을 인정하고 있지 않다는 증거다.

25절에서 언급되는 "이방인의 충만한 수가 들어오기까지"에서 '들어가다'(εἰσέρχεσθαι)란 단어는 이스라엘 백성들의 거룩한 도성을 향한 순례 행진의 표상이 담겨져 있다.

그렇다면 이방인들이 어디로 들어가고 있는가?

26절에 "구속자가 시온으로부터(ἐκ Σιών) 올 것이다"에서 파루시아 때의 예수 그리스도가 오신 그곳 '시온'으로 들어갈 것이다. 온 이스라엘도 '시온'으로 들어갈 것이다.

따라서, 이 '시온'은 구약의 종말화 된 '시온'을 넘어서 이방인과 유대인 모두에게 보편화된 종말론적 '천상의 새 예루살렘'을 가리킨다. 이는 27절의 이사야 29장 9절의 인용에서 αὐτοῦ를 αὐτῶν으로, 그래서 τὴν ἁμαρτίαν을 복수 τὰς ἁμαρτία로 대체한 것은 문맥의 흐름을 그리스도 안에 있는 자들, 곧 유대인과 이방인 모두에게 확장시키고자 했던 것이다.

[보설] 바울의 연보(롬 15:25-28; 고전 16:1-4; 고후 8-9장)

바울이 예루살렘을 위하여 이방인 교회에 연보를 거두어 전달하려고 했던 사실에 대한 논의는 다양하다.

모교회인 예루살렘 교회의 요구에 순응한 어쩔 수 없는 행위인가?[274]
아니면, 그가 예루살렘을 시온신학의 입장에 철저하게 동조하고 있음을

---

[274] W. L. Knox, *St. Paul and the Church of Jerusalem*(Cambridge: CUP, 1925), 298.

보여주는 행위인가?[275]

바울 자신이 예루살렘 방문과 연보 전달 행위를 예언자적인 빛 하에서 해석하여 이방인들이 시온으로 모여드는 시발점으로 보았거나(사 66:19-21), 혹은 열방의 부가 예루살렘으로 부어지는 것(사 45:14; 60:5-17; 미 4:13)으로 여겼는가?[276]

바울은 그의 예루살렘 방문과 연보로 인하여 이스라엘이 이방인들의 이런 축복에 시기하여 메시아로서 예수를 믿는 방향으로 마음이 움직인다고 믿고 있었는가?[277]

이러한 입장은 탐구할 만한 가치는 있으나, 바울 자신의 진술에서 증거를 찾기가 쉽지 않다(롬 15:25-28 참조).

바울의 일차적인 관심은 물질적인 것에 있다. 그는 예루살렘의 가난한 자들을 염두에 둔다. 고린도후서는 이 부분이 명백하게 드러나는데, 바울은 그리스도인의 주는 것에 대한 중요성, 교회 안에서 물질적인 평등을 이루어야 함을 강조한다(8:13). 만일 실용적인 관심이 있었다면, 연보는 로마서 15장에 나타나듯이 이방인들이 예루살렘으로부터 받은 것에 대한 보답이라는 상징적인 기능을 의미할 수 있다.

---

[275] 뭉크(Munck)가 대표적으로 그는 바울이 예루살렘을 세계의 중심지로, 유대종말론의 지정학적 중심지로 의미를 부여했다고 주장한다. 뭉크의 견해에 대한 요약 부분은, W. D. Davies, *The Gospel and the Land: Early Christianity and Jewish Territorial Doctrine*, 202를 참조하라.

[276] F. F. Bruce, "Paul and Jerusalem," *TynB* 19(1968), 22ff.

[277] P. Richardson, *Israel in the Apostolic Church*(SNTSMS 10, Cambridge: CUP, 1969), 202; N. A. Dahl, *Studies in Paul*(Minneapolis: Augsburg, 1977), 157; C. C. Hill, *Hellenists and Hebrews: Reappraising Division within the Earliest Church*(Minneapolis: Fortress, 1992), 177. 이들은 바울의 계획은 실패로 돌아갔으나 불신 유대인을 염두에 둔 행위였다고 주장한다. 반면에 D. Davies, *The Gospel and the Land*, 202; K. F. Nickle, *The Collection*(SBT 48, London: SCM, 1966), 138; 이들은 바울의 행위를 슈바이처가 예수를 종말을 이루기 위해 하나님의 손에 이끌려 예루살렘으로 갔지만, 결과적으로는 실패했던 것과 직접적으로 병행을 이룬다고 주장한다.

예루살렘은 이방인에게 복음을 전해 주었다. 시온에서 예수는 죽고 부활하였으며, 이곳에서 성전과 예루살렘을 대체하는 제자공동체인 교회가 출범하였다. 시온은 예수 그리스도를 통해서 새로운 역할을 수행하는 자리바꿈을 한 것이다.

다시 말하면, 구약의 시온 사상이 종말론적인 변화를 거쳐 복음의 시발점이 되어 원심적으로 이방인을 향하여 퍼져 나가게 되었다. 이에 대하여 이방인들은 예루살렘이 전해 준 복음으로부터 그들이 얼마나 큰 축복을 받게 되었는가를 인정해야 한다. 그리고 그들은 이 놀라운 영적인 선물에 대하여 마땅히 보답해야 한다. 그것이 바로 연보다.

따라서, 연보의 궁극적인 목적은 '일치'(에큐메니컬)에 있다. 그것은 바울 자신과 예루살렘 사이, 이방인 교회와 예루살렘 모교회 사이의 갈라진 틈을 메워서 양자 사이에 평화와 선의를 보장하도록 고안된 제스처라고 할 수 있다. 이것은 그리스도 안에서 이방인과 유대인이 근본적으로 하나임을 증명한다. 복음은 예루살렘으로부터 이방인에게로 왔다. 반면에 연보는 예루살렘으로 돌아가는 상징화된 보상 운동인 셈이다.[278]

따라서, 연보에 있어서 바울의 관심은 예루살렘에 살고 있는 대다수의 유대인들이 아니라 유대인 그리스도인에 있다. 엄격하게 말하면 연보는 내부적인 일이다.

연보가 예루살렘 교회와 관련이 되어 있다면, 바울은 예루살렘 교회에 대하여 악의가 없음을 보여준다. 갈라디아와 고린도에서 행한 유대 그리스도인들의 행태를 볼 때, 바울의 연보는 예루살렘 교회에 대한 관대한 정신을 보여주는 상징이라고 할 수 있다.

바울의 이러한 행위가 예루살렘 교회가 모교회로서 특별한 위치를 점유

---

278 R. J. Bauckham, "James and the Jerusalem Church," *The Book of Acts in its Palestinian Setting*(Grand Rapids: Eerdmans, 1995), 426.

하고 있음을 가리키는가?

실제적으로, 예루살렘 교회가 최초의 교회라는 사실은 부인할 수 없다. 이는 에큐메니칼 문제들에 있어서 주도권을 가질 수 있음을 의미한다.

연보가 실용적인 측면만 아니라 새로운 기독교 시기에 예루살렘이 계속적인 중심적인 역할을 갖고 있다는 신학적인 측면에서 바울이 예루살렘을 인식하고 있는가?

갈라디아서 1-2장에서 예루살렘 교회에 대한 사도 바울의 입장은 분명하게 드러난다. 실용적인 측면, 모교회인 예루살렘 교회의 사자로서 자신을 인식하고 있는 점과 에큐메니칼적인 예루살렘 교회의 위치를 볼 때 종속적인 입장을 취하지만, 궁극적으로 그는 예루살렘 교회와는 독립적이다. 그는 예수 그리스도로 인하여 위임 받았기에, 그의 진정성을 예루살렘 교회로부터 받을 필요는 없는 것이다.

이런 측면에서 바울은 실용적인 면이 아닌 신학적인 측면에서 예루살렘을 인정하지 않는다. 예루살렘에 미래적인 중심 역할을 부여하지 않는다. 이는 예루살렘 파괴를 통하여 다음 세대의 교회에 가치 있는 법전처럼 받아들여지게 되었다.

이러한 바울의 입장은 그리스도를 통한 그의 개종에서 영향을 받았다. 그가 율법에 대한 전면적인 새로운 접근을 이루었듯이, 예루살렘 또한 새로운 빛 하에서 이해하였다.

갈라디아서에서 부정적인 평가와 데살로니가전서에서 현재적 심판, 로마서에서 이 도시를 향한 미래적 소망을 통한 균형적인 시각을 보여준다. 미래적 소망은 예루살렘에서 시작된 복음에 대한 보답에서 비롯된다. 그리스도가 죽고 부활하신 이곳을 통해서 하나님은 '회복'이란 성경적 약속을 성취하며, 예루살렘이 그리스도와 복음을 거부함으로 이방인들의 충만한 수가 복음으로 돌아오는 구원사적인 계획에 기여하고 있다.

이 도시를 향한 보답은 바울의 연보를 통해서 구체적으로 표현된다.

(4) 바울서신과 예수 전승과의 관계

지금까지 예루살렘에 대한 바울의 입장을 살펴보기 위해 갈라디아서 4장과 데살로니가전서 2장 그리고 로마서 11장을 분석해 보았다.

바울은 예루살렘에 대하여 갈라디아서에서 부정적인 평가와 데살로니가전서에서 현재적 심판, 로마서에서 이 도시를 향한 미래적 소망을 통한 균형적인 시각을 보여준다. 바울은 예수를 만난 후부터 '유대인과 이방인 사이의 차별 없음'이란 원칙을 강조하였다. 이러한 입장이 데살로니가전서에 암시적으로 나타나 있고, 갈라디아서에는 명시적으로 등장한다.

또한, 그가 이방인 사이에 복음적 사역을 수행하는 상황 속에서 로마서 9-11장의 이스라엘의 운명을 언급하는 대목에서도 동일하게 유지된다.

예수 전승에서 '성전 정화 사건'은 단순한 갱신이 아니라 폐기 선언이었다. 그 선언 이후 예수의 죽음의 행진은 가속화된다. 예수는 자신의 죽음을 통해서 하나님 나라 혹은 종말론적 하나님의 백성의 공동체가 실제화될 것이므로, 자신의 죽음이 곧 새 성전을 건축할 것이라는 자의식을 갖고 있었다.

바울은 예수 자신이 성전임을 천명한 예수 전승과 성전 건물이 하나님의 임재 장소가 될 수 없다는 초기 교회 전승을 이어받아서 다양한 이미지로 그 의미를 확대시킨다.

바울에게 있어서 '하나님의 거주지'로서의 성전과 예배 본질로서의 성전, 새 경계선으로서의 성전은 결국 그 자신이 '성전'으로 간주했던 역사적 예수의 입장에 서 있으며, 그 전승 위에서 당시 교회의 상황과 그리스도인의 윤리에 대처하면서, 그 의미를 예수 안에 있는 교회공동체와 개개인 그리스도인까지로 확대시키고 있다.

또한, 예루살렘 역시 철저하게 예루살렘에 대한 예수 전승을 이어받고 있다.²⁷⁹ 예수는 시온(예루살렘) 회복의 사명을 가진 선지자요, 왕적 대리자였다. 그런 측면에서 예루살렘은 성전 폐기와 심판에도 불구하고 여전히 구원의 중심 자리로 남아 있다. 그러나 시온의 회복은 더이상 눈에 보이는 예루살렘 도시가 아니며, 예루살렘의 심장인 성전 건물과 제도가 아니다.

시온의 회복은 '대체'로 정의된다. 그것은 새 성전으로 대체되는 대속적 죽음을 맞이한 예수 자신과 새 예루살렘으로 대체되는 예수의 대속적 피의 언약에 참여한 12제자공동체였다.

바울의 예루살렘에 대한 사상은 그리스도를 통한 그의 개종에서 영향을 받았다. 그가 율법에 대한 전면적인 새로운 접근을 이루었듯이, 예루살렘 또한 새로운 빛 하에서 이해하였다. 시온에서 예수는 죽고 부활하였으며, 이곳에서 성전과 예루살렘을 대체하는 제자공동체인 교회가 출범하였다. 시온은 예수 그리스도를 통해서 새로운 역할을 수행하는 자리바꿈을 한 것이다(갈라디아서 4장).

다시 말하면, 구약의 시온 사상이 예수 그리스도를 통하여 종말론적인 변화를 거쳐 복음의 시발점으로 다시 태어난 것이다. 심지어 예루살렘이 그리스도와 복음을 거부함으로 그들이 당한 심판까지도(데살로니가전서 2장), 이방인들의 충만한 수가 복음으로 돌아오는 구원사적인 계획에 기여하고 있다(로마서 11장).

예수가 예루살렘을 그의 죽음으로 인한 12제자로 대체했다면, 바울은 시온-예루살렘을 유대인과 이방인 차별 없이 예수 그리스도로 인한 보편적인 교회로 확대하고 있다.

279　예수와 바울의 전승사적인 연속성과 관련하여, 성종현, "예수와 바울-역사적 예수의 선포와 바울의 복음 사이의 연속성과 불연속성 문제,"『장신논단』제 5호(1989-01-01)를 참조하라.

3. 복음서

　역사적으로 볼 때, 예루살렘은 이스라엘의 수도로서 종교적인 측면에서만이 아니라 정치·경제·문화 등 제 방면에서 매우 중요한 도시로 알려져 왔다.

　신학적인 측면에서 중요성을 지닌 예루살렘과 성전에 대하여 복음서 저자들은 어떻게 묘사하고 있는가?

　예루살렘에 대한 각 복음서 저자들과 예수 전승은 어떤 관련을 가지고 있는가?

　각 복음서에 나타나 있는 예루살렘에 대한 묘사는 복음서의 다른 주제가 그러하듯 획일적이지 않고, 각 복음서마다 다르게 그려지고 있다.

　그러나 궁극적으로는 예수 전승 위에 서 있으며, 각 공동체의 상황과 저자의 신학적 입장에 따라 의미가 확대되기도 하고, 긍정적인 면과 부정적인 면에 대한 강조점이 달라지는 것을 보게 된다.

　본 장에서는 각 복음서 저자들이 묘사한 예루살렘에 대한 상대적 차이점을 중심으로 살펴보고, 그것을 각 복음서의 신학과 연결하여 그것이 함축하는 의미를 찾아보고자 한다.

　이를 위하여 먼저 예루살렘 성전에 대한 복음서 저자들의 입장을 조명하고, 다음으로, 예루살렘에 대한 입장을 서술한 후에, 그 속에 나타난 복음서의 신학적 입장을 살펴보고자 한다. 마지막으로 복음서에 나타난 예루살렘과 예수 전승과의 관계를 정리할 것이다.

1) 마가복음

먼저, 마가에서는 예루살렘이라는 용어가 별로 사용되고 있지 않다.[280] 또한, 마태와 누가복음에는 '예루살렘'에 대한 예수의 직접 진술이 등장하지만(마 23:37; 눅 13:37; 19:41-4), 마가복음에는 전혀 나타나지 않는다. 누가의 묵시 강화에도 예루살렘에 대한 언급이 명백하게 나타나지만(21:20, 24), 마가복음의 묵시록인 13장에는 나타나지 않고, 심지어 13장 14절의 성전 언급 또한 정체가 불분명하다.

당시 예루살렘의 중요성을 감안할 때, 마가복음이 다른 복음서와는 달리 예루살렘에 대한 이해가 다소 불분명한 점이나 사용된 횟수가 현저하게 적다는 점 또한 주목해 볼 만하다.

반면에 예루살렘의 심장이라고 할 수 있는 '성전'에 대해서는 상당한 진술들을 확보하고 있다.

본 단락에서는 마가복음에 나타난 성전과 관련된 용례와 예루살렘에 대한 관련 구절들을 차례로 분석해 보고 마가의 성전과 예루살렘에 대한 입장을 정리해 보고자 한다.

(1) 마가복음과 성전

성전은 예루살렘의 심장으로, 종교적인 측면만이 아니라 정치, 경제, 사회 전반에 걸쳐 예루살렘의 가장 중요한 부분을 차지한다.[281]

---

280 Ἱεροσολύμα, Ἱεροσαλήμ, Ἱεροσολυμῖται의 세 가지 단어를 합해서 마가는 10회(3:8, 22; 7:1; 10:33; 11:1, 11, 15, 27; 15:41)사용되고 있는데, 대체로 부정적이며, 특히 그 중 3번을 제외하고는(3:8, 22; 7:1) 7번이 수난 기사에 등장하면서 그리스도의 수난과 결부되어 나타난다. 마태는 12회(거의 마가복음의 평행 기사를 옮긴 것뿐이다)이지만, 이에 반해 누가는 30회나 나타난다.

281 1세기 유대교에서 성전의 중요성에 관하여는 R. J. Bauckham, "The Parting of the Ways: What Happened and Why," 135-51을 보라.

복음서 안에 다루어야 할 많은 본문이 있지만, 가장 핵심적인 것은 '성전 정화 사건'일 것이다. 마가는 예수의 전승인 이 사건을 통해서 '성전'에 대한 자신의 입장을 피력하기 위해 마가복음 전체에 걸쳐 몇 가지 단서를 펼쳐 놓는다.

첫째, 마가복음 1장 2절의 말라기 인용문에 나타난다. "보라 내가 내 사자를 네 앞서 보내노니 그가 네 길을 준비하리라"다.

말라기 본문 3장 1절을 보면, "너희가 구하는 바 주가 갑자기 그의 성전에 임하실 것이라"가 연결되어 한 구절을 형성한다. 말라기 3장 1-6절의 문맥이 성전을 정결케 하고, 예루살렘을 심판하기 위해 주님이 임하신다는 내용이다. 말라기 인용은 마가복음 11장 11절("예수께서 예루살렘에 이르러 성전에 들어 가사 모든 것을 둘러보시고")과 11장 17절의 성전을 '내 집'이라고 하는 표현을 통해 예수와 '주'를 동일시하고 있다.[282]

따라서, 마가는 말라기 인용을 통해서 성전 정화 사건을 위한 단서를 제공하는데, 이는 예수가 성전에 오심은 일종의 '신적 시찰'인 셈이다. 그가 와서 성전을 둘러보시는 것은 그의 이름으로 무엇이 행해지고 있으며, 어느 정도까지 성전이 유린되고 있는지 보기 위함이었다.

둘째, '성전 정화 사건'을 샌드위치 구조로 둘러싸고 있는 열매 없는 무화과나무 이야기다(11:12-14, 20-21). 예수는 먼저 무화과나무에서 열매를 찾았고(13), 열매가 없는 것을 보고 영원히 열매가 맺지 못하도록 저주를 선포하셨다(14). 그 후 무화과나무는 뿌리째 말라 버렸다(21). 여기서 무화과나무는 이스라엘을 상징하는 것으로 이해한다.[283]

---

282 '내 집'에 대한 표현은 이사야 56:7의 인용으로, 이사야 본문에서는 야웨의 말씀으로 나타난다. E. Best, *Following Jesus: Discipleship in the Gospel of Mark*, JSNTSS 4(Sheffield: University of Sheffield, 1981), 218.
283 W. R. Telford, *The Barren Temple and the Withered Tree*(Sheffield: JSOT, 1980), 193ff.

8장 13절[284]은 예수의 이상한 행동에 대한 상징적 기능을 이해하는 데 도움을 준다.[285] 따라서, 마가는 예수의 무화과나무 저주는 이스라엘 혹은 성전 제도에 대한 하나님의 저주가 이미 시작된 것으로 본다.[286] 이는 마가가 무화과나무에 대한 예수의 저주와 그 실현에서 성전 제도에 대한 심판과 종말의 예언자적 상징을 정확하게 보았고, 자신의 해석에 따라 무화과나무 사건을 성전 정화 사건의 앞뒤에 배치함으로써 성전 정화 사건의 의미를 분명히 하고자 했음을 의미한다.

무화과나무의 저주가 이스라엘의 종말 심판에 대한 징조이듯이, 성전도 종말 심판을 받은 것이고, 무화과나무가 뿌리로부터 말라 죽은 것처럼 성전도 파괴될 것이다. 이것이 성전 정화 사건 보도를 무화과나무 저주 사건 가운데 삽입한 마가의 신학적 의도다.

셋째, 악한 포도원 농부 비유(12:1-12)다.[287] 예수는 성전 정화 사건을 수행한 권위에 관하여 직접적인 질문을 받게 된다(11:28-33). 그 질문에 대하

---

284 "여호와의 말씀이니라 내가 그들을 진멸하리니 포도나무에 포도가 없을 것이며 무화과나무에 무화과가 없을 것이며 그 잎사귀가 마를 것이라 내가 그들에게 준 것이 없어지리라 하셨나니."

285 M. D. Hooker, *St. Mark*(BNTC, London: A. & C. Black, 1991), 261-62. 후커는 본문의 이해를 위해 렘 8:13; 호 9:10, 16; 미 7:1의 구약 배경을 제시한다. 메시아 시대에는 풍성한 열매가 있어야 하지만, 본문(11:13)에서는 열매가 없는 이유를 무화과의 때가 아닌 것으로 나타난다. 후커는 이에 대하여 메시아가 이미 그들에게 왔지만, 메시아를 영접하지 않으므로 메시아의 시대가 도래할 수 없음을 상징적으로 보여주는 것으로 해석한다.

286 누가는 마가, 마태와는 다른 견해를 보여준다. 누가의 무화과나무 비유(눅 13:6-9)는 열매 맺지 못함에도 불구하고 징벌이 유예되는 은총을 입는다. 무화과나무가 마가에서는 심판의 대상이라면, 누가에서는 하나님의 구원하시는 개입, 회개를 위한 심판을 연기하시는 자비의 대상으로 나타난다. 이는 누가의 성전에 대한 긍정적 태도와 관련되어 있는 것을 보인다. P. Berrigan, "Barren or Fruitful: A Sign for the Times," *USQR* 44(1990), 160f.

287 악한 포도원 농부 비유에서 포도원 주인은 하나님을, 포도원은 이스라엘 백성을, 포도원 소작농은 이스라엘의 지도자를, 파송된 종들은 선지자들을, 주인의 아들은 예수를 의미한다. C. A. Evans, *Mark 8:27-16:20*, 431-44.

여 직접적으로는 답하지 않으며, 본 비유로 대답을 대신하고 있다.

본문에는 '사랑하는 아들'로서의 예수의 정체성과 포도원의 열매를 받기를 원하는 하나님의 요청이 강하게 드러나 있다. 본 비유는 행위로 보여준 무화과나무 사건에 대한 설명에 해당할 만큼 내용적으로 병행을 이룬다. 본문의 배후에는 거듭된 선지자 파송과 이스라엘의 거절이라는 모티프(렘 7:25; 25:4)와 아들에 대한 이스라엘 지도자들의 거절과 살해 그리고 살해 당한 아들에 대한 하나님의 변호로서의 부활 주제를 담고 있는 시편 118편 22-23절이 자리잡고 있다.[288]

따라서, 본문은 이스라엘 지도자들에 대한 심판과 파멸의 선언(12:9)이라는 맥락[289]에서 당시 이스라엘 지도자는 성전의 당국자들이었기 때문에 이들에 대한 심판과 파괴의 주제는 넓은 의미에서 성전 정화 사건과 무화과나무 저주 사건의 의미를 분명히 해주는 기능을 한다.

넷째, 성전 파괴 예언(13:1-2)이다. 여기서 예수는 성전에 관한 어떠한 비판적 전제도 없이 순수하게 예언 형식으로 그것이 파괴될 것을 말했다.[290]

마가는 성전 파괴 예언을 '소묵시록'(13장)과 연결시켜 보도한다. 마가는 13장 3절에서 예수가 감람산에서 성전을 마주 대하여 앉아 있다고 보도한

---

288 본 인용문은 시편의 문맥에서 '다윗'과 연결되어 있으므로 메시아와 관련이 있고, 탈굼은 슥 4:7에 나타난 '돌'을 메시아로 호칭하고 있다. J. C. De Moor, "The Targumic Background of Mark 12:1-12," *JSJ* 29(1998), 68.
289 본문의 배경이 되는 이사야 5장에 대한 탈굼은 백성들의 타락에 대한 예루살렘의 지도자들에 대하여 책임을 묻고 있으며, 의인들이 임박한 심판을 기대하고 있는 것으로 해석한다. 위의 글, 68-69.
290 막 13:2의 '성전 파괴 예언'의 진정성을 주장하는 학자들은 다음과 같다. V. Taylor, *The Gospel according to St. Mark*(London: SPCK, 1952), 501; R. Pesch, *Das Markusevangelium II*(Freiburg: Herder, 1976), 272; J. Roloff, *Das Keygma und der irdische Jesus*(Göttingen: Vandenhoeck & Ruprecht, 1973), 97; G. Theissen, *Studien zur Soziologie des Urchristentums*, 김명수 역,『원시 그리스도교에 대한 사회학적 연구』(서울: 대한기독교출판사, 1986), 173-175; L. Gaston, *No Stone on Another*, 424; 박수암,『마가복음 13장과 마가복음』(서울: 장로회신학대학교 출판부, 1993), 66f. 이와 관련하여 막 14:57f(마 26:60f); 막 15:29(마 27:40); 행 6:14; 요 2:19, 21을 참조하라.

다. 이러한 표현을 통해서 마가는 예수가 성전에 대하여 적대적인 입장이었음을 보여준다.

하지만, 마가는 예수의 반-성전 입장이 원래적인 것이 아님을 암시한다. 13장 14절에 "멸망의 가증한 것이 서지 못할 곳에 선 것을 보거든"은 예수 자신이 성전의 거룩함을 인정하고 있으며, 성전이 더럽혀졌을 때가 곧 멸망의 때임을 보여준다.[291]

따라서, 마가는 예수의 성전 파괴 예언은 성전이 이사야의 예언처럼 '내 집'이 아니라 '강도의 소굴'(11:17)로 타락하여 하나님의 목적을 이루지 못한 것 때문임을 보여준다. 이와 같이 마가는 예수의 성전 파괴 예언을 통해서 '성전 정화 사건'의 의미를 보다 분명히 하고 있다..

다섯째, 성전 대체에 대한 간접적 암시다. 마가는 성전이 파괴되고 이것을 새롭게 대체하는 직접적인 어떠한 암시도 제시하지 않는다.

하지만, 성전 파괴를 다루고 있는 묵시 강화인 13장을 둘러싸고 있는 두 개의 이야기는 성전 대체에 대한 암시를 준다. 12장 41-44절의 과부의 헌금과 14장 1-9절의 베다니에서 여인이 예수의 머리에 향유를 붓는 사건이 그 것이다.

두 이야기는 여성의 종교적 헌신이라는 공통점이 있지만, 그 대상은 다르다. 전자는 성전에 대한 것이고, 후자는 예수에 대한 것이다. 이 두 행위에 대하여 예수는 칭찬을 한다. 하지만, 성전에 대하여 한 여인이 자신의 모든 것을 드리는 헌신 직후에 예수는 그 성전이 무너질 것을 예언한다.

이는 여인의 헌금이 낭비였다는 것을 보여주는 것인가?

이 사건의 의미를 분명히 하기 위해 베다니 여인이 예수에게 기름 붓는 사건을 살펴보면, 이 여인이 예수에게 향유를 부었을 때, 그 행위가 '낭비'였다는 비난을 받았다.

---

291 P. W. L. Walker, *Jesus and the Holy City*, 7-8.

이에 대하여 예수는 그것이 결코 낭비가 아님을 분명히 한다. 마가복음 13장을 둘러싸고 있는 이 두 사건의 대조를 통해서 마가는 현재의 성전에 대한 헌금은 낭비였고, 예수에게 드려진 향유는 낭비가 아님을 보여준다. 이러한 대조를 통해서 예수는 그 자신이 진정한 성전임을 암시하고 있다.

13장은 단지 성전 파괴만이 아니라 성전 대체에 관심을 보인다. 예루살렘 성전은 열방이 모이는 곳이지만(11:17 참조), 복음은 세계를 향하여 뻗어나가는 것으로 묘사한다(13:10). 이는 구심적 역동성이 원심적인 것으로 대체되고 있다. 또한, 옛 성전으로부터 도망쳐야 할 필요성(13:14)과 땅끝으로부터 선택된 자들을 모으는 것(13:27)은 인자와 그의 백성을 정당화시켜 주는 행위인 동시에, 영적인 중심적 실체는 성전이 아니라 인자임을 밝히는 것이다.

이러한 대체 주제는 14장의 예수 재판 시 고소하는 내용에서도 확인된다. "우리가 그의 말을 들으니 손으로 지은 이 성전을 내가 헐고 손으로 짓지 아니한 다른 성전을 사흘 동안에 지으리라 하더라"(14:58; 15:29 참조). 이는 비록 거짓 고소였지만, 마가는 여기에 핵심적 진리를 담는 역설적인 (ironic) 방식을 취한다. '손으로 지은'(χειροποίητον)의 묘사는 예루살렘 성전의 의미를 격하시킨 것으로, 이는 이방인의 우상을 가리킬 때 사용된 표현이다(시 115:4; 사 46:6).[292] 반면에 마가는 대체된 성전에 대하여 '손으로 짓지 아니한'(ἀχειροποίητον)이란 표현을 사용하는데, 이러한 대조는 새로운 종류의 성전이 등장할 것과 이것이 예수의 부활로 성취될 것임을 예언한다. 또한, 부활을 언급하면서 '삼일 후에' 대신에 '삼일 동안에'란 의도적 표현을 통해 '새 성전'은 곧 예수임을 밝혀준다.

이 외에 부활과 예루살렘 성전 파괴 사이의 관계에 대한 상세한 설명은 12장 9-11절의 '버린 돌'의 이미지에서 찾아볼 수 있다. 본 비유에서 예수

---

292 T. J. Geddert, *Watchwords: Mark 13 in Markan Eschatology* (Sheffield: JSOT, 1989), 132.

는 농부들의 심판과 '버린 돌이 머릿돌이 될 것'임을 선포한다. 만일 마가가 부활로 말미암아 예수의 정당성을 입증하는 근거로 시편 118편의 이미지를 인용했다면, 이 구절은 심판과 부활의 결합을 보여준다.[293]

14장 58절은 부활이 성전 파괴와 내부적으로 연결되어 있는데, 이는 새로운 성전이 옛 성전을 효과적으로 상대화시키는 것으로 하나님의 경륜 안에 있는 새로운 질서로 볼 수 있다. 이처럼 마가는 예수를 예루살렘 성전 전복을 예언하는 자로, 자신의 인격 안에서 새 성전을 세울 것을 약속하는 자로 묘사한다.

나아가 마가는 예수의 십자가 사건이 있었던 골고다 맞은편 언덕에서 "이에 성소 휘장이 위로부터 아래까지 찢어져 둘이 되니라"(15:38)를 통해서 예수의 죽음과 성전의 심판을 연결시킨다.

따라서, 마가에게 있어서 성전의 운명은 부활과 십자가 속에 감추어져 있다. 부활은 이것을 확인해 준다. 다시 말하면, 예루살렘 성전은 예수의 죽음과 함께 수명을 마치는데, 그 이유는 예수 자신이 부활과 함께 손으로 짓지 아니한 새 성전이 되기 때문이다.

하나의 성전의 파괴(십자가 사건)는 다른 성전의 파괴로 필연적으로 이어진다. 그렇다면 역설적으로 예수는 성전의 파괴자가 된다. 이 성전의 파괴는 곧 성전 제사를 맡은 자들에 의해서 초래된 예수 자신의 죽음으로 나타난다. 역설적인 것은 성전을 보호하기를 원하는 자들에 의해서 성전의 종말이 앞당겨졌다는 점이다. 왜냐하면, 예수의 죽음은 성전의 종말에 대한 일종의 예기가 되기 때문이다.[294]

위의 단서들을 근거로 마가는 예루살렘 성전에 대한 의미 있는 재평가

---

293 D. Juel, *Messiah and Temple: The Trial of Jesus in the Gospel of Mark*(SBLDS 31, Missoula: Scholars, 1977), 54.
294 W. H. Kelber, "Conclusion: From Passion Narrative to Gospel,"(ed.), W. H. Kelber, *The Passion in Mark: Studies on Mark 14-16*(Philadelphia: Fortress, 1976), 179.

를 내리고 있다. 비록 예수가 하나님의 목적 하에 성전의 중요성을 확인했지만, 그의 말씀과 행위를 통해서 성전이 심판에 직면해 있음을 선포한다. 예수는 주님으로 성전에 들어가 그의 소유를 조사하였고, 합당한 열매가 부족함에 대하여 심판하였다. 그것은 파괴로 나타날 것이고, 예루살렘 성전 파괴는 예수의 죽음과 연결된다.

마가는 예수가 성전에 대한 하나님의 기름부음 받은 자로 대체가 되었음을 언급한다. 이제 새로운 것이 왔으며, 옛것은 지나갈 것이다.

마가는 동시대의 유대인들처럼 성전의 연속성에 대한 열심을 품지 않고, 공개적으로 성전의 멸망을 인정하였으며, 그의 초점은 대체된 새 성전인 예수 자신이었다. 예수의 오심은 다음에 오는 성전의 운명에 심오한 영향을 끼쳤다.

(2) 마가복음과 예루살렘

성전은 예루살렘의 심장으로, 이에 대한 마가의 새로운 이해는 예루살렘에 대한 새로운 접근을 하게 한다.

먼저 마가복음에 나타난 예루살렘이 사용된 용례를 분석하면서 마가복음에서의 예루살렘의 위치를 살펴보고, 예수의 예루살렘 안과 밖으로의 지리적 이동에 초점을 두고 예루살렘에 관한 마가의 입장을 고찰할 것이다.

① '예루살렘'의 용례[295]

'예루살렘'의 용례를 살펴보면 다음과 같다.[296] 3장 8절은 갈릴리에 관해서 앞에서 말한 것(3:7)과 관련해서 예루살렘에서도 사람들이 갈릴리로 왔다고 되어 있다. 예루살렘은 갈릴리에 있는 예수를 향해서 모든 지방으로부터 몰려오는 사람들의 출신지 중의 하나로 묘사된다.

3장 22절 소위 '바알세불 논쟁'으로 '예루살렘에서 내려온 서기관'이 예수를 바알세불에 들렸다고 비난한다. 갈릴리에서 논쟁이 벌어지는데 예수의 대적은 예루살렘에서 온 서기관으로 나타난다. 마찬가지로 7장 1절 '정결에 관한 논쟁'도 '예루살렘에서 내려온 바리새인들과 또 서기관 중 몇 사람'이 예수를 비난한다. 10장 32-33절에서는 예루살렘으로 올라가는 길에 예수가 세 번째 수난 예고를 한다. 여기서 예루살렘은 예수의 수난지로 나타난다. 11장 1절 '예루살렘에 가까이 와서 감람산 벳바게와 베다니에 이르렀을 때에'는 예루살렘 입성 사건의 도입구로서 원래 전승에 포함

---

[295] '갈릴리'와의 대조를 통해서 예루살렘의 의미를 끌어내려는 학자들이 있다. 대표적으로 E. Lohmeyer, *Galiläa und Jerusalem*(Göttingen: Vandenhoeck & Ruprecht, 1936); R. H. Lightfoot, *Locality and Doctrine in the Gospel*(New York/London: Harper & Bros., 1938); W. Marxen, *Mark the Evangelist*(Nashville/ New York: Abingdon, 1969); W. H. Kelber, *The Kingdom in Mark*(Philadelphia: Fortress, 1974)이다. 이 학자들의 견해를 비교하여 요약한 E. S. Malbon, "Galilee and Jerusalem: History and Literature in Marcan Interpretation," *CBQ* 44(1982), 242-55를 참조하라. 이에 반해 마가복음에는 '갈릴리와 예루살렘' 문제가 존재하지 않는다고 주장하기도 한다. T. A. Burkill, *Mysterious Revelation: An Examination of the Philosophy of St. Mark's Gospel*(Ithaca: Cornell University, 1963), 252-57. 이에 대하여 버킬은 몇 가지 근거를 제시한다. 1) 갈릴리가 계시의 장이라고 할 수 없다. 세례 때의 계시나 변화산의 계시 등은 결코 갈릴리에서 일어나지 않았다. 2) '설교하다'와 '가르치다'란 말이 예수 및 제자들의 활동에 대해서 갈릴리 이외의 지방의 경우에도 사용되고 있다. 3) 갈릴리가 예수에 대한 적대의 장소로 나타나기도 한다(2:1-3:6; 3:20-35; 6:1-6; 7:1-23; 8:11-12). 4) 예수가 예루살렘에서 환영을 받고 있다(11:18; 12:12, 37; 14:2). 하지만, 버킬은 이런 비판이 부분적으로는 옳지만, 전체적으로 볼 때 마가가 왜 갈릴리를 강조하고 예루살렘을 비판하는지 그 이유를 밝히지 못하고 있다.

[296] 田川建三, "갈릴리와 예루살렘," 『원시 그리스도교 연구-복음서문학의 성립』, 김명식 역(광주: 사계절, 1983), 43-73.

되어 있다.[297] 그러나 예루살렘에 입성하고 성전에 들어가 둘러보시는 것 외에 밤을 지새우지 않고 다시 베다니로 되돌아온다(11:11).

이후 예루살렘에서 예수의 활동은 논쟁적 행위로 일관한다. 마치 예수는 베다니를 근거로 예루살렘으로 논쟁하러 나가는 듯한 인상을 받는다.

"예루살렘으로 들어갔다"(11:11, 15, 27)의 문장의 반복은 밤을 유숙하지 않을 정도로 예루살렘과는 친근함이 없음을 보여준다. 또 하나의 현저한 사실은 예수는 예루살렘에 들어가면 언제나 성전으로 간다. 예루살렘과 성전과는 불가분의 관계가 있는 듯한 표현 방법이다. 그러나 그 성전은 예루살렘에 의해서 '강도의 소굴'이 되어 있다(11:17). 이 성전은 돌들의 마지막 하나까지도 완전히 무너지고 말 것이다(13:2).

14장 12절 이하부터 마지막까지의 무대는 예루살렘이지만, 15장 41절 이외에는 '예루살렘'이란 단어가 나타나지 않는다. 예루살렘은 예수의 논쟁적 행위 이외에 그의 불법적인 사형집행 장소일 뿐이다. 15장 41절의 예루살렘은 단지 의미 없는 지명에 불과하다.

정리하면, 예루살렘은 종말론적 기쁨의 중심 위치를 빼앗기고(3:8), 예수의 대적들의 출신지이며(3:22; 7:1), 그곳은 예수가 논쟁만 하는 장소요(11장 이하), 예수를 불법적으로 죽인 수난지다(10:33).

② 예수의 지리적 이동과 예루살렘의 위치

마가복음에 나타난 지리적 이동은 예루살렘에 대한 마가의 견해를 반영한다.[298]

297　이에 관하여 본서 V. 신약성경의 예루살렘 중 "예루살렘 입성 사건" 부분(161-174)을 참조하라.
298　로마이어(E. Lohmeyer)에 따르면 마가복음에 나타난 역사적이고 지리학적인 장소는 신학적 의미를 가진다고 주장했다. 초기 팔레스타인 기독교는 두 개의 중심이 있었는데, 갈릴리는 예수 사역의 중심지로서 그리고 완성된 하나님 나라의 미래의 중심지로서 매우 긍정적으로 묘사된 반면, 민족적 메시아 대망 사상이 지배적이었던 예루살

첫째, 예수의 예루살렘 안과 밖으로의 이동을 묘사하는 방식이 존재한다. 예수가 감람산에서 성전을 마주 대하여 앉은 것은 묵시적 강화를 전달하기 위한 적절한 방식이다. 예수 자신이 예루살렘에서 떨어진 감람산에 위치해 있다는 것은 "예루살렘으로부터 산으로 도망하라"(13:14)고 제자들에게 경고한 내용에 대한 일종의 '예언적 행위'로 간주된다.[299]

또한, 유월절을 지키기 위해 예루살렘으로 들어가는 행위도 일반적인 유월절을 준수하기 위함이라기보다는 예루살렘 중심에서 새 유월절을 제정하기 위함이다. 이를 통해서 예루살렘에 있는 이스라엘 백성은 여전히 유월절의 구원의 역사가 필요한 애굽과 노예 상태에 있다는 것을 상징적으로 보여주고 있다. 15장 20절의 "십자가에 못 박으려고 '끌고 나가니라'(ἐξάγω)"[300]에서 예수가 예루살렘 밖으로 죽임을 당하기 위해서 억지로 끌려가는 것이 출애굽의 역사의 재현이며, 예루살렘은 역설적으로 애굽의 역할을 하게 된다.

둘째, 예루살렘에 대한 특별한 의미는 갈릴리에서 부활 후의 출현을 언급하는 두 개의 구절에서 발견할 수 있다(14:28; 16:7).[301] 마가복음에는 예루살렘에서의 부활 현현 장면이 존재하지 않는다. 이는 부활이 예루살렘에서 일어났더라도, 마가의 '갈릴리' 언급은 더이상 예루살렘이 복음서의

  렘은 이 예수님을 반대하는 적대적 장소로서 부정적으로 묘사되고 있다는 것이다. E. Lohmeyer, *Galiläa und Jerusalem*을 참조하고, 이러한 입장을 요약해 놓은 F. C. Grant, *The Earliest Gospel*(New York/Nashville: Abingdon-Cokesbury, 1943), 147을 보라.
299 P. W. L. Walker, *Jesus and the Holy City*, 14.
300 신약성경의 타 문헌에서는 모세 인도 하에 애굽에서 이스라엘 백성이 나오는 것을 묘사하기 위해서 사용된다. 참고. 행 7:36, 40; 13:17; 히 8:9.
301 라이트푸트(R. H. Lightfoot)는 로마이어의 견해를 마가복음의 결론(16:8; 14:27)에 적용하면서 갈릴리와 예루살렘을 대립적 관계로 설명하였다. 그에 따르면 무시당하던 갈릴리가 하나님에 의해 복음과 인자의 계시 장소로 택함 받은데 반해, 유대인들의 경건과 애국심의 본고장인 예루살렘은 무자비한 적대감과 죄의 중심지가 되었다고 한다. 결과적으로 갈릴리는 계시의 장소이고, 예루살렘은 오직 거절과 배척의 장소가 되었다는 것이다. R. H. Lightfoot, *Locality and Doctrine in the Gospel*, 124-25.

마지막 목표점이 아님을 보여준다. 예수가 부활 후에 갈릴리로 가신다는 것은 제자들이 이후에 모든 민족을 위한 복음의 사자들이 되어 예루살렘을 떠날 것임을 예시하는 것이다.

마가복음에 나타난 보편주의와 마지막 부분에서 예루살렘으로부터 떠나는 이야기의 흐름은 마가가 부활로 인하여 시작된 새 시대에 있어서 예루살렘의 신학적 중요성을 경감시키고자 하는 의도를 보여준다.

③ 예수의 정체성과 예루살렘

마가복음은 예수의 정체성에 대한 확고한 입장을 보여준다.

그렇다면, 예수의 정체성에 대한 예루살렘의 입장은 무엇인가?

마가복음 초반의 논쟁 사화(2:1-3:6)부터 이에 대한 문제가 부각된다. 안식일에 예수의 제자들이 밀 이삭을 자른 일에 대하여 예수는 다윗의 예외적인 전례를 통하여 그들의 입장을 정당화한다. 이는 예수가 다윗보다 더 큰 분인가의 문제에 직면한다.

중풍병자 치유 사건을 통해서 예수가 하나님 이외에 죄 사함의 권세를 가진 분인가에 대한 정체성의 문제가 제기된다(2:7). 예수가 마지막 시기에 있던 예루살렘 입성, 성전 정화 사건(11:1-26), 이후의 신학적 논쟁(11:27-12:4)과 대제사장의 질문인 '네가 그리스도인가?'(14:61)에도 그의 정체성 문제는 끊이지 않고 제기된다.

마가의 예루살렘에 대한 이해는 예수를 구약의 예언적 희망을 성취하는 분으로 계시한다는 점과 밀접한 관련이 있다. 구약 인용문은 마태복음처럼 현저하게 드러나지 않지만, 마가는 예수 사역을 구약의 예언적 배경에서 보고 있음은 분명한 사실이다(이사야와 말라기 예언은 막 1:2-3; 11:17; 12:1;

13:5, 8; 다니엘은 13:4, 13-19, 30; 14:62; 스가랴는 11:17; 13:27; 14:27).[302]

중요한 것은 이 예언적 구절들이 단지 마가의 기독론만이 아니라 예루살렘 가운데 행하실 하나님에 대한 전적인 기대에 기초하여 형성되었다는 점이다. 마가복음이 편집될 즈음, 즉 유대 전쟁(AD 66년부터) 시기의 다른 문헌의 저자들은 하나님이 로마로부터 예루살렘을 해방시킬 것이라는 종교적이고, 정치적인 확신을 주는 구절로 마가복음의 구약 인용 구절을 해석하였다.[303]

마가의 구약 예언에 대한 해석은 상당히 다르게 나타난다. 메시아가 이미 왔다. 하지만, 메시아 시대는 기대했던 것과는 다르게 나타난다. 그는 예루살렘의 정치적 미래와는 상당히 다른 비전을 제안한다. 제2이사야의 '거룩한 전쟁'과 '시온으로 돌아옴'의 주제와 다니엘의 묵시적 전쟁, 스가랴의 예루살렘과 감람산 환상, 이사야와 시편의 '고난 받는 종'의 구절 가운데 있는 하나님의 통치의 개념을 메시아로서의 예수라는 확신의 관점에서 새롭게 해석한다.[304]

---

[302] 이 외에 다른 구약 인용에 대해서는 H. C. Kee, "The Function of Scriptural Quotations and Allusions in Mark 11-16,"(ed.), E. E. Ellis, *Jesus und Paulus*(Göttingen: Vandenhoeck & Ruprecht, 1975), 165-87을 참조하라.

[303] 예를 들어, 스가랴의 구절은 하나님의 기적적인 개입에 대한 흔들림 없는 확신을 가지고 로마의 군대와 대항하여 예루살렘을 방어하는 자들에게 영감을 주는 말씀으로, 다니엘의 비전은 불경건한 자들이 정죄 받음으로 이스라엘의 정당성이 입증된다는 말씀으로, 이사야 40장의 예언은 광야에 있으면서 종말론적인 승리를 기대하는 쿰란 공동체에 영감을 주며(1QS 8:12-16), 하나님의 구속적 행위의 전조로서 혁명가적 리더들의 계획에 결정적인 역할을 제공하는 구절로 인용한다. J. Marcus, *The Way of the Lord: Christological Exegesis of the Old Testament in the Gospel of Mark*(Edinburgh: T & T. Clark, 1993), 23, 199-200.

[304] J. Marcus, 위의 책, 160-61. 마가는 하나님 나라의 임함이 감람산 위에 승리한 메시아의 출현이나, 예루살렘을 둘러싼 이방인 군대로부터 거룩한 성을 기적적으로 구원한다든가, 이방인의 영향으로 인하여 더럽혀진 성전을 다시 정결하게 하는 것으로 보는 것이 아니라, 역설적으로 감람산 위에 있는 그의 유대인 대적자들에 대한 예수의 구원으로, 예루살렘 안에 있는 이방인의 손에 의한 굴욕적인 죽음으로, 그 죽음과 함께 성전 파괴의 예기적 행위로 보고 있다.

이렇듯 마가는 유대 묵시적 개념을 취하여, 기독론적인 관점으로 승화시킨다. 마가는 하나님의 목적이 예루살렘의 정치적인 독립과 이전 종교적인 영광으로의 회복과 연계시키는 입장에 거부하는 대신, 예수가 구약성경을 이스라엘의 전체 예언적인 희망을 뒤집는, 예기치 않은 방식으로 성취하고 있음에 초점을 맞춘다. 따라서, 예루살렘에 관한 마가의 메시지는 의식적으로 파괴적이다.

예루살렘의 파괴는 제자공동체가 이를 대체한다는 약속과 연결되어 있다. 예수의 정체성에 대하여, 예루살렘은 그것을 보았지만 알아차리지는 못했다. 예루살렘은 하나님의 목적에서 중심적인 역할을 감당했어야 했지만, 이에 눈감아 버림으로 이 비밀을 놓쳐 버리고 말았다.[305]

예수는 하나님의 백성들의 선을 다시 그렸다. 예루살렘의 회복은 바로 '대체'로 이어진다. 저주 받은 무화과나무가 말라버린(11:21) 직후에 베드로의 질문에 대하여 예수는 제자들에게 그들이 믿음, 용서 그리고 기도의 새로운 집단이 될 것을 가리킨다(11:22-25).

이러한 대체는 악한 포도원 농부의 비유에서도 드러난다(12:8-9 '다른 사람들'). 소위 '소묵시록'이라 부르는 맥락에서 발견된 13장 14절은 성전과 예루살렘을 급진적으로 강등시킨다.

여기에 두 가지 측면이 두드러진다.

---

[305] D. Rhoads and D. Michie, *Mark as Story: An Introduction to the Narrative of a Gospel*(Philadelphia: Fortress, 1982), 71. "이스라엘의 중심이요, 성전에 하나님이 거하시는 장소인 예루살렘은 예수를 버리고, 죽이는 장소가 되었다. 하지만, 여기 이 장소에서 예수의 죽음은 또한 왕으로서 즉위식이었다."; E. S. Malbon, *Narrative Space and Mythic Meaning in Mark*(2nd ed., Sheffield: JSOT, 1991), 263. "마가는 예루살렘을 이전에 거룩한 장소였지만, 지금은 혼돈의 장소가 되었다고 묘사하고 있다."; R. G. Hammerton-Kelly, *The Gospel and the Sacred: Poetics of Violence in Mark*(Minneapolis: Fortress, 1994), 120. "혼돈은 거룩한 곳에 내재해 있으며, 질서는 예수의 현존 안에서 발견된다…예수는 성전을 대체하지만, 중심에 있지 않다. 그는 중심에서 벗어나 있다."

첫째, 거룩한 장소는 지금 더럽혀져 있다.

둘째, 14 하반절은 하나님의 백성이 그 도성으로부터 피해야 함을 묘사한다.

이 구절을 통해서 마가는 종말론적 약속의 성취에 있어서 예루살렘과 그 성전의 긍정적인 역할을 잃게 될 것을 강조하고 있다.

마가의 예루살렘과 관련된 결론은 유대의 종말론적 기대감을 급진적으로 재해석한다는 점이다. 마가는 예루살렘이 하나님의 종말론적 약속을 실현하는데 있어서 핵심적인 역할을 할 것이라는 사상을 철저하게 거부한다. 도리어 예루살렘을 제자공동체로 대체하면서, 그들을 부활 후에 갈릴리로 부르심으로 만민을 향하여 종말론적인 회복의 역사를 선포해야 함을 강조한다.

④ 마가복음과 예수 전승과의 관계

마가의 '성전'에 대한 입장은 예수의 죽음과 성전의 파괴를 연결시킴으로 예수가 새 성전으로 대체되었다는 것이다. 이것은 본질적으로 예수 전승을 이어받고 있음을 보여준다. 마가는 예루살렘을 제자공동체로 대체하면서 역설적이게도, 예루살렘의 대조 개념인 '갈릴리'를 사용하여 제자공동체(교회)의 복음에 대한 보편주의적인 입장을 견지하고 있다.

이는 예수의 부활로 인하여 새 시대에 있어서 예루살렘의 신학적 중요성을 경감시키는 동시에 기록 시기로도 예루살렘 멸망 이전[306]으로 예루살렘에 대한 신학적 조명이 아직 이루어지지 않은 상황 그리고 마가의 이방인 선교를 향한 신학적 입장이 반영되었기 때문이다.

---

[306] 이에 대하여 헹엘(M. Hengel)은 "마가복음은 네로의 박해 이후 로마에서의 엄청난 박해의 시기와 예루살렘 파괴 이전인 '혁명의 해'인 AD 69년에 기록되었다"고 주장한다. M. Hengel, *Studies in the Gospel of Mark*(ET, Philadelphia: Fortress, 1985), 30.

2) 마태복음

마태복음은 70년 이후에 기록된 복음서로, 예루살렘에 대한 마태의 관심은 명확하다. 그의 복음서는 예수의 빛 하에서 예루살렘의 중요성에 대한 전체적인 문제를 깊이 있게 다루고 있다. 이는 마태복음의 저자인 마태가 유대인으로서 예수의 메시지를 이해하는 방식을 구약성경과 유대적 배경에서 취하고 있기 때문이다. 그러나 역설적이게도 마태복음은 가장 유대적[307]인 동시에 가장 반-유대적인 입장[308]을 취하고 있다.

마태의 예루살렘과 성전에 대한 태도는 이러한 긴장을 정확하게 반영하고 있다. 먼저, 예루살렘에 대한 마태의 태도가 마가보다 훨씬 긍정적인 측면을 가지고 있다는 몇 가지 사항이 있다. 마태는 복음서 기자 중에서

---

[307] 박수암은 이런 입장에 대한 몇 가지 근거를 제시한다. 1) 예수의 교훈이 모세오경적 구조를 가지고 있으며(5-7, 10, 13, 18, 23-25장), 각 그룹에는 시편 5권 구분 표식 같은 종결 후렴구가 붙어 있다(7:28; 11:1; 13:56; 19:1; 26:1). B. W. Bacon, *Studies in Matthew*(New York: Henry Hort, 1930), 80-83. 2). 예수를 제2의 모세로 그리려 했다. 예수 출생과 모세 탄생 이야기 병행(출 1:22와 마 2:16; 출 2:15와 마 2:14), 산상수훈과 십계명 병행(마 5:21-48). 마 8-9장의 이적을 모세의 이적 병행, 변모 기사(17장)와 시내산 기사 병행(출 34:29-35) E. Schweizer, *The Good News According to Matthew*(Atlanta: John Konx Press, 1975), 44. 3) 마 1장의 족보는 기독교의 유대교적 기원을 보여주며, 신약에서 구약 인용이 123회로 가장 많다. 4) 율법 준수를 강조하신 예수를 보여준다. 마 5:17-20; 7:24-28; 22:11-14; 25:1-13; 25:31-46. 5) 유대적 용어와 표현과 사상들을 사용한다. '하나님 나라' 대신 '하늘나라' 사용; 10:5-6 유대 중심 선교; 주기도의 '하늘에 계신 우리 아버지' 등. 박수암, 『신약연구개론』(서울: 장로회신학대학교 출판부, 1998), 188-89.

[308] 이러한 입장에 관한 근거로 1) 예수 족보에서 여인을 등장시켜 다윗의 혈통이 순수하지 못함을 드러냄. 2) 이방의 점성가들이 예수의 탄생을 축하함. 3) 악한 포도원 농부 비유에서 유대인의 버림받을 것을 강조함(21:33-46). 4) 유대인을 '독사의 자식'으로 공격(3:7; 12:34; 23:33), 바리새인과 서기관에 대한 저주(23장). 5) 구원의 보편성 강조(8:10; 27:54; 28:19). 이러한 입장에 대해서는 S. McKnight, "A Loyal Critic: Matthew's Polemic with Judaism in Theological Perspective,"(eds.), C. A. Evans and D. A. Hagner, *Anti-Semitism and Early Christianity: Issues of Polemic and Faith*(Minneapolis: Fortress, 1993), 55-79; G. Stanton, *A Gospel for a New People*(Edinburgh: T & T. Clark, 1992), 253, 280을 참조하라.

유일하게 '거룩한 장소'(24:15), '거룩한 도성'(4:5; 27:53)의 개념을 예루살렘 표현 방식으로 사용한다. 그리고 예루살렘을 '위대한 왕의 도시'(5:35)로, '성전'을 하나님이 진실로 거주하는 장소로 묘사한다(23:21).

이와는 다르게 예루살렘에 대한 부정적인 태도를 가리키는 묘사도 많이 나타난다.

첫째, 예수 자신을 '성전보다 더 큰 이'로 묘사한다(12:6). 또 혼인 잔치 비유에서 왕이 살인자의 도시를 불살라 버릴 것이라는 경고(22:7)를 통해 악행을 저지르고 있는 예루살렘 성전과 그 종교 지도자들을 공격한다.

둘째, 기독교 선교에 대한 보편적인 특징을 강조하고 있다. 복음서의 원래 초점이 '이스라엘의 잃어버린 양'(10:6; 15:24)이었다면, 복음서 마지막 절정에 도달할수록 '모든 민족에게로 가라'(28:18-20)는 보편주의적인 전망으로 나아간다.[309] 이러한 보편주의적인 강조점은 예루살렘에 대한 부정적인 입장을 반증한다.

셋째, 마가복음과 비교하여 마태는 예루살렘과 갈릴리 사이의 대조를 한층 심화시킨다. 마가처럼 갈릴리를 전원적으로 그리지 않고, 예언 성취의 의미를 부여하면서(4:15-16; 사 9:1-2 인용), 상대적으로 예루살렘을 적대적인 장소로 부각한다(16:21). 또한 갈릴리 산에서 부활의 만남으로 복음서를 결론지으면서, 예루살렘보다 갈릴리의 비중을 강화한다.

---

[309] R. H. Gundry, *Matthew: A Commentary on His Handbook for a Mixed Church under Persecution*(2nd ed., Grand Rapids: Eerdmans, 1994), 9. 보편적 방향의 패턴은 '땅'(γῆ)이라는 단어의 언급을 살펴보면 알 수 있다. 1-4장의 γῆ는 '유대의 땅'(2:6), '이스라엘의 땅'(2:20, 21), '스불론의 땅'(4:15)으로 제한된다. 땅 범위의 전환은 5:5에서 일어난다. "온유한 자는 땅을 기업으로 받을 것이다." 이 구절은 시 37:11의 배경에서 나온 것으로 '이스라엘의 땅'으로 볼 수 있지만, 보편적인 해석도 얼마든지 가능하다. 이후로 나타나는 γῆ는 보다 넓은 범위로, 보편적인 의미로 사용된다. 5:13, 18, 35; 6:10, 19; 9:6 등.

예수의 주 사역을 예루살렘이 아닌 다른 장소에서 행하시는 것을 강조하는 것은 복음서 첫머리부터 등장한다(2장). 마태는 베들레헴과 나사렛과 같은 변두리 지역과 예수의 관련성에 주목한다(2:23). 이와 반대로 예루살렘은 새로운 '유대인의 왕'의 소문을 듣고 소동하는 도시로 묘사된다(2:2-3). 이는 마태복음 2장의 예루살렘과 다른 장소들과의 비교를 통해서 예루살렘 중심을 거부하는 것이다.[310]

이러한 부정적인 입장은 마태의 반-예루살렘 관점, 즉 갈릴리는 빛이 비추는 장소로서 강조하는 반면 예루살렘에 대해서는 예수를 거절하고 죽이는 도시로서 비극적인 운명에 직면할 것임을 드러낸다.

예루살렘에 대한 마태의 긍정적인 입장과 부정적인 입장을 어떻게 설명할 수 있는가?

내적인 모순을 가지는 것인가, 아니면 어떤 회복의 가능성을 보여주고 있는 것인가?

이러한 질문들을 해결하기 위하여 몇 가지의 단계적 접근을 시도해 보고자 한다.

첫째, 성전에 대한 마태의 입장
둘째, 예루살렘에 대한 입장

두 입장을 차례로 다루고 마태에게 있어서 예루살렘은 어떤 의미가 있는지를 결론으로 제시하고자 한다.

---

310 A-J. Levine, *The Social and Ethnic Dimensions of Matthew Salvation History*(Lewiston: Edward Mellen, 1988), 100.

(1) 마태복음과 성전

① 긍정적인 언급들

마태복음에는 성전을 긍정적으로 묘사한 대목들이 나타난다.

첫째, 예수가 성전을 '거룩한 장소'로 명명한다든지, 그 성소를 하나의 거주하는 장소로 언급하는 부분이다(24:15; 23:21).

둘째, '화해'에 대한 가르침의 배경으로 '제단에 예물 드리는 것'(5:23-24),[311] 반 세겔을 성전세로 바치는 에피소드(17:24-27)[312]는 성전에 관한 보다 긍정적인 입장을 반영한다.

셋째, 성전 정화 사건(21:12ff)에서도 마태는 마가와는 달리 성전의 임박한 파괴에 대하여 강조점을 두지 않고 오히려 예수의 메시아적 권위를 강조한다. 이것은 세 가지 측면으로 설명할 수 있다.

㈎ 마태는 이미 예수를 '성전보다 크신 이'(12:6)로 소개하고 있는데, 마침내 예수가 성전에 도달했을 때, 그의 권위는 필연적으로 성전 제도를 넘어선다.[313]

㈏ 마태가 성전 정화 사건 직후에 예수가 성전 경내에서 치유하는 것과

---

[311] 이런 유사한 내용은 지혜전승과 랍비 문헌에 많이 나타난다. 그럼에도 불구하고 이것이 반제가 되는 이유는 랍비들은 제의적인 의무와 윤리적 의무를 동시에 강조한 반면, 예수는 전자를 후자에 강하게 종속시킨다. 마태는 호 6:6을 인용하여 이 사실을 강조한다. 이는 한편으로는 성전에 대한 긍정적인 언급이지만, 다른 한편으로는 '성전 제단' 혹은 '제사'의 가치를 저하시키는 것이기도 하다. D. R. A. Hare, *Interpretation: Matthew*, 최재덕 역, 『현대성서주석: 마태복음』(서울: 한국장로교출판사, 2001), 93.

[312] 이 단락의 두 가지 측면 - 율법적인 성전세로부터의 자유(26절)와 성전에 대한 충성 - 은 연속과 단절이라는 문제를 해결하려고 애쓰는 당시 마태 공동체에게 적절했을 것이며, 이는 유대교와의 관계에서 중요한 결과를 가져왔을 것이다. D. A. Hagner, *Matthew 14-28*, 채천석 역, 『마태복음 14-28』, WBC 33 중(서울: 솔로몬, 2000), 814-21.

[313] 위의 책, 945.

아이들로부터 '다윗의 자손'이라 칭송을 받고 있음을 묘사한다(21:14-16). 예수는 이 아이들의 칭송을 시편 8편 2절을 인용하여 자신에게 적용함으로써 메시아적 권위를 한층 더 강화하고 있다

㈐ 무화과나무 에피소드를 하나로 결합하는데, 마가가 샌드위치 구조를 통해서 성전 정화 사건과 연결시키는 것과는 달리, 무화과나무 저주와 성전의 파괴 사이의 연결성을 현저히 약화시키면서, 도리어 무화과나무에 관한 예수의 가르침을 기도의 능력으로 연결한다(21:21-22).

이러한 방식을 통해서 마태는 성전 정화 사건을 보다 긍정적인 관점에서 보고 있다. 명백히 예수의 행동은 성전에 대한 비판을 포함하고 있으며, 이후에 심판을 선포하지만(24:2), 강조점은 성전이 '기도의 집'(21:13)으로서 원래의 목적으로 회복하기를 원하는 예수의 간절함에 있다.[314]

넷째, 마태는 예수의 재판 과정에서 예수에 대한 고소 내용을 자세히 열거하면서, 성전을 '하나님의 성전'으로 표현한다(26:61). 마가는 '손으로 지은 이 성전'(막 14:58)으로 묘사하면서 성전에 대하여 하나님으로부터 인정받지 못한 것과는 달리, 마태는 성전에 대한 예수의 긍정적인 입장을 보존하려고 한다.[315]

이와 같은 마태의 성전에 대한 입장은 유대인들의 예루살렘 성전에 대하여 갖고 있는 입장과 결코 다르지 않다. 마태는 헬라 혹은 이방 그리스도인들의 구약에 대하여 거리를 두려고 하는 입장을 거부하면서 그리스

---

314 P. W. L. Walker, *Jesus and the Holy City*, 28-29.
315 R. H. Gundry, *Matthew: A Commentary on His Handbook for a Mixed Church under Persecution*, 542-43. 마태가 성전을 하나님의 성전으로 묘사한 것은 성전에 대한 완전한 긍정이라기보다는 성전을 하나님의 아들, 예수와 동일시하려는 의도임을 알 수 있다. 이와 관련하여 본문을 12:40; 27:62-66에 나타난 예수의 죽음과 장사, 그리고 3일 만의 부활과 비교하여 보라.

도인 사고의 시작점을 철저하게 유대적으로 접근한다. 즉, 성전은 하나님이 제정하셨으며, 예수의 행동과 말씀은 '거룩한 장소'에 대한 관심을 드러낸다.

② 부정적인 언급들

다른 한편으로 마태는 성전에 대한 부정적인 언급들을 제시한다.

첫째, 구약 호세아 6장 6절("내가 긍휼을 원하고 제사를 원하지 아니하노라", 9:13; 12:7)을 두 번이나 인용하는데, 마태는 이 구절을 통해서 성전 제의를 비판하는 구약 예언 전승의 흐름에 서 있음을 알 수 있다.

성전세 에피소드에서 현행 제도를 인정하고 있음에도 불구하고, 그는 자신이 '아들'로서 성전세가 제외되어야 한다는 사실을 명백하게 진술한다(17:26). 마가처럼, 예수는 성전 당국이 성전을 '강도의 소굴'이 되게 했다고 비난한다(21:13).

둘째, 바리새인에 대한 저주가 성전 경내에서 이루어지고 있고, 성전 자체가 살인자에 의해서 오염된 장소가 되고 있음을 고발하면서(23:35), 이 성전이 곧 파괴될 것이라고 결론짓는다: "돌 하나도 돌 위에 남지 않고 다 무너뜨려지리라"(24:2).

셋째, 마태는 예수의 재판에서 고소의 내용이 "내가 하나님의 성전을 헐고 사흘 동안에 지을 수 있다"(26:61)는 증인의 고발을 제시한다. 이 고소는 마가와 같이 십자가 위에서 다시 반복되는데, 이 말 속에 예수의 부활의 의미를 의도한다.

환언하면, 마태는 마가와 유사하면서도 좀 더 자세하게 묘사한다. 여기에는 성전 심판에 대한 경고와 이 심판이 예수의 인격 가운데 시작될 것이라는 다른 측면의 진술을 포함시킨다.

그럼에도 불구하고 성전에 대한 새로운 혹은 대체의 논제에 대하여는 상당한 차이점을 가지고 있다.

마태는 예수의 재판 과정에서 예수가 고소 당하는 내용을 "그가 다른 성전을 세우겠다"(막 14:58; 15:29)는 말이 아니라 "그것을 지을 수 있다"(마 26:61; 27:40)는 식으로 보다 완만하게 표현한다. 이는 본질적으로 성전과의 급진적인 분리보다는 연속성의 관점에서 이해될 수 있는 부분이다. 만일 예수가 삼일 만에 일어난 진정한 성전이라면, 이것은 이전 성전과의 사실상 단절이라기보다는 성전 기능의 연속성 차원으로 보아야 한다.

의미심장한 것은 마태는 마가와 달리 예수가 새 성전이라는 진리를 가르치면서 상당히 독특한 방식을 제시하는데, 그것은 예수 자신이 하나님의 현존(shekinah)이라는 것이다.

③ 예수, 하나님의 현존

마태복음의 가장 중요한 주제 중의 하나는 '임마누엘'(1:23)이다. 예수는 하나님의 현존을 자신의 인격 가운데 나타내셨고, 복음서 마지막에는 제자들에게 "세상 끝날까지 함께하겠다"(28:20)는 약속을 주셨다.

이것은 예루살렘 성전과 연관된 일종의 신학적 발전이다. 하나님이 하늘에 계실지라도 신비적으로 성전에 거주한 것처럼, 예수도 비록 땅으로부터 떠나가지만 제자들과 함께 하겠다는 약속이다.

이러한 주제는 다른 두 본문에서 절정에 이른다. 18장 20절에서 예수는 "두세 사람이 내 이름으로 모이는 곳에 내가 그들과 함께 있느니라"고 약속한다. 예수는 하나님의 현존을 대신한다.[316] 마태복음 23장 38절 이하에

---

316 W. D. Davies and D. C. A. Allison, *A Critical and Exegetical Commentary on the Gospel According to Saint Matthew*(ICC, Edinburgh: T & T. Clark, 1988/1991), 790. 미쉬나(Mishnah)와 같이 마태에게 있어서도 '거룩한 공간'(the sacred zone)이 '지리적 공간'이 아니라 이동 가능한 것(mobile)이다. 하지만, 양자의 차이점은 복음서에서 '거룩

서는 성전으로부터 하나님의 임재가 떠나는 것("보라 너희 집이 황폐하여 버려진바 되리라")을 예수의 부재와 일치시킨다("내가 너희에게 이르노니…너희가 나를 보지 못하리라"). 그리고 나서 예수는 성전으로부터 나가신다(24:1). 이는 예수가 성전으로부터 하나님의 임재를 거두어 가는 것이다.[317]

이와 같이 마태는 하나님의 임재를 상징했던 예루살렘을 '임마누엘'을 통해서 예수의 인격 안에서 하나님의 임재가 구체화되었다는 독특한 방식을 제시한다. 만일 예수가 '성전보다 크신 이'라면, 하나님은 성전에 계신 것보다 훨씬 큰 범주로 예수 안에 현존하며, 이는 하나님께서 더이상 성전에 머물 필요가 없다는 의미다.

이러한 현실은 23장의 구조에 새로운 빛을 준다. 서두에서 성전이 하나님의 '거주하는' 장소라는 긍정적인 진술을 하지만, 마지막 부분에서 모든 것이 바뀐다. 하나님의 거주지로서 성전은 예수에 의해서 단지 '너희 집'(23:38)으로 불리는데, 이는 성전이 더이상 하나님의 집이 될 수 없음을 암시한다.[318]

마태는 이를 통해서 예수를 '성전에 거주하신 분'과 일치시키고 있으며, 그 이후에는 예수가 성전을 떠나시므로 하나님의 임재도 역시 그곳으로부터 떠난다.[319]

한 공간'이 기독론화(Christified) 되어 있다는 점과 그리스도의 이름으로 모임으로서 그곳에 들어갈 수 있다는 것이다. B. M. Bokser, "Approaching Sacred Space," *HTR* 78(1985), 279-99. 또한, 이 구절의 배경으로서 성전과 시온의 중요성에 대해서는 겔 43:7; 슥 2:10-11과 11QT 46:12와 '하나님의 영광의 광채'(히 1:3)요, '아버지의 독생자의 영광'(요 1:14)의 구절을 참조하라.

317 R. T. France, *Matthew: Evangelist and Teacher*, 이한수 역, 『마태신학』(서울: 엠마오, 1995), 339-41.

318 R. H. Gundry, *Matthew: A Commentary on His Handbook for a Mixed Church under Persecution*, 473. 이와 연관된 구절인 렘 12:7과 22:15를 비교 참조하라.

319 마 23:39의 병행문인 눅 13:35와 비교할 때, 마태의 본문은 회복의 가능성보다는 철저한 심판을 나타낸다. 누가 본문은 "너희가 주의 이름으로 오시는 이를 찬송하리로다 할 때까지"(ἕως [ἥξει ὅτε] εἴπητε· εὐλογημένος ὁ ἐρχόμενος ἐν ὀνόματι κυρίου.)인 반면, 마태는 "너희는 찬송하리로다 주의 이름으로 오시는 이여 할 때까지"(ἀπ'

(2) 마태복음과 예루살렘

① 위대한 왕의 도시

마태복음 5장 35절의 진술에서 예수는 예루살렘을 '위대한 왕의 도시'로 묘사한다. 예수는 어떤 맹세도 예루살렘을 모독하는 것으로 여길 정도의 하나님의 도성으로 그 위상을 부여해 준다. 이 점은 예루살렘이 어떤 악한 행위에 의해서도 지워질 수 없는 본래적인 중요성을 가지고 있음을 암시하는 것이다.

하지만, 이 구절을 마태복음 전체의 맥락에서 볼 때는 의미하는 바가 달라진다. 복음서 마지막 부분에서 '위대한 왕의 도시'는 '유대인의 왕'(2:2)으로 나실 뿐만 아니라 시온의 진정한 왕인 예수를 환영하지 않는 것으로 나타난다. 이후 예수는 도시의 당국자들에 의해서 거부된다.

이렇듯 마태복음 전체의 맥락에서 볼 때, 마태의 이 구절의 사용은 그가 예루살렘에 대한 높은 수준의 견해를 갖고 있는 듯한 인상을 받지만, 사실상, 이 구절은 이 도시의 특권적 부르심을 강조하면서, 심판에 직면하게

ἄρτι ἕως ἂν εἴπητε· εὐλογημένος ὁ ἐρχόμενος ἐν ὀνόματι κυρίου)로 나타난다. 이는 역사의 마지막 순간에 이스라엘이 회심할 암시를 주지 않는다. 그들이 외치는 환호성은 기쁨의 환호가 아니라, 어쩔 수 없이 그들의 재판장을 칭송해야만 하는 죄인들의 침울한 환호다. 이 마지막 정죄의 말씀 다음에 예수는 글자 그대로 성전 포기 또는 파괴를 예언한다(24:1-2). D. R. A. Hare, *Interpretation: Matthew*, 373-34. 이와 동일한 입장에 대해서는 D. E. Garland, *The Intention of Matthew 23*(Leiden: Brill, 1979), 208을 참조하라. 이 구절에 대한 풍부한 논의는 204-309에 잘 나타나 있다. 이에 반하여 앨리슨은 ἕως ἂν εἴπητε('너희가 말하기까지')가 이것이 일어날 것이라는 확신을 표현하는 것이 아니라 불명확한 가능성을 표현하는 것이기에, 이 구절은 "너희가…말하는 조건 하에서만 나를 보리라"는 조건부의 예언 기능을 가진다고 한다. 그래서 앨리슨은 가랜드와 달리 그 인사를 적극적인 수락의 인사로 이해하면서, 그 구절이 이스라엘에 의해 말해질 것인지에 대해서는 결정되지 않은 것으로 남겨 둔다고 믿는다. D. C. Allison, "Matt 23:39=Luke 13:35b as a Conditional Prophecy," *JSNT* 18(1983), 75-84.

되는 역설을 드러낸다.[320]

② 예수에 관한 예루살렘의 반응

마태는 예수의 예루살렘 입성을 묘사하면서 이 사건에 대한 도시의 반응을 언급하지 않는 유일한 복음서 기자다. "예수께서 예루살렘에 들어가시니 온 성이 소동하여 이르되 이는 누구냐 하거늘"(21:10). 이것은 복음 시작 부분에서 유대인의 왕이 탄생하셨다는 박사들의 언급에 "헤롯과 온 예루살렘이 소동한지라"(2:3)에 대한 일종의 반향이다.[321]

복음서 시작부터 예루살렘은 잠정적으로 예수에 부정적인 모습으로 등장한다. 이방의 박사들은 '그에게 경배하기 위하여'(2:2) 준비한 반면, 위대한 왕의 도시인 예루살렘은 예수를 죽이는 자들과 결탁한다. 마태복음 3장의 내용을 마가와 대조할 때, 마가는 세례 요한에게 모든 예루살렘이 나아갔다(막 1:5)고 긍정적으로 언급한 반면, 마태는 바리새인과 사두개인들 즉 종교 지도자들이 요한을 비난할 것들을 찾기 위해 왔다(3:7)고 묘사한다. 물론, 여기에는 요한의 메시지에 긍정적으로 반응한 예루살렘 거주민들이 있었음에도 불구하고 예루살렘은 요한의 적대 세력으로 묘사된다(참고 21:23-27).

따라서, 예수와 관련된 예루살렘의 첫 번째 관심은 긍정적인 방향으로 설정되어 있지만, 마태는 예루살렘이 점차 예수를 거절하는 장소가 될 것으로 이야기를 전개해 나간다. 유혹 이야기(4:1-11) 가운데서 마태는 통상적인 유대적인 용례를 따르고, 예루살렘을 거룩한 도시로 언급하지만, 그 도시에서 활동하고 있는 마귀에 의해서 이 명칭이 불리었다는 것은 예루살렘에 대한 부정적 뉘앙스를 전하는 역설의 절정을 드러낸다.

320　마태복음에 나타나는 이와 같은 역설에 대하여는 J. D. Kingsbury, *Matthew as Story*(2nd ed. Philadelphia: Fortress, 1988), 80 이하를 참조하라.
321　D. A. Hagner, *Matthew 14-28*, 937.

예루살렘의 예수에 대한 반응은 예수의 입성과 함께 전면에 부각된다(21:12ff). 이 점에 대하여 도시의 종교 지도자들과 거주자들 사이의 차이점이 드러나는데, 군중과 아이들은 예수를 '선지자'로 환대하지만(21:9-11, 15-17, 46), 종교 지도자들은 예수의 권위를 문제 삼고(21:23-27; 22:15ff), 죽이기로 음모를 꾸미고(26:4), 민란으로 이어질까 백성을 두려워한다(26:5).

이러한 차이점은 빌라도 법정에서 이루어진 예수의 재판 장면에서 사라지고, 백성들[322]은 대제사장과 장로들의 예수 처형 주장에 설득되어 동조하게 된다(27:20, 22, 25).

예루살렘에 대한 부정적인 반응은 23장 마지막 부분에 가장 극적으로 표현되어 있다(33-39). 이 반응에 대한 책임이 도시 전체로 확산되면서도, 특히 종교 지도자들에 집중되고 있다. 예수가 그들에게 선지자들과 지혜있는 자들과 서기관을 보내면서 기대했던 반응을 요약한 내용의 수신자는 바리새인으로 나타난다. 그 후에 초점은 전체 도시로 확대된다.

> 예루살렘아 예루살렘아 선지자들을 죽이고 네게 파송된 자들을 돌로 치는 자여 (37ff).

예수에 대한 예루살렘의 부정적인 반응은 두 개의 비유, 즉 악한 포도원 농부 비유와 혼인 잔치 비유(21:33-22:14)에서 볼 수 있다. 이 두 비유는 하나님이 보낸 종들을 받아들이는 문제를 다루고 있다. 마태는 이 두 비유를 통해서 예수와 예루살렘 사이를 적용하려는 의도를 드러낸다.

---

[322] 마 27:25의 '백성들'이 '무리'에 대한 일반적인 ὄχλος로 묘사되지 않고, λαός로 묘사되는데, 이 단어는 마태에서 일반적으로 '하나님의 백성'으로서의 이스라엘에 대한 특별한 언급으로 사용되었다. 마태의 λαός 용법에 대한 논의는 D. P. Senior, *The Passion Narrative according to Matthew*(Leuven Univ. Press, 1975), 258-59를 참조하라. 이것은 유월절에 예루살렘에서 일어났던 것이 사악한 제사장들의 일시적 충동에 의한 변덕스러운 특별한 무리의 변덕스러운 소원이 아니라, 나라에 지속적인 결과를 미치는 이스라엘 대표 집단에 의한 결정이라는 것을 시사하는 마태의 방식이다. R. T. France, *Matthew: Evangelist and Teacher*, 357-58.

악한 포도원 농부 비유는 '아들'에 대한 학대를 다룬다.[323] 포도원은 폭넓게 이스라엘을 상징하지만(사 5:1-7 참조), 이스라엘의 핵심으로서 예루살렘을 의미한다. 그렇다면 예루살렘은 포도원이 다른 소작인들에게 넘겨지는 것과 같은 유사한 운명을 맞게 된다(21:41). 혼인 잔치 비유에서 하나님이 보낸 사자에 대하여 악의적으로 대한 결과로 왕이 군대를 보내어 살인한 자들을 진멸하고 그 동네를 불사른다(22:7). AD 70년 사건 이후를 반영한 사후 예언과 상관없이, 마태는 하나님의 메시지에 대하여 부정적으로 반응하는 도시에 대하여 본 비유가 어떤 의미를 던지는지에 초점을 둔다.

따라서, 마태의 본문은 예루살렘이 예수에 대하여 부정적으로 반응한 사실을 강조한다. 역설적이게도, 그는 위대한 왕의 도시가 그의 의로운 왕을 고발하고 있다는 점이다. 하나님이 거주하시는 성전이 있는 거룩한 도시는 불경한 방법으로 하나님의 현존을 나타내는 예수를 지금 거절하고 있는 것이다.[324]

③ 심판의 원인과 결과

악한 포도원 농부 비유와 혼인 잔치 비유 이후에 마태는 마가의 자료를 반복하는데, 내용의 초점은 예수의 죽음이 성전 파괴의 결과로 나타난다

---

[323] 악한 포도원 농부 비유에서 마태는 "이에 잡아 포도원 밖에 내쫓아 죽였느니라"(21:39)고 묘사한데 반해 마가는 "이에 잡아 죽여 포도원 밖에 내던졌느니라"(12:8)고 묘사한다. 독자들은 마태의 본문이 예수의 죽음과 밀접한 병행이 있음을 보게 된다. 예수도 도시 밖으로 나간 후에 그곳에서 십자가에 달려 죽었기 때문이다. 이에 반해 건드리는 마태가 마가의 원래 순서를 바꾸었다고 주장한다. R. H. Gundry, *Matthew: A Commentary on His Handbook for a Mixed Church under Persecution*, 427.

[324] 이에 대하여 노울스(Knowles)는 마태의 기사는 그리스도로서의 예수의 정체성과 한편으로는 그를 박해하는 다수의 반응, 다른 한편으로는 그 거절로 인한 엄청난 책임 사이를 강하게 대조하고 있음을 주장한다. M. Knowles, *Jeremiah in Matthew's Gospel*(-JSNTSS 68, Sheffied: JSOT, 1993), 80.

는 점이다.

마태는 이외에도 특별 자료를 가지고 있다. 여기에는 이 세대에 임할 심판을 경고하는 많은 구절들도 있고,[325] 특별히 예루살렘과 연관된 부분도 있다. 예를 들어, 23장 35절 "…의로운 피가 다 너희에게 돌아가리라"의 경고는 예수에 대한 예루살렘의 부정적인 반응과 밀접하게 연결되어 있으며, 이 경고는 종교적인 지도자들뿐만 아니라 예루살렘 자체에 해당된다. 또한, 27장 25절 "…그 피를 우리와 우리 자손에게 돌릴지어다"는 예루살렘에 장차 임할 심판을 언급하는 마태의 독특한 방식으로 간주된다.[326]

하지만, 이러한 운명적인 상황은 예수를 거절한 것만이 아니라 예수를 포함한 지금까지 하나님이 그들에게 보낸 모든 사자에 대한 예루살렘의 반응의 결과다.[327] 따라서, 예수에 대한 예루살렘의 거절은 다가오는 심판의 원인들 중의 하나다.

이 심판의 원인들에 대한 마태의 다른 암시들 중의 하나는 예수와 선지자들과의 비교다. 마태복음에는 예수와 예레미야(16:14),[328] 요나(12:39ff; 16:4)[329]와 인상적으로 비교한다. 요나는 비록 이방 도시에 심판을 선포했지만, 니느웨가 회개함으로 심판이 철회된 반면 예루살렘과 하나님의 백성에게 심판을 선포하는 예레미야의 외침은 공허한 메아리로 끝나게 된다.

---

[325] 마 3:7-12; 5:20, 25-26; 7:13-14, 9; 8:11-12; 10:14-15; 11:20-24; 13:24-30, 36-43; 25:14-30; 26:52 참조.
[326] 이와 유사하게 구약성경에서 그런 책임이 때때로 상속되는 것으로 이해되었다(삼하 3:29; 왕상 2:33). 그리고 그것은 성 전체에도 영향을 끼칠 수 있었다(렘 26:15).
[327] 혼인 잔치 비유(22:1-14)에는 단지 종들을 계속 보내는 것을 언급하고 있으며, 핵심 구절은 23:33-39에도 예수의 죽음을 언급하는 명시적인 구절이 존재하지 않는다.
[328] 예레미야는 예루살렘에서 죽지 않았지만, 그 도시로부터 그의 메시지를 거절 당한 선지자였다. 그는 예루살렘이 그들의 길에서 돌이키지 아니하면, 어떤 결과가 임하는지를 명확하게 제시한 선지자다. 즉, 심판은 회개의 부재로부터 초래된다는 것이다.
[329] 요나 역시 회개하지 않으면 심판이 다가온다는 것을 선포한 구약의 유명한 선지자다. 그의 선포는 이방 도시인 니느웨에 해당하는 것이지만, 그 도시가 회개하자 심판이 변경되는 결과를 맞이한다.

마태는 구약의 두 선지자와 예수의 비교를 통해서 니느웨의 회개의 예 증이 아니라 예레미야 시대에 그 조상들의 전례에 따르는 당대의 백성을 향하여 경고하고 있다.[330]

여기서 심판의 주요 원인 중의 하나는 회개의 부재임이 드러난다. 마태의 이런 입장은 AD 70년 사건을 특별히 염두에 두고 있는 것으로 보인다. 자신의 메시아를 배척했던 나라는 '이 세대'가 지나기 전에 그 결과를 직면할 것이기 때문이다.

다음으로 예루살렘을 '위대한 왕의 도시'로 언급한 마태복음 5장 33-37절은 이 개념이 예루살렘의 거룩함을 왜곡할 수 있음을 경고한다. 예수는 '예루살렘'을 일종의 신적인 부적처럼 오용하는 것을 단호히 거부한다 (23:16-22 참조). 이런 관점에서 마태는 예루살렘에 어떤 일이 일어났는지를 비판하기 시작한다. 하나님이 그 도시를 축복하였지만, 이 신적인 연합과 거룩함은 훼손되었다. 수 세기 전에 예레미야가 예루살렘의 거주자들이 성전을 맹목적으로 의존한 것을 비판한 것처럼(렘 7장), 지금 예루살렘의 거룩함은 누더기처럼 더럽혀졌으며, 하나님의 목적에 반하는 행위를 하고 있다.

마태는 하나님의 사자들과 예수를 거부한 예루살렘의 배후에서 그 도시의 거룩함에 대한 맹목적인 신뢰와 회개하지 않는 교만함을 보고 있다. 이는 필연적인 결과를 맞이하게 되는데, 복음서 서두에서 세례 요한이 다가올 진노를 선포했다(3:7). 예수는 이것을 수정하지 않는다. 만일 심판이 온다면, 예루살렘은 필연적으로 영향을 받게 될 것이다. 예수는 성전이 하나님으로부터 버려짐을 당하며(23:38), 파괴될 것이며(24:2), 그 거룩한 곳에 멸망의 가증한 것이 설 것(24:15)이라고 예언한다.

이 거룩한 도시는 신적인 심판을 겪게 될 것이다. '위대한 왕의 도시'

---

330 P. W. L. Walker, *Jesus and the Holy City*, 37.

는 예수의 비유에서 명백하게 본 것처럼 왕의 요구에 순종하는 것이 어떤 의미를 갖는지에 관한 뼈아픈 교훈을 배우게 될 것이다(18:23; 22:2; 25:34 참조).

④ 회복

마태는 예루살렘에 대한 하나님의 목적이 회복이 아닌 심판에 있음을 진술하였다.

그렇다면 마태복음에는 회복에 대한 암시가 전혀 없는가?

이 문제의 대답은 예수에 대한 바른 이해에 있다. 마태에 의하면 회복은 유대인들이 오랫동안 대망해 온 것으로, 지금 기대하지 않는 방식으로 실현되었음을 선포한다.

이렇듯 마태가 예수를 회복-희망을 성취한 분으로 인식하고 있다는 사실은 복음서 안에 몇 가지 특징들을 살펴봄으로써 확인할 수 있다.

㉮ 바벨론 포로의 종말

예수 시대에 존재하는 회복의 희망은 유대인들 스스로가 아직 포로기의 시대에 있다는 인식에서부터 시작한다. 비록 그들이 바벨론으로부터 해방되어 고국으로 귀환했지만, 이것 이상의 하나님의 약속이 있을 것이라는 확신을 가지고 있었다.[331]

이러한 인식을 배경으로 하여 마태복음의 새로운 의미를 찾는 작업이 시작되었다. 이 작업은 마태복음 1-4장을 포로기의 주제와 연결하는데, 예를 들면, 예레미야 31장 15절의 라헬이 자식을 위한 탄식을 마태복음 2

---

[331] "당시의 대부분의 문헌들은 각각 많은 차이가 있음에도 불구하고 이스라엘이 여전히 포로기 상태에 있으며, 이 포로기는 하나님이 그의 통치를 세우기 위하여 이 세상에 개입할 때 끝난다는 견해를 일관적으로 공유하고 있다." M. A. Knibb, "The Exile in the Literature of the Intertestamental Period," *HeyJ* 17(1976), 271-72.

장 18절의 유아 살해 사건이 성취한 것으로 본다. 이 구절이 인용된 예레미야 31장은 '위로의 책', 즉 회복 예언의 문맥 가운데 있다.

다시 말하면, 마태는 이 구절이 비록 베들레헴의 비극을 다루지만, 인용된 예레미야의 문맥처럼 희망이 성취되고 있는 것을 암시하기 위해 인용 구절을 사용한다. 이는 예수를 통해서 하나님은 그의 백성에게 포로기의 종말을 가져오는 역사를 이루신다.

또한, 마태복음 1장 1-17절의 족보의 단락 구분에서도 회복의 메시지를 찾을 수 있는데, 족보의 구성을 보면 아브라함에서 다윗까지 열네 대로, 다윗에서 바벨론 포로까지 열네 대로, 바벨론 포로에서 예수 그리스도까지 열네 대로 구분되어 있다. 이 구분은 유대인들이 여전히 바벨론 포로 시기로 인식하고 있으며, 고통 받는 날로부터 큰 구원의 역사가 필요함을 인식하고 있다. 그렇다면, 마태는 바벨론 포로의 종착점을 예수 그리스도로 보는 것이다. 마태복음 1장 18-21절에서 이 사실을 정확하게 진술하고 있음은 놀랄 만한 일이 아니다.[332]

예수는 메시아로서 예언적 회복의 희망을 성취한 분이다.

㈎ 예수, 참 이스라엘

마태는 예수를 참 이스라엘의 체현(體現)으로 나타낸다.[333]

---

[332] N. T. Wright, *The New Testament and the People of God*, 386.

[333] T. L. Donaldson, *Jesus on the Mountain: a Study in Matthean theology*(Sheffield: JSOT Press, 1985), 200; J. P. Meier, *The Vision of Matthew: Christ, Church, and Morality in the first Gospel*(New York: Crossroad, 1991), 55; 이와는 달리 '교회'를 새로운 혹은 참 이스라엘과 동일시하려는 입장을 지지하는 견해는 W. Trilling, *Das wahre Israel: Studies zur Theologie das Mattäus Evangeliums*(München: Kösel-Verlag, 1964)를 참조하라. 반면에 P. Richardson, *Israel in the Apostolic Church*(SNTSMS 10, Cambridge: CUP, 1969); J. P. Meier(1979), 55; D. R. A. Hare, *The Theme of Jewish Persecution of Christians in the Gospel According to St. Matthew*(SNTSMS 6, Cambridge: CUP, 1967), 152-70. 등의 학자들은 이 견해(교회를 참 이스라엘과 동일시하려는 입장)에 반대한다.

이것은 복음서 시작과 함께 등장하는데, 먼저, 유아기의 예수는 이스라엘의 초기 역사, 즉 '이스라엘의 땅'으로 돌아오기 전에 애굽으로 내려갔던 것을 재현한다(2:14, 19-21). 마태는 이 병행을 호세아 11장 1절("애굽으로부터 내 아들을 불렀다")을 인용함으로 더욱 두드러지게 한다.

원래 이 본문은 백성으로서 이스라엘에 적용한 것인데, 마태는 '아들'을 예수에게 적용한다.[334] 만일 예수가 '아들'로 불린다면, 그는 그 자신 안에 하나님의 아들이라는 이스라엘의 역할을 성취하고 체현하기 때문이다.

또한, 동방박사들이 유대인의 새로운 왕에게 경의를 보인 이야기는 이사야 60장 1-6절의 부분에서 모델이 되었는데, 거기서 이방인들이 그들의 금과 유향을 가지고 올 곳은 바로 시온에 있는 하나님의 백성에게다.

그리고 바로 뒤따르는 형식적인 인용문(2:17-18)은 베들레헴에서의 그 사건을 바벨론으로의 이거(移去) 때에 라헬이 자녀들을 '잃음'에 대한 예레미야의 말들(렘 31:15)의 빛에서 해석하는데, 그 단락은 마치 예수께서 지금 그의 애굽에서의 망명으로부터 회복되는 것처럼, 잃음을 하나님 백성의 기쁜 귀환과 회복에 대한 전주곡으로 본다.[335]

이러한 일치는 마태의 유혹 기사에서 확인되는데, 여기서 예수는 그의 아들 됨을 광야에서 이스라엘의 역사적 경험을 통해서 증명한다. 하지만, 이스라엘의 실패와는 달리 그는 자식으로서 완벽한 순종을 보여주었다(4:1-11).

이사야의 여호와의 종(마 8:17; 12:17-21)과 다니엘의 인자(마 10:23; 16:27-28; 24:30, 34; 26:64)라는 용어에 의한 자신의 사역에 대한 예수의 제시와 관련하여, '종'은 그의 개인적이고 진실로 다양한 고난에서 '이스라엘' 자신이다. 그리고 '인자 같은 이'는 다니엘 7장 후반부에서 '지극히 높으신 자

---

[334] R. T. France, *Matthew: Evangelist and Teacher*, 326.
[335] R. T. France, "The Formula-Quotations of Matthew 2 and the Problem of Communication," *NTS* 27(1980/1), 244-46.

의 성도'를 대표한다. 그러므로 마태의 예수는 어떤 의미에서 집합적인 인물로 제시된다.[336]

부활 예언에서 '제삼일' 모티프의 기원이 호세아 6장 2절에서 발견될 수 있다면, 이것은 이스라엘의 국가적 부활의 예언이 예수에게 전이되었다는 점에서 2장 15절의 모형론에서 유사한 모형론을 동반한다.

또한, 시편 118편 22절의 버림받은 돌은 이스라엘의 변호를 위한 인물이다. 그러나 그것은 21장 42절에서 자기 백성을 위한 하나님의 의도가 그 안에서 역설적으로 성취될 사람으로서 예수에게 적용되었다. 그리고 동일한 시편 형식이 23장 29절에서 회개하지 않는 이스라엘에 대한 예수의 마지막 호소/위협의 바탕을 이룬다.

시편 22편은 27장 35, 39, 43, 46절에서 그것의 단어들에 적절한 반향을 일으키고서, 마태의 고난 기사에서 가장 탁월한 부분이 된다. 이 시편은 비록 강한 개인적 용어로 표현되었지만, 국가적 애가의 시편으로 사용되었다. 이 두 시편은 사람들에게 멸시 당하고 버림받은 사람에 대한 극도의 변호, 즉 마태가 예수 안에서 그 정해진 절정에 도달한 것을 분명히 보았던 이스라엘의 국가적 경험과 기대 속에 있는 패턴을 제시한다.[337]

만일 마태가 이스라엘의 참 백성을 예수와 연관 지어 규정할 수 있다면, 같은 방식으로 이스라엘의 '회복'에 적용할 수 있다. 예수 자신의 삶이 이스라엘 역사를 요약한다면, 회복을 이해하는 방식이 완전히 새로워질 가능성은 충분하다.

이 예수가 하나님에 의해서 죽음으로부터 일으켜서 삶이 회복되었다면,

---

336 이에 대하여 다드는 "메시아는 이스라엘이 되어야 하는 것, 즉 새로운 하나님의 백성의 건설자나 지도자만을 의미하는 것이 아니라, 그는 그것의 모든 것을 포함한 대표자이다. 진실한 의미에서 그는 진정한 이스라엘이고, 자신의 경험에서 그것이 생기는 변천을 관철한다"고 하였다. C. H. Dodd, *The Founder of Christianity* (London: Collins, 1970), 106.

337 R. T. France, *Matthew: Evangelist and Teacher*, 329.

이 사건은 그 자체가 이스라엘의 회복이 되고, 세상 앞에서 이스라엘의 영광의 진정한 계시가 될 수 있다.

부활의 빛 하에서 예수 자신은 이스라엘의 회복된 아들이다. 따라서, 마태복음에서 부활은 성전의 재건설이 아니라(26:61), 시온이 회복된 순간이다. 마태는 예수의 부활의 빛 하에서 예수에게 투영된 시온의 회복을 본 것이다.

더 나아가 하나님의 현존으로서의 새 성전이요, 새 시온으로서의 예수는 그 자신을 기초로 하여 직접 교회를 세우면서, 시온의 의미를 확대한다(마 16:13-20; 18:20). 이는 예수의 개인적 사역이 연장된 예수공동체에 의해서 계승되었기 때문에 회복된 시온은 처음 예수 자신에게서 그 절정에 이르렀으나 또한 예수에게 속한 사람들의 공동체로 확대되고 있음을 보여준다.

하지만, 시온이 교회가 될 수 있는 것은 더이상 종족적 혈통에 기초하지 않고 예수와의 관계에서 그들의 반응 여하에 따라 이루어진다(마 16:16; 18:20).[338]

㈐ 마태복음 28장과 산-모티프[339]

회복과 관련하여 마지막으로 마태복음 28장을 주목해야 한다. 이전의 많은 장은 마가복음과 유사했다. 하지만, 마가복음의 마지막은 갈릴리에서 부활 후의 출현을 암시하고 갑자기 마무리되고 있다(14:28; 16:7).

마태복음은 갈릴리에서의 행적에 대하여 마가와 다르게 기술하고 있다. 마태는 이 지리적인 변화에 몇 가지 강조점을 둔다. 마태의 기사는 예루살렘에서의 부활 사건으로부터 앞서 나가는데, 이는 갈릴리의 산 위에서 제

---

[338] 위의 책, 331-76.
[339] '산'과 관련된 구절에 대하여는 4:8; 5:1, 14; 14:23; 15:29; 17:1; 21:1; 28:16을 참조하라.

자들에게 지상명령을 주는 것으로 절정에 이른다. 예루살렘에서 부활 출현에 대한 언급(28:9-11)은 갈릴리에서 제자들과 재 연합을 강조하기 위한 부차적인 기능 역할을 할 뿐이다.

마가와 비교할 때, 마태의 갈릴리 강조는 그 장소에 대한 특별한 애착 혹은 기독교 성지로서의 갈릴리에 대한 신념을 반영하는 것은 아니다. 이는 복음의 원심적 역동성을 강조하는 것이다. 부활의 이야기는 예루살렘에서 기원하지만, 온 세계를 위한 메시지다. 부활 이후 기간 동안 갈릴리에 대한 예수의 강조는 복음이 예루살렘으로부터 갈릴리로, 더 나아가 '모든 민족'으로 나아감을 보여주는 전조다.

이러한 하나님의 보편적인 목적에 대한 강조는 예루살렘을 이전에 속해 있던 것보다 훨씬 넓은 맥락 안에 필연적으로 배치한다. 예루살렘에 대한 마태의 마지막 묘사는 음모와 위선과 뇌물이 가득한 도시다(28:11-15). 부활하신 주님 주변에 모여든 새로운 기독교공동체가 있는 갈릴리는 빛의 장소인 반면에 예루살렘은 어두움 자체다.

마태의 궁극적인 관심은 예수가 제자들에게 지시하신 산 위에서의 만남에 있다(16).[340] 이 산에서 이루어지는 지상명령에 대하여 시온산의 배경에서 이해되어야 할 필요가 있다.[341] 시편 2편 6-8절에 따르면, 시온은 메시아적 왕이 '민족'과 '땅의 끝'까지 소유하도록 하나님의 아들로서 등극하는 장소다.

---

[340] 유대 특수주의에 입장에서 '이 산'(16)은 새로운 모세로서 예수를 부각시키기 위해 시내산에 비유하기도 하며, 모세가 광야 생활을 마치고 가나안 땅에 들어가는 새로운 세대를 향하여 교훈을 전한 '느보산'에 비유하기도 한다. 시내산에 대한 강조는 R. H. Gundry, *Matthew: A Commentary on His Handbook for a Mixed Church under Persecution*, 594; D. C. Allison, *The New Moses*(Edinburgh: T & T. Clark, 1993), 262ff를 참조하고, 느보산에 대한 강조는 N. T. Wright, *The New Testament and the People of God*(London: SPCK, 1992), 388-89; W. D. Davies, *The Gospel and the Land: Early Christianity and Jewish Territorial Doctrine*(Berkeley: University of California, 1974), 241을 참조하라.

[341] T. L. Donaldson, *Jesus on the Mountain: A Study in Matthean Theology*, 101-02.

지금 이곳에서 예수는 '아들'(19)로서 "하늘과 땅의 모든 권세를 내게 주셨으니 그러므로 너희는 가서 모든 민족으로 제자를 삼아라"(18-19)고 선포한다. 이는 시온으로 대체된 예수 자신의 기초 위에 세워진 제자공동체(교회)가 모든 민족(πάντα τὰ ἔθνη)[342]으로 확대되어야 하는 선교적 당위성을 언급하고 있는 것이다.

예수는 "내가 너희와 항상 함께 있으리라"(20)고 약속한다. 이는 하나님의 현존이 더이상 예루살렘에 제한되지 않고 모든 민족을 향하는 교회공동체 가운데 머물러 있을 것임을 상기시킨다.[343]

---

[342] '모든 민족(πάντα τὰ ἔθνη)에 유대인은 포함되는가?'에 대하여 헤어와 해링턴은 ἔθνη가 ἔθνος의 복수형으로 종종 '이방인들'을 가리키므로, 소위 대위임령은 '모든 이방인들'에게 해당되므로 유대인들을 배제시킨다고 하였다. D. R. A. Hare & D. J. Harrington, "Make Disciples of all the Gentiles(Mt 28:19)," *CBQ* 37(1975), 359-69. 하지만, 마이어는 마태의 ἔθνος 용법을 고찰하면서 마태가 단순히 마가나 'Q'에서 발견된 전통을 반복하고 있는 단락이 아닌 새로운 자료를 소개하거나 그 전통을 일부 수정하는 모든 단락(24:9, 14; 25:32; 28:19)에서 '이방인들'의 의미가 무엇을 뜻하는지에 대해서는 적어도 의심의 여지가 있고, 대부분의 경우에 있어서는 상당히 개연성이 없다고 결론을 내린다. 그러므로 마이어는 마태의 일반적인 용법만으로 28:19의 바른 번역이 '모든 민족들'이라고 결론짓는데, 여기서의 '모든 민족들'은 기독교의 선교 전망의 범위에 유대인들을 포함시킨다. J. P. Meier, "Nations or Gentiles in Matthew 28:19?," *CBQ* 39(1977), 94-102. 이와 관련하여 πάντα τὰ ἔθνη에 '유대인'을 포함시키는 것에 대한 근거에 대해서는 R. H. Gundry, *Matthew: A Commentary on his Literary and Theological Art*(Grand Rapids: Eerdmans, 1982), 595-56을 참조하라. 만일 마이어가 하나님의 백성으로서의 이스라엘의 특권적 지위가 끝이 났다는 확신과 유대인들은 개인적으로 그들의 메시아에게 반응할 것이라는 소망을 둘 다 포용하는 복음서의 일반적인 신학적 전망을 첨가했더라면, 그의 논의는 한층 강화되었을 것이다.

[343] 이에 대하여 도날드슨(Donaldson)는 "마태에게 있어서 그리스도인의 경험은 단지 예루살렘에 있는 산이나 또는 갈릴리에 있는 산이 대신할 수 있는 것이 아니다. 그것은 종말론적 성취의 중심으로서 시온을 대신하는 그리스도이다. 마태의 '산' 모티프는 시온 경험이 그리스도에게로 전이되는 하나의 수단으로 기능한다"고 주장한다. T. L. Donaldson, *Jesus on the Mountain*, 184. 이와 같은 입장을 지지하면서, 월커(P. W. L. Walker) 역시 "시온은 더이상 장소가 아니라 하나의 인격체다. 예수가 하나님의 백성들의 모임과 종말론적인 성취의 중심으로서 시온을 대체한다"고 하였다. P. W. L. Walker, *Jesus and the Holy City*, 46. 하지만, 마지막 산 모티프는 시온으로 대체된 예수는 물론 그의 기초 위에 세워진 제자공동체(교회)로 의미가 확대되어야 함을 보여준다. 동시에 시온은 더이상 장소적 예루살렘이 아니라 모든 민족으로 확장되는 선교적

(3) 마태복음과 예수 전승과의 관계

마태는 예수가 '임마누엘'로서 이전에 예루살렘 성전에 임한 하나님의 현존을 자신의 인격 안에서 구체화했다는 독특한 방식을 전개한다. 비록 마태가 예수를 하나님의 현존이라는 개념으로 묘사하지만, 이것은 예수 자신이 새 성전임을 언급한 예수 전승 위에 있음을 보여준다.

마태는 예루살렘을 '위대한 왕의 도시'라고 묘사하지만, 역설적으로 그 왕을 죽이는 도시로 묘사한다. 그 결과는 심판이요, 파괴로 이어지지만, 마태는 회복의 메시지를 던진다. 바로 예수를 참 이스라엘이요, 새 시온으로 묘사한다. 그 기초 위에 제자공동체(교회)를 세우며, 자신의 사역을 계승하게 한다.

이는 마태 역시 예수의 예루살렘에 대한 입장을 그대로 승계하고 있음을 보여주며, 예수로부터 새 시온을 계승한 교회는 이제 모든 민족을 향하여 나아가는 보편적 선교 사명을 가지고 있는 존재로 확대한다.

3) 누가-행전

예루살렘은 누가-행전에 자주 등장한다.[344]

누가-행전의 구조는 예루살렘을 중심으로 이루어지며, 내러티브의 전환에 있어서도 이 도시는 결정적 역할을 한다. 누가복음은 성전에서 시작해서 성전으로 마무리 된다(1:8-22; 24:53).

복음서 중에서 누가복음만이 성전에서의 예수의 어린 시절을 기록한다 (2:22-24; 41-51).

공동체임을 의미한다.
344 신약성경에 나타나는 139회의 예루살렘 언급 중 90회가 누가-행전에서 발견된다. 또한, 누가복음에 등장하는 31회의 예루살렘 언급(사도행전 59회)은 다른 복음서보다 두 배에 이른다.

마태와 달리 누가는 예수의 시험 사화에서 '성전 꼭대기'의 사건을 마지막에 배치하면서 예루살렘을 특별히 강조한다(4:9-12).
　갈릴리 사역을 다루는 다섯 장 이후에 예수는 예루살렘을 향한 여행을 시작한다(9:51). 이 여행 사화는 예루살렘을 예수 여행의 목적지로 자주 언급한다(13:33-35; 17:11; 18:31; 19:28). 예수의 예루살렘 도착은 결정적 순간이며, 이는 고난의 드라마에 두 참여자 즉, 예수와 예루살렘을 함께 이끌어낸다. 군중들은 예수를 환영하며 기뻐하지만, 예수는 이 도시의 장래의 운명을 생각하며 눈물을 흘린다(19:37-44).
　성전 정화 사건 이후에 예수는 매일 성전에서 '묵시적 강화'를 포함하여 가르친다(19:47; 21:1-38). 이 강화에 대하여 누가는 다른 어떤 복음서보다 예루살렘의 운명에 집중한다(21:20-24).
　또한, 누가복음은 갈릴리에서의 부활 현현 기록이 없으며, 단지 예루살렘 주변에 한정되고 있다. 이러한 방식으로 누가의 사화는 마태나 마가와는 병행이 존재하지 않는 예루살렘에 집중하는 부분이 등장한다.
　예루살렘에 관한 누가의 관심은 예루살렘에 대한 네 개의 신탁에서 가장 잘 드러난다(13:32-35; 19:41-44; 21:20-24; 23:27-31).
　이러한 예루살렘과 성전에 대한 누가의 관심은 사도행전에도 이어진다. 감람산 승천과는 별도로(1:6-12), 사도행전 1-7장은 전적으로 예루살렘에 자리를 잡는다. 예루살렘을 떠나지 말라(1:4)는 명령을 받은 제자들은 "유대와 사마리아와 땅 끝까지" 이르는 예수의 증인이 될 부름을 받는다(1:8). 이 원심적 운동은 8장에서 시작되며, 로마에 바울이 도착하면서 절정에 이른다(28:16). 하지만, 이 장들 곳곳에 바울이 예루살렘을 방문한 사실을 언급한다. 사도행전에는 예루살렘의 운명에 대한 언급이 없지만, 성전은 스데반에 의해서 비판을 받으며(7:48-50), 바울은 성전에서 '이 거룩한 장소'를 더럽히는 책임을 추궁 당한다. 이 때문에 바울은 이 도시에서 쫓겨나게 되고 이후로 결코 돌아오지 않는다.

예루살렘에 대한 이 모든 언급들은 무엇을 의미하는가?

한편으로는 누가가 예루살렘에 대한 편견을 가지고 있다고 보고, 다른 한편으로는 그가 이 도시를 과소평가했다고 보기도 한다. 이러한 입장을 바탕으로 다음과 같은 질문에 대하여 논의해 보고자 한다.

첫째, 누가-행전에서의 예루살렘의 강조점
둘째, 성전과 예루살렘에 대한 누가의 긍정적 관점
셋째, 성전과 예루살렘에 대한 누가의 부정적 관점
넷째, 누가-행전에 나타난 예루살렘의 의미

(1) 누가-행전에서의 예루살렘 강조점

누가에게 있어서 예루살렘 중심성은 곧 성전 중심성과 같다. 성전이 예루살렘의 심장부이기 때문이다.[345] 누가-행전의 경우 분량에 있어서 전체 내용의 약 6분의 1 정도가 성전과 그의 운명에 관한 내용이다.[346]

다른 문서에 비해 '예루살렘'이 빈번히 사용되는 것은 '성전' 역시 누가 문서에서 빈번히 사용되고 있다는 사실을 반증한다. 이처럼 누가-행전에서 성전과 예루살렘은 밀접한 관계를 가진다.

누가복음이 예루살렘에서 시작하여 예루살렘에서 끝나고 있다는 말은 누가복음이 성전에서 시작하여 성전에서 끝나고 있다는 말과도 같다. 예수가 예루살렘으로 여행한 것도 궁극적으로는 그 마지막 여행 목적이 성전이기 때문이다.

이런 측면에서 본 단락에서는 성전과 예루살렘을 분리하지 않고 둘을

---

[345] J. T. Sanders, *The Jews in Luke-Acts*, 33.
[346] '성전'이란 용어가 다른 문서들에 비해서 자주 등장하는데, 마태와 마가에서 모두 20번 사용되고 있는데, 누가-행전에서 39번 사용되고 있다. 누가복음에서는 성전에서 시작하여 성전에서 끝나는 점도 성전이 차지하는 비중을 강조해준다. 김득중, 『누가의 신학』(서울: 컨콜디아사, 1991), 337.

하나의 범주 안에서 다룰 것이다.[347]

예루살렘은 누가-행전의 신학적 지리적 위치에서 중요한 역할을 한다.[348] 누가-행전의 예루살렘의 강조는 복음서를 포함한 다른 신약의 문헌들과 비교하여 이 용어를 얼마나 사용하고 있는가를 보면 알 수 있다.[349]

다음으로, 예루살렘은 누가-행전에서 구조적인 축을 이루고 있다. 누가복음은 마가와 마태가 예수의 사역을 갈릴리를 중심으로 소개하고 있는 것과는 달리 '예루살렘 지향적' 혹은 '예루살렘 중심적'으로 다루고 있다. 이것은 예수의 생애가 누가복음에서 예루살렘 성전에서부터 시작되는 점에서 분명히 드러난다. 누가만이 예수가 탄생 직후 아기의 몸으로 예루살렘에 올라간 것(2:22) 그리고 거기에서 시므온과 안나 선지자를 만난 것(2:25-38), 또한 12세 때에 예루살렘에 올라가 성전에서 선생들과 말씀을 토론한 일(2:42-51)들을 언급하고 있다.

예루살렘 지향성은 다른 복음서와는 달리 누가복음만이 '예루살렘으로

---

[347] 예루살렘과 성전, 이 두 주제를 분리해서 논의할 것인가, 아니면 그 둘을 하나의 범주 속에서 함께 취급할 것인가와 관련하여, 전자의 입장을 보인 학자로는 콘첼만과 에슬러가 대표적이다. H. Conzelmann, *The Theology of St. Luke*, trans. by G. Buswell(London: Faber and Faber, 1960), 73-79; P. Esler, *Community and Gospel in Luke-Acts*(Cambridge: Cambridge Univ. Press, 1987), 132. 한편, 유상현은 양자는 그 취급하는 내용과 성격에 따라서 분리되기보다는 통합적으로 보는 것이 타당하다고 주장하였다. 그 이유에 대하여 성전만을 말하게 될 때는 그것이 가진 종교적 의미만이 주목받게 됨에 반하여 예루살렘을 말할 때는 그것이 가지고 있는 다양한 의미 곧 성전을 포함한 정치, 사회, 문화, 종교적 차원이 모두 포함된 포괄적 의미를 지칭할 수 있기 때문이다. 유상현, 『사도행전 연구』(서울: 대한기독교서회, 1996), 146. no. 4. 참조.

[348] J. T. Sanders, *The Jews in Luke-Acts*(Philadelphia : Fortress Press, 1987), 24. 드러리(J. Drury)는 "예루살렘은 누가의 두 문서 전체의 움직임과 행동을 결정짓는 지리적 자석"이라고 했다. J. Drury, *Tradition and Design in Luke's Gospel*(Atlanta: John Knox Press, 1976), 52. 굴더(M. Goulder)는 "예루살렘은 누가의 신학적 우주의 중심"이라고 주장했다. M. D. Goulder, *Type and History in Acts*(London: SPCK, 1964), 69. 페린(N. Perrin)은 "누가-행전의 저자는 구조적으로 두 권의 책의 중심에 예루살렘을 배치하고 있다"고 했다. N. Perrin & D. Dulling, *The New Testament*(Fort Worth, Texas: Harcourt Brace College Publishers, 1994), 376.

[349] 이와 관련한 예루살렘의 사용 횟수에 대하여는 위의 각주 344번을 참조하라.

의 여행 부분'을 확대하여 소개하고 있는 점에서도 분명해진다. 누가복음 9장 51절에서 이미 예수는 '예루살렘으로 올라가기로 굳게 결심'했음이 강조된다. 그뿐만 아니라 '예루살렘으로 올라간다'는 표현이 계속적으로 반복되어 나타난다.[350]

예수가 예루살렘에 입성하여 십자가에 달려 죽은 후 부활하여 처음으로 현현한 장소로 마태와 마가가 갈릴리를 강조하고 있는 것과 달리, 누가는 예루살렘과 그 근처(엠마오)를 강조한다. 이는 예루살렘에 대한 누가의 강조점을 잘 보여준다.

사도행전 역시 구조적으로 예루살렘 중심적이라고 할 수 있다. 초기 기독교공동체가 예루살렘에서 시작되었으며, 사도행전의 지리적 움직임은 예루살렘에서 로마를 향하는 것이지만 그 출발지가 예루살렘이며,[351] 로마로의 여행의 과정을 보여주는 전도 여행은 예루살렘으로 돌아오는 왕복 여행으로 되어 있다(행 8:25; 9:26-29; 11:2, 27-30).

그래서 사도행전 후반에서도 계속 예루살렘이 빈번히 언급되고 있다(15:6-7; 21:15). 이는 복음이 예루살렘으로부터 이방으로 전파된다는 것뿐만 아니라 이방 전도 활동의 본거지가 예루살렘이란 점을 보여준다.

따라서, 사도행전에서도 구조적인 축은 예루살렘인 셈이다.[352]

---

350 눅 9:53; 13:22; 17:11; 18:31; 19:11, 28.
351 행 1:8의 선교 명령이 예루살렘에서 수령되었다는 점과 예루살렘에서의 초기 선교가 성공적인 결과를 가져왔다는 점(2:41) 또한 예루살렘이 초기 기독교의 선교의 중심지였음을 알려준다.
352 R. L. Brawley, *Luke-Acts and the Jews*, 35-36. "사도행전의 이야기는 실제로 예루살렘과 이방 선교지 사이의 왕복운동이다…따라서 사도행전은 예루살렘으로부터 이탈하는 움직임을 보여주는 것이 아니라 예루살렘으로의 끊임없는 복귀를 보여주고 있다. 사도행전의 지리학에서는 강조점이 처음부터 끝까지 계속 예루살렘에 놓여 있다."

(2) 성전과 예루살렘에 대한 누가의 긍정적 관점

누가는 마가복음을 자료로 사용하여 그 내용과 구조를 따르고 있지만, 누가복음에서 예루살렘과 성전는 마가복음에서처럼 부정적으로만 나타나고 있지 않다.[353]

본문을 중심으로 누가-행전에 나타난 예루살렘과 성전의 긍정적인 이미지들을 살펴보고자 한다.

① 누가복음 서두(눅 1-2장)

예루살렘의 성전이 주요 무대가 되고 있는 누가복음 1-2장에서부터 예루살렘과 성전에 대한 긍정적인 모습이 나타난다.

가브리엘 천사가 제사장 사가랴에게 나타난 장소인 '주의 성소'(눅 1:9, 21, 22)는 예루살렘 성전을 의미한다. 탄생 직후 아기 예수는 정결예식의 날에 성전에 갔으며(2:22), 시므온이 성령의 감동으로 성전에 들어가 예수를 축복한다(2:28-32). 여선지자 안나가 아기 예수를 향하여 예루살렘의 속량을 기다리는 사람들에게 아기 예수에 대하여 말한다(2:36-38).

또 예수는 12세에 부모를 따라 예루살렘에 갔고 성전에 남아 선생들과 말씀에 대하여 토론하였고(2:41-46), 성전을 가리켜 '아버지의 집'이라고 말한다(2:49).

여기서 성전은 종교적인 헌신, 경건, 하나님의 계명과 약속에 대한 충성으로 연결되어 있다.[354]

---

353 R. H. Lightfoot, *Locality and Doctrine in the Gospels*(N. Y.: Harper and Brothers, 1937), 140. 누가복음에서 예루살렘은 다른 두 공관복음서보다 훨씬 더 호의적인 빛 하에서 그려지고 있다.

354 김득중, 『누가의 신학』, 340-41.

② 변화산 기사(눅 9:31)

예수의 용모가 변화된 사건에 있어서 마가와 마태와는 달리 누가는 대화의 내용을 공개한다. "장차 예수께서 예루살렘에서 별세[355]하실 것이다"(ἔλεγον τὴν ἔξοδον αὐτοῦ, ἣν ἤμελλεν πληροῦν ἐν Ἰερουσαλήμ). 특히 '별세하다'는 여행 기사의 시작을 알리는 9장 51절("예수께서 승천하실 기약이 차가매 예루살렘을 향하여 올라가기로 굳게 결심하시고")에서 예수가 예루살렘에 올라가는 이유를 승천으로 언급하고 있기 때문에 단순히 죽음과 고난을 가리키는 것으로 볼 수 없다. 누가는 이 단어를 통해서 구원이 그리스도의 죽음, 부활 그리고 승천까지 포함하는 것으로 이해하고 있다.[356]

따라서, '별세'와 관련하여 예루살렘은 긍정적인 시각에서 제시되고 있음이 명백하다.[357]

③ 성전 정화 사건과 수난

누가는 다른 복음서와는 달리 성전 정화 사건을 간단히 다룬다(19:45-46).[358] 누가복음에서는 예수가 성전 안에서 채찍을 휘두르며 책상을 뒤엎

---

[355] ἔξοδον은 문자적으로는 '떠남'을 가리키며, 따라서 신약 다른 곳에서는 이런 의미로 사용되었다(벧후 1:15; 히 11:22). 이런 이유로 ἔξοδον을 그리스도 죽음과 함께 승천을 가리키는 것으로도 해석이 가능하다. 죽음을 이 단어로 표현한 것은 출애굽 예표론을 반영하는 것이며, 이는 구원을 암시하는 긍정적 의미를 함축하는 것으로 볼 수 있다. C. F. Evans, *Saint Luke*(TPI New Testament Commentaries, London: SCM, 1990), 418. 참조.

[356] D. L. Tiede, *Luke*(Augsburg Commentary on the N. T, Minneapolis: Augsburg, 1998), 1880-89.

[357] 김경진, "누가의 예루살렘에 대한 긍정적 이미지 연구," 『신약연구』 vol. 4(한국복음주의신약학회, 2005), 32-42; 이와 관련하여 한 가지 언급할 것은 마가복음에서 여행 기사가 세 번에 걸친 수난 예언과 결합되면서 그리스도의 수난이 무척 강조되고 있는데 반해, 누가 특수 자료가 80퍼센트에 해당하는 누가복음의 여행 기사에서는 예루살렘의 그리스도의 수난보다는 오히려 포괄적 구원과 관련된 교훈과 가르침에 큰 비중이 주어지고 있음을 발견하게 된다. I. H. Marshall, *Luke: Historian & Theologian*(Exeter: Paternoster, 1970), 148-53.

[358] 마가복음은 11:15-18로 4구절, 마태복음은 21:12-17로 6구절, 요한복음은 2:13-22

고 짐승들과 사람들을 몰아내는 과격한 행동은 나타나지 않고 있으며, 단지 온건한 형태로 극소화되어 있다.

이는 예수가 성전 안에서의 잘못된 행동을 시정하였지, 결코 반대나 배척 혹은 파괴적인 행동을 하지 않았기 때문이다.[359]

또한, 누가는 성전 정화 사건 직후에 "예수께서 날마다 성전에서 가르쳤다"(눅 19:47)고 한다.[360] 이는 예루살렘 성전이 무엇보다도 교훈과 선포의 장소였음을 알 수 있다. 예루살렘이 예수가 십자가에 달려 죽은 장소이기 때문에 부정적인 이미지로 보이지만, 누가복음은 백성과 지도자들을 구별한다. 백성은 성전에서 예수의 말씀에 귀를 기울였고(20:1), 이른 아침에 그의 말씀을 들으려고 모여들기도 했다(19:48; 21:38). 이 때문에 지도자들이 쉽사리 예수를 잡아 죽일 수가 없었다.

예수가 죽었을 때도 무리들은 '다 가슴을 두드리며'(23:48) 슬퍼했다. 유대 종교 지도자들, 곧 예루살렘의 일부가 예수를 죽였을 뿐이며, 그것을 예루살렘 전체에 돌리는 것은 무리다.[361]

④ 누가복음의 마지막 장면

예수의 부활 현현에 대한 기록의 특징은 공관복음서 중에서 누가만이 예루살렘에 한정하고 있다.

첫 번째 부활 현현은 엠마오 도상(눅 24:13-35)에서, 두 번째 현현은 열한 제자가 예루살렘에 모여 있을 때(24:36-43)다.

로 10구절인데 반해 누가복음은 19:45-46로 단 2구절이다.
359 R. L. Brawley, *Luke-Acts and the Jews*, 123. 이와 관련하여 콘첼만은 예수의 성전 정화 사건을 '파괴' 혹은 '갱신'으로 보지 않고, 성전을 장악하는 수단으로 본다. 이에 대하여 H. Conzelmann, *The Theology of St. Luke*(N. Y.: Harper & Row, 1960), 78을 참조하라.
360 이 외에도 예루살렘에서의 예수의 활동이 '성전에서의 가르침'으로 강조되는 본문으로는 19:47; 20:1; 21:37 등이 있다.
361 김득중, 『누가의 신학』, 342.

누가복음에는 예수가 제자들에게 갈릴리로 가라는 명령도 나오지 않고 (참조. 막 16:8), 도리어 제자들에게 성령을 받을 때까지 예루살렘을 떠나지 말도록 명령하고 있다(눅 24:49; 행 1:4).

그리고 복음서의 마지막 장면인 예수 승천 장소도 예루살렘에서 가까운 베다니로 소개되고 있다(눅 24:50).[362] 그리고 예수의 승천 직후 제자들은 예루살렘 성전으로 돌아와 하나님을 찬양하는 것으로 복음서가 끝나고 있다(눅 24:52-53).

⑤ 사도행전의 예루살렘에 대한 긍정적 이미지

누가복음의 끝과 사도행전의 처음을 보면, 다른 복음서와는 달리(막 16:7; 마 28:6), 부활한 예수가 갈릴리에 나타난 것으로 기록하지 않고 예루살렘에 등장한다. 그곳에서 예수는 승천하게 된다(행 1:12).

그 후 초기 기독교공동체가 예루살렘에서 시작된다. 특히, 사도행전 1장 8절의 선교 명령이 예루살렘에서 출발하고 있다는 점과 오순절 성령 강림이 이곳에서 일어나며(2:1-4), 예루살렘 교회의 부흥과 초기 선교가 성공적인 결과를 가져온다(2:14-4:37). 예루살렘은 주변 지역은 물론 이방 선교를 총괄하고 조정하는 기능을 수행하기도 한다(행 8:14-15, 25; 11:1-18, 22-23; 15장).

바울의 선교와 관련하여 예루살렘은 중추적인 역할을 한다.[363] 바울의

362　보다 정확하게는 예루살렘 근처 베다니의 감람산이었다(눅 24:50; 행 1:12). 예레미야스에 의하면, 유월절과 같은 명절에는 전 세계에서 몰려온 성지 순례객들로 인해 예루살렘의 경계가 확대되어 베다니 역시 넓게는 예루살렘에 포함되었다고 한다. J. Jeremias, *Jerusalem zur Zeit Jesu*, 88-90.

363　누가는 예루살렘을 종말론적 운명을 성취하는 출발점으로서 강조한다. 이에 대한 근거는 사 2:3에 있다. "이는 율법이 시온에서부터 나올 것이요 여호와의 말씀이 예루살렘에서부터 나올 것임이니라." 그러나 누가에게 있어서 예루살렘이 종말론의 목적지는 아니다. '땅 끝까지'(원심적, 행 1:8; 13:47) 가는 보편적 선교를 위한 출발일 뿐이다. 이에 대한 근거는 이사야 8:9; 48:20; 49:6: 62:11이다. R. J. Bauckham, *The Book*

이방인 선교사로서의 소명이 예루살렘 성전에서 이루어졌다(행 22:6-21). 또 바울은 전도 여행을 마칠 때 예루살렘을 방문한다(16:4; 18:22; 19:21; 21:17-19).

또 다른 측면에서 볼 때, 초기 기독교인들의 생활이 예루살렘 안에서 특히 성전 중심으로 이루어졌다는 점이다(행 2:46; 3:1-3, 5; 5:20-21). 이러한 점을 통해 누가가 예루살렘을 상당한 중요성을 가진 긍정적인 도시의 이미지로 묘사하고 있음을 볼 수 있다.

누가가 예루살렘을 긍정적 이미지로 묘사하는 의도는 구약으로부터 면면히 이어져 오는 구속사의 긴 흐름을 새로운 기독교가 계승하여 연장해 나갈 수 있는 상징적 장소요, 구속사의 계속성을 보장하는 공간으로 예루살렘에 의미를 부여하는 데 있다.[364]

누가복음에서 예루살렘은 예수가 지상에서 보낸 생애의 절정을 꽃피운 곳, 즉 그의 삶을 마감하고 승천하여 역사의 분수령을 이룬 뜻깊은 장소다. 따라서, 그곳에서 태동한 기독교공동체는 예수의 선교 활동을 이어받게 된다. 복음 선교의 역사적 뿌리를 예루살렘을 통해 확보하는 것이다.

또한, 예루살렘은 이방 선교가 활발해지면서 이방 기독교가 유대교의 연장에서 그것을 계승하고 있다는 공간으로 이해된다. 즉, 예루살렘은 이스라엘과 교회 사이의 다리로 기능한다.[365]

이처럼 누가는 다른 복음서 저자와는 다르게 예루살렘을 긍정적인 측면에서 그 중요성을 강조한다.

누가-행전은 예루살렘에 대하여 긍정적인 모습만 제시하고 있는가?

---

of Acts in its Palestinian Setting(Grand Rapids/Carlisle: Eerdmans/Paternoster, 1995), 415-80.

364 P. F. Esler, *The Community and the Gospel in Luke-Acts*, 16-23; 46-70; R. L. Brawley, *Luke-Acts and the Jews: Conflict, Apology and Conciliation*, 159.

365 W. W. Gasque, "A Fruitful Field: Recent Study of the Acts of the Apostles," *Int* 42(1988), 121.

그러면 양자 사이의 긴장 관계는 어떻게 보아야만 하는가?

이러한 질문을 염두에 두고, 먼저 부정적인 측면을 살펴보고자 한다.

(3) 성전과 예루살렘에 대한 누가의 부정적 관점

누가복음의 구조를 3부로 나눌 경우 첫째 부분(1:1-9:50)은 예수의 수난 예고로 끝나고, 둘째 부분(9:51-19:44)은 "대제사장들과 율법학자들이 백성의 지도자들의 후원을 얻어 예수를 죽이려고"(19:47) 하는 장면과 연관되어 있으며, 마지막 부분(19:45-24:53)은 예수의 수난과 죽음이 주요 내용을 구성하고 있다.

세 부분 모두 예루살렘과 성전에 관련되어 있다.

사도행전도 구분한다면, 사도들의 부분, 일곱 지도자들의 부분, 베드로의 부분, 바울의 부분으로 구분할 수 있다. 이 부분은 사도들의 박해, 스데반의 순교, 베드로의 체포와 구금, 바울의 체포와 심문으로 되어 있다. 박해와 순교의 주동자들은 예루살렘의 종교 지도자들이며, 예루살렘이 그 무대가 되고 있다. 또한, 예수와 스데반과 바울의 순교가 누가-행전에서 거의 유사한 방법으로 설명되고 있음도 주목해야 한다.

세 사람의 순교는 모두 예루살렘 성전과 연관되어 있다. 세 사람 모두 예루살렘 산헤드린에 의해 죽음과 추방을 당했으며, 모두 성전에 대한 부정적인 태도 때문에 박해를 당했다.[366]

아래에서는 누가-행전의 구조를 바탕으로 예루살렘에 대한 누가의 부정적인 측면을 고찰해 보도록 한다.

---

[366] 김득중, 『누가의 신학』, 344.

① 시험 사화(눅 4:1-13)

시험 사화는 마태와 누가가 공통 자료(Q)를 사용하고 있는데, 세 가지 시험의 내용에 대해서는 일치하지만, 몇 가지 중요한 차이점을 보인다.

첫째, 마태의 두 번째 시험인 성전 꼭대기에서 뛰어내리라는 시험이 누가복음에서는 세 번째 시험으로 등장한다.
둘째, 마태가 '거룩한 성'이라고 기록한 것을(마 4:5), 누가는 예루살렘이라는 구체적인 지명을 언급하고 있다(눅 4:9).
셋째, 마태는 시험이 끝난 후 마귀가 떠나간 것으로 묘사하고 있지만, 누가는 마귀가 얼마 동안 떠나는 것으로 묘사하고 있다.

마태와 누가 중 어느 것이 원래 전승인가의 문제는 학자들마다 견해가 일치하지 않아 단정 짓기가 어렵다.[367] 하지만, 누가가 예루살렘의 지명 사용과 성전 꼭대기 시험을 마지막으로 배치한 것과 이로 인하여 마귀가 잠시 떠나 있다는 결론은 예수 사역의 절정이 예루살렘에서의 죽음이라는 신학적 강조점과 복음서 마지막이 예루살렘에서 끝나고 있다는 지리적 강조점, 또한 누가복음 22장 3, 31, 51절에 마귀가 다시 등장하여 활동의 절정을 이루고 있는 것과 긴밀한 관련이 있다.[368]

마태에 비해서 누가가 예루살렘을 부각시키고자 하는 의도는 분명하나,

---

[367] 피츠마이어는 누가가 본래의 전승에 변화를 주었다고 한다. J. A. Fitzmyer, *The Gospel according to Luke I-IX*(AB, New York: Doubleday, 1983), 516; J. Nolland, *Luke 1:1-9:20*, 김경진 역, 『누가복음 1:1-9:20』 WBC 35 상(서울: 솔로몬, 2003), 373. 그러나 마샬은 이 점에 있어서 마 27:53을 언급하며 마태의 표현이 이차적이라고 지적하면서, 누가 본래의 전승에 더 가까움을 시사한다. I. H. Marshall, *The Gospel of Luke*(NIGTC, Exeter: Paternoster, 1978), 172.

[368] 그린은 시험 사화(4:1-13)의 예루살렘 언급은 장차 예수님이 수난 중에 당하실 결정적 시험에 대한 상징적 예표라고 말한다. J. B. Green, *The Gospel of Luke*(NICNT, Grand Rapids: Eerdmans, 1997), 195.

마귀가 예루살렘과 성전에서 활동하고 있다는 것과 그곳을 완전히 떠나지 않고 있다가 예수의 죽음의 시기에 다시 등장하여 활동하고 있다는 사실은 예루살렘과 성전에 대한 부정적인 이미지를 드러낸다.[369]

② 누가복음에서의 예루살렘 파괴 예언

예루살렘에 대한 부정적 언급의 절정은 예루살렘 파괴에 대한 예언이다. 누가가 예루살렘과 성전 파괴에 대한 강조는 여행 사화가 끝나는 시점으로부터 마지막 부분까지 네 번에 걸쳐서 언급하는 점에서 잘 드러난다: 누가복음 13장 31-35절, 누가복음 19장 41-44절, 누가복음 21:20-24절, 누가복음 23장 26-31절.

첫째, 누가복음 13장 31-35절이다. 본 단락은 두 부분, 즉 13장 31-33절과 13장 34-35절로 구분된다. 전반부는 헤롯이 갈릴리에서 예수를 죽일 수 없다는 그 이유에 대하여 33절에서 예루살렘 밖에서 선지자가 죽는 법이 없다고 선포한다. 후반부인 34-35절은 마태복음 23장 37-39절과 병행을 이루는 본문으로 예루살렘이 하나님께서 이전에 보내신 사자들을 거부했듯이 이제는 예수 자신도 거부할 것임을 예감하고 예수의 독백을 통해서 언급한다.

또한, 예수가 성전을 '그의 아버지의 집'(2:49)으로 묘사한 긍정적인 관점에서 이후에 나오는 성전에 대한 13장 34-35절의 언급은 극적인 반전을 이룬다. 예수가 비장하게 선포한 13장 35절 "보라 너희 집이 황폐하여 버린바 되리라"에서 '집'은 성전을 의미한다.[370] '버려진다'는 단어 사용은

---

369 이와는 달리 김경진은 "누가의 예루살렘에 대한 긍정적 이미지 연구," 31-32에서 누가복음의 '시험 기사'를 예수의 예루살렘에 대한 긍정적인 이미지를 보여주는 단락으로 소개하고 있다.
370 본 단락에 대해서는 제5장 1. "예수" 중 "Q 13장 34-35절" 부분을 참고하라.

'포기'를 의미한다. 누가복음 2장 49절의 '그의 아버지의 집' 즉, 하나님의 집이 이제 '너희 집'으로 바뀐다. 이는 성전에 더이상 하나님이 거하지 않고, 포기했다는 것을 의미한다.

누가는 13장 35절을 여행 사화의 중간 부분에 배치하고 있는데, 이는 예수가 예루살렘으로부터 멀리 떨어져 있으며, 이러한 사실은 장차 예루살렘에 임할 필연적인 사건을 미리 보여주고 있다.[371] 이는 예루살렘이 예수를 거부하는 장소인 동시에 하나님이 예루살렘 성전에 거하지 않고 떠나심으로 예루살렘을 포기했다는 것을 드러낸다.

둘째, 19장 41-44절은 누가복음에만 나온다.[372] 예수는 예루살렘에 가까이 이르렀을 때에 바리새인들이 그의 제자들을 책망할 것을 권고하자(39절) 40절의 과장법의 반응을 보인 후에 가장 강력한 파괴 선포를 한다.[373]

셋째, 21장은 성전(5-6절)과 예루살렘(20-24절)의 파괴를 동시에 포함하고 있다. 본문은 특히 마가복음 13장의 자료[374]를 자유롭게 편집하여 예루살렘과 성전의 파괴를 강조한다.

먼저 마가복음 13장 1-2절은 '이 큰 건물들'의 파괴를 언급한 반면, 누가는 파괴의 대상을 '성전'으로 언급한다(21:5-6). 마가복음 13장 14-20절

---

371   P. W. L. Walker, *Jesus and the Holy City*, 61-62.
372   41-42절은 대체로 누가에 의해서 만들어진 배경으로 보이며, 44 하반절은 전승을 토대로 한 것이지만(10:13 참조), 현재의 형태는 누가의 것이다. 하지만, 이 단락의 주된 부분(43-44)은 자료에 의존하고 있다. 돌 하나도 돌 위에 남지 않을 것이라는 이미지는 마가복음 13:2(병행. 눅 21:6)에도 나오지만, 누가가 이 이미지를 마가 본문으로부터 가져온 것이라고 확정할 수는 없다. J. Nolland, *Luke 18:35-24:53*, WBC 35 하, 146-47.
373   "날이 이를지라 네 원수들이 토둔을 쌓고 너를 둘러 사면으로 가두고 또 너와 및 그 가운데 있는 네 자식들을 땅에 메어치며 돌 하나도 돌 위에 남기지 아니하리니"(눅 19:43-44).
374   마가복음 13장의 발전들이 단어의 사용들 및 추가적인 전승 자료들의 통합을 통해서 아무리 광범위하게 이루어졌다고 할지라도 마가복음 13장은 역사적 예수에게로 소급될 수 있는 중요한 핵심 위에 구축되어 있다. 마가복음 13장의 자료에 대한 충분한 논의에 대해서는 J. Nolland, *Luke 18:35-24:53*, WBC 35 하, 233-39를 참조하라.

은 예루살렘에 '멸망의 가증한 것이 서는 것'을 언급한 반면, 누가는 '예루살렘이 군대에게 에워싸이는 것'으로 표현한다. 24절에서 누가는 마가복음에 없는 예루살렘의 짓밟힘에 대한 다른 언급을 추가한다.[375]

따라서, 21장은 마가복음 13장에 기초하여 누가의 예루살렘과 성전의 파괴를 보다 강조하고 있다.[376]

넷째, 예루살렘과 성전 파괴에 대한 마지막 구절은 누가복음 23장 26-31절이다.[377] 이 본문에서는 예루살렘의 임박한 파괴에 대한 구체적인 언급이 없음에도 불구하고 묵시적 유형의 저주가 그 도시와 거주민을 기다리고 있으며, 그들이 그 박해를 겪게 될 것이라는 구절들이 명백하게 드러나고 있다.

---

[375] 레이케(Reicke)는 21:24의 '이방인들에게 밟히리라'는 로마 군대가 예루살렘을 정복하여 지배하는 시기를 가리키며, '이방인의 때'는 로마가 예루살렘에서의 승리가 끝나는 때를 의미하는 것으로 이해한다. B. Reicke, "Synoptic Prophecies and the Destruction of Jerusalem,"(ed.), D. Aune, *Studies in the New Testament and Early Christian Literature*(NovT Supp. 33, Leiden: Brill, 1972), 127. 이와 관련하여 21:24 이하의 구절에 근거하여 '이방인의 때가 차기까지'를 인자의 재림으로 해석하여 이 구절을 예루살렘의 미래적 회복과 일치시키려는 입장이 존재한다. 그 해석적 근거로 구약에서 예루살렘이 이방인에게 짓밟힌 후에 회복을 경험한 사례들을 제시한다. 이러한 자세한 설명을 위해서는 J. B. Chance, *Jerusalem, the Temple, and the New Acts in Luke-Acts*, 134-35를 참고하라. 이와 같은 입장의 견해로는 D. L. Tiede, *Prophecy and History in Luke-Acts*(Philadelphia: Fortress, 1980), 92. 하지만, 문맥적 흐름으로 볼 때, 예루살렘의 회복을 언급하는 것이라기보다는 이방인에 대한 미래적 심판을 경고한 것으로 이해하는 것이 타당하다. "예루살렘의 운명은 마지막 심판의 전조이다. 예루살렘에 임한 운명은 전 세계를 포함한 거대한 우주적 크기로 이방인에게 닥칠 것이다. 이것이 이방인의 때가 찰 때의 의미다." H. Flender, *Luke: Theologian of Redemptive History*(ET, London: SPCK, 1967), 113, 165.
[376] J. B. Chance, *Jerusalem, the Temple, and the New Acts in Luke-Acts*, 116.
[377] 본 단락에서 누가는 26절에서 마가 자료(막 15:20)를 사용하고 있고, 32절도 막 15:27로부터 영감을 받는다. 그 밖의 다른 내용들에서는 다른 복음서들에 병행이 나타나지 않는다. 따라서 사소한 부분만 누가의 편집적 손길로 보인다. 27-28절이 원래 핵심부분이고, 29절이 예수의 말씀으로 첨가되었으며, 30절과 31절이 각각 나중에 보충 설명으로 덧붙여졌다. J. Nolland, *Luke 18:35-24:53*, WBC 35 하, 480-81.

③ 예루살렘과 성전의 파괴 원인

누가는 예루살렘과 성전의 파괴의 원인을 두 가지로 지적한다.

누가는 파괴의 첫 번째 원인이 예수와 그의 제자(혹은 교회)에 대한 유대인들의 거부에 뿌리를 두고 있다고 진술한다.

이는 예루살렘 도시와 성전에 임할 심판을 언급하는 본문[378]에서 몇 가지 암시를 통해 드러낸다.

첫째, 누가복음 13장 34-35절은 '예루살렘 집의 버려짐'을 '선지자를 죽이고, 너에게 보낸 자들을 돌로 치는' 예루살렘의 지속적인 행동과 연결시킨다.[379]

예수에 대한 이 도시의 거부는 34절에서 명백하게 드러난다: "암탉이 제 새끼를 날개 아래에 모음 같이 내가 너희의 자녀를 모으려 한 일이 몇 번이냐 그러나 너희가 원하지 아니하였도다."

그 거절의 결과가 35 상반절에 나타난다. "보라 너희 집이 황폐하여 버린바 되리라."

둘째, 파괴의 원인을 보여주는 본문인 19장 41-44절에는 이 도시가 참하게 파괴될 것임이 생생하게 드러난다. 그 이유에 대하여 44 하반절에 "이는 네가 보살핌을 받는 날을 알지 못함을 인함이니라 하시니라"고 진술한다.

누가에게 있어서 '보살핌'(ἐπισκοπή)의 단어는 하나님의 백성들 가운데 있을 종말론적인 구속 사역을 의미한다(눅 7:11-17 참조). 이 보살핌을 가져

---

[378] 본 단락에서 언급된 네 개의 본문 이외에도 눅 23:44-48의 십자가 장면에서도 파괴와 예수의 거부의 모티프가 연결되어 있는데, 특히 병행 본문인 막 15:33-39와 비교해서 참고하라. 이와 관련한 구체적인 논의는 J. B. Chance, *Jerusalem, the Temple, and the New Acts in Luke-Acts*, 118-20을 참조하라.

[379] 이와 관련하여 버림받은 선지자로서의 예수에 대한 모티프에 관해서는 D. L. Tiede, *Prophecy and History in Luke-Acts*, 24-64를 참조하라.

오는 분은 바로 예수다(눅 7:16; 1:68 참조). 누가에게 있어서 '보살핌의 때'를 알아차리지 못한 것은 예루살렘이 예수의 인격 가운데 온 구원을 알아차리지 못함으로 인하여 실패한 것으로 이해된다.[380]

본문 직후에 나오는 성전 정화 사건(19:45-46)은 독특하다. 마가와 달리 누가는 이 사건을 '파괴의 징조'로 나타내지 않고, 성전이 바른 소명으로부터 이탈했다는 것을 보여주기 위해 계획된 '정결을 위한 과격한 행동'으로 나타낸다. 하지만, 13장 35절에 이미 신적 심판이 불가피하게 선포되었기 때문에, 누가는 이 장면을 통해서 성전 파괴에 대한 책임이 인간 편에 있음을 보여주고자 한다.

누가가 성전 정화 사건을 19장 41-44절 직후에 배치한 것은 성전에서의 예수의 행위가 예루살렘 도성의 심판에 대한 성취임을 나타낸다. 즉, 예루살렘의 적들이 장래에 예루살렘을 짓밟을 것처럼(43-44), 예수는 다가오는 심판의 표징으로서 성전을 뒤집어 놓는다.

그뿐만 아니라, 심판의 원인에도 연결되는데, 이 도시의 무지(42)는 성전에서 가장 예리하게 나타난다. 그것은 성전이 본래의 목적에 무지하고, 하나님의 오실 날을 알지 못하고 있기(44) 때문이다.[381] 이는 예루살렘과 성전이 밀접한 내적 연관성이 있음을 보여준다.

셋째, 누가복음 21장은 예루살렘과 성전 파괴에 대한 주요 강화로 구성되어 있다. 이 강화 자체에는 예수의 거부에 대한 명확한 언급이 없지만, 문맥을 볼 때, 예수의 거부와 예루살렘과 성전 파괴 사이의 관련성을 진술하고 있다.[382]

21장의 강화 이전 문맥은 예수가 예루살렘 당국자들에 의해서 거부 당하는 장면들로 구성되어 있다. 누가복음 20장 1-8절은 유대 지도자들이

---

380 I. H. Marshall, *The Gospel of Luke*, 719.
381 P. W. L. Walker, *Jesus and the Holy City*, 61-64.
382 J. B. Chance, *Jerusalem, the Temple, and the New Acts in Luke-Acts*, 117-18.

예수의 권위를 인정하지 않는 점을 보여준다. 9-18절의 악한 포도원 농부 비유에서는 아들에 대한 권위의 거부는 하나님이 보낸 사자들의 거부에 상응하는 절정으로 등장한다.

이후에 등장하는 논쟁 장면은 극한 긴장을 보여주는데, 이는 서기관과 대제사장들(19절)과 사두개인들이(27절) 예수께 던진 질문에 잘 드러난다 (20절).[383] 20장 마지막 부분에 서기관들의 위선을 지적하는 예수의 말씀이 등장(45-47절)하고 난 후에 가난한 과부의 헌금이참과 거짓 경건의 모델로 묘사된다(21:1-4).

이와 같이 예수와 예루살렘 지도자들 사이의 논쟁적인 긴장의 문맥 이후에 누가는 21장에 나타난 예루살렘 파괴 강화를 제시한다.

따라서, 21장에는 명료한 예수의 거부에 대한 진술이 나타나지 않지만, 전후 문맥을 통해서 예수를 거부하는 예루살렘과 성전에 대한 파괴와의 관련성을 적나라하게 보여주고 있다.

넷째, 23장 26-31절은 누가복음에서 예루살렘 파괴의 마지막 예언이다. 이 구절에는 예루살렘에 임할 저주는 명백히 그 도시의 죄악과 관련되어 있다: "푸른 나무에도 이같이 하거든 마른 나무에는 어떻게 되리요 하시니라"(31절). 여기서 '푸른 나무'는 예수의 무죄를, 마른 나무는 예수를 죽음으로 몰아넣는 자들의 죄악을 상징하는데,[384] 예수는 골고다로 향하는 도상에서 이 말씀을 하고 있다.

그렇다면 이 도시의 죄악은 바로 예수를 거부하여 십자가에 처형하는 것이며, 이로 인하여 예루살렘은 마른 나무처럼 임박한 심판에 직면하게

---

383 "이에 그들이 엿보다가 예수를 총독의 다스림과 권세 아래에 넘기려 하여 정탐들을 보내어 그들로 스스로 의인인 체하며 예수의 말을 책잡게 하니"(눅 20:20).

384 J. Schneider, "ξύλον" *TDNT* V, 38. 이와 관련한 다른 해석에 대해서는 C. A. Evans, "Is Luke's View of the Jewish Rejection of Jesus Anti-Semitic?" *Reimaging the Death of the Lukan Jesus*,(ed.), D. D. Sylva(BBS 73, Frankfurt am M.: Anton Hain, 1990), 174-83을 참조하라.

될 것이다.[385]

예루살렘과 성전 파괴는 예수에 대한 거부뿐만 아니라 그의 제자 혹은 교회에 대한 거부와 밀접한 관련이 있다.

이 점은 누가복음 21장에 나타나는데, 여기에는 교회의 박해와 예루살렘 파괴가 밀접하게 연결되어 있다. 12-19절은 교회가 유대인과 이방인들에 의해 핍박 당하는 내용들이 목록화되어 있다. 사도행전은 이 예언에 대한 역사적 성취를 보여주는데, 21장 12-19절의 상당한 부분이 사도행전과 병행을 이룬다.

누가복음 21장 12 상반절은 예수의 제자들의 박해를 언급한다: "내 이름으로 말미암아 너희에게 손을 대어 박해하며." 이런 박해 유형은 사도행전에서 상당히 많이 발견된다(행 4:3; 5:18; 12:1; 21:27). 누가복음 21장 12 하반절("너희를 회당에 넘겨주며")은 유대인들에 의한 박해를 보여주는데, 사도행전에서 성취되는 병행 구절도 상당하다(행 5:17-18, 40-41; 6:12-7:70; 8:1; 9:29; 13:44, 50; 14:2-6; 15:19-22; 21:11; 23:12-15).

또한, 같은 구절인 21장 12 하반절에 감옥에 넘겨주는 부분도 사도행전에서 성취된다(행 5:18; 12:3-5; 16:23-24; 21:13, 31). 누가복음 21장 12 하반절은 그리스도인들이 임금들과 집권자들 앞에 끌려가되, 이것이 예수의 제자들에게 증거의 기회가 될 것을 예언한다.

이에 대하여 사도행전에는 그리스도인들이 다양한 지도자들에게 증거를 제시하는 많은 용례가 있다(행 4:5-12; 5:29-32; 24:10-21; 26:1-23). 누가복음 21장 14-15절에 제시된 핍박 당하는 제자들에게 모든 대적을 대적하고 변증할 수 있는 구변과 지혜를 줄 것에 대한 약속들이 구체적으로 이루어진다(행 2:14-37; 6:10; 9:22; 17:2-3; 18:4, 28; 19:8).

---

[385] "누가복음의 가장 큰 비극은 메시아를 십자가에 못 박은 것이 아니라 예루살렘이 그의 주님을 영접하는 데 실패하고 있다는 것이다." A. Hasting, *Prophet and Witness in Jerusalem*(London: Longmans, 1958), 106, 176-78.

누가복음 21장 16 하반절에는 몇몇 그리스도인들이 죽임을 당할 것이라고 예언한다. 이를 성취하는 구절들이 사도행전에 나타난다(행 7:60; 12:1-2; 20:17-35).

이 모든 시련을 통하여 예수의 제자들은 신적인 보호를 확신하게 된다(눅 21:18-19. 행 5:19; 12:6-11; 16:25-26; 27:34). 제자 혹은 교회 박해에 대한 예수의 예언 직후에 예루살렘 파괴 예언이 등장하는 것은 결코 우연일 수 없다(21:20-24). 이는 예루살렘의 파괴는 어떤 방식으로든 교회 박해와 연관되어 있음을 보여주는 것이다.[386]

예루살렘과 성전 파괴의 두 번째 원인은 예수와 교회의 보편적인 선교에 대한 거부 때문이다. 누가는 이방인의 구원이 하나님의 구원 계획의 통전적인 부분임을 믿었다. 이방인들은 하나님의 백성의 위치에 있음을 온전하게 인정받았다(행 10:44-48; 11:15-18; 15:7-9, 13-14). 더욱이 누가는 전승에 따라 회복된 유대 민족은 열방의 구원을 위한 온전한 도구가 되어야 함을 제안했다(행 3:24-26; 15:16-18). 이 구원에 대한 하나님의 종말론적 사역, 즉 '만물의 회복'의 시작은 예수와 교회의 시대부터임을 보여준다(행 3:21).

하지만, 누가는 유대인들이 점차로 이러한 신적 의도를 거절하였고, 이 때문에 예수의 다시 오심과 모든 만물의 회복이 지연되고 있다고 본다(행 3:19-21). 최종 결과는 예수와 그의 교회에 대한 거부였다. 이 때문에 유대

---

386 J. B. Chance, *Jerusalem, the Temple, and the New Acts in Luke-Acts*, 120-21. 이외에도 바울의 예루살렘에서의 체포(행 21:27-30)와 예루살렘 성전 파괴와 밀접한 관련을 맺고 있다. 예를 들어, 눅 23:45의 예수가 십자가에서 처형될 때, 성전 휘장이 찢어지는 것과 행 21:30의 바울이 성전에서 붙잡혀 추방 당할 때, 성전 문이 닫힌 것은 예수와 바울이 예루살렘에 마지막 여행이라는 병행이 있다. 또한, 눅 19:45-48과 행 21:26은 예수와 바울이 성전에 들어갈 때, 처음에는 긍정적인 태도를 보이고 있다는 점과 예수와 바울이 부활에 대하여 사두개인들과 접촉한 점(눅 20:27-39; 행 23:6-9), 예수와 바울이 군중들에 의해서 체포된 점(눅 22:54; 행 21:30), 각각 제사장 뜰에서 능욕 당한 점(눅 22:63-64; 행 23:2). 각각 동일한 외침으로 불의하게 고소 당한 점(눅 23:18; 행 21:36)을 들 수 있다. C. H. Talbert, *Literary Patterns, Theological Themes and the Genre of Luke-Acts*(Missoula MT: Scholar Press, 1974), 17-18을 참조하라.

인들은 심판을 받는다.

나사렛 회당에서의 희년 선포(눅 4:18-19)는 예수 복음의 보편성을 잘 드러내는데, 여기서 예수는 하나님의 구원의 축복이 유대인을 넘어서 확대될 것임을 명확히 한다(눅 4:25-27).[387] 유대인들은 예수를 죽이려고 한다(4:28-29). 이는 예수의 보편적 선교에 대한 유대인의 반응을 통해서 예수의 운명이 어떻게 전개될 것인지를 보여준다. 예수의 보편적 복음에 대한 거절은 소외된 자를 향한 예수의 사역을 거부하는 것으로부터 시작된다. 누가는 유대인들이 구원의 축복은 '의로운 자'에게 제한되어야 하고, 이 의로운 자는 유대인들에 한정된다는 왜곡된 생각을 보여준다(눅 5:17-26, 27-32; 6:6-11; 12:1; 15:3-7).

거부에 대한 주제는 더 구체적으로 표면화되는데, 죄 지은 여인의 향유를 부은 행위를 받아주심에 대한 바리새인 시몬의 예수의 선지자 됨에 대한 의구심(7:36-50), 안식일에 귀신들린 자 치유 문제로 인한 회당장의 정죄(13:10-17), 안식일에 수종병자 치유로 인한 바리새인의 당황(14:1-6), 탕자의 비유에서 탕자를 받아주는 것에 대한 첫째 아들(바리새인)의 분노(15:11-32), 부자와 나사로의 비유(16:19-31)에서 바리새인의 가난한 자에 대한 경멸(16:14) 등으로 나타난다.[388]

사도행전에서 유대인들의 보편적 복음[389]에 대한 거부의 절정은 스데반

---

387 J. A. Sanders, "From Isaiah 62 to Luke 4,"(ed.), Jacob Neusner, *Studies in Judaism in Late Antiquity 12*(Leiden: E. J. Brill, 1975), 75-106.
388 유대인이 의인의 반열에 있으며, 구원은 의인들에게 한정된다는 왜곡된 사상은 사도행전에서도 이어지며, 이러한 측면에서 이방 선교에 대한 유대인들의 저항을 나타내기 위해서 누가는 'ζῆλος' 혹은 'ζηλόω' 단어를 사용하는데, 이는 누가복음에서 유대인들이 자신들의 의로움을 나타내기 위해서 사용한 'δίκαιος'와 유사하다. 이와 관련한 본문으로 행 4:1-22; 5:17-40; 13:45; 17:5 등을 참조하라.
389 예루살렘이 기독교 시작의 지리적 중심지였지만, 누가는 어떤 공간에 예외적 의미를 부여하는 것을 피한다. 행 1:8은 유대 역사의 특수성이 응결된 예루살렘이 이방인 선교라는 보편성 전개 사실의 선포 장소가 된다. 이처럼 '특수'로부터 '보편'으로의 지향은 사도행전 곳곳에 스며들어 있다. W. D. Davies, *The Gospel and the Land*, 260.

의 순교(행 6:13-14)와 바울의 예루살렘에서의 체포(21:27-30) 사건에서 드러난다.

이 두 본문에서 성전을 지칭할 때, 누가는 'τόπος'란 단어를 사용한다. 이는 양 본문의 밀접한 관련성을 시사한다.

누가는 스데반을 통해 성전이 세상에서 하나님의 현존을 제한하도록 기능하는 것에 대하여 비난하고 있다.[390] 누가는 스데반의 가장 급진적 진술을 제시한다.

> 그러나 지극히 높으신 이는 손으로 지은 곳에 계시지 아니하시나니 선지자가 말한 바 주께서 이르시되 하늘은 나의 보좌요 땅은 나의 발등상이니 너희가 나를 위하여 무슨 집을 짓겠으며 나의 안식할 처소가 어디냐 이 모든 것이 다 내 손으로 지은[391] 것이 아니냐 함과 같으니라(7:48-50; 사 66:1-2 인용 참조).

스데반은 성전의 과거 유효성을 전적으로 부인한 것이 아니다. 스데반은 솔로몬이 성전을 건축하면서 언급했던 진리를 상기시키려 할 뿐이다(왕상 8:27). 스데반은 구약의 성전에 대하여 부인하지 않으면서 하나님을 성전에 제한하려는 자들과 이러한 역설을 간과하는 자들을 비난하는 것이다. 비록 그의 진술이 과거에나 지금이나 잘못 들릴 수도 있으나, 그것은 성전의 과거의 유효성 자체를 부인하는 것이 아니다.

그럼에도 불구하고 논쟁적 어조는 스데반을 고소하는 자들에 대한 비난을 드러낸다. 성전이 하나님의 관점에서 진정한 자리를 잡고 있지만, 그들

---

390 스데반 연설(행 7:2-53)은 상당 부분이 성전 건립 이전의 이스라엘 역사를 다룬다. 그 중 강조되는 것은 이스라엘 역사에서 하나님의 현존을 어떤 특정 지역이나 건물에 국한시킬 수 없다는 점이다. 이러한 점들을 암시하는 구절인 7:2, 4-5, 6, 9, 16, 30절을 참조하라. J. Dunn, *The Partings of the Way*, 65-66.

391 성전을 '사람의 손으로 지은' 것으로 묘사한 부분인데, 특히, 이에 해당하는 단어인 χειροποιήτος는 이방인 신전을 묘사할 때 일반적으로 사용된다. 행 17:24 참조.

에게 우상이 되어버렸다는 것이다. 성전은 과거의 위치를 잃어버렸고, 지금은 의미 없는 인간의 구조물에 불과하다. 심지어 과거에는 어떠했을지 몰라도 지금 하나님은 더이상 인간의 손으로 지은 집에 거주하지 않는다.

이처럼 성전은 지금 비난의 대상으로 전락하였다.[392] 즉, 버려진 바 되었으며(눅 13:35), 우상으로 전락했으며(행 7:48), 파괴의 위협 아래 놓여 있다(눅 21:6; 행 6:14). 이야기의 흐름은 예루살렘 성전에서 사마리아와 이방 지역으로 전환된 후, 이 성전 주제는 거의 묻혀 있다가 바울의 마지막 예루살렘 여행에서 다시 수면에 떠 오른다.

사도행전 21장 27-30절에서 유대인들이 사도 바울을 죽이려고 한 데에는 바울이 헬라인을 성전에 데리고 왔다는 것이 이유다. 누가는 29절에서 바울이 성전을 더럽히지도 않고, 또한 성전 중심에 들어간 것도 아님을 명백히 한다. 중요한 점은 유대인들이 이방인들이 성전 경내에 들어갈 가능성에 대하여 민감하게 반응하고 있다는 것이다. 그들의 입장에서 볼 때, 바울의 이러한 행위는 토라와 성전을 거부하는 것에 상응한다(21:31).

이방인에 대한 유대인들의 관점은 근거가 없다. 이방인들도 하나님의 백성으로 허락되었으며(15:14-18), 같은 성령을 받았기 때문이다(행 10:45; 11:17; 15:8). 따라서, 하나님의 백성인 이방인을 거부하는 것은 하나님의 선포를 거절하는 것이고(행 10:15; 11:9), 그 결과는 바울을 박해하는 것으로 나타난다(행 22:21-22 참조).

누가에게 있어서 유대인과 이방인의 보편적인 구원은 하나님의 뜻이었다. 많은 유대인이 이방인 구원을 위한 도구라는 그들의 사명을 자각하였고, 예

---

[392] 에슬러는 본문에 나타난 성전에 대한 거부가 쿰란보다 더 극단적이라고 본다. 쿰란에서는 예루살렘 사제들이 전적으로 부패했다고 주장하면서도 원칙적으로 성전 안에서 드리는 야웨 예배에 반대하는 것도 아니었고, 야웨가 그곳에 거한다는 개념에 반대한 것도 아니었다고 주장한다. P. Esler, *Community and Gospel in Luke-Acts,* 134-35, 153. 쿰란에 관해서는 G. Vermes, *The Dead Sea Scrolls in English*(London: Penguin, 1987), 42-47을 참조하라.

루살렘과 성전이 먼저 그 역할을 수행하기 시작했다.

하지만, 대다수의 유대인들은 이방인을 향한 하나님의 선교를 거부했고, 구원을 그들 자신에 한정시켰다. 이방인을 향한 복음의 문이 열린 것에 대하여 그들은 분노하였으며, 바울을 성문으로 쫓아냈으며, 그를 죽이려고 시도하였다.

하나님의 반응은 명백하다: "…문들이 곧 닫히니라"(행 21:30). 성전과 예루살렘 도성은 파괴될 것이다. 이는 성전이 하나님의 현존이 떠나는 장소가 되었고, 심판이 임박한 상태로 전락했음을 보여준다.[393]

(4) 누가-행전과 예수 전승과의 관계

예루살렘과 성전[394]은 누가-행전의 신학적 지리적 위치에서 중요한 역할을 한다. 누가-행전의 예루살렘 강조는 복음서를 포함한 다른 신약의 문헌들과 비교되는 용어 사용 그리고 예루살렘이 누가-행전에서 구조적인 축을 이루고 있다는 점 등은 누가-행전에서 예루살렘이 중심 주제임을 드러낸다. 누가는 다른 복음서들과는 달리 예루살렘을 강조하면서, 긍정적인 측면을 탁월하게 부각시킨다.

저자가 예루살렘을 긍정적으로 묘사하는 것은 예루살렘이 가지는 '계속성' 때문이다.

첫째, 예루살렘은 구약으로부터 이어져 오는 구속사의 흐름을 기독교가 계승하여 연장해 나갈 수 있는 상징적 장소로서 의미를 가진다.[395]

---

393 J. Dunn, *The Partings of the Way*, 65-66
394 누가-행전에서 성전과 예루살렘을 분리시키지 않았지만, 비일(Beale)의 경우 사도행전 분석을 통해서 '새 성전으로서의 그리스도'라는 입장을 견지한다. 이에 대한 자세한 사항은 G. K. Beale, "A New Temple in the Book of Acts," *The Temple and the Church's Mission*, 201-44를 참조하라.
395 이런 입장에서 예루살렘 주제를 다룬 학자들로는 R. L. Brawley, *Luke-Acts and the Jews:*

둘째, 예루살렘은 복음의 역사적 뿌리를 보존하고 있으며, 예수 사역과의 연속성을 유지하는 의미를 가진다.[396]

셋째, 예루살렘은 기독교 선교의 발달과 더불어 증대되는 이방적 기독교 공동체가 역사적 유대교의 연장에서 그것을 계승한다는, 이방 기독교와 유대교의 계속성을 제시하는 공간으로 이해된다.[397]

누가가 예루살렘에 관하여 '계속성'이란 긍정적인 측면을 부각하고 있는 이유는 무엇일까?

이는 누가의 공동체적 상황과 관련된다. 누가-행전의 저술 당시인 80년대[398]에는 기독교와 유대교와의 교리적 차이로 인하여 양자 사이의 단절을 가속화할 가능성이 있었다.

당시 이방 기독교는 유대교의 우산 속에서 명맥을 유지해야 할 미약한 단계였기 때문에, 이러한 상황이 악화되는 것을 막기 위한 적절한 수단이 필요했다. 그 수단은 이방 기독교가 유대교의 연장선상에 있음을 알릴 수 있는 것인 동시에 유대교에 종속되지 않음을 보이는 기능을 가진 것이어야 했다.[399] 예루살렘은 당시 상황에 아무런 영향과 파급을 미칠 수 없는, '사라지고 없는 도시'로 누가의 의도를 실현할 최적의 주제였다.

이처럼 누가는 예루살렘을 구약으로부터 이어져 오는 구속사의 흐름을 기독교가 계승하여 연장해 나갈 수 있는 상징적 장소로 그 의미를 부여한

Conflict, Apology, and Conciliation Brawley; J. B. Chance, *Jerusalem, the Temple, and the New Acts in Luke-Acts*; R. C. Tannehill, *The Narrative Unity of Luke-Acts: A Literary Interpretation*(Philadelphia and Minneapolis: Fortress, 1986/90) 등이 있다.

396 P. W. L. Walker, "A New Era: Luke-Acts," *Jesus and the Holy City*, 104.
397 유상현, 『사도행전 연구』, 153.
398 위의 책, 31-32를 참조하라.
399 기독교와 유대교를 잇는 관계의 끈으로 유효한 역할을 하는 것으로서 '율법과 성전'이 있다. 행 6:13; 7:48-53; 21:28 참조. 그러나 율법이 강조될 경우 기독교의 본질이 훼손되는 케리그마의 변질을 의미하기 때문에 사용에 어려움이 존재하였다.

다. 이는 복음 선교의 역사적 뿌리를 예루살렘을 통해 확보한 것으로, 어느 신약 저자에서 볼 수 없는 누가의 탁월한 공헌이라고 할 수 있다. 이러한 긍정적 요소는 어떤 행위에 의해서도 지워질 수 없는 본래적인 중요성을 가진 하나님의 도성이라는 예수 전승에 서 있다고 볼 수 있다.

비록 예수와 교회에 대한 거부, 보편적인 선교에 대한 거부로 인하여 예루살렘이 심판을 경험하지만, 이것 역시 마지막 심판의 전조로서 전 세계를 포함한 우주적인 심판으로 이방인에게 닥칠 경고로 부각시킨다.

이를 통해서 예루살렘과의 연속성 측면에서 이제 기독교가 진정한 예루살렘의 계승자임을 드러낸다. 이는 복음의 새 시대의 도래로 인하여 특별한 구속사적 위치는 사라졌지만, 여전히 예루살렘은 이방 선교를 총괄하는 중추적인 역할을 여전히 차지하고 있음을 통해서도 증명된다.

이런 측면에서 누가는 예수 전승에서 예루살렘이 제자공동체(교회)로 대체되었다는 입장을 명시적으로 드러내지는 않지만, 복음의 새 시대에 이방 기독교공동체가 유대교의 계승자로서 위치를 확보하는 데 예루살렘을 결정적으로 사용한다. 단지 '대체'와 '계승자'라는 단어적 차이일 뿐이지 의미상으로는 일맥상통한다.

따라서, 누가의 예루살렘 역시 광의적으로 예수 전승에 서 있음을 알 수 있다.

4) 요한복음

예수의 출현은 예루살렘과 성전에 심오한 영향을 끼쳤다. 요한복음 역시 마찬가지다. 요한복음에는 성전에 대한 입장을 제시하면서 성전을 두고 예수와 유대인들 사이의 충돌을 묘사한다. 요한은 성전의 본질적인 의미를 예수 자신이 성취하였다는 입장을 강조한다. 이에 반해, 예루살렘에 대해서는 다른 복음서와 같이 분명한 증거를 찾기가 쉽지 않다.

요한복음에 '예루살렘'이란 단어는 총 12회 등장하는데,[400] 전부 Ἱεροσόλυμα라는 세속적 명칭을 사용한다. 이로써 저자는 예루살렘을 구약의 신학적 유산과 거리를 두고 있는 것으로 보인다.[401] 이러한 점은 요한에게 있어서 예루살렘은 어떤 의미를 가지고 있는지 궁금증을 불러일으킨다.

이러한 도입을 전제하면서, 본 단락에서는 성전과 예루살렘에 대한 본문을 분석하고자 한다. 이에 대한 결론으로 성전과 예루살렘의 의미를 살펴보고, 예수 전승과의 관계성을 논의하고자 한다.

(1) 요한복음과 성전

본 단락은 요한복음에 나타난 성전과 관련된 구절을 분석하고자 한다. 먼저 성전 정화 사건(요 2:14-22) 분석을 통해서 저자가 이전에 예루살렘 성전이 가지고 있는 모든 의미와 실체를 예수 자신에게로 이끌어 와서 예수를 새 장막이요, 새 성전으로 대체시키는 것을 입증할 것이며, 그것을 확증하기 위해서 영과 진리의 예배(4:19-24)와 유대 절기의 완성(7:14-8:59; 10:22-39) 본문에 나타난 의미들을 살펴 보고자 한다.

---

[400] 1:19; 2:13, 23; 4:20, 21, 45; 5:1, 2; 10:22; 11:18, 55; 12:12.
[401] P. W. L. Walker, *Jesus and the Holy City*, 176.

① 성전 정화 사건: 새 성전(요 2:14-22)

성전 정화 사건은 공관복음과는 달리 복음서 시작과 함께 등장한다.[402] 본 단락은 이중적인 구조를 가지고 있다. 14-17절은 공관복음서와 유사한 예수의 행동과 말씀에 초점을, 18-22절은 공관복음서와는 독립적인 자료로서 유대인의 행동에 초점을 맞춘다. 저자는 예수 행동에 대한 동기를 명확하게 드러내지는 않지만, 이 사건을 통해서 예수의 정체성을 명확하게 드러내고 있다.

본문에서 예수는 성전의 유효성은 인정하지만,[403] 어떤 의미에서는 하나님과 자신의 독특한 관계를 더 강조하고 있다: '내 아버지의 집'(16).

하지만, "이 성전을 헐라 내가 사흘 동안에 일으키리라"(19)는 말씀과 그 이후의 요한의 해석인 "예수는 성전 된 자기 육체를 가리켜 말씀하신 것이라"(21)는 말씀은 다가올 파괴에 대한 일종의 표적이다.[404]

요한에 따르면, 예수의 파괴 선언은 예루살렘 성전이 심판을 향하여 나

---

[402] 요한복음과 공관복음의 성전 정화 사건에 대한 논의는 현재 상당한 의견 일치를 보이고 있다. 1) 이 사건은 두 번이 아니라 한 번 발생했다. 2) 예수의 생애의 마지막 주에 일어났다. 3) 요한복음 기자는 사건의 시점을 수정하려는 의도는 가지지 않았지만, 예수 사역의 과정을 이해하는 일에 있어 그 기사의 중요성을 부각시키기 위해 그것을 시작부에 배치한다. 이 기사는 예수의 사역, 곧 그의 말씀들과 행동들, 그의 죽음과 부활의 본질과 과정, 그리고 하나님에 대한 새로운 예배 안에서 나타나는 그 모든 것의 결과를 파악할 수 있는 극히 중대한 단서를 제공한다. G. R. Beasley-Murray, *John*, 『요한복음』, WBC vol. 36(서울: 솔로몬, 2001), 176.

[403] 예수의 성전에서의 행동을 '주의 전을 사모하는 열심'(17, 시 69:9)으로 묘사하는 것은 성전을 부정하는 것이 아니라 도리어 긍정적인 관점을 보여주고 있다. 이에 대하여 스코트는 "예수께서는 성전을 정화하시는 일로 예수 자신이 하나님에 대한 모든 방해 요소들을 제거하시기 위하여 오셨다는 것을 보여주신다"고 주장한다. E. F. Scott, *The Crisis in the Life of Jesus*(New York: Scribners, 1952), 19.

[404] P. W. L. Walker, *Jesus and the Holy City*, 165-66; "성전 논쟁과 관련하여, 예루살렘 성전은 한 번 파괴되어 다시 회복되지 않을 것이지만, 예수의 몸 된 성전은 3일 만에 다시 일어났다. 성전은 이중(double) 파괴되었지만, 하나의 성전만 재건되었다. 이는 그리스도의 몸이 예루살렘 성전으로 대체되었음을 가리키는 것이다." J. Ellul, *The Meaning of the City*, 218-19.

가고 있음을 경고한 것이다. 이 역설적인 명령은 예수의 육체의 파괴로 성취되고, 새로운 성전 건축은 예수의 부활로 말미암아 이루어진다. 이는 성전이 예수의 오심과 특히 그의 죽음에 커다란 영향을 받게 됨을 보여준다.

따라서, 성전 정화 사건은 예수의 십자가와 육체적 부활이라는 내부적인 의미를 암시하는 표적으로서, 이를 통해 예수가 성전의 상징적 의미로 대체되었음을 드러낸다.[405]

이와 관련하여 요한복음 서론 부분인 1장 14절은 성전 정화 사건의 의미를 분명히 밝히는 데 도움을 준다.

"말씀이 육신이 되어 우리 가운데 거하시매"(καὶ ὁ λόγος σὰρξ ἐγένετο καὶ ἐσκήνωσεν ἐν ἡμῖν)에서 요한은 '거하다'(ἐσκήνωσεν)라는 표현을 사용함으로써, 예수의 오심을 광야 가운데서 이스라엘의 하나님이 장막 가운데 거하신 것과 상응하는 것으로 드러낸다(출 26-27장). 그 이후에는 예루살렘 성전 안에 임재하시는 것으로 이해되었다(왕상 6:13).[406] 예수가 말씀으로서 육신이 되어 우리 가운데 거하는 것은 예수가 곧 하나님의 현존인 셈이다.

따라서, 예수 안에서 육신이 되신 말씀과 신적 영광의 현존의 개념 사이의 연결은 중요한데, 이는 구약에서 하나님의 임재는 장막과 솔로몬 성전에서의 하나님의 자기 계시와 관련을 맺고 있기 때문이다.[407]

더욱이 제2성전 시기에는 하나님이 미래의 어느 시점에 그의 영광을 나타내리라는 기대감이 높아갔다.[408] 만일 성전과 장막이 이스라엘 가운데 하나님의 현존하시는 장소로서 이해된다면, 이제 예수 자신은 신적인 현

---

405 A. J. Köstenberger, "The Destruction of the Second Temple and the Composition of the Fourth Gospel," (ed.), J. Lierman, *Challenging Perspectives on the Gospel of John* (Tübingen: Mohr Siebeck, 2006), 101.
406 위의 책, 97-98.
407 요한복음 서론과 성전 사이의 연결의 가능성에 대한 추가 논의에 대해서는 A. R. Kerr, *The Temple of Jesus' Body: The Temple Theme in the Gospel of John* (JSNTSS. 220, Sheffield: Sheffield Academic Press, 2002), 102-25를 참조하라.
408 Sir 36:19; *2 Macc* 2:7-8; 4QFlor 1.5 참조.

존 자체다. 예수가 성전에 들어오는 순간, 과거 예루살렘 성전이 가진 모든 의미가 확정된다.

따라서, 요한복음 저자는 이전에 예루살렘 성전이 가진 모든 의미와 실체를 예수 자신에게로 이끌어 와서, 예수를 새 장막이요 새 성전으로 대체시킨다.[409]

② 영과 진리의 예배(4:19-24)

성전 정화 사건을 통해서 예수는 이미 '새 성전'이 되었다. 이는 사마리아 여인과의 예배에 대한 본문(4:19-24)에서 더 분명해진다.[410]

본문은 외관상 예루살렘을 언급하고 있지만, 실제로는 성전에 관한 진술이다. 왜냐하면, 그리심산의 사마리아 성전과 시온산의 유대 성전을 대조하고 있기 때문이다. 예수는 이 장소들의 수명이 곧 다할 것을 예언하고 있다. 구체적으로, 예루살렘 성전의 실체는 지속되고 있지만, 유일하신 참 하나님을 예배하는 장소로서 독점적인 위치는 사라질 것임을 의미한다.

사마리아 성전이 150년 전에 파괴되었다는 점을 감안하면,[411] 예수의 '예루살렘에서도 말고'는 예루살렘 역시 사마리아와 같은 운명에 처해질 것이란 의미를 내포한다: "영과 진리로 예배할 때가 오나니 곧 이 때라"(4:23).[412] 이는 예수의 옴으로 초래된 것으로 예루살렘 성전의 옛 질서

---

409 P. M. Hoskins, "Jesus as the Replacement of the Temple in the Gospel of John." Ph. D. Dissertation(Deerfield, Illinois: Trinity Evangelical Divinity School, 2002), 170-84.
410 위의 책, 199. 그리고 요 4:19-24를 요한복음의 상황뿐만 아니라 구약과 정경 이외의 유대 문헌과 병행의 관점에서 연구한 부분에 대해서는 P. M. Hoskins의 위의 논문, 200-14를 참조하라.
411 F. Josephus, *Ant* 13. 255-56 참조.
412 영과 진리의 예배가 성전과 같은 물리적 장소에서의 예배보다 우월한 데에는 몇 가지 이유가 있다. 1) 영적 예배는 영이신 하나님과 어울리며, 2) 영적 예배는 물리적 장소에 얽매이는 것보다 하나님의 백성을 포괄하기 위한 보편적인 요구로서의 믿음과 일치한다(1:12; 3:16). 3) 진리의 예배는 아버지의 최종적인 계시자요, 진리 자체인 예수(14:6-11)로 인해 자유케 되며(8:31-32), 4) 영과 진리의 예배는 '진리의 영'과 밀접

의 종말을 고하는 것이다.

③ 유대 절기의 완성 (7:14-8:59; 10:22-39)

성전 정화 사건 이후에 예수는 유대교 절기인 초막절과 수전절에 맞추어 예루살렘 성전을 몇 차례 방문한다. 이는 그가 성전 제도를 전적으로 긍정하는 것이 아니라, 한편으로는 단지 가르침 사역을 위한 적절한 장소로 사용하고 있으며, 다른 한편으로는 '새 성전'으로서 성전 중심으로 이루어지는 유대 절기에 참여하는 것은 필수적인 것으로 간주했기 때문이다. 그곳에서 예수는 성전과 절기와 자신을 비교하면서 자기 정체성을 드러내는 기회로 삼는다.

초막절에 유대인들은 실로암 못가에서 물을 퍼서 성전 제단에 붓는 의식을 행한다. 이는 광야 생활 때에 모세가 반석을 쳐서 물을 공급한 것을 회상하며(출 17:1-7; 민 20:8-13), 종말에 예루살렘과 성전으로부터 물이 흘러나오는 축복을 기원하는 것이다(겔 47:1-12; 슥 14:8).

이에 대하여 예수는 "…누구든지 목마르거든 내게로 와서 마시라 나를 믿는 자는 성경에 이름과 같이 그 배에서 생수의 강이 흘러나오리라"(7:37-38)고 선포한다. 요한은 오랫동안 기다리던 때가 도래하였으며, 이제 예루살렘과 성전으로부터 물이 나오는 대신에 예수로부터 생수가 흘러나올 것을 강조한다.[413]

한 관련이 있기 때문이다(14:17; 15:26; 16:12). A. J. Köstenberger, "The Destruction of the Second Temple and the Composition of the Fourth Gospel," 102.

[413] "그 배에서 생수의 강이 흘러나오리라"(7:38)에서 '그 배'가 가리키는 것이 무엇이냐에 따른 문제는 아직 논쟁 중에 있다. 전통적으로 신자를 가리킨다는 입장에 대해서는 C. K. Barrett, *The Gospel According to St. John*(2nd ed., London: SPCK, 1978), 327; B. Lindars, *The Gospel of John*(NCB, London: Oliphants, 1972), 299를 참조하라. 반면에 기독론적으로 '예수 자신'을 가리킨다는 입장에 대해서는 E. Haenchen, *John*(ET. vol. II, Philadelphia: Fortress, 1984), 17; R. Schnackenburg, *The Gospel According to John*(ET. vol. III, London: Burns & Oates, 1980/2), 154를 참조하라. 최근 입장은 생수의 원천

다른 측면에서 초막절 기간에 네 개의 촛대를 밝히는데, 성전을 비추는 것을 넘어서 전 예루살렘을 비출 정도로 크기가 거대했다.[414] 이에 대하여 예수는 자신을 '세상의 빛'(8:12)이라고 선포한다. 새 성전으로서 예수에게서 나온 빛은 예루살렘뿐만 아니라 온 세상을 비춘다.

예수의 선포로 촉발된 논쟁은 예수의 자기 계시(나는~이다) 부분에서 절정에 이르게 된다. "아브라함이 나기 전부터 내가 있느니라"(8:58).[415] 예수의 신적 이름의 사용은 유대인들의 반대에 직면하였고, 결국 성전에서 나가게 된다.[416]

물리적 성전과 새 성전인 예수, 곧 두 성전의 갈등은 첨예화되면서 극단으로 치닫게 된다. 9장에서 예수는 성전이 아닌 예루살렘 주변에 거한다. 이때 치유 받은 맹인이 회당으로부터 출교 당하여 예수께 예배드리기 위해 나아온다(8:38). 이는 진정한 예배(4:21-24)의 모델인 동시에 하나님의 임재가 물리적 성전에 떠나 이제 새 성전인 예수의 인격 가운데 머물고 있음을 보여준다.[417]

(2) 요한복음과 예루살렘

요한복음 저자가 성전을 강등시키는 주된 방법은 하나님의 '거처'로서 성전을 예수로 대체하는 것이었다.

은 그리스도뿐이라는 것과 예수의 원전승은 "누구든지 목마르거든 내게로 오라. 또 나를 믿는 자는 마시라"이며, 그 이후의 '성경에 이름과 같이…' 부분은 요한복음 저자의 해설로 본다. 따라서 신자는 마시는 것이며, 그리스도에게서 나온 성령을 신자가 받은 것으로 해석한다. G. R. Beasley-Murray, *John*, 114. 이와 같은 입장이 타당하리라 본다.

414 m. Sukk 5:1.
415 나는~이다(ἐγώ εἰμι) 용법은 6:35; 8:12; 10:7, 9, 11, 14; 11:25; 14:6; 15:1, 5; 18:5-8을 참조하라. 특히, 18:5-8을 제외하고 전부 서술적 의미로 사용된다. 그러므로 8:58의 '나는~이다'의 독립적 용법의 사용은 매우 중요하다.
416 요 8:59; 마 23:38-24:1 참조.
417 P. W. L. Walker, *Jesus and the Holy City*, 169.

그렇다면 예루살렘은 어떠한가?

예수가 성전을 대체한 것처럼 예루살렘을 대체한 '진정한 시온'이라고 말할 수 있는가?

예루살렘과 성전 사이에는 중요한 차이들이 존재하므로 이 도시에 성취 혹은 대체의 범주를 적용하기에는 어려움이 따른다.

요한복음의 예루살렘에 대한 입장은 다른 복음서와 같이 분명한 증거를 찾기가 쉽지 않다. '거룩한 도시'(마 4:5; 27:53)와 같은 명백한 언급도 존재하지 않는다. 과거 성전에 대한 요한의 긍정적인 표현(2:16)과 상응하는 대목도 없다. 4장 21-24절의 '예루살렘'에 관한 논의도 사실 '성전'에 관한 진술로 보는 게 타당하다. 구약에 예루살렘을 향한 긍정적인 태도의 가능성 있는 대목이 스가랴 9장 9절[418]의 인용문에 나타난다("시온의 딸아 두려워하지 말라." 12:15). 하지만, 원문에 '예루살렘의 딸'이라는 언급이 포함되어 있음에도 불구하고 인용문에는 삭제되어 있다.

이처럼 요한의 본문은 예루살렘에 대한 명시적인 표현의 부재에도 불구하고 저자의 예루살렘 입장을 암시하는 본문들은 존재한다. 이러한 전제를 바탕으로 몇 가지 입장을 논의하고자 한다.

첫째, 요한복음에 나타나는 예루살렘의 위치

둘째, 유대의 중심 도시로서의 예루살렘

셋째, 세상의 상징 혹은 세상을 위한 도시로서의 예루살렘

넷째, 예루살렘에 대한 요한의 입장

---

418 요한의 인용문은 슥 9:9와 구약의 다른 본문, 즉 사 40:9가 융합되어 있다.

① 요한복음에서 예루살렘 이전 위치

요한은 예루살렘의 위치를 밝히기 위해 다른 복음서들과는 다른 독특한 개념들을 사용한다. 그는 복음서 서두에서 심오한 역설을 보여준다. "말씀이 자기 땅(τὰ ἴδια)에 오매, 자기 백성(οἱ ἴδιοι)이 영접하지 아니하였다"(1:11). 주로 이 구절은 이스라엘 백성을 가리키는데, 요한복음에 '유대인'이란 표현으로 자주 등장한다.[419]

그럼에도 불구하고 중성복수(τὰ ἴδια)를 사용함으로, 복음서 저자는 예수가 그의 백성에게 온 것이라기보다는 그의 땅에 온 것임을 드러낸다. 이 용어는 나중에 예수의 '자기 고향'(τῇ ἰδίᾳ πατρίδι, 4:44)으로 유대와 갈릴리를 가리킬 때 사용된다.[420]

요한복음에는 예루살렘의 과거 위치를 밝힐 만한 명백한 증거가 빈약하다. 그렇다고 요한복음 저자가 이 도시가 가진 과거 위치를 부인하려는 것이라고 말할 수도 없다. 그의 표현들은 마가의 입장처럼 예루살렘이 대재앙을 경험한 무너진 도시로 그리지 않는다. 만일, 저자가 도시에 대한 부정적인 관점에 서 있었다면, 이와는 다른 근거들을 제시하였을 것이다.

이는 복음서 저자가 '예루살렘'에 대하여 과거의 신학적 중요성을 강조하기보다는 그 의미를 상대화 내지 보편화시키고자 하는 의도를 가지고

---

419 이에 반해 불트만은 요 1:11의 진술을 10절의 병행 구절로 여긴다. 즉, τὰ ἴδια(자기 땅)를 인간 세상과 동일한 것으로, οἱ ἴδιοι(자기 백성)는 전적으로 인류와 동일한 것으로 여긴다. 그에 따르면 11절은 이스라엘이 아니라 인류 전체를 염두에 둔 것이다. R. Bultmann, *The Gospel of John*(Oxford: Clarendon, 1970), 56.

420 D. A. Carson, *The Gospel According to John*(Leicester: IVP, 1991), 234-48; 이와는 다르게 많은 학자는 πατρίς를 갈릴리와 반대되는 유대/예루살렘을 언급하는 것으로 주장한다. 또 이 단어는 예수를 거절하는 장소로서의 예루살렘과 예수를 받아들이는 장소로서의 갈릴리로 묶어서 묘사하기도 한다. B. Lindars, *The Gospel of John*, 201; E. Schillebeeckx, *Christ: The Christian Experience in the Modern World*(ET, London; SCM, 1980), 317; R. T. Fortna, *The Fourth Gospel and Its Predecessors*(Philadelphia: Fortress, 1988), 294ff; T. L. Brodie, *The Gospel According to John*(Cambridge: CUP, 1993), 28-29; C. R. Koester, *Symbolism in the Fourth Gospel*(Minneapolis: Fortress, 1995), 119. W. Meeks, "Galilee and Judea in the Fourth Gospel," *JBL* 85(1966), 159-69

있었음을 알려준다.

② 예루살렘: 유대의 중심지

요한복음에는 갈릴리와 유대 전체가 예수 자신의 고향으로 묘사되며, 예수는 이 모든 곳에서 거절을 경험한다. 예루살렘은 그 거절의 절정이 이루어지는 중심 자리다.

갈릴리는 예수가 '은밀하게' 행한 장소인 반면에, 유대와 예루살렘은 사람들이 그를 죽이기 위해서 달려드는 장소다(7:1-3; 11:7, 16).[421]

다른 한편으로, 예루살렘은 소수이지만 신앙적 반응을 보인 곳이기도 하다. 저자는 예루살렘에서 예수를 믿는 사람들의 몇 가지 예증을 소개한다(2:23; 7:40-52; 8:30-31; 9:36-38; 10:21; 11:45, 48; 12:11-19, 42-43).[422]

예수에게 치유 받은 맹인과 같은 탁월한 사례가 있는 반면, 잘못된 종류의 신앙(2:24; 8:31ff), 온전하지 못한 신앙(7:40-41), 궁극적으로 변덕스러운 믿음도 있었음을 보여준다(11:45; 12:11). 니고데모(3:1ff; 7:50-52)와 몇몇 지도자(12:42)를 제외하고,[423] 대다수의 예루살렘의 종교 지도자는 예수에 대한 적대적인 입장을 보인다(7:13, 25, 32, 45-52; 8:13; 9:13ff; 11:47ff; 12:10).

10장 42-44절에 따르면 "다시 요단강 저편 요한이 처음으로 세례를 베

---

[421] 이에 대하여 다드는 요한복음에서 갈릴리는 예수에 의해 본래 의도된 것이 아니라 오히려 피난에 따른 부수적인 활동 지역이었으며, 사역에 있어서 적극적 대상이 아니었다고 주장하며, 요한복음을 갈릴리에 대한 무관심 혹은 반 갈릴리적 성향의 복음서임을 주장하였다. C. H. Dodd, *Historical Tradition in the Fourth Gospel*(Cambridge: Cambridge University Press, 1979), 16, 245. 이러한 반 갈릴리적 성향임을 보여주는 근거에 대해서는 김득중, 『요한의 신학』(서울: 컨콜디아사, 1994), 242-46를 참조하라.

[422] J. F. Coakley, *The Priority of John*(London: SCM, 1985), 59

[423] 이에 대하여 로빈슨은 예수의 제자 가운데 대제사장과 연관을 맺은 사람이 있었고(18:15), 예수가 니고데모와 대화를 나누고, 베드로의 칼이 대제사장 종 '말고'의 것이었다는 사실을 알고 있었던 점들로 보아 요한공동체와 예루살렘 유대 고위층 간의 밀접한 연관성을 가정하기도 하였다. J. A. T. Robinson, *Redating of the New Testament*(London: SCM, 1981), 86-87.

풀 던 곳으로 가사 거기 거하시니…그리하여 거기서 많은 사람이 예수를 믿으니라." 예수는 적대적인 땅과 유대 사람들을 떠나 요단강 저편으로 건너간다. 그곳에서 그는 자기 고향에서는 부족했던 믿음을 발견한다.[424]

요한복음 저자는 이 현상에 대하여 특별한 설명을 하지 않는다. 여기에는 예수의 메시지를 오해할 만한 예루살렘의 정치적 상황에 대한 암시들이 있으며(2:23; 7:40-41; 12:13-15; 18:36ff), 갈릴리에서도 이 문제는 역시 나타난다(6:15). 요한복음에서 예루살렘은 갈릴리에 대한 거부적인 태도도 강하게 등장한다(7:52; 1:46 참조).

따라서, 저자는 예루살렘을 갈릴리와 사마리아와는 구별된 유대의 중심지인 동시에 복음서 서론에서 명백하게 보듯이 예수에게 있어서 자기 땅인 반면 예수를 거부하는 사람들이 거하는 곳으로 묘사한다(1:11). 이는 예루살렘이라는 용어가 사용될 만한 곳에서 '유대'라는 명칭이 등장하고 있다는 점에서 확인된다(7:1-3; 11:7).

③ 예루살렘 중심인가? 갈릴리 중심인가?

예루살렘이 갈릴리와 사마리아와는 구별된 유대의 중심지라는 점이 부각되지만, 그것이 요한복음이 예루살렘 중심적 경향임을 보여주는 증거가 될 수는 없다. 이는 예수의 사역의 중심인 예루살렘과 갈릴리를 비교하는 것이 중요한 과제임이 드러난다.

요한복음은 다른 복음서와는 달리 예수의 공생애 활동을 전반부(갈릴리)와 후반부(예루살렘)의 이분법적 구조를 따르지 않고 처음부터 갈릴리 활동

---

[424] 복음서에서 예수에게 가장 긍정적인 반응을 한 곳은 사마리아다. 그곳에서 예수는 그의 메시아 됨을 공개적으로 선포하며, 사마리아인들은 '진정한 온 세상의 구세주'로 고백한다(4:42). 이러한 유대와 갈릴리에 비교되는 사마리아에 대한 묘사 때문에 요한복음의 친사마리아적 경향을 주장하기도 하였다. 이에 대하여는 김득중, 『복음서 신학』(서울: 컨콜디아사, 1985), 313-17을 참조하라.

과 예루살렘 활동을 어느 한 지역에 대한 편견 없이 비교적 자유롭게 소개한다. 표적의 책(1-12장)에서 7개의 표적 중 갈릴리 표적이 4개, 예루살렘 표적이 3개로 어느 정도 균형을 맞춘다. 또한, 복음서 마지막 부분에서 저자는 예수의 부활 현현 전승으로 갈릴리 전승만 전하는 마가나 마태와는 달리 예루살렘(=엠마오) 전승을 소개하는 누가와 비슷한 입장을 취한다.

그러나 예루살렘에서의 부활 현현만을 전하지는 않는다. 비록 21장은 첨가 부분이지만, 갈릴리 현현 전승을 보충적으로 소개하고 있는 것을 보더라도 저자는 갈릴리나 예루살렘에 대한 편중 의식에 매여 있지 않다.

요한복음의 저자는 갈릴리나 예루살렘에 대한 관심보다도 오히려 '세상'에 더 관심을 보인다.[425] 비록 요한복음에서 세상이란 단어가 긍정적인 의미(주로 전반부에서 세상에 대한 하나님의 태도와 관련)로, 부정적인 의미(주로 후반부에서 하나님에 대한 세상의 태도와 관련)로 사용되고 있지만,[426] '세상'이란 단어 자체의 사용 빈도수에 있어서 다른 문서와 비교될 수 없을 정도로 자주 등장하는 것을 통해 요한복음 저자의 신학적 관점이 보편적인 입장이라는 점을 알 수 있다.

요한복음은 갈릴리가 영접과 믿음의 땅이요, 유대는 배척과 불신앙의 땅이란 이분법을 따르지 않는다. 갈릴리인의 믿음이 강조되지만, 표적을 보고 믿는 신앙이다(2:11; 4:45, 53; 6:2, 14). 이것이 요한복음의 온전한 믿음이라고 할 수 없다. "보지 않고 믿는 사람이 복이 있다"(20:29)는 말씀이 더 높은 차원의 믿음을 요구하고 있음을 보여주기 때문이다. 이 점은 예루살

---

[425] 키에스펠은 요한복음에 나타난 κόσμος의 정체성 문제는 예외 없이 '인간성'을 의미한다고 주장한다. 우주적 이분법의 틀 안에서 세상을 '유대인'의 상징으로 보지만, 이 유대인을 인종적 의미가 아니라 역사적 예수를 반대하는 보편적인 실체의 의미로 파악한다. 이와 관련한 자세한 논의를 위해서는 L. Kierspel, *The Jews and the World in the Fourth Gospel*(Tübingen: Mohr-Siebeck, 2006), 155-213을 참조하라.

[426] N. H. Cassem, "A Grammatical and Contextual Inventory of the Use of Kosmos in the Johannine Corpus with some Implications for a Johannine Cosmic Theology," *NTS* 19(1972), 89.

렘의 경우도 마찬가지다(2:23; 3:2; 7:31).

갈릴리 제자 가운데 예수의 말씀을 듣고 귀에 거슬려 예수를 떠나간 사실이 언급되고 있고(6:66), 베드로가 예수를 부인하고(18:27), 갈릴리 제자들은 예수님의 십자가 현장에 하나도 남지 않고 다 도망간다. 그러나 유대 종교 지도자들의 반대에 대항해서 예수를 변호했던 사람은 예루살렘 제자였던 니고데모였고(7:50-52), 아리마대 요셉은 예수의 처형 이후 그의 장례를 치러 주었다(19:38-42). 예루살렘 사람들 가운데는 표적이 아니라 말씀을 듣고 믿는 사람들이 있었으며(8:30), 예루살렘 공의회원 중에 믿는 자들이 많이 있었다(12:42).

요한복음은 공관복음에서 가장 위대한 신앙고백인 베드로의 신앙고백이 가이샤랴 빌립보에서 있었던 것으로 소개하지 않고, 남부 예루살렘 근처 베다니 동네에 살던 유다 지역의 마르다에 의해서 고백되고 있는 것으로 소개한다.[427]

또한, 예수의 출생지에 있어서도 요한복음 저자는 마태처럼 남부 유대 땅 베들레헴을, 혹은 누가복음처럼 북부 갈릴리 나사렛을 강조하는 데 관심을 보이지 않는다. 비록 18장 5-8절에서 '나사렛 예수'를 찾는다는 무리들의 질문에 대해 두 번씩이나 '내가 그 사람이다'라고 분명히 대답하고 있기는 하지만, 곧 "이는 아버지께서 내게 주신 자 중에서 하나도 잃지 아니하였사옵나이다 하신 말씀을 응하게 하려 함이러라"(18:9)고 첨가함으로써 예수가 하나님의 아들임을 암시한다.

또 다른 차원에서 볼 때, "그가 어디서 왔는가?"(7:27-28; 8:14; 9:29-30; 19:9)라는 질문에 대한 대답을 '위로부터'(3:31; 8:23), '하늘로부터'(3:13, 31; 6:33, 38, 41, 42, 51), 혹은 '하나님으로부터'(3:2; 8:42; 16:30; 7:28-29; 9:33)란

427　양자의 헬라어 원문은 내용과 표현에서 상당한 일치를 보여준다. 마 16:16 "σὺ εἶ ὁ χριστὸς ὁ υἱὸς τοῦ θεοῦ τοῦ ζῶντος." 요 11:27 "σὺ εἶ ὁ χριστὸς ὁ υἱὸς τοῦ θεοῦ ὁ εἰς τὸν κόσμον ἐρχόμενος."

말로 제시한다.

이에 대하여 브라운(R. E. Brown)의 평가는 상당히 설득력이 있다. 요한의 기독교인들은 예수를 위로부터 내려온 이방인으로 소개함으로써 예수의 인종적 문제들을 상대화시키고 있다. 자연적인 탄생이 하나님 나라에로의 영접을 가져다주는 것이 아니라, 물과 성령을 통한 위로부터의 탄생이 하나님 나라에로의 영접을 가져다준다.[428]

위의 본문을 정리해 볼 때, 요한복음은 예루살렘 혹은 갈릴리나 사마리아를 중시하는 복음이 아니며, 보편적인 경향을 띤 복음서라고 하겠다.[429]

한편으로 성전에 대하여 과거의 지위를 인정하면서도 그것에 정면으로 도전하는 예수의 모습을 보여주며, 다른 한편으로 성전을 예수로 대체한다. 하지만, 예루살렘에 대하여는 그 자체 도시의 특별한 신학적 위치와 의미를 부여하지 않는다. 예루살렘은 갈릴리와 사마리아와 교차적으로 등장하며, 긍정과 부정이 혼재되어 묘사됨으로써 그 도시의 의미를 과감히 상대화시키고 있다.

이는 요한복음이 본질적으로 보편주의적 경향을 띠고 있음을 보여준다.

④ 예루살렘: 세상의 상징이요, 세상을 위한 도시

위의 예루살렘의 위치에 대한 결론에서 복음서 저자는 '예루살렘'이 가지는 과거의 신학적 중요성을 강조하기보다는 그 의미를 과감히 상대화 내지 보편화시키고 있음을 살펴보았다.

---

[428] R. E. Brown, "Johannine Ecclesiology-The Community's Origin," *Int* 31(1977), 391-92. 이와 비슷하게 믹스는 "중요한 문제는 예수가 갈릴리 출신이냐 혹은 유대 출신이냐 하는 문제가 아니라, 그가 하나님으로부터 왔다는 것이다"라고 주장한다. W. Meeks, "Galilee and Judea in the Fourth Gospel," 163.

[429] 로빈슨은 "신약성서 중 요한복음보다 더 보편적인 말씀들은 없다…다른 말로 하면, 신약성경 기자들 중에서 요한복음 저자가 가장 비 배타적이고 비 민족주의적이다."고 주장한다. J. A. T. Robinson, "The Destination and Purpose of St. John's Gospel," *New Testament Issues*(New York: Harper & Row, 1970), 196, 204.

요한복음은 예루살렘이 갈릴리와 비교되는 유대의 중심지로 묘사될 뿐만 아니라 온 세상의 상징으로 등장한다. 몇몇 헬라인이 예루살렘에 올라온 본문이 나오는데(12:20), 이는 온 백성을 위해 복음이 뻗어나가는 일종의 전조로 해석될 수 있다(12:32).[430]

하지만, 요한복음에는 '이방인'에 대한 언급이 나오지 않는다. 또한, 예수는 '다른 양'(10:16; 17:20ff)을 언급하고 요한은 '하나님의 흩어진 자녀'(11:52)란 표현을 사용하기도 하는데, 4장(사마리아인의 반응이 예수에 대한 비유대인 반응의 전형으로 간주됨)과 21장(교회의 세계 선교로 나아가는 시발점으로 묘사) 이외에는 전적으로 유대교와 상호 작용에 초점을 맞춘다.[431]

이는 요한복음의 저자가 예루살렘이라는 단어가 사용될 것이 기대되는 본문에서 '세상'이라는 단어를 자주 사용하는 데서 명확하게 드러난다(3:18; 1:29; 6:33; 8:12; 4:42).[432]

따라서, 예수가 이스라엘에 오심은 전체 세계를 위한 신적 초대이며(9:5, 39; 12:46; 13:1; 16:28; 17:18; 18:37), 유대와 갈릴리 그리고 사마리아에서 일어난 사건은 하나님이 세계를 향하여 나아가고 있다는 증거가 된다.

---

430 팬케이로는 '헬라인들'이 '하나님의 흩어진 자녀들'(11:52) 안에 포함된 것으로 이해한다. S. Pancaro, "The Relationship of the Church to Israel in the Gospel of John," *NTS* 16(1969-70), 114-29.
431 이와 관련하여 라이트의 견해는 상당한 일치점을 보여준다. "요한의 이야기가 작은 하나의 초점에 집중하고 있는 것처럼 보일 때에도 이 이야기는 요한복음을 현재의 형태로 만들고 있는 한층 큰 그림의 씨앗들을 품고 있다. 요한복음의 서문 및 이 이야기의 여러 대목들에서 나오는 암시들은 예수와 유대 사람들에 관한 이야기를 어떻게 읽어야 할지를 보여준다. 이 이야기는 소우주, 곧 창조주 하나님과 세상에 대한 이야기의 초점이다. 창조주와 코스모스, 세상의 문제는 곧 예수와 이스라엘의 문제가 된다. 그리고 이 문제가 유대인의 왕이 십자가에 못 박히는 역설을 통해 해결될 때, 즉시 세상은 그 수혜자가 될 수 있다." N. T. Wright, *The New Testament and the People of God: Christian Origins and the Question of God*, 박문재 역, 『신약성서와 하나님의 백성』(서울: 크리스챤다이제스트, 2003), 683-84.
432 요한복음에는 '세상'(κόσμος)가 78회 등장한다. 이에 반해 마가복음과 누가복음에서는 각각 3회만 사용된다.

몇 가지 예증을 살펴보면, 초막절에 예수의 형제들이 예수에게 예루살렘에 올라갈 것을 독려하는 장면에서 그의 형제들은 "당신 자신을 세상에 나타내소서"(7:4)라고 조른다. 예수의 예루살렘 입성에서 군중이 환호하는 장면에 대하여 바리새인들은 "온 세상이 그를 따르는도다"(12:19)라고 반응한다. 예루살렘에서의 가르침에서 예수는 하나님의 진리를 '세상'에 선포한다(8:26): "내가 드러내 놓고 세상에 말하였노라"(18:20).

그러므로 예루살렘에서 예수가 행한 것은 그가 세상에서 행한 것이고, 세상을 위하여 행한 것이 된다. 이 점을 긍정적으로 볼 때, 이 사건을 목도하지 못한 유대인이나 이방인들은 예수가 그들을 위해 자신을 세상에 나타내셨음을 알게 된다. 부정적으로 볼 때, 예루살렘은 세상과 다르지 않다는 것, 즉 예루살렘은 단지 세상의 한 도시가 되며, 세상을 상징하는 도시임을 입증함을 알 수 있다.

요한복음의 저자는 요한복음의 많은 다른 곳에서 상당히 부정적인 의미로 '세상'을 사용하며, 예루살렘을 세상과 일치시키는데, 이것은 예루살렘에 대하여 상당히 비판적인 입장을 견지하는 것이다.[433]

다른 근거는 수난 사화에서 빌라도의 역할이다(18:28-19:22). 저자는 예수의 죽음에 대한 빌라도의 책임을 분명히 하지만, 그의 공모는 예수의 십자가 사건에 비유대적인 '세상'이 연루되어 있음을 명백하게 보여준다. 빌라도를 유대인들의 향한 선포, 즉 "가이사 외에는 우리에게 왕이 없나이다"(19:15)의 표현은 예루살렘이 로마제국의 다른 도시와 전혀 다르지 않음을 확인해 준다.

---

433 유대인 질문자를 향하여 "너희는 세상에 속하였다"(8:23)고 말했고, 세상의 핍박을 받을 제자들을 준비시키면서 "사람들이 너희를 출교할 뿐 아니라 무릇 너희를 죽이는 자가 생각하기를 이것이 하나님을 섬기는 일이라 하리라"(16:2)고 말하고 있다. 이에 대하여 브라운은 "요한복음의 저자는 반-유대주의자는 아니다. 그는 인종이나 종족에 의해서가 아니라 예수를 반대하는 것 때문에 정죄한다"고 하였다. R. E. Brown, *The Gospel According to John*, lxxii; 이와 관련하여 1:10-11; 7:7; 15:18; 7:14를 참조하라.

요한복음 저자는 예루살렘을 '세상적 도시'의 수준으로 강등시키면서, 그 도시가 갖는 신학적인 특권을 벗겨 버린다. 그렇게 함으로써, 역설적인 희망을 표현하는데, 세상이 하나님과 예수를 전적으로 반대하였기 때문에 구원을 받게 된다는 것이다(3:17 참조).

예루살렘과 세상과의 일치에 대한 암시는 요한복음 12장에서 표면화된다. 헬라인 몇 명이 던진 질문에 대하여 예수는 이렇게 답한다.

> 한 알의 밀이 땅에 떨어져 죽지 아니하면 한 알 그대로 있고 죽으면 많은 열매를 맺느니라(12:24).

예수의 때가 다가왔고, 그의 예루살렘에서의 죽음은 전 세계에 축복을 가져온다(12:32). 이 상징을 발전시키면, 이 씨가 떨어질 땅은 예루살렘을 가리키며, 이는 세상의 토양과 같다. 다가오는 사건들은 예루살렘과 특별한 방법으로 연관되어 있지만, 결과는 보편적 혹은 전 세계적인 것이 될 것이다.[434]

예루살렘 입성에도 보편적인 초점이 드러난다(12:12-19). 여기서 저자는 예수가 의로운 왕으로서 예루살렘의 환영을 받는 것에 특별한 관심을 보이지 않는다. 대신 그는 세계로부터 주어지는 예수에 대한 환영의 묘사를 강조한다. 바리새인들이 말하되 "보라 온 세상이 그를 따르는도다"(12:19).

이후의 다락방 강화(13-17장)에서도 보편적인 주제는 계속해서 이어진다. 여기서는 시간과 공간을 초월한 미래에 있을 제자들의 선교에 관심을 나타내고 있다(17:18). 복음서 마지막 부분인 부활 사건에서도 보편적인 암시가 드러난다(20:12, 31; 21:18ff).

따라서, 복음서 후반부는 예루살렘과 동떨어져 있다. 이는 12장 12절

---

[434] P. W. L. Walker, *Jesus and the Holy City*, 182.

이후에 예루살렘의 명칭이 등장하지 않는다는 점을 통해서 알 수 있다.[435] 이러한 현상은 21장에서도 계속된다. 초점은 예루살렘이 아니라 세계 선교를 향해 나아간다(21:11, 19, 23).

이 같은 방식으로 예루살렘의 특별함은 점차 사라진다. 세상의 구원을 위한 하나님의 행동하심의 배경이 되고 있을 뿐이다. 세상의 상징인 이 도시는 세상을 위한 구원의 수단이 되고 있다.

(3) 요한복음과 예수 전승과의 관계

요한복음에서 성전은 그 본질적인 측면에서 예수 자신으로 대체된다. 예수가 새 장막이요, 새 성전이다. 예수 안에서 성전과 관련된 모든 예배, 절기는 진정한 의미를 찾는다. 이러한 입장은 성전이 예수로 대체되었다는 예수 전승을 그대로 이어받고 있음을 보여준다.

반면, 요한복음은 예루살렘의 용례가 타 복음서에 비해 적게 사용되었을 뿐만 아니라 예루살렘에 대한 명확한 입장을 보여주는 표현도 거의 나타나지 않는다. 단지 예루살렘은 유대의 중심지로서의 장소적 측면이 부각되고 있으며, 갈릴리와 사마리아 지역과 비교하여 어떤 편중된 부분은 드러나지 않는다.

도리어 예루살렘이 들어가야 할 곳에 '세상'이란 단어가 사용된다. 이러한 경향은 요한이 예루살렘 그 자체 도시에 어떤 특별한 신학적 위치와 의미를 부여하지 않으면서, 그 도시의 의미를 과감히 상대화하는 것을 보여준다. 이는 요한복음의 보편주의적 경향과 일맥상통한다. 성전은 대체되

---

[435] T. L. Brodie, *The According to John*(Cambridge: CUP, 1993), 28-29. "예루살렘에 대한 애매모호함이 존재한다. 한편에서는 더욱더 드러나고, 다른 한편에서는 점차 희미해진다. 13-21장에서 대부분의 행위는 예루살렘에서 이루어지지만, '예루살렘' 명칭은 등장하지 않는다. 예루살렘은 점점 잊혀진다. 이야기의 전면은 예루살렘을 향하여 나아가고, 후면은 점점 예루살렘과 동떨어져 나아간다."

었으나 예루살렘은 그 빛을 잃고 있다.

이것은 요한공동체와 유대교 간의 깊어지는 적대감을 반영한다. 예루살렘을 대체하는 기독교공동체는 안정을 잡아가면서 유대교의 우산으로부터 벗어나고 있다. 이런 상황에서 유대교의 본산인 예루살렘의 중요성을 강등해야 할 필요성이 제기되었을 것이다.

예수 전승에 있어서 예루살렘은 교회공동체로 대체되었지만, 이런 입장이 확고해진 요한복음의 상황에서는 기독교와 대립하는 유대교의 중심으로서 예루살렘은 특별한 위치가 아닌 복음이 필요한 세상일 뿐인 것이다.

5) 요약: 복음서와 예루살렘

각 복음서에 나타난 예루살렘과 성전 본문에 관한 분석을 요약해 보면, 몇 가지 특징을 정리할 수 있다.

첫째, 각 복음서 저자는 성전에 대하여 예수 전승 위에 서 있다. 성전과 관련하여 예수는 메시아적 자의식을 가지고 물리적인 성전을 폐기하였고, 자신의 죽음을 통해 예수 자신을 새 성전으로 대체한다. 요한은 명시적으로, 마가는 간접적으로 예수가 새 성전임을 언급하며, 마태는 예수를 하나님의 현존으로서의 성전으로 드러낸다.

누가는 성전의 역사적 연속성과 그 운명에 대한 책임이라는 평행선 때문에 대체의 주제는 선명하게 드러내지 않지만, 예수가 새 성전이라는 몇 가지 암시(눅 9:35; 행 1:9)가 신적 현현의 형태로 드러난다.

둘째, 복음서 저자들은 예루살렘에 대하여 기본적으로 예수의 전승 위에 있다. 예수는 예루살렘에 대하여 긍정적인 측면과 부정적인 측면을 제시하면서, 예루살렘의 심판에도 불구하고 회복의 가능성을 열어 놓는다. 그 회복은 물리적 예루살렘이 아니라 예수의 대속적 언약에 참여한 제자공동체로 대체된다. 각 복음서 역시 신학적 입장과 상황에 따라 예루살렘에 대한 긍정과 부정적인 관점을 취하면서 강조점을 달리한다.

마가는 예루살렘의 예수 거부로 인한 파멸이라는 부정적인 면을 부각시키면서, 예루살렘을 제자공동체로 대체한다. 역설적으로 제자공동체로 대체된 예루살렘은 예수의 부활 후에 그 대조 개념인 '갈릴리'에 자리를 내주며, 뒤안길로 사라진다. 물리적 예루살렘은 존재하지 않는다. 이제 예루살렘은 제자공동체(교회)의 이름으로 만민을 향하여 나아간다.

마태는 '위대한 왕의 도시'라는 긍정적인 전승을 이어받지만, 마가의 부정적인 입장을 수용하면서 심판 아래 있는 예루살렘을 노출시킨다. 하지만 동시에 예루살렘의 회복을 언급하는데, 이를 통해 이스라엘의 역사를 예수에 투영하면서, 예수가 구원을 가져오는 '새 시온'임을 드러낸다. 마태는 여기에 그치지 않고, 새 시온으로서의 예수가 자신의 기초 위에 교회를 친히 세우고 있으며, 산-모티프(28장)와 임마누엘 모티프를 통해 모든 민족으로 확대하고 있음을 보여준다.

누가-행전은 마가의 부정적 입장을 따르면서도, 어느 복음서보다 예루살렘을 연속성 차원에서 접근한다. 즉, 예루살렘을 구약으로부터 이어져오는 구속사의 흐름을 기독교가 계승하는 상징적 장소로 의미를 부여한다. 비록 예루살렘이 제자공동체(교회)로 대체되었다는 입장은 명시적이지 않지만, 예루살렘으로 인해 이방 기독교공동체가 유대교의 계승자로서 위치를 확보하고 있다. 이는 '대체'와 '계승자'라는 단어의 차이일 뿐, 의미상으로는 일맥상통한다. 따라서, 누가의 예루살렘 역시 광의적으로 예수 전승에 서 있음을 알 수 있다.

요한복음은 특이하게도 예루살렘에 대하여 과거의 위치는 물론 어떤 특별한 신학적 위치와 의미를 부여하지 않으면서, 그 도시의 의미를 과감히 상대화시킨다. 예루살렘은 갈릴리와 사마리아 지역과 비교하여 어떤 편중된 부분도 드러나지 않는, 단지 유대의 중심 도시, 복음이 필요한 세상일 뿐이다. 이것은 요한복음의 보편주의적 경향과 일맥상통한다. 역설적으로 예수 전승에서 예루살렘을 대체한 교회공동체가 자리를 잡아가고 있으며, 대체 개념이 보편적으로 받아들이고 있음을 반증하는 것이다.

복음서가 예루살렘에 대하여 명확하게 교회공동체로의 대체 개념보다는 부정적인 측면을 부각하거나 의미적으로 상대화하는 이유는 무엇일까?
전승사적으로 예수 전승은 복음서 이전의 바울에게 있어서 이방인과 유대인의 차별이 없는 교회공동체로 확대되었음에도 불구하고 복음서에서 이런 입장은 예루살렘이 다시 유대교의 중심으로 대두되었기 때문일까?
여기에는 두 가지 시대적 상황이 연결되어 있다.

첫째, 기독교가 점차 유대교의 우산에서 벗어나면서 유대교와의 대립 구도를 형성하였기 때문이다. 이런 상황에서 기독교가 독자적인 세력으로 안정화되기 위해서는 유대교의 본산인 예루살렘을 철저하게 강등해야 할 필요성이 있었다.

둘째, 70년 예루살렘 멸망으로 인하여 유대교 안에서 제기된 예루살렘과 성전에 대한 새로운 신학적 해석에 대응하면서, 옛 질서 하의 예루살렘과 새 질서 하에 대체된 예루살렘인 교회와의 차별성을 부각시키기 위한 의도가 자리잡고 있었다.

4. 히브리서

신약성경 가운데 유대교적 실천에 대해 가장 중점적으로 논쟁을 벌이고 있는 문서는 히브리서다.

본서는 진정한 대제사장을 통하여 하나님께 드리는 예배 문제와 복음을 일단 받아들인 후에 다시 유대교로 돌아가려는 교회 안의 성도들에게(히 6:4-6; 8:26-39) 옛 언약에 대한 새 언약의 우월성을 논증한다(히 8:1-10:18).

저자는 수신자에 맞게 대부분의 논증을 성전과 관련하여 시도한다. 구약과 유대교에 익숙한 용어를 차용하지만 모든 메시지는 예수 그리스도의 빛 하에서 재해석한다. 이와 관련하여 예루살렘(시온)과 관련된 중요한 본문이 담겨 있다.

이러한 전제를 바탕으로 본 단락에서는 성전에 대한 히브리서의 입장을 논의하고, 다음으로 예루살렘과 관련된 두 개의 본문을 분석한 후 예수 전승과의 관련성과 발전 단계를 추적해 보고자 한다.

1) 히브리서와 성전

성전에 대한 저자의 태도는 명백하다. 그는 이전 세대에서 성전의 역할을 긍정하지만, 이제는 변했다고 주장한다. 지상 성소는 신적으로 의도된 그리스도 사역의 선구자이지만, 구속사적 관점에서는 새로운 의미를 가진다.[436]

이는 히브리서에 나타난 많은 '장막'의 언급을 조사함으로 확증된다.[437]

---

436 C. K. Barrett, "The Eschatology of the Epistle to the Hebrews,"(eds.), W. D. Davies and D. Daube, *The Background of the New Testament and its Eschatology*(FS C. H. Dodd, Cambridge: CUP, 1956), 392.

437 히 8:2, 5; 9:1-3, 6, 8, 11, 21; 13:10을 참조하라.

장막은 광야에서 하나님의 경륜 가운데 세워졌다. 모세가 장막을 지으려 할 때 하나님으로부터 지시를 받고 모든 것을 산에서 보여준 본을 따라 지었기 때문이다(8:5). 성소(성전)도 마찬가지다(8:2; 9:1).

그러나 '이 모든 날 마지막'에 이러한 예법과 제도들의 의미를 새롭게 할 하나님의 아들이 나타난다(1:2). 그는 모세보다 더욱 영광을 받을 만한 자요(3:3), 세상에 다시 들어온 분이며(1:6), 죄를 정결하게 하는 일을 하신 분이다(1:3). 그는 또한 멜기세덱의 반차를 따르는 제사장이며(7:17), 자기를 드려 모든 속죄를 단번에 이루신 분이며(7:27; 9:26), 더 좋은 약속으로 세우신 더 좋은 언약의 중보자시다(8:6).

이제 성전을 포함한 옛 질서의 의미는 그리스도 안에서 완전히 성취되었다. 하나님의 새로운 약속과 경륜대로 이제 하나님께 나아가는 길은 그 자신을 '모든 사람을 위하여 단번에' 제물로 드린 예수 그리스도를 통하여만 가능하다(9:28).

이러한 관점에서 저자는 먼저 옛 성소(성전)를 하늘에 있는 성소인 참 장막(8:2)의 모형과 그림자로 진술한다. 그에 따르면, 하늘의 성소는 '손으로 짓지 아니한 곧 이 창조에 속하지 아니한 더 크고 온전한 장막'(9:11)이다. 또한, 옛 제사의 제물인 염소와 송아지의 피보다 더 좋은 제물인 그리스도의 피(9:23)를 대비한다. 더 나아가 첫 제사는 폐지되었고, 둘째 제사가 세워졌는데(10:9), 그것은 새로운 대제사장이며(6:20; 7:17, 24, 26f; 8:1) 동시에 제물이 되신 그리스도로 말미암은 것이다. 이렇게 옛 언약의 폐지와 새 언약의 성립을 증거하기 위해 저자는 예레미야 31장 31-34절을 거듭 인용한다(8:8-12; 10:15-17; 참조. 시편 40:6-8; 8:8ff; 10:5ff).

이와 같이 히브리서 저자에게 옛 언약, 옛 제사, 옛 성전, 옛 율법, 옛 대제사장은 흠이 있고(8:7) 무익하기 때문에 폐지되었고(7:18), 새 언약과 새 제사와 참 성소와 온전한 새 대제사장이 세워졌다.[438] 그러므로 성전은 하늘에 있는 성소의 모형이고 그림자이며(8:5), 손으로 지은 것(9:24)으로 낡아지고 없어질 존재다(8:13).

그럼에도 불구하고 저자는 현재 성전의 심판에 대하여서는 침묵하고 있다. 이는 저자가 성전 자체가 실체를 구성하는 영원한 원형이 아닌 그것의 모형에 지나지 않는다는 신학적('장막'의 사용) 입장과 더 나아가 그리스도의 오심으로 성전(장막)은 그리스도로 '대체'되어야 하는 하나님의 오래된 경륜에 집중하기 때문이다.[439]

따라서, 성전(장막)은 본질적으로 잠정적이며, 그리스도를 가리키고 있는 일종의 상징이요, 비유(9:9)다. 새 성전인 그리스도가 오심으로서 옛 성전은 수명을 다하게 된다.

2) 히브리서와 예루살렘

(1) 히브리서 12장 18-24절

① 본문과 사역

> 18 Οὐ γὰρ προσεληλύθατε ψηλαφωμένῳ καὶ κεκαυμένῳ πυρὶ καὶ γνόφῳ καὶ ζόφῳ καὶ θυέλλῃ
>
> 너희는 만질 수 있고 타오르는 불이나 어두움이나 암흑이나 폭풍에 이르지 않았다.

---

438 "그리스도가 오심으로 단지 유대교의 드러나는 표상뿐만 아니라 토라 안에 있는 이상적인 진술까지도 새롭게 대체되었다." D. A. Hagner, *Hebrews*(NIBC, Peabody: Hendrickson, 1983), 3.

439 P. W. L. Walker, *Jesus and the Holy City: New Testament Perspectives on Jerusalem*, 209-10.

19 καὶ σάλπιγγος ἤχῳ καὶ φωνῇ ῥημάτων, ἧς οἱ ἀκούσαντες παρῃτήσαντο μὴ προστεθῆναι αὐτοῖς λόγον,

또 나팔소리와 우렁찬 말소리에도 이르지 않았고, 그 듣는 자들은 그들에게 계속 말씀하시는 것을 원치 않았다.

20 οὐκ ἔφερον γὰρ τὸ διαστελλόμενον· κἂν θηρίον θίγῃ τοῦ ὄρους, λιθοβοληθήσεται·

왜냐하면, 그들이 비록 동물이라고 하더라도 산에 이르면 돌로 쳐 죽임을 당할것이라는 계명을 감당하지 못했기 때문이다.

21 καί, οὕτω φοβερὸν ἦν τὸ φανταζόμενον, Μωϋσῆς εἶπεν· ἔκφοβός εἰμι καὶ ἔντρομος.

그리고 현현이 이처럼 두려웠기 때문에, 모세도 내가 두렵고 떨린다고 말하였다.

22 ἀλλὰ προσεληλύθατε Σιὼν ὄρει καὶ πόλει θεοῦ ζῶντος, Ἰερουσαλὴμ ἐπουρανίῳ, καὶ μυριάσιν ἀγγέλων, πανηγύρει

그러나 너희는 시온산과 살아 계신 하나님의 도성 곧, 하늘의 예루살렘 그리고 천만 천사 곧 축제의 모임에 이르렀다.

23 καὶ ἐκκλησίᾳ πρωτοτόκων ἀπογεγραμμένων ἐν οὐρανοῖς καὶ κριτῇ θεῷ πάντων καὶ πνεύμασι δικαίων τετελειωμένων

그리고 하늘에 등록된 장자들의 교회와 하나님, 곧 만인의 심판자와 온전케 된 의인들의 영들과

24 καὶ διαθήκης νέας μεσίτῃ Ἰησοῦ καὶ αἵματι ῥαντισμοῦ κρεῖττον λαλοῦντι παρὰ τὸν Ἅβελ.

또한, 새 언약의 중보자인 예수와 아벨의 것보다 더 낫게 말하는 뿌린 피에 이르렀다.

② 본문에 나타난 '시내산'과 '시온' 개념 논의

본 단락은 많은 학자가[440] 히브리서의 수사학적 절정으로 인정했음에도 불구하고, 저자의 메시지를 이해하는 데 있어서 본문의 중요성이 종종 간과되어 왔다.

본문에 나타난 시내산과 시온산의 대조는 일반적으로 유대교와 기독교,[441] 율법과 복음 혹은 옛 언약과 새 언약의 대조를 나타내는 것으로 이해한다. 이러한 반제는 구원사에 있어서 옛 세대와 새 세대 사이의 대립과 불연속성의 표현으로 종종 간주되기도 한다.[442]

하지만, 시내산과 시온 사이의 관계를 보다 더 포괄적으로 이해하기 위해서는 연속성과 불연속성의 요소를 동시에 인정해야 한다. 그렇지 않은 경우에는, 구약의 다른 인물들과의 비교에서 예수의 우월성을 드러내려는 저자의 수사학적인 전략을 설명하기 어렵게 된다. 왜냐하면, 우월 개념은

---

[440] P. Ellingworth, *The Epistle to the Hebrews: A Commentary on the Greek Text* (Grand Rapids: Eerdmans/Carlisle, Paternoster, 1993), 669; M. E. Isaacs, *Sacred Space: An Approach to the Theology of the Epistle to the Hebrews*, JSNTSS 73(Sheffield: JSOT, 1992), 87; Craig R. Koester, *Hebrews: A New Translation with Introduction and Commentary*, AB 36(New York: Doubleday, 2001), 548; 특히, 린다스는 히 12:18-24를 '거대한 결말'이라 주장하였다. 하지만, 그는 본 단락이 저자의 논증의 절정을 형성하는지에 대한 이유를 설명하지는 않았다. B. Lindars, "The Rhetorical Structure of Hebrews," *NTS* 35(1989), 402.

[441] R. P. Gordon, *Hebrews*(Sheffield: Sheffield Academic Press, 2000), 157. 고든에 따르면 시내산과 시온 사이의 명백한 대조는 '유대교와 기독교'(p. 156f) 또는 '율법과 복음'(p. 25)을 대조하려는 저자의 목적에 잘 부합한다고 주장한다.

[442] H. W. Attridge, *The Epistle to the Hebrews*(Philadelphia: Fortress Press, 1989), 376. 그에 따르면 "이 두 산과 그들의 상징적 가치들은 하나님의 일치의 행위보다는 불연속성 혹은 대립의 표현이다"라고 주장한다.

두 종교 사이의 일치와 대립의 양 요소를 전제하기 때문이다.[443]

따라서, 유대교와 기독교 사이의 관계에 대한 지나치게 단편적인 견해는 양자 사이에 대한 새 관점을 제안하는 학자들에 의해서 도전을 받고 있다.[444] 히브리서 12장 22-24절에 나타난 시온에 대한 묘사는 기독교의 독특한 표현이라고 할 수 없다.[445] 왜냐하면, '새 언약' 사상, 천상의 예루살렘 개념은 이미 구약(사 54:11-12; 60:19-21; 65:17-25; 렘 31:31-34) 뿐만 아니라 유대교 문헌(Tob 13:9-18; 2 Apoc. Bar 4:2-6; 4 Ezra 9:26-10:59)에서 이미 나타나기 때문이다.

일반적으로 초대 유대 기독교인들은 자신들의 신앙을 구약의 유대 전승과 근본적으로 반대된다고 이해하지 않았다. 도리어 그들은 기독교신앙이 고대 이스라엘의 신앙과 예배의 연속선상에 있다고 인식했다.[446] 이러한 유대교의 다양성과 복잡성은 신약성경의 종교적 체계가 보다 넓은 유대교

---

[443] 예를 들면, 히브리서 7장에서 그리스도의 제사장 신분의 우월성을 논의하기 전에 레위지파의 제사장과 예수 사이의 일치 관계는 히 4:14-5:5에 뚜렷하게 언급된다.

[444] E. P. Sanders, *Paul and Palestinian Judaism: A Comparison of Patterns of Religion*(London: SCM, 1977); N. T. Wright, *The Climax of the Covenant: Christ and the Law in Pauline Theology*(Edinburgh: T & T Clark, 1991); J. D. G. Dunn, *Jesus, Paul and the Law: Studies in Mark and Galatians*(London: SCM, 1990) 등이 이런 입장의 대표적인 학자와 저술이다.

[445] M. E. Isaacs, "Hebrews 13:9-16 Revisited," *NTS* 43(1997), 268-84. 이에 따르면 히브리서는 그리스도의 현현과 관련하여 이스라엘의 대속죄 의식을 사용한 신약성경의 유일한 문헌임을 주장한다; J. Fischer, "Covenant, Fulfillment and Judaism in Hebrews," *Evangelical Review of Theology* 13, no. 2(1989), 187; 본서에서 피셔는 옛 언약과 관련된 히브리서의 새 언약 모티프를 고려할 때, 히브리서는 예수를 유대교의 진정한 중심이요 의미로 일치시키고 있기 때문에 유대교의 정체성과 관습을 파기해서는 안 된다고 주장한다; E. Käsemann, *The Wandering People of God: An Investigation of the Letter to the Hebrews*, trans. by R. a. Harrisville and Irving L. Sandberg(Mineapolis: Augsburg, 1984), 17-22. 본서에서 케제만은 시내산의 세대와 기독교공동체 사이의 관계를 인정하는 증거로 히브리서에 나타난 '순례' 모티프를 제시한다.

[446] B. Chilton, J. Neusner, *Judaism in the New Testament: Practices and Beliefs*(London/ New York: Routledge, 1995), 1-4, 10-18. 본서에서 누스너는 적어도 1세기 초반의 기독교인들에게 있어서 유일하게 계시된 성경은 토라였으며, 따라서 초기 기독교인들은 토라를 공부하였고, 그것을 그들의 신앙에 유효하게 적용하였다고 주장한다.

의 맥락에서 이해되어야 함을 요구한다.[447]

따라서, 히브리서 12장 18-24절의 시내산과 시온산에 대한 이해를 단지 유대교와 기독교와의 대립 혹은 불연속성의 관계로 보려는 입장은 몇 가지 해석학적 문제를 야기한다.[448]

첫째, 기독교가 구약뿐만 아니라 유대교에 대하여 기본적으로 부정적 입장을 가지고 있다는 오해를 가지게 한다.
둘째, 히브리서 저자가 예수의 인격과 사역을 구약성경의 예언과 율법의 성취로서 이해하려는 인식을 방해한다.

저자는 계속적으로 예수의 대제사장적 사역의 의미를 성전의 옛 체계와의 관련성에서 묘사하며, 예수의 제사장직과 희생제사는 전통적인 율법의 요구에 대한 거부가 아니라, 도리어 그것의 성취로 보여주고 있다. 시내산은 이스라엘의 옛 세계관을 나타내며, 민족적 정체성과 의식에 기반한 신앙 체계인 반면에 시온은 그 전승의 초월주의와 보편주의를 상징하며, 유대교의 제한 해제 혹은 변형의 관점에서 묘사되고 있다.

따라서, 시내산과 시온산 사이의 일치와 대조 관계를 동시에 인정하는 것은 시내산과 시온산 대조의 해석학적 기능을 이해하는 데 도움이 된다. 이러한 전제를 가지고 두 가지의 해석학적 암시들을 고려할 것이다.

447　G. Theissen, *Social Reality and the Early Christian: Theology, Ethics, and the World of the New Testament*(Edinburgh: T & T Clark, 1993), 203-06. 그는 유대교와 기독교 신앙의 관계를 세 가지 모델로 묘사한다. 1) 유대교와 병행으로서의 기독교, 2) 유대교의 제한 해제(de-restriction) 혹은 개방(opening)으로서의 기독교, 3) 유대교의 변형으로서의 기독교. 그럼에도 불구하고, 옛 종교 체계의 제한적이고 불완전한 본성은 예수의 사역 가운데서 변형되었으며, 이와 같은 방식으로 예수의 단번에 모두를 위한 희생제사를 통한 구속의 효과는 영원히 지속된다고 주장한다. 따라서 그는 "기독교신앙은 비유대인이 접근할 수 있는 유대교였다"고 진술한다.
448　K. Son, *Zion Symbolism in Hebrews*, 78-82.

첫째, 수사학적인 맥락

둘째, 신학적 주제들

③ 본문 분석

㉮ 본문의 수사학적 맥락

히브리서의 수사학적 특징 중의 하나는 구약의 특징들과 예수 사이를 대조하는 것이다.[449] 이러한 대조는 천사와 아들(1:4-14), 모세와 아들(3:1-6), 시내산 세대와 기독교공동체(3:7-4:13), 레위 지파와 예수(7:1-28), 옛 계약과 새 계약(8:7-13), 지상 성소와 천상 성소(9:1-28)의 문단에서 나타난다.

히브리서 12장 18-24절에서도 시내산의 두려운 광경과 시온의 축제 모임 사이의 대조가 나타나는데, 이를 통해서 저자는 히브리서를 통한 예수 사역의 우월성을 논증한다. 그뿐만 아니라 히브리서 전체에 걸쳐서 직설법(indicative)과 권고 혹은 명령(imperative)의 기법이 교차되고 있다.[450]

본 단락 역시 이러한 기법이 교차적으로 나타난다(직설법 12:18-24, 명령법 12:25-29). 특히, 직설법 부분은 히브리서의 신학적 부분들 안에 논의된 주요 핵심 사상들을 요약해 준다. 천사들(12:22), 하늘(12:22-23), 장자(12:23), 완전(12:23), 새 언약의 중보자인 예수(12:24), 뿌린 피(12:24) 등의 개념은 히브리서 전체의 직설법 단락에서 차용되고 있다. 반면에 히브리서 12장 25-29절 부분은 초기의 경고 혹은 명령(2:1-4; 3:7-4:13; 12:5-11)을 상기시켜 준다.[451]

---

449 H. W. Attridge, "The Uses of Antithesis in Hebrews 8-10," *HTR* 79:1-3(1986), 1-9.
450 직설법에 해당하는 본문으로는 1:1-4; 1:5-14; 2:5-3:6; 4:12-13; 5:1-10; 7:1-10:18; 11:1-40; 12:4-13; 12:18-24; 13:20-25 등이 있으며, 명령법에 해당하는 본문은 2:1-4; 3:7-4:11; 4:14-16; 5:11-6:20; 10:19-39; 12:1-3; 12:14-17; 12:15-29; 13:1-19 등이다.
451 W. L. Lane, *Hebrew 9-13*, 채천석 역, 『WBC 성경주석 : 히브리서 9-13』(서울: 솔로몬, 2007), 417-23.

따라서, 본 단락의 직설법과 명령법은 히브리서 전체에 걸쳐 저자가 신학적 논의에서 권고 부분으로 이동하는 수사학적인 패턴을 대표한다. 이런 측면에서 본 단락은 히브리서 내의 작은 히브리서로 기능한다.[452]

본문은 히브리서 전체의 문학적 구조를 이해하는데 있어서 중요한 역할을 한다. 본문은 저자가 논의하려는 문학적 구조와 내용에 대한 거시적 관점에서 서론(히 1:1-4)과 밀접하게 연결되어 있는데, 특히 히브리서 1장 1절에서 12장 29절의 문학적으로 한 단위임을 보여주는 증거들이 존재한다.

주제들	히 1:1-4; 2:1-4	히 12:18-29
중재자들	선지자들과 아들(1-2a)	모세와 예수(21, 24a)
예수의 사역	죄를 정결케 함(3b)	뿌린 피(24b)
예수의 우월성	천사들보다(4)	아벨의 피보다(24b)
경고 구절들	표적들, 기사들, 기적들(2:1-4)	땅과 하늘이 흔들림(25-29)

위의 도표[453]는 히브리서 1장 1절에서 12장 29절의 전 부분이 예수의 마지막 계시가 이전의 다양한 측면의 계시들보다 우월함을 보여준다. 서론(1:1-4)의 두 계시는 12장 18-24절의 시내산과 시온의 관점으로 다시 표현되고 있으며, 히브리서 1장 1-4절은 저자가 논의하려는 주제에 대한 서론으로서 기능하는 반면, 12장 18-24절은 시내산과 시온이란 상징적 관점에서 히브리서의 주제들을 결론짓는 기능을 한다.[454]

그러므로 히브리서 12장 18-24절의 시내산과 시온 대조는 저자의 수사학적 기초를 형성하며, 구조적으로 히브리서 전체에 걸쳐 등장하는 직설

---

452 K. Son, *Zion Symbolism in Hebrews*, 84.
453 D. A. Black, "Hebrews 1:1-4: A Study in Discourse Analysis," *WTJ* 49(1987), 178.
454 위의 책, 182.

법 본문들의 결론을 형성한다.

㈏ 본문에 나타난 시내산과 시온의 상징적 의미

히브리서 12장 18-24절에 묘사되는 시내산과 시온은 대조를 이루고 있으며, 각 상징적인 의미들은 다양한 표현들로 나타나고 있다. 각 문구들이 네 쌍으로 나누어지는 신약성경의 특유의 여덟 가지 요소들이 구약성경의 '일곱'이라는 숫자와 조응하고 있다.[455]

구약성경(=일곱 가지 현현, 18-21)	신약성경(=여덟 가지 영광, 22-24)
1. 만질 수 있는 것 2. 타오르는 불 3. 어두움 4. 암흑 5. 폭풍 6. 나팔소리 7. 우렁찬 말소리	1. 시온산 2. 하나님의 도성, 하늘의 예루살렘 3. 축제의 모임인 천만 천사 4. 장자의 교회 5. 만민의 심판자이신 하나님 6. 온전하게 된 의인의 영들 7. 새 언약의 중보자인 예수 8. 더 나은 것을 말하는 뿌린 피

위의 도표에 나타난 이 두 산은 옛 언약과 새 언약뿐만 아니라 전체적으로 옛 그리고 새 종교적 체계의 다른 질적인 차원을 드러낸다.[456] 시내산 기사(18-21)는 시내산 현현의 두려운 장면을 묘사하고 있는데, 그 내용적인 면은 단순하다. 반면, 시온 묘사 부분(22-24)에는 많은 신학적인 주제가 등장하는데, 이는 히브리서 전체에 걸쳐 우월성의 주제와 관련한 중요한

---

455 아래의 도표는 O. Michel, *Der Brief an die Hebräer*, 강원돈 역,『국제성서주석: 히브리서』(서울: 한국신학연구소, 1988), 639-40에서 인용하였다.
456 W. L. Lane, *Hebrew 9-13*, 438. 레인은 "본 단락에 나타난 시내산과 시온은 옛 언약과 새 언약 아래에서의 하나님과의 관계에 대한 질적인 차이를 표현하는 확장된 상징들이다"라고 하였다.

논제들이다. 따라서, 본문에 나타난 '시온'의 상징적인 의미를 도출할 때, 시내산과의 대조 그리고 시온의 묘사가 독특하게 쌍을 이루고 있다는 점을 주목하면서 여덟 개의 상징을 네 쌍으로 연결하여 분석해 보고자 한다.

㉠ 시온과 살아 계신 하나님의 도성

12장 18-21절에 등장한 시내산의 묘사와 구조적인 대립은 '이르렀다'(προσεληλύθατε) 동사의 반복에 의해 강조된다. '이르다'는 한편으로 종말론적인 동시에, 다른 한편으로 현재적이다. 이는 감각적으로 잡히지 않는 미래의 실재에 믿음을 통해 이르게 됨을 의미한다.

22절의 '시온'은 22절에 '살아 계신 하나님의 도성'으로 묘사되는데, 이 두 개념은 문장의 구조에서 동격의 카이(καί)로 연결되어 개념적으로 시온이 곧 살아 계신 하나님의 도성임을 규명한다. 또한, '하늘의 예루살렘'은 시온의 지칭을 강화하면서 이전의 어구인 '살아 계신 하나님의 도성'과 동격 관계에 있다. 따라서, 이 세 지칭은 모두 동의어로 보아야 한다.[457]

시온은 구약에서 하나님이 거주하는 장소 개념을 떠올리게 하는데, 전통적으로 하나님의 도성으로 알려진다(왕상 14:21; 시 2:6; 48:2, 8; 74:2; 78:68; 110:2; 사 8:18; 18:7). 원래는 예루살렘의 다윗 도성을 언급하였지만 22절에 등장하는 살아 계신 하나님의 도성인 '하늘의 예루살렘'은 지상의 성전 도시를 가리키는 것이 아니라 천상의 도시를 언급한 것이 분명하다.[458] '하늘의 예루살렘'은 묵시문학 전승에서는 일반적인 개념이다(*4 Ezra* 7:26; 8:52; 10:60; *Tob* 13:16-18; 14:5; *T. Dan* 5:12; *2 Enoch.* 55:2; *2 Apoc. Bar* 4:2-4; 32:2-4).

---

[457] 위의 책, 447. 이 동사 사용은 '시온'이 초월적 실재임을 보여주며, 따라서 하나님의 백성은 '시온'에 이른 순례자, 곧 종말론적 공동체라 할 수 있다.

[458] 히브리서에서 하나님의 도성 모티프는 주요한 주제, 즉 '땅', '본향'(11:16), '흔들리지 않는 나라'(12:28), '장차 올 것'(13:14)로 발전되는데, 이는 순례와 약속과 관련된 주제와 밀접하게 연결되어 있다. 특히, 11:10, 13-16절은 이 '도성'의 종말론적 관점을 잘 드러낸다.

따라서, 22절의 표상은 하나님의 참 거주지를 언급하는 묵시 전승으로부터 왔다고 볼 수 있다.[459] 예수 그리스도를 믿는 신앙공동체가 하나님의 진정한 처소인 '시온'이다.

다시 말하면, 이 성은 완전하게 현시되지 않았다는 면에서 '장차 올 성'(13:14)이요, 그런 측면에서 신앙공동체는 여전히 시온의 대로를 걷는 순례자들이지만, 동시에 하나님의 약속을 믿는 믿음으로 이미 시민권을 가지고 있기에, 하나님의 영적 처소인 '시온'이다.[460]

ⓛ 천만 천사의 축제 모임과 장자들의 교회

두 번째 그룹으로, 시온의 비전을 "너희가 천만 천사의 축제 모임에 이르렀다"(ἀλλὰ προσεληλύθατε καὶ μυριάσιν ἀγγέλων, πανηγύρει, 22 하반절)고 진술한다. 문장 구문론에서 πανηγύρει[461]는 이전 어구와 동격 상태에 있거나 이전 어구와 관련한 상황적인 여격으로 취급된다("그리고 축제적인 모임에 있는 수많은 천사들의 무리"). 이 표현은 수많은 무리가 예배의 기뻐하는 축제의 총회로 모일 때, 천사의 무리가 허다하게 많다는 점이 강조된다.

이 천사들과 함께하는 모임은 '하늘에 등록된 장자들의 교회'(ἐκκλησίᾳ πρωτοτόκων ἀπογεγραμμένων ἐν οὐρανοῖς)[462]로 묘사된다. '하늘에 등록된'의

---

459 K. Son, *Zion Symbolism in Hebrews*, 89; 같은 책 2.3.1 "The Transcendent Symbol of Zion"(p. 52-56)을 보라. 이와 관련하여 본서 "제4장. 초기 유대교 문헌의 예루살렘"의 '묵시문학'을 참조하라.
460 3:6을 참조하라. 구약성경에서 하나님은 시온에 거하시고(시 87:1; 사 18:7; 31:9; 암 1:2; 미 4:7), "통회하고 마음이 겸손한 자와 함께"(사 57:15; 66:1ff) 거하시기 때문에 하나님의 영적 처소가 자기 백성의 공동체라고 보는 것은 무리가 아니다. F. F. Bruce, *Hebrews*. NICNT, 이장림 역, 『성경주석 뉴 인터내셔널: 히브리서』(서울: 생명의 말씀사, 1994), 481-82. no. 152를 참조하라.
461 '축제의 모임'(πανήγυρις, 22)은 신약에서는 본 구절에서 유일하게 사용되지만, 구약에서 종교적 축제를 위한 모임을 언급하기 위해 חַג(축제)와 함께 종종 사용된다(레 23:2, 4; 민 10:10; 15:3; 대상 23:31; 대하 2:3; 암 5:21; 겔 44:24; 46:11; 호 9:5 참조).
462 '장자의 교회'(ἐκκλησίᾳ πρωτοτόκων)가 무엇을 가리키느냐에 대한 논쟁이 있다. 케제만은 '천사장들'(시 99:6, 70인역 참조)로 보며, E. Käsemann, *The Wandering People*

표현은 누가복음 10장 20절("너희 이름이 하늘에 기록된 것으로 기뻐하라") 또는 요한계시록 21장 27절에서 '믿는 자들'을 가리킴을 볼 때, '장자들의 교회'가 천사들로 이루어져 있지 않고 인간들로 이루어져 있음을 입증한다.

'장자들' 개념은 구약에서 '이스라엘'을 일컬었다(출 4:22-23). 또 이 개념 속에는 상속의 의미가 들어 있으며(12:16), 통치의 자격이 부여된다(시 2:7; 89:28). 묵시문학 전승은 공동체가 통치하도록 부름 받았음을 전제한다(고전 6:2; 계 20:4f). 히브리서에서는 '맏아들'(히 1:6)이신 예수를 믿음으로 그 상속권을 얻은 자들을 가리킨다.

이 점을 종합할 때, ἐκκλησία에 대한 이해에 초월적인 강조점이 있다는 사실을 발견할 수 있다. 이 두 문구가 쌍으로 기록되어 있다는 것은 하나님의 백성인 ἐκκλησία는 천사들의 모임과 하나님 사이에 놓여 있으며,[463] 하나님을 대면하기 위해 모인 온전한 상태의 연합된 종말론적 총회를 가

---

of God, 50; 리큐어는 '구약의 성도들'(이스라엘 백성들, 참고. 신 4:10; 18:16)로 보며, J. Lécuyer, "Ecclesia Primitivorum(Hébr 12, 23)," *Studiorum Paulinorum Congressus Internationalis Catholicus* 1961. AnBib 17-18(Rome: Pontifical Biblical Institute, 1963), 161-68. W. L. Lane, *Hebrew 9-13,* 451-52에서 재인용; 브루스는 '땅 위에 존재하는 사람들을 포함한 모든 그리스도인들'로 본다. F. F. Bruce, *Hebrews,* 483-84. 숄러는 히브리서 2:12의 용례와 연결하여 '이미 죽었지만 지금은 하늘에 있는 그리스도인들'로 본다. J. M. Scholer, *Proleptic Priests: Priesthood in the Epistle to the Hebrews*(JSNTSS. 49, Sheffield: JSOT, 1991), 146.

463 '천사들과 장자들이 서로 엮여 하나의 쌍으로 된 까닭이 무엇인가?'라는 문제를 제기하면서, 델리취(Fr. Delitzsch, *Commentary zum Brief an die Hebräer,* 1873)는 히 1:14("모든 천사들은 섬기는 영으로서 구원 받을 상속자들을 위하여 섬기라고 보내심이 아니냐," 개역개정)를 전거로 끌어들인다. 하나님의 현현 자체는 반드시 천사들의 도래와 결합된다(신 33:2-3; *1 Enoch* 1:9). 쿰란문서에서는 빛의 자녀들의 공동체가 바로 '성도들의 군대'와 합일된다는 사실이 전제되어 있다(1QH 3:22; 1QS 11:7-9; 1QM 2:8-9). 히브리서에서는 하늘의 군대가 공간적으로 땅 위의 공동체와 대조되며, 하늘의 성소와 그 거주자들에게 가까이 갈 준비를 하고 있는 것으로 묘사된다. 그러나 천사들의 세계와 성도들의 하늘 공동체 사이의 밀접한 관계는 히브리서에서도 전제되어 있다. '장자들'과 '하늘에 등록되어 있음'이란 표현은 천사 계급보다는 천상적 초월의 영역으로 옮겨진 사람들에 더 적절한 표현이다. O. Michel, *Der Brief an die Hebräer,* 642-63 no. 20에서 재인용.

리킨다.[464]

ⓒ 만민의 심판자인 하나님과 온전하게 된 의인의 영들

하나님은 시내산과 시온에서 동시에 자신을 '심판자'(κριτής)로 드러낸다. 18-21절에는 이 단어가 사용되지 않지만 '타오르는 불'(21)의 표현은 하나님의 심판 개념을 명백하게 반영한다. 이 표현은 시내산에서 하나님의 현현에 대한 자연적 현상으로 이미 살펴본 대로 시내공동체의 죄악에 대한 하나님의 심판을 의미한다. 히브리서 12장 29절에서 하나님을 '소멸하는 불'로 묘사하고 있는 점은 시내산의 두려운 하나님의 현현을 회상하게 한다(히 12:18; 출 23:17; 신 4:24 참조).

하나님의 심판 주제는 히브리서의 경고 구절들에서 나타나며, 불에 대한 언급은 하나님의 심판 표상과 관련하여 4번이나 등장한다(6:8; 10:27; 12:18, 29). 이 개념을 포함하여 어둠, 암흑, 폭풍, 나팔소리, 말하는 소리 등의 시각과 청각적 이미지들은 시내산 현현의 현상들로서 시내공동체의 두려운 경험들을 강화하는 역할을 한다(18-21).

따라서, 시내산에서의 하나님의 등장은 하나님의 심판, 특히 이스라엘 공동체의 죄악을 심판하는 개념으로 표현되며, 이는 22-24절의 '시온'을 포함하여 히브리서의 모든 구절들에도 해당되는 경고다.

이 심판자로서의 하나님에 대한 묘사가 시온의 문맥(22-24) 가운데 등장하는 것은 시온의 축제적 분위기와는 상당히 다르다는 사실을 보여준다. 이는 본 절이 '심판자 되신 하나님'과 한 쌍으로 묶어진 '온전하게 된 의인의 영들'(πνεύμασι δικαίων τετελειωμένων)[465]과 긴밀하게 관련되어 있으며, 상

---

464 P. E. Hughes, *A Commentary on the Epistle to the Hebrews*(Grand Rapids: Eerdmans, 1977), 552-54.
465 예수의 대제사장적 제사에 근거하여 '온전케' 됨으로써(10:14), 이미 죽어서 그들의 심판을 받은(9:27) 신실한 남녀의 집합을 의미한다. W. L. Lane, *Hebrew 9-13*, 456.

호 관련 속에서 해석되어야 함을 암시한다.

유대 묵시문학에서 '의인들의 영혼'은 경건한 죽은 자들에 대한 관용어다(*Jub* 23: 30-31; *1 Enoch* 22:9; 102:4; *2 Apoc. Bar* 30:2). 히브리서에서 '의인들의 영'은 이미 죽었으나 옛 언약 하에서 경건한 남녀들의 순례 목표였던 하늘 도성에 지금 거주하고 있는 사람들을 일컬으며(11:10, 13-16; 13:14), 이 사람들을 묘사할 때 '온전케 된'(τετελειωμένων)이란 완료분사를 사용하는 것은 그들이 이미 하나님의 심판을 받아 의롭다는 증거를 받은 상태임을 암시한다.

이 단어는 10장 14절에서 예수의 희생으로 온전케 된 모든 사람들에게도 사용된다. 그러므로 '온전하게 된 의인들의 영들'은 그리스도 이전 시기에 믿음을 보인 사람들로 한정하거나[466] 이미 죽은 그리스도인들로 한정[467]하기보다는 예수의 희생을 근거로 '온전케 된' 자들, 곧 두 언약 하에서 하나님께서 신실한 자들이라고 인정한 모든 사람을 포함한다. 이 형태는 옛 언약 하의 믿음의 증인들이 그리스도와의 교제 속에서 그들의 소망이 실현되어야 한다는 11장 40절의 선언을 고려하고 있다.[468]

따라서, 이전에 묘사된 시온이 초월적 실재로서 하나님의 백성인 신앙공동체, 하나님과의 대면을 위해 모인 상속의 권세를 가진 연합된 종말론적 총회를 가리킨다면, 본 대목은 예수의 대제사장적 제사에 근거하여 '온전케' 됨으로써(10:14), 이미 죽어서 하나님의 심판을 통과한(9:27) 신실한 자들의 집합을 말한다.[469]

---

[466] F. F. Bruce, *Hebrews*, 485.
[467] O. Michel, *Der Brief an die Hebräer*, 645-47.
[468] W. L. Lane, *Hebrew 9-13*, 454-45; J. M. Casey, "Eschatology in Heb. 12:14-29: An Exegetical Study," Dissertation(Catholic Univ. of Leuven, 1977), 372-73; D. G. Peterson, "An Examination of the Concept of 'Perfection' in the 'Epistle to the Hebrews.'" Dissertation.(Univ. of Manchester, 1978), 268-88. 이와 관련하여 히 11:40의 '더 좋은 것'과 11:35의 '더 좋은 부활' 개념을 참조하라.
[469] 본문에서 '시온'으로 묘사된 '교회'의 신학적 의미가 더 확장되고 있음을 보여준다.

ⓛ 새 언약의 중보자인 예수와 뿌린 피

이 구절은 시내산과 시온의 대조된 두 표상이 어떤 신학적인 기능을 수행하는가에 대한 근거, 즉 하나님의 현존이 시내산에서는 심판의 맥락으로 나타난 반면, 시온에서는 축제의 맥락으로 나타나는 이유를 제시한다. 본 구절은 새 언약의 중보자인 예수를 도입하고, 종말론적이고 최종적인 언약을 보증하시고 영원한 구속을 자기 백성을 위해 확보한 그의 희생적 죽음을 암시한다(9:11-15 참조).

중보자(μεσίτης)라는 용어는 항상 예레미야 31장 31-34절의 새 언약과 관련하여 사용된다(8:6; 9:15; 12:24). 중보자로서 예수의 직무는 그의 구속적 죽음의 효력에 기초한다. 그는 하늘 성소에 들어가시고 영원한 구속을 이루셨기 때문에 새 언약의 중보자가 되셨다(9:11-14). 그의 언약적 희생으로서의 죽음에 대한 비유적 암시는 '뿌린 피'(αἵματι ῥαντισμοῦ)의 표현에서 잘 드러난다. 이 어구는 출애굽기 24장 8절을 상기시킨다. 거기에서 희생의 피 뿌림은 하나님과 자기 백성들 간의 언약을 봉인했다.

따라서, 12장 24 하반절의 비유는 24 상반절의 새 언약에 대한 언급에 비추어서 해석해야 한다. 그것은 죄의 정결을 위해 '뿌려지는' 언약의 피를 언급한다.[470] 이 피가 아벨의 피[471]보다 더 나은 이유는 후자가 전자와 동일한 희생자의 무고요(4:15; 7:26), 폭력적 사건이며(12:2-3), 저주의 부과와 관련되지만(창 4:11-12), 후자와 달리 전자는 언약에 부여된 약속된 복

즉, 유대인과 이방인의 보편적인 교회를 넘어서서 시간과 공간을 초월하는 우주적 교회로 확대되고 있다. 특히, 구약과 신약, 죽은 자와 산 자의 경계를 깨뜨리는 '보이지 않는 교회'(invisible church)의 신학적 진술을 보여준다.

470 이와 같은 '피의 제의적 뿌림'은 히 10:22를 상기시키는데, 여기서 그리스도인의 삶에서 새 언약의 효과를 "우리의 마음을 무겁게 하는 양심을 정결케 하는 뿌림을 받아"라고 비유적으로 묘사한다.

471 창 4:10-12에 따르면 아벨의 피는 그를 살인한 자에 대한 복수를 하나님에게 외치고, 이 모티프는 후대의 유대 전승에 자주 반영되었다. 예를 들어, Jub 4:3; 1 Enoch 22:6-7; T. Benj 7:3-5; 4 Macc 18:11; Ant 16.2; Tg. Neof 창 4:10; m. Sahn 4:5; b. Sahn 37b.

을 교회에 확보케 하였기 때문이다(8:6, 10-12; 10:15-18).

시내산과 옛 언약의 동물 제사의 피는 결코 예배자의 죄를 제거하지 못하며, 시내 언약 백성은 해마다 죄를 기억해야 하고(10:3), 심지어 계속해서 두려움에 살아야 하며, 하나님께 가까이 가지도 못한다(12:20; 10:1 참조). 이와 다르게 새 언약에 속한 시온공동체는 '완전'(12:23; 10:1 참조), '죄의 온전한 씻음'(12:24; 9:28 참조), '하나님께 가까이 나감'(12:23; 10:19, 22 참조)의 상태다.

따라서, 시내산이 동물의 옛 언약의 피 아래 중생하지 못한 시내공동체를 상징하며 하나님을 향한 그들의 태도를 보여준 것이라면, 반대로 시온은 하나님과의 축제를 즐기는 관계공동체로, 이들은 예수의 새 언약의 피로 인한 죄의 문제가 완전하게 해결되었음을 보여준다.

(2) 히브리서 13장 9-14절

① 본문과 사역

9 Διδαχαῖς ποικίλαις καὶ ξέναις μὴ παραφέρεσθε· καλὸν γὰρ χάριτι βεβαιοῦσθαι τὴν καρδίαν, οὐ βρώμασιν ἐν οἷς οὐκ ὠφελήθησαν οἱ περιπατοῦντες.

여러 가지 이상한 가르침에 끌려다니지 말라. 왜냐하면, 마음은 은혜로 굳게 함이 좋기 때문이다. 음식으로 하지 말지니, 음식으로 행하는 자들은 유익을 얻지 못하였다.

10 ἔχομεν θυσιαστήριον ἐξ οὗ φαγεῖν οὐκ ἔχουσιν ἐξουσίαν οἱ τῇ σκηνῇ λατρεύοντες.

우리는 제단을 가지고 있는데, 장막에서 섬기는 자들은 그 제단에서 먹을 권한을 갖지 못한다.

11 ὧν γὰρ εἰσφέρεται ζῴων τὸ αἷμα περὶ ἁμαρτίας εἰς τὰ ἅγια διὰ τοῦ ἀρ
χιερέως, τούτων τὰ σώματα κατακαίεται ἔξω τῆς παρεμβολῆς.

왜냐하면, 죄를 위한 동물의 피는 대제사장에 의하여 성소로 들어가게 되고, 그 육체는 영문 밖에서 불사름을 당하기 때문이다.

12 Διὸ καὶ Ἰησοῦς, ἵνα ἁγιάσῃ διὰ τοῦ ἰδίου αἵματος τὸν λαόν, ἔξω τῆς πύλης ἔπαθεν.

그러므로 예수 또한 자기 피를 통하여 백성을 거룩하게 하기 위하여 성 밖에서 고난을 받으셨다.

13 τοίνυν ἐξερχώμεθα πρὸς αὐτὸν ἔξω τῆς παρεμβολῆς τὸν ὀνειδισμὸν αὐτοῦ φέροντες·

그러므로 우리도 그의 치욕을 지고 영문 밖에 있는 그에게로 나아가자

14 οὐ γὰρ ἔχομεν ὧδε μένουσαν πόλιν ἀλλὰ τὴν μέλλουσαν ἐπιζητοῦμεν.

왜냐하면, 우리는 여기에 머물 도성을 가지고 있지 않고 오는 도성을 찾고 있기 때문이다.

② 본문 분석

9절의 '음식'(βρώμασιν)과 '그것으로 행한 자'(οἱ περιπατοῦντες)는 유대 제의적 배경 안에 있는 규정된 음식을 먹는 것과 관련된다.[472] 이것들은 먹는 것과 마시는 것과 정결을 다루는 일시적인 육체적 규제일 뿐이다.

9절의 훈계는 이미 9장 9-10절에서 제기되었던 것을 반복한다. "…이

---

472 마음을 음식으로 굳게 할 수 있다는 진술은 시 104:14-15에서 발견된다. "저가 가축을 위한 풀과 사람의 소용을 위한 채소를 자라게 하시며 땅에서 식물이 나게 하시고 사람의 마음을 기쁘게 하는 포도주와 사람의 얼굴을 윤택케 하는 기름과 사람의 마음을 힘 있게 하는 양식을 주셨도다."

에 따라 드리는 예물과 제사는 섬기는 자를 그 양심상 온전하게 할 수 없나니 이런 것은 먹고 마시는 것과 여러 가지 씻는 것과 함께 육체의 예법일 뿐이며 개혁할 때까지 맡겨 둔 것이니라." 이와 대비되는 '은혜로(χάριτι) 강하게 된 마음(καρδία)'은 예수 그리스도 안에서 하나님의 구속 행위에 근거한 마음이다.[473]

9절의 '음식'과 '은혜'의 대조는 10절의 "우리는 있다⋯그들은 없다"라는 대조를 통해서 명확해진다. 저자는 "우리에게 제단이 있다"(ἔχομεν θυσιαστήριον)[474]는 구절에 레위기 16장 27절의 예전적 지침을 구속적 관점에 적용하고 있다. 이 구절은 8장 1절에 "대제사장이 우리에게 있다"와 동의어로 9절의 '은혜'에 대한 설명이다.[475]

"장막을 섬기는 사람들이 이 제단에서 먹을 권한이 없다"는 구절은 레위적 제사장들이 속죄제물을 먹지 못한다는 레위기의 구절에 근거한다.[476] 이는 옛 질서 하에 진행된 제사와 그것을 수행하고 참여한 제의 전체를 가리킨다. 또 이 구절은 9절의 "음식으로 행한 자들"과 병행을 이룬다.

따라서, 9-10절의 대조는 그리스도인의 제단에 참여할 수 없는 옛 언약

---

[473] 2세기 초 이그나티우스의 『마그네시안(Magnesians)에게 보낸 편지』는 히13:9-10의 영향을 받았음을 보여주며, 이에 대한 의미를 이해하는 데 단서를 제공한다. "하나님의 한 성선에, 말하자면, 한 제단 곧 한 분 예수 그리스도에게로 모이라⋯이상한 가르침과 옛 신화에 이끌리지 말라. 그것은 쓸데없느니라. 우리가 여전히 유대교를 준수한다면, 우리는 은혜를 받을 수 없다. 경건한 선지자들은 그리스도 예수의 방식으로 살았다. 그들이 박해를 받았던 이유도 그것이다. 그들이 그리스도의 은혜로 영감을 받았기 때문이다"(*Ign. Magn.* 7:2-8:2).
[474] 위의 구절의 신앙고백적 진술이 성찬을 암시한다고 주장하는 학자들의 견해에 대해서는 R. Williamson, "The Eucharist and the Epistle to the Hebrews," *NTS* 21(1975), 301-09를 보라. 하지만, 레인(W. Lane)은 히브리서 저작 이후에 1세기까지 성찬을 제단으로 묘사한 성찬의 성례적 해석에 대한 증거는 입증될 수 없음을 주장한다. W. L. Lane, *Hebrew 9-13*, 554.
[475] J. W. Thompson, *The Beginnings of Christian Philosophy: The Epistle to the Hebrews*(CBQMS 13. Washington DC: The Catholic Biblical Association of America, 1981), 146.
[476] 레 6:30 "피를 가지고 회막에 들어가 성소에서 속하게 한 속죄제 희생의 고기는 먹지 못할지니 불사를지니라."

을 가리키며, 이미 폐기된 제의적 질서의 부적절함을 강조하고 있다.

11절은 그 이유(γὰρ)에 대하여 진술한다. 제단에서 먹을 것을 금함은 레위기 16장에서 제시된 것처럼 매년 일차 속죄일을 위한 율법의 규정과 관련이 있는데, 16장 27절에서 속죄 의식을 위해서 성소로 데려간 피 흘린 동물들은 희생의 음식으로 사용해서는 안 되며(레 6:30), 그 나머지 것들은 장막을 섬기는 수종자들에 의해서 거룩한 경내 바깥에서 처분되어야 한다(레 16:28).

12절은 11절의 구체적인 적용으로 자신의 피를 통하여 하나님을 섬기는 일에 자기 백성을 성별케 했던 예수의 행위를 가리킨다. 예수의 희생은 속죄일의 대속적 희생과 명백하게 병행을 이루며, 골고다에서의 예수의 죽음은 영문 밖에서 시체들의 처분에 상응한다. 다시 말하면, 성문 밖에서의 예수의 처형[477]은 속죄일의 결정적인 속죄제를 대표하며, 성스러운 영내로부터 축출되는 수치[478]와 관련이 있다.

13절에서는 수치 가운데 영문 밖으로 축출된 예수에게로 나아가자고 호소한다. 영문에서 축출됨의 수치는 거룩한 영내 안에 하나님이 임재하고 있음을 전제한다(레 13:46; 민 5:2-4; 신 23:11).

하지만, 금송아지 사건 이후에 하나님이 영문 밖에서('진 밖에서') 자신의 임재를 보이기를 선택하기를 시작한다(출 33:7-8). 이러한 근거를 기반으로 하여 저자는 하나님의 임재는 예수가 멸시 당했던 영문 밖에서만 누릴 수

477　예레미야스에 의하면, "성문 밖에서 고난을 받으셨느니라"의 어구는 골고다에서 예수가 죽으신 역사적 사건을 암시적으로 언급한다(참조. 요 19:20; 막 15:20; 마 27:32; 요 19:17 참조). J. Jeremias, *Golgotha*(Göttingen: Vandenhoeck & Ruprecht, 1926), 1-33. 실제로 도성이나 영내의 거주 지역 이외에서 처형을 집행하는 것이 유대적 관습이었다는 것에 대해서는 레 24:14, 23; 민 15:35-36; 신 17:15; 왕상 21:13; Ant 4.264. 눅 4:29; 행 7:58; b. Sanh 42b-43a 등을 참조하라.
478　유대적 관점에서 볼 때 예수는 신성 모독(레 24:10-16, 23)과 '영문 밖에서' 돌로 죽임을 당하였던 안식일 범법자(민 15:35)로 분류되었다. 법정은 예수가 "하나님의 이름을 모독했다"는 것을 공식적으로 선언했다(막 14:63-64; 마 27:64-65)

있음을 강조하고 있으며, 그것이 진정한 제자도이며, 하나님을 기쁘시게 하는 예배의 조건임을 강조한다.[479]

14절은 이러한 제자도를 위한 근거(γὰρ)를 제시한다: "우리가 여기에는 영구한 도성이 없으므로 장차 올 것을 찾나니."

이 구절은 순례의 주제를 드러낸다. 9절의 '음식'과 '여러 가지 다른 교훈들', 10절의 '장막에서 섬기는 자들', 11절의 '영문 안'은 14절에서 도성, 즉 예루살렘으로 귀결된다. 이 예루살렘은 '장차 올 하늘의 세계'(2:5), '하나님의 천상의 안식'(3:11; 4:1, 8-11), '내세'(6:5), '진동할 수 없는 나라'(12:28)인 '천상의 예루살렘' 혹은 '장차 올 도성'과 대조되는데, 이러한 대조를 통해서 그리스도인들이 순례로 나아가는 유일한 보증은 하나님이 자기 백성을 위해서 도성을 준비하셨다는 확신이다(11:10, 16).

특히, 저자는 도성의 미래적 측면을 강조한다. 히브리서 12장 22절의 공간적 대조(지상의 예루살렘과 천상의 예루살렘)와 함께 본 절에서는 종말론적인 대조(현재가 아닌 미래)가 부각된다. 이 도성은 천상 세계에서 실재로 존재하지만, 이를 수식하는 분사인 '오는'(μέλλουσαν)은 미래에 이루어질 것을 가리킨다.[480]

12-14절에 나타난 지상의 예루살렘과 천상의 예루살렘의 강력한 대조를 통해서 예루살렘으로 대변되는 유대교에 대한 평가를 내린다. 이에 대한 드 영(de Young)의 설명은 탁월하다.

첫째, 예루살렘은 그리스도인들에게서 모든 구속적 의미를 상실했다. 예수가 성문 밖에서 죄의 결정적인 희생을 치르셨기 때문이다. 예수가 있는 영문 밖에서만 구원을 발견할 수 있다.

---

479 F. F. Bruce, *Hebrews*, 512-14.
480 H. Koester, "'Outside the Camp': Hebrews 13:9-14," 303; W. L. Lane, *Hebrew 9-13*, 566.

둘째, 예루살렘은 그리스도인들에게서 모든 종말론적인 의미를 상실했다. 예루살렘은 모든 인간적인 도시를 특징짓는 일시성을 공유하고 있기 때문이다. 영구성, 안정성 그리고 종말론적인 성취는 하나님의 미래의 천상 도성인 순례의 목표에서만 발견할 수 있다.[481]

위의 입장을 정리할 때, 저자는 지상의 예루살렘과 단절할 것을 선포한다. 더 나아가 이 도시를 예수와 관련한 복음 사건의 빛 하에서 새로운 방식으로 볼 것을 포함한다. 이를 위하여 세 가지 다른 근거를 제시한다.

첫째, 그리스도인들은 예루살렘 성소가 아닌 지금 다른 제단에 집중하고 있다(10). 이 새로운 제단은 영토적인 예루살렘의 범주를 확실히 넘어선다.
둘째, 예수의 죽음이 레위기의 속죄 의식을 성취했는데 이는 예루살렘의 '거룩'에 중요한 암시를 준다. 저자는 희생제물이 성소 안으로 들어오지 못하고 영문 밖에서 불태워졌다는 점을 주목했다.

예수는 거룩한 지경으로부터 내쫓김을 당했으며 불결한 장소에서 죽음으로 내몰렸다. 그러나 바로 그 장소에서 그는 백성을 거룩하게 할 수 있는 위대한 일을 행하였다(12). 그 불결한 장소가 유일하게 거룩한 장소가 된 것이다.

이에 대하여 저자는 거룩한 성소를 떠남으로써 오염되지 않고 거룩해질 것을 강조한다. 지성소, 즉 하나님의 임재 장소는 더이상 거룩한 도시 안에 있지 않고 성문 밖에 있기 때문이다. 역설적으로, 예수가 추방 당한 예루살렘이 지금 불결하게 되었다.

만일, 저자가 금송아지 사건 이후에 영문 밖에 대체된 성소를 세웠던 모세의 이야기를 이곳에 병행하기를 의도했다면, 이는 주님을 찾는 사람이

---

[481] J. C. de Young, *Jerusalem in the New Testament*, 108-09.

영문 밖으로 나가는 것은 필연적이라는 사실을 효과적으로 강조한 것이다.

셋째, 예루살렘에 대하여 영적으로 집중하는 것을 피하게 되는데, 이는 여기 우리에게 거할 도시가 없기 때문이다. 이 구절을 유대적인 배경 하에서 볼 때, 이 도성은 예루살렘에 관한 여운임을 부인할 수 없다.

저자는 예루살렘의 일시적이고 찰나적인 본성을 경계함으로써 예루살렘에 대한 종교적인 관심으로 돌이키고 있다. 종교적인 희망의 대상으로서 예루살렘은 그들을 실망시킬 것이지만, 다가올 도성은 그렇지 않을 것이다. 예수에 대한 거절로 인하여 예루살렘은 잠정적이고 일시적인 도시로서 드러나게 되었고, 더이상 이전에 그랬던 것처럼 하나님의 목적을 위한 핵심적인 역할은 더이상 할 수 없다.

결론적으로, 천상의 예루살렘과 비교되는 지상의 예루살렘은 폐기된다. 예루살렘은 모든 구속적 의미를 상실한다. 왜냐하면, 그리스도가 예루살렘 성문 밖에서 죄를 위한 마지막 희생제물이 되었기 때문이다. 예루살렘은 모든 종말론적 의미를 잃어버렸다. 이는 지상에 거주할 도시가 존재하지 않기 때문이다.

따라서, 저자는 독자들에게 만일 그들이 예루살렘에 거주하지 않는다면 문자적으로는 예루살렘을 떠날 필요가 없지만, 영적인 의미에서 떠나야 함을 강조한다. 지상의 예루살렘은 천상의 도시에 가기 위한 수단이 아니며, 도리어 일종의 장벽이기 때문이다. 천상의 예루살렘은 드러났고, 지상의 흔적은 막혀 버렸다.

그렇다면 천상의 예루살렘으로의 순례의 새로운 출발점은 어디인가?

예수가 괴롭힘을 당한 부끄러운 장소인 영문 밖 골고다이다.[482] 저자는 천상의 예루살렘에 이르는 유일한 길이 영문 밖이요, 골고다의 수치스러

---

[482] C. K. Barrett, "The Eschatology of the Epistle to the Hebrews," 391.

움이요, 십자가를 따르는 것임을 진술한다.[483]

3) 히브리서와 예수 전승과의 관계

저자는 수신자의 상황을 반영하여 구약과 유대 전승에 나타난 핵심적 소재인 성소(장막)와 예루살렘 개념을 사용하여 새 언약의 우월성을 논증한다.

다른 신약의 저자와는 다르게 성전의 파괴 대신에 '장막'이란 용어를 통해서 그리스도를 향한 잠정적인 측면을 부각시킨다. 이는 그리스도의 오심으로 성전의 수명은 다했으며, 자연스럽게 성전은 그리스도로 '대체'되었음을 진술한다. 이러한 입장은 히브리서 저자 역시 '성전'에 대하여 본질적으로 예수 전승 위에 서 있음을 볼 수 있다.

또한, 교회로 대체된 예루살렘을 전제하면서, 그 의미를 확대하고 있다. 물리적 예루살렘과의 단절을 선포하고, 사도 바울이 제시한 유대인과 이방인의 보편적인 교회를 넘어서서 시간과 공간을 초월하는 우주적 교회로 확대하고 있다.

히브리서 12장 22절의 공간적 대조(지상의 예루살렘과 천상의 예루살렘)와 함께 13장 9-14절에서는 종말론적인 대조(현재가 아닌 미래)가 부각된다. 이 도성은 천상 세계에서 현재의 실재로 존재하지만 이를 수식하는 분사인 '오는'($\mu\acute{\epsilon}\lambda\lambda o\upsilon\sigma\alpha\nu$)은 미래에 이루어질 것을 가리킨다. 이는 앞으로 다루게 될 요한계시록의 '예루살렘'과 일맥상통하는 면이 있다.

더 나아가 구약과 신약, 그리고 죽은 자와 산 자의 경계를 깨뜨리는 '보이지 않는 교회'(invisible church)의 신학적 진술을 보여준다.

483　P. W. L. Walker, *Jesus and the Holy City: New Testament Perspectives on Jerusalem*, 221-22.

예수 전승에서 물리적 예루살렘과 단절하며 제자공동체(교회)로 대체되었던 예루살렘은 히브리서에 이르러 묵시문학적 전통을 수용함으로써 그 의미가 확장되는 계시사적 발전을 보여준다.

5. 요한계시록

요한계시록의 예루살렘 모티프의 절정은 21-22장의 새 예루살렘이다. 요한계시록은 신약성경 예루살렘 모티프의 결론이다. 전승사적으로 요한계시록은 이전의 예루살렘에 대한 신약 저자들의 긍정적이고 부정적인 부분을 통합하고 있으며,[484] '새 예루살렘'으로 변천을 시도하면서 예루살렘에 대한 결론을 제시하고 있다.

요한계시록에 나타난 예루살렘과 관련된 주제들은 21-22장의 새 예루살렘을 향하여 있다.

본 단락에서는 21-22장에 나타난 새 예루살렘 모티프를 주석적으로 분석함에 있어서 먼저, 21-22장의 '새 예루살렘'과 관련된 요한계시록의 다른 본문을 맥락적인 측면에서 분석해 보고자 한다. 맥락적인 분석에 있어서 21-22장에 나타난 새 예루살렘과의 관련성에 주목하면서 정리해 나갈 것이다.

이를 통해서 요한계시록에 나타난 예루살렘 모티프가 신약성경에 나타난 예루살렘 주제의 긍정적이고 부정적인 측면들을 총정리하고 있으며, 결과적으로 새 예루살렘으로의 변천을 통해서 긍정과 부정의 변증법적인 결론에 이르고 있음을 추적해 보고자 한다.

---

484 이와 관련하여 보캄(R. Bauckham)은 더 나아가 "요한은 자신을 기독교 선지자들 중의 하나로, 뿐만 아니라 구약 예언의 전승에 서 있는 것으로 보았다는 것이 분명하다 (중략)…요한은 구약 선지자들의 전승에 속하여 기록하고 있을 뿐 아니라 그 자신을 선지자들의 모든 종말론적 선포들이 마침내 성취되는 구약 전승의 정점에서 기록하고 있는 것으로 이해하고 있다"고 하였다. R. J. Bauckham, *The Theology of the Book of Revelation*, 이필찬 역, 『요한계시록 신학』(서울: 한들출판사, 2000), 20-21.

1) 예루살렘에 대한 맥락적 분석

(1) 일곱 교회의 메시지(2-3장)

2-3장의 일곱 교회에 보낸 편지에는 시작과 마지막 인사말이 생략되어 있다. 이는 이 편지가 개인에게 보내는 서신이 아니라 예언적인 메시지[485]임을 암시하는데, 이러한 형식은 요한계시록의 나머지 부분의 배경을 제공하는 역할을 감당하고 있다.

특히, 21-22장과 관련하여 2-3장은 약속과 성취 형식을 띤다:[486] "이기는 자에게는 내가 하나님의 낙원에 있는 생명나무의 열매를 주어 먹게 하리라"(2:7)는 22장 2, 14, 19절에서, "둘째 사망의 해를 받지 아니하리라"(2:11)는 20장 6절에서, "그 돌 위에 새 이름을 기록한 것이 있나니"(2:17)는 22장 4절에서, "만국을 다스리는 권세와 새벽별을 주리라"(2:26-28)는 22장 16절에서, "흰 옷을 입을 것이요"(3:5)는 21장 17절과 22장 14절에서, "하나님의 성전의 기둥과 새 예루살렘의 이름과 나의 새 이름"(3:12)은 21장 2, 10, 22절과 22장 4절에서, "내 보좌에 함께 앉게 하여 주리라"(3:21)는 22장 3절에서 각각 성취된다.

또한, 부정적인 의미의 반제 형식도 나타나는데, 21장 8절에 나타나는 여덟 가지 중에서 다섯 가지가 2-3장에서 나타난다: 두려워하는 자들(2:10, 13); 믿지 아니하는 자들(2:10, 13); 흉악한 자들(2:10, 13); 우상 숭배자들(2:14; 20); 거짓말하는 자들(2:2, 9, 20; 3:9)이다.

---

[485] 뮤즈(R. L. Muse)와 피오렌자(E. S. Fiorenza)는 '예언적 권고(메시지)' 대신에 '예언적 해석'으로 보아야 함을 제기하였다. R. L. Muse, "Revelation 2-3: A Critical Analysis of Seven Prophetic Messages," *JETS* 29(1986), 152; E. S. Fiorenza, *Revelation: Vision of a Just World*(Minneaplis: Fortress Press, 1991), 53.

[486] P. S. Minear, *I Saw a New Earth*(Washington: Corpus Books, 1968), 44-61. 2-3장과 21-22장의 약속-성취 형식은 피오렌자의 '동심원적 구조'에 의해서 지지를 받는다. E. S. Fiorenza, "Composition and Structure," *CBQ* 39(1977), 359-60.

그리고 요한계시록 저자는 땅 위에 존재하는 구체적인 교회들을 수신자로 하고 있는데,[487] 이는 수신자 교회들의 구체적인 이름들이 기록되어 있음을 통해 알 수 있다. 한편, 본문에 등장한 일곱 교회는 단지 일곱 교회에 한정된 것이 아니라 소아시아에 있는 전체 교회, 더 나아가 미래에 나타날 모든 교회로 확대된다.[488]

(2) 천상의 성전 환상(4-5장)

2-3장의 일곱 교회의 메시지는 4-5장의 천상 성전의 환상과 균형을 이루는데, 이는 전자가 교회의 지상적 실존에 집중한 반면, 후자는 교회의 천상적 실존에 집중하고 있기 때문이다. 4-5장에는 두 개의 중요한 표상들이 존재하는데, 그리스도와 교회다.

본 단락에서는 교회의 표상인 24장로에 집중하기로 한다. 24장로의 실체에 대해서는 요한계시록에서 가장 논쟁이 심한 것 중의 하나다.[489]

---

[487] "만일 일곱 교회를 향한 메시지가 없다면, 요한계시록 안에 있는 현재 인간 경험과 접촉되어 있는 중요한 점들을 다 잃어버리게 될 것이다." G. Goldsworthy, *The Gospel in Revelation*(Devon: Parternoster, 1984), 77.

[488] 이에 대한 논거로 이필찬은 요한이 일곱 교회의 '일곱'은 완전수이며, '이기는 자들에 대한 약속'이 일반적으로 주어지고 있다는 점을 들고 있다. 이는 특별하게 제한된 교회에 한정되지 않는다는 점을 반증한다는 것이다. 또한, "성령이 교회들에게 하시는 말씀을 들을지어다"의 구문은 각 메시지가 한 교회에 주어지고 있지만, 마무리는 교회들에게 하고 있다는 점도 강조한다. P. Lee, *The New Jerusalem in the Book of Revelation*(Tübingen: Mohr Siebeck, 2001), 247.

[489] R. H. Charles는 '신자 온몸에 대한 하늘의 대리자'로(*A Critical and Exegetical Commentary on the Revelation of St. John* [ICC, Edinburgh: T & T. Clark, 1920], 129-33); H. B. Swete는 '전체 교회'로(*The Apocalypse of St. John*, [London: SCM, 1979], 68-69); R. Mounce는 '고양된 천사 계층'으로(*The Book of Revelation*. NICNT [Grand Rapids: Eerdmans, 1998], 135-36); M. E. Boring은 '지상 교회의 대표'로(*Revelation* [Louisville: John Knox Press, 1989], 106); L. Hurtado는 '선택된 자들의 대표'로("Revelation 4-5 in the Light of Jewish Apocalypse Analogies," *JSNT* 25 [1985], 105-24); H. Hoeksema는 '모든 세대의 교회와 하나님의 백성들의 대표자들'로(*Behold He Cometh* [Grand Rapids: Reformed Free Publishing Association, 1969], 159). 이와 관련하여 더 많은 논의를 보려면, D. E. Aune, *Revelation 1-5*., 김철 역, 『요한계시록 1-5』, WBC 52 상 [서울: 솔

하지만, 다음과 같은 논거에 의해서 하나님의 전체 백성을 의미하는 것으로 본다.

첫째, 천사가 왕관을 쓰고 보좌에 앉아 있는 증거는 존재하지 않는다. 이러한 특권은 오직 하나님의 백성들에게만 주어진다.

둘째, 24장로는 역대상 24장 1-19절의 24제사장의 반열에 근거하여 볼 때, 제사직의 역할(4:9-10; 5:8-11; 11:16-18; 19:4)뿐만 아니라 위엄 있는 신분(1:6)을 가지고 있음을 보여준다.[490]

셋째, 24라는 숫자는 '열둘'에서 파생된 것으로 12지파와 12 사도의 결합으로서 21장 12-14절의 열두 문과 열두 기초석을 상징한다.

따라서, 24장로는 구약과 신약을 포함한 전체 하나님의 백성, 다시 말하면, 천상 성전에 있는 하나님의 백성의 모임을 나타내는 인간의 그룹을 의미한다.[491] 이 천상 성전의 하나님의 백성 전체의 실체는 히브리서 12장 23절의 "하늘에 기록된 장자들의 모임"과 에베소서 2장 5-6절과 19-22절의 그리스도와 함께 하늘 보좌에 앉은 신자들, 그리고 쿰란 문헌에도 등장한다(4Q427; 1QH 14).

위의 4-5장은 새 예루살렘 모티프에 어떤 공헌을 하고 있는가?

로몬, 2004], 775-83을 참조하라.

490 W. J. Harrington, *Revelation*. SPS 16(Collegeville, Minnesota: The Liturgical Press, 1993), 79.

491 이러한 입장은 24장로가 요한계시록에서 '교회'를 설명하는 데 중요한 위치를 차지한다. 7:9-17의 '셀 수 없는 무리', 14:1-5에서 '십사만 사천'과 15:2-4의 '이긴 자들'은 모두 천상적 교회의 모습을 그린다. 따라서, 4장의 24장로는 이러한 내용들의 출현에 대한 토대를 마련한다. 마침내 최종적으로 완성될 21-22장의 '새 예루살렘 교회공동체에서 24장로는 그 구체적인 본질을 드러낸다. 이필찬, 『내가 속히 오리라』(서울: 이레서원, 2006), 249.

첫째, 4-5장의 천상 성전의 환상에서 계시된 예배는 새 예루살렘에서 드러날 예배의 전조를 보여준다. 즉, 4-5장은 천상 예배의 공간적 초월과 종말론적 드라마의 시간적 초월 사이에서 진행되는 상호 작용을 드러낸다.[492] 요한은 미래의 새 예루살렘의 환상을 미리 보고 있다.

둘째, 4-5장은 새 예루살렘에서 완성될 하나님의 통치를 묘사한다. 비록 그리스도의 고양으로부터 땅 위에서 하나님의 통치는 실행되었다고 하더라도, 4-5장에서 하나님과 그리스도의 통치가 구체화되고 있음을 보여준다. 4장은 하나님에 의한 창조를 찬양하며, 5장은 그리스도에 의한 구속을 예배한다.[493]

(3) 천상 제단의 순교자들 탄원(6:9-11)과 지상의 성도들의 기도(8:3-5)

'제단 아래의 영혼들'은 레위기 4장 7절의 "희생제물로 드려진 소의 피는 제단 아래로 부어져야 한다"의 표현과 유사하다.[494] 이러한 병행적 관계는 제단 아래에 있는 순교자들은 바로 천상 성전에 드려진 희생제사의 제물로서 의미를 함축한다.[495]

그렇다면, '제단 아래'의 표현은 이 환상이 천상 성전을 가리키고 있음을 보여준다. 제단 아래의 영혼들이 죽임을 당한 이유가 하나님의 말씀과 그들이 가진 증거 때문임을 볼 때, 이들은 로마제국 치하에서 황제 숭배 강요로 온갖 핍박을 받았던 그리스도인과 교회를 상징한다.[496]

순교자들의 신원에 대한 반응으로, 먼저 순교자들에게 흰 두루마기가

---

[492] J. P. M. Sweet, *Revelation*, 118.
[493] W. J. Harrington, *Revelation*. 82.
[494] M. G. Reddish, *Revelation*(Smyth & Helwys Bible Commentary Series. Macon Georgia: Smyth and Helwys, 2001), 130. 이에 반해, 보캄은 하늘 성소에는 분향제단에 해당하는 하나의 제단만이 있다고 주장한다. R. J. Bauckham, *The Climax of Prophecy*, 269.
[495] G. R. Osborne, *Revelation*(Grand Rapids: Baker Academic, 2002), 284.
[496] R. J. Bauckham, *The Theology of the Book of Revelation*, 117-22.

입혀지는데, 이는 4장의 24장로의 '흰 옷'처럼 영광의 장소에 앉아 있음을 상징한다.

다음으로 '잠시 동안 쉼을 주신다.' 기간은 순교자의 수가 찰 때까지다 (6:11). 이 지연 모티프는 하나님 나라의 완성이 이루어질 때까지 남은 기간이다. 이 기간 동안 하나님의 신실한 백성은 고난과 죽음을 각오하고 예수님처럼 충성된 증인(1:5)으로 살아야 함을 보여준다.[497]

따라서, 6장 9-11절의 천상 성전의 제단 아래 있는 순교자들은 천상 성전, 즉 승리한 교회의 모습을 보여주는 동시에 지상의 교회가 초림과 재림 사이에서 하나님의 신실한 백성이자 참 증인으로 영적 전투를 치르며 살아가는 교회공동체를 상징한다.

6장의 순교자들의 탄원과 유사한 본문이 8장에 등장한다. 그런데 여기서는 모든 성도의 기도로 확대된다. 그렇다면, 본문의 성도들의 기도는 6장 9-11절의 순교자들의 기도와 병행적 관계를 가지며, 이 경우 순교자들의 기도가 7장의 종말론적 관점에서 바라볼 때, 그 숫자가 채워진 상태를 거쳐 온전히 응답되는 장면을 보여줌을 알 수 있다.[498]

8장 5절의 "천사가 향로를 가지고 단 위에 불을 담아다가 땅에 쏟으매 뇌성과 음성과 번개와 지진이 나더라"는 4장 5절에서 종말적 심판 현상으로 하늘에서 일어난 바 있는데, 여기서는 일곱 번째 인 심판의 내용으로 소개된다.

---

[497] R. J. Bauckham, *The Climax of Prophecy*, 56.
[498] G. K. Beale, *The Book of Revelation*(NIGTC. Grand Rapids: Eerdmans, 1999), 455.

(4) 144,000과 셀 수 없는 무리(7:1-17; 14:1-5)

7장은 여섯 번째와 일곱 번째 인 심판 사이에 위치해 있다. 본문에 등장하는 144,000[12 x 12 x 1000]은 이스라엘의 모든 지파의 총합으로 나타난다(7:4-8). 이 숫자의 의미에 대해서는 4장의 24장로의 경우와 마찬가지로 두 개의 12, 즉 약속으로서의 구약 백성과 그 성취로서의 신약 백성을 포함하는 하나님의 교회공동체 전체를 상징적으로 보여준다.[499] 특히, 구약에서 1,000은 군대 용어로 사용된다.[500] 그렇다면, 144,000명은 하나님의 백성 전체를 가리키는 것으로 지상에서 전투하는 공동체를 의미한다.

9-17절은 천상의 교회를 언급한다. '능히 셀 수 없는 큰 무리'는 각 나라와 족속과 백성과 방언에서 나온 자들이다. 이 큰 무리는 '흰 옷'과 '종려나무 가지'를 들고 있다.[501] 흰 옷은 6장 9-11절에서 순교자들이 입고 있으며, 4장 4절에서 24장로들이 입고 있으며, 3장 4-5절에서 사데 교회 성도들에게 약속된다. 여기서 '흰 옷'의 공통된 의미는 신실하고 참된 백성들에게 주어지는 승리의 표지다. 10-12절은 천상의 찬양을 보여준다. 그러므로 '셀 수 없는 무리'는 바로 하늘에 존재하는 승리한 교회임을 보여준다.

13-17절에서는 이들에 대하여 '큰 환난에서 나오는 자들'로 묘사한다. 1-8절에 근거할 때, '환난 가운데 있는 자들'인 동시에, 환난에서 나오는 자들이다.[502] 그리고 '흰 옷'은 어린양의 피로 씻긴 것으로, 이는 그들의

---

499 위의 책, 416-23; G. R. Osborne, *Revelation*, 312; W. J. Harrington, *Revelation*. 98.
500 민 31:4에 의하면, "이스라엘 모든 지파에 대하여 각 지파에서 일천 인씩 싸움에 보낼지니라"고 하고, 대상 27:1-5에서 소개하는 군대 조직의 기본 단위가 '천'으로 된다. 계 7:4-8에서 각 지파당 12,000명으로 되어 있다면, 이것은 각 지파당 12개 부대로 구성된 것으로 간주한다. R. J. Bauckham, *The Climax of Prophecy*, 217; 민 1장; 출 30:11-16; 삼하 24장 참조.
501 흰 옷과 종려나무 가지의 표현은 전쟁 모티프와 관련된다. '흰 옷'은 승리 축하를 위한 축제 복장이며(*2 Macc* 11:8), 종려 가지들은 시몬 마카비 군대가 예루살렘성의 재탈환을 축하하며 흔들었던 것과 병행된다(*1 Macc* 13:51).
502 '큰 환난에서 나오는 자들'(οἱ ἐρχόμενοι ἐκ τῆς θλίψεως τῆς μεγάλης)에서 사용된 동사인 ἐρχόμενοι는 일반적 현재분사 용법으로 시간이나 어떤 진행의 의미 없이 단순히

승리는 어린양의 희생제사의 피로 말미암은 구속 사건이 결정적으로 작용한 결과다. 특히, 9-17절의 환상은 21-22장의 새 예루살렘과 병행 관계를 가진다.[503]

위의 입장을 정리해 볼 때, 7장은 다른 실체에 대한 강조가 아니라 관점의 차이를 강조한다.

첫째, 지상적 관점이다. 하나님의 교회공동체는 전투하는 공동체지만, 하나님의 인침을 받아 어떠한 심판으로부터도 보호함을 받는다.

둘째, 천상적 관점이다. 이는 지상적 관점에서 환난 가운데 있는 교회가 그 상황에 절망하지 않고, 현재 하늘에 거하는 것처럼 종말적 축복을 누리면서 존재하는 것으로 재해석하고 있다.[504]

어떤 부류에 속하는 것으로 그 주어를 규정해 준다. 이런 용법에 근거하여 본 구절의 의미는 계속적으로 큰 환난으로부터 나오는 자들이 있는 것이 아니라 하늘에 거하는 자들의 성격을 이미 '큰 환난'으로부터 분리된 자들로 규정한다고 볼 수 있다. 이필찬, 『내가 속히 오리라』, 374-75.

503 위의 책, 380. 참조.
504 요한계시록에서 구약 인용의 경우, 히브리어 미완료과거를 단순히 미래로 번역하는 경향이 있다. 이러한 현상에 대하여 톰슨(S. Thomson)은 히브리어의 미완료과거 시제를 70인역에서 미래 시제로 표현했기 때문으로 지적한다. S. Thomson, *The Apocalypse and Semitic Syntax*. SNTSMS 52(Cambridge: CPU, 1985), 45-47. 하지만, 히브리어 미완료과거의 경우, 단순히 미래로 번역하여 이해하기보다는 히브리어의 미완료 형태로 이해하는 것이 적절하다. 히브리어 미완료과거 시제의 의미는 다음과 같다. 1) 과거의 짧은 순간에 일어난 사건이나 반복되는 사건. 2) 현재의 행위: ① 짧은 시간이나 긴 시간 동안 계속되는 사건이나 행위를 묘사하는 경우 ② 반복될 수 있는 행위를 표현하는 경우 ③ 끝났지만, 그 효과가 현재까지 지속되는 행동을 표현하는 경우다. 3) 미래의 경우에도 미래에 짧거나 길게 계속되거나 반복되는 행동을 표현하기 위해 사용되는 경우가 있다. E. Kautzsch,(ed.), *Gesenius' Hebrews Grammar. 2nd English Edition Revised in Accordance with The Twenty-Eighth German Edition*(1909) by A. E. Cowley, § 107. 이에 근거하여 볼 때, 본 단락과 21-22장의 병행 관계에서 나타난 구약 인용문은 단순히 미래로 볼 것이 아니라 현재에 어느 때든지 반복할 수 있는 행위로 이해할 수 있는 가능성도 열어 놓아야 한다. 또한, 묵시문헌의 '하늘'에 대한 언급을 보면, 쿰란에서는 자신들의 공동체가 하늘에 존재하여 미래의 종말적 축복들을 이미 누리고 있다고 한다(4Q400-4Q405; 4Q427; 1QH 14:1-36). 4 Ezra와 2 Apoc. Bar과 3 Bar에서

14장 1-5절은 7장 1-8절과 9-17절에 나오는 교회의 두 개의 이미지를 하나로 통합한다. 144,000은 땅에서 보호 받기 위해 그들의 이마에 인을 새겼으며(14:1; 7:3 참조), 어린양과 함께 시온산[505]에 서 있다(14:1-2). 그들은 보좌 앞과 네 생물과 장로들 앞에서 새 노래를 부르고 있으며(14:3), 땅에서 속량함을 받았으며, 여자와 더불어 더럽히지 아니하고 어린양을 따라가며, 사람 가운데 속량함을 받아 처음 익은 열매로 하나님과 어린양에게 속한 자들이다(14:4). 7장 1-8절의 144,000과 7장 9-17절의 '셀 수 없는 무리'에 관한 묘사는 14장 1-5절의 '144,000'과 병행을 이룬다.

따라서, 14장 1-5절의 144,000은 지상에서 전투하는 교회(7:1-8)와 셀 수 없는 무리(7:9-17)가 통합된 것이다. 이는 지상의 교회가 최후 심판 이후에 '그때 거기에서' 경험할 천상의 축복을 '지금 여기서' 누리고 있음을 보여준다. 이러한 144,000의 존재 양태의 변화는 13장에서 짐승의 공격에 의해 패배를 당하기까지 한 교회가 본질적으로 승리한 존재라는 사실을 드러내기 위한 저자의 수사학적 의도를 보여준다.[506]

도 역시 '하늘'은 미래적 시점이 아니라 미래적 축복들을 현재 담고 있는 신비적 공간이라는 사실을 증거한다(*4 Ezra* 7:26; 8:52, 53-54; 10:27, 42-44, 53-54; 13:6). 더 많은 중간기 묵시문헌의 자료를 위해서는 P. Lee, *The New Jerusalem in the Book of Revelation*, 105-205를 참조하라. 이런 초기 유대교 사상에 근거하여 볼 때, 요한계시록의 '하늘 개념은 단순히 미래 사건을 소개하는 것이 아니라 현재 교회공동체가 종말적 축복을 누리는 정황을 단서를 보여주는 것으로 이해할 수 있다.

505 시온산의 위치가 지상을 가리키는지(D. E. Aune, *Revelation 6-16*, 김철 역, 『요한계시록 6-16』, WBC 52 중 [서울: 솔로몬, 2004], 751) 하늘을 가리키는지 논란이 있다. 문맥적으로 후자가 타당하다. 1절의 '시온산'은 2절에서 '하늘에서'와 병행을 이루며, 1-5절이 6-20절의 땅의 장소와 대비되며, 13장과도 대비된다. 따라서, 14:1의 시온산은 13:6에서 교회공동체가 거하는 하늘과 직접적으로 연관된다고 할 수 있다.

506 P. Lee, *The New Jerusalem in the Book of Revelation*, 258-59.

(5) 성전 측량과 두 증인(11장) 그리고 아이 낳은 여인(12장)

7장과 14장 사이에는 어린양의 메시아 군대로서 교회가 악한 세력과 투쟁하는 세 개의 이미지가 등장한다. 성전 측량(11:1-2), 두 증인(11:3-12), 아이 밴 여인(12장)이다.

11장 1-2절에서 하나님의 성전(ναός)은 성소와 지성소를 포함한 건물이며, 제단(τό θυσιαστήριον)은 성소에 위치한 분향단을, '그 안에서 경배하는 자들'은 제사장들을 가리킨다.[507]

ναός는 '성전 밖 마당'을 포함하나 본 절은 성전 바깥마당과 구별한다. 전자는 측량[508]하고, 후자는 측량으로부터 배제한다. 2절에 "성전 바깥마당은 측량하지 말고 그냥 두라(밖으로 던지라)"는 다니엘 8장 11절[509]을 배경으로 하며, 양자 사이를 병행 관계로 볼 때, 다니엘서와는 달리 요한은 허물어야 할 대상을 성전 자체가 아니라 성전 밖 마당으로 본다.

그렇다면, 이 성전 밖 마당은 '성전'과는 대조적으로 하나님의 보호에서 벗어난 측면을 말한다. 이 의미는 성전 밖 마당을 이방인에게 주고 그들이 거룩한 성을 마흔두 달 동안 짓밟을 것이라는 대목에서 정확하게 밝혀진다. 여기서 성전 건물은 이미 70년경에 파괴된 문자적 의미의 '성전' 자체보다는 신약성경의 관점에서 하나님의 백성 혹은 교회를 가리키는 것이

---

[507] '제단'은 원래 번제단을 언급함에도 불구하고 요한은 본 절에서 성소 안에 그것을 위치시키고 있다. R. J. Bauckham, *The Climax of Prophecy*, 269.

[508] '측량하다'(μέτρησού/μέτρεω)는 겔 40-48장을 배경으로 한다. 내용에서는 현격한 차이를 보이지만, 이미지는 동일한 사상을 공유한다. 에스겔의 성전 측량 의미는 '성전의 확실한 건축과 계속적인 보호와 우상 숭배의 배교로부터 성전의 보호'다. 이것이 본문에 적용될 때, 그 측량하는 대상을 보호하겠다는 하나님의 명령이 된다. G. K. Beale, *The Book of Revelation*, 559.

[509] "또 스스로 높아져서 군대의 주재를 대적하며 그에게 매일 드리는 제사를 제하여 버렸고 그의 성소를 헐었으며"(단 8:11). 요한은 '성소'를 성전 밖 마당으로, '헐다'(הִשְׁלִיךְ)를 '밖으로 던지다'(ἔκβαλε ἔξωθεν)로 해석한다. 영역본 NKJV는 "the place of His sanctuary was cast down."

분명하다.[510]

측량한 성전이 하나님에 의해 보호 받는 교회의 내면적 모습을 가리킨다면, 측량하지 않고 이방인에게 짓밟히도록 내어준 바 된 성전 밖 마당은 고난 받는 교회의 외적인 경험을 상징적으로 보여준다고 할 수 있다.[511]

11장 3-12절의 '두 증인'은 교회의 양면성을 보여준다. '두 증인'이 구약성경의 모세와 엘리야를 모델로 삼은 것은 이들이 이방 통치자와 종교에 대적했다는 점에서 요한 당시 자신과 교회의 상황을 잘 드러내기 위함이다.[512] 이 단락의 내용적 특징은 증인의 사명을 감당하는 기간을 1,260일로 한정하는데, 이는 교회가 고난으로부터 제외되지 않는 동시에 어느 누구도 교회를 파괴시키지 못함을 보여준다.

이 기간이 지난 후에 두 증인의 순교 장면이 등장한다. 그 장소에 대하여 8절에 "영적으로 하면 소돔이라고도 하고, 애굽이라고도 하니 곧 저희 주께서 십자가에 못 박히신 곳이니라"고 묘사한다. 구약의 소돔과 애굽은 죄와 반역이 가득찬 곳에 대한 상징성을 갖는다.[513] 또 이곳이 예수가 십자가에 못 박힌 곳이라면 예루살렘을 의미한다.[514]

---

510 P. W. L. Walker, *Jesus and the Holy City*, 247; W. J. Harrington, *Revelation*, 119.
511 R. J. Bauckham, *The Climax of Prophecy*, 272.
512 위의 책, 277. 보캄에 따르면, 모세는 바로와 애굽의 술사들, 후에는 발락과 발람과 대적하였으며, 엘리야는 이세벨과 바알 선지자들과 대적하였다. 이 둘은 구약성경의 야웨의 예언자들과 이방 권력 및 종교 사이에서 대결한 가장 위대한 선지자들이다.
513 사 1:9-10에서는 예루살렘을 '소돔'으로 탄핵한다. 렘 23:14; 겔 16:46, 49 참조. 구약에서 소돔은 '사악한 성'으로 인용된다(창 18:16-19:29; 신 29:23; 렘49:18; 암 4:11; 습 2:9). 애굽은 우상 숭배(사19:1; 겔 20:7)와 예속(출 2:23; 6:6; 신 5:6; 6:12; 수 24:17; 삿 6:8; 느 9:17; 렘 34:13; 미 6:4)의 상징이다.
514 H. B. Swete, *The Apocalypse of St. John*, 137-38; E. Lohmeyer, *Die Offenbarung des Johannes*(Götttingen: Vandenhoeck & Ruprecht, 1976), 93; H. Kraft, *Die Offenbarung des Johannes*(HNT 16a. Tübingen: Mohr-Siebeck, 1974), 158; D. E. Aune, *Revelation 6-16*, 451-56. 반면에 최근의 학자 중에서 요한계시록의 권위자인 보캄은 본문의 '큰 성'은 요한계시록의 다른 곳에서 바벨론을 상징하면서, 로마를 지칭하고 있지만(14:8; 18:16, 18, 19, 21), 이곳이 '예수가 십자가를 지셨다'는 언급으로 보아 그곳이 로마를 지칭한다고 말할 수도 없다고 본다. 따라서, 이곳은 교회가 만국을 향해 예언적 증거

그렇다면, 두 증인이 죽은 수치의 장소는 예언적으로[515] 소돔과 애굽 같은 예루살렘을 가리킨다.

이는 요한계시록에서의 물리적 예루살렘에 대한 부정적 측면을 보여주는데, 예수 전승 이후에 신약성경의 예루살렘의 이전 위치에 대한 한 축을 제시하고 있다.[516]

두 증인의 죽음은 수치로 끝나지 않고 3일 반 만에 부활하는 대반전으로 마무리되는데, 이를 통해서 지상에서의 고통 받는 교회와 천상의 승리한 교회의 모습을 연결하고 있다. 나아가 본 단락은 신실한 그리스도인들의 순교가 그들의 승리가 될 것이라는 6장 9-11절, 7장 9-14절의 차원에서 성도와 교회의 충성된 증거와 죽음의 의미를 세상 만국을 회심시키는 수단으로까지 확대한다.[517]

12장에는 '두 종류의 표적'이 등장한다. 1-2절에서는 여인이 아들을 낳는 장면이고, 3절 이하에서는 큰 붉은 용이 여인이 낳으려는 아들과 여인을 쫓는 내용이다. 이 여인은 교회를 상징하며, 1,260일 혹은 한때 두때 반 동안 광야에 머물러 있다(12:6). 그 기간 동안 하나님은 여인을 보호하며(12:6), 뱀의 낯을 피하게 된다(12:14). 여인은 대적자요, 그녀를 해하려고 하는 용과 전투 상태에 있다(12:15, 17).

를 감당하고 있는 '모든 도시'를 칭한다고 주장한다. R. J. Bauckham, *The Theology of the Book of Revelation*, 130.

515 '영적으로 하면'(πνευματικῶς)에 대하여 영역본 NIV '비유적으로'(figuratively), NKJV '영적으로'(spiritually), NRSV '예언적으로'(prophetically)로 각각 번역한다. 구약과의 연속선상에서 볼 때, "예언적으로" 혹은 "예언의 영을 통하여"의 번역이 타당하리라 본다.

516 "선지자가 예루살렘 밖에서는 죽는 법이 없느니라"(Q 13:33)와 전통적으로 예루살렘에서 살해를 당한 것으로 생각된 선지자들 중에는 이사야(*Ascen. Isa* 51:1-5), 우리야(렘 26:20-23); 여호야다의 아들 스가랴(대하 24:20-22) 그리고 몇 사람의 무명 선지자(*Ant* 10:38). 이 외에도 예레미야를 살해하려고 했다가 좌절된 시도가 있었다(렘 38:4-6).

517 R. J. Bauckham, *The Theology of the Book of Revelation*, 128.

천상에서의 사단에 대한 미카엘의 승리(12:7-9)는 지상에서 십자가로 인한 그리스도의 승리한 5절의 결과를 묘사하는데, 5절에서 그리스도는 하늘로 올라가 영광과 권세의 자리를 차지한 반면, 7-9절에서 사단은 하늘로부터 내려오게 되어 그 권세를 박탈 당하는 대조적인 모습을 보여준다.

10-12절은 6절과 연결된다. 여인은 사단의 공격을 피해 하나님이 예비한 곳으로 가서 1,260일 동안 하나님의 보호와 양육을 받는데, 이는 11절처럼 어린양의 피와 그 증거하는 말을 인하여 이긴 자들의 모임인 교회가 하늘에 속해 있다는 사실과 연결된다.[518]

따라서, 7-12절은 전체적으로 바로 앞의 5-6절을 천상적 관점에서 설명해 주는 역할을 하고 있다. 12장은 땅에서 전투하는 교회의 모습과 그리스도의 승리에 연합하여 하늘에 승리한 교회의 모습을 각각 다른 각도에서 설명하고 있다.

(6) 하나님의 장막(13:6)과 이긴 자들(15:2-4)

13장 6절에 '그의 장막'(τὴν σκηνὴν αὐτου)은 '하나님의 장막'으로 출애굽 이후에 광야 생활 가운데 하나님의 처소로 사용된 '장막' 혹은 '성막'을 연상하게 한다.

'그의 장막'은 '하늘에 거하는 자들'(οὓς ἐν τῷ οὐρανῷ σκηνοῦντας)과 동격으로 사용된다. '하늘에 거하는 자들'이란 '땅에 사는 자들'과 대조적 의미로 요한계시록에서 하나님의 교회공동체를 의미하는 것으로 사용된다(12:12 참조). 결국, '그의 장막'이란 교회공동체를 가리키며 광야 시대의 '장막' 혹은 '성막'과 관련하여 하나님께서 교회공동체 가운데 임재해 계신다는 의미를 함축한다.[519]

---

518 이필찬, 『요한계시록 어떻게 읽을 것인가』(서울: 성서유니온선교회, 2000), 181-91.
519 휴그스는 하나님의 백성이 하늘에 거하는 자들로 묘사된 이유에 대하여 그들의 진정한 집과 시민권이 순례하는 지금 여기에 있지 않고, 이후에 계시되는 영광에 있기

본 절의 '하나님의 장막'은 11장 1-3절의 '하나님의 성전'과 11장 4-13절의 '두 증인', 12장의 '아이를 낳은 여인', 14장 1-5절의 144,000명과 함께 '하나님의 백성 곧 교회'를 상징하며, 이는 7장 1-17절의 144,000과 '셀 수 없는 무리'에 대한 재해석으로 여겨진다.

일련의 구절들에 대한 절정은 15장 2-4절로 귀결되는데, 여기에는 짐승과 그의 우상과 그의 이름의 수를 이기고 벗어난 자들로 묘사된다. 먼저, '짐승'은 13장 1-10절에서 소개하는 짐승을 말하고, '그의 우상'은 13장 14-15절에서 말하는 첫 번째 짐승의 우상을 말한다. '그의 이름의 수'는 13장 17절에서 첫 번째 짐승의 모델로 네로 황제의 헬라어 이름을 히브리어로 음역하여 '게마트리아'(Gematria)식으로 계산한 666을 가리킨다.[520]

그러므로 여기서 '짐승', '그의 우상' 그리고 '그의 이름의 수'는 교회를 대적하는 적대적 세력을 지칭하는 것으로, 동일한 의미가 세 번 반복되는 것으로 이해할 수 있다. 종합하면, 여기서 '승리한 자들'은 교회공동체를 가리키는 것으로 간주할 수 있다.[521]

이 구절에 나타난 '불이 섞인 유리 바다'(θάλασσαν ὑαλίνην μεμιγμένην πυρι),[522]

때문이라고 한다. P. E. Hughes, *The book of the revelation : a commentary*(Leicester: Inter-Varsity, 1990), 148.
520 666과 게마트리아(Gematria)에 대한 여러 가지 해석적 입장에 대해서는 D. E. Aune, *Revelation 6-16*, 697-700을 참조하라.
521 W. J. Harrington, *Revelation*. 158; '비일'(G. K. Beale) 역시 이러한 입장을 동의하며 다음과 같은 근거를 제시한다. 요한계시록에서 교회공동체를 가리키는 몇 가지 표현들이 있다. 7:1-8에서 '그 이마에 하나님의 인침을 받은 자들'(참조 9:4), 12:12와 13:6에서 '하늘에 거하는 자들'(참조 13:8), 13:8과 17:8 그리고 20:15에서 '생명책에 녹명된 자들'과 20:4에서 '이마와 손에 짐승의 표를 받지 아니한 자'(참조 16:2)를 가리킨다. 이러한 맥락에서 2-4절의 '승리한 자'를 교회공동체로 지칭한다고 보는 것은 가능하다. G. K. Beale, *The Book of Revelation*. 227.
522 '불이 섞인 유리 바다'는 4:6에서 '수정과 같은 유리 바다'(θάλασσα ὑαλίνη ὁμοία κρῦ στάλλῳ)와 병행적 표현이며, 겔 1:22의 하늘 성전을 묘사하는 것 중의 하나인 '수정 같은 궁창의 형상'(ὡσεὶ στερέωμα ὡς ὅρασις κρυστάλλου, 70인역)을 배경으로 주어진 표현이다. G. K. Beale, *The Book of Revelation*. 64.

'하나님이 주신 거문고'와 '모세의 노래'[523]는 21장 1-22장 5절의 새 예루살렘 주제와 일치하는 것으로 이는 5장 8절의 '거문고'와 5장 9절과 14장 3절의 '새 노래'(어린양의 노래)를 회상케 한다.

이러한 이유로 15장 2-4절의 '천상에 있는 이긴 자들'은 4-5장, 7장 9-17절, 14장 1-5절의 천상의 교회를 가리킬 뿐만 아니라 21장 10-22장 5절의 '새 예루살렘'을 예시한다.

(7) 그의 아내(19:7-9)와 사랑하시는 성(20:9)

19장 6절에서 전능하신 하나님의 통치에 대하여 찬양하였다면, 7-8절에서는 찬양해야 하는 새로운 이유가 소개된다. 7 하반절에 의하면, 어린양의 혼인 기약이 이르렀고 그 혼인 잔치를 위하여 어린양의 아내가 준비되었기 때문이다.

여기서 '어린양의 혼인 기약'(ὁ γάμος τοῦ ἀρνίου)이란, 곧 어린양의 혼인 잔치이며, 이 혼인 잔치의 도래는 바로 예수 그리스도와 교회의 완전한 연합의 때가 왔다는 것을 의미한다. 또한, '그의 아내가 준비하였으므로'(ἡ γυνὴ αὐτοῦ ἡτοίμασεν ἑαυτήν)는 교회가 어린양과의 혼인 잔치를 위하여 자신을 단장했다는 것을 의미한다.[524]

한편, 9절은 7-8절과 혼인 잔치에 대한 다른 관점을 보여준다. 7-8절에서는 어린양의 신부가 교회로 묘사되지만, 9절에서는 믿는 자 개개인이 혼인 잔치에 초청객으로 묘사된다. 이러한 현상은 주체가 객체화한 것으

---

523 여기서 '모세의 노래'라고 할 때, 출애굽기 15장에서 홍해를 건넌 후 홍해에 수장된 애굽 군대를 보면서 모세가 부르고(출 15:1-18) 미리암이 소고라는 악기를 가지고 화답했던 노래(출 15:19-21)를 연상하게 한다.

524 구약에서 하나님과 그의 백성의 관계를 남편과 아내로 표현하고(호 2:19; 사 49:18; 54:5-7; 61:10; 62:51; 렘 31:32; 겔 16:7-8), 신약에서도 동일한 상징적 표현이 등장하며(마 22:1; 막 2:19-20) 바울도 그리스도와 교회의 관계를 남편과 아내의 관계로 묘사한다(엡 5:32). 요한계시록에서 어린양의 신부인 교회는 어린양의 피로 구속함을 받은 자들을 의미한다(5:9; 7:14; 14:3-4). W. J. Harrington, *Revelation*. 186.

로 볼 수 있다. 다시 말하면, 어린양의 신부인 교회는 신부의 주체적 역할을 하게 되며, 동시에 초청객으로의 객체적 역할을 하게 됨을 의미한다.

두 집단 모두 그리스도와의 완전한 연합을 강조하지만, 전자는 교회공동체에 초점을 맞추고, 후자는 교회공동체의 개별적 구성원에 초점을 맞춘다. 그러므로 7-8절과 9절은 구속 받은 서로 다른 두 집단을 언급하는 것이 아니다(22:17 참조).[525]

20장 9절에 나타나는 '성도들의 진'(τὴν παρεμβολὴν τῶν ἁγίων)은 광야 여행을 할 때 성막을 중심으로 형성되었던 열두 지파들의 캠프를 배경으로 하며(출 33:7-11; 민 2:1-34), '사랑하시는 성'(τὴν πόλιν τὴν ἠγαπημένην)은 구약의 시편 78편 68절, 87편 2절, 122편 6절, 132편 12-14절, 예레미야 11장 15절, 스바냐 3장 17절에 등장하는 문구다. 여기서 이스라엘은 하나님의 임재를 체험할 수 있었다(신 23:14). 이것은 교회공동체에 대한 구약적 표현들임을 알 수 있다.[526]

이 구절의 문맥은 19장 19-20절에서 백마 타고 오시는 예수님과 짐승과의 전쟁의 양상을 연상하게 한다.[527] 그러나 9 하반절에서는 불이 하늘로부터 내려와 둘러싸고 있는 사탄의 군대를 모두 태운다.[528]

위의 구절과 21-22장에 나타난 새 예루살렘과의 관련성은 먼저 19장 7절은 21장 2절에 "또 내가 보매 거룩한 성 새 예루살렘이 하나님께로부터

---

525 G. K. Beale, *The Book of Revelation*. 945.
526 G. R. Osborne, *Revelation*, 714.
527 이러한 표현 방법은 19:20의 짐승과 거짓 선지자가 불못에 던져진 사건과 20:10의 사탄이 불못에 던져진 사건이 서로 시간적 순서를 나타내고 있지 않으며, 동시에 일어날 사건을 단지 논리적 순서에 따라 기록하고 있다는 것을 말해 준다. 이필찬, 『내가 속히 오리라』, 846-47.
528 겔 38:22; 39:6 참조. 본 구절에서는 곡을 중심으로 하는 연합군에게 내려지는 심판이 등장하며, 또 다른 배경 구절인 왕하 1:10-12에서는 하나님을 대적하는 자들을 향하여 내려지는 심판이 등장한다. 따라서, 요한계시록 20:9-10의 하늘로부터 불이 내려온 것은 하나님의 백성과 하나님 자신을 대적하는 행위에 대한 하나님의 심판이라고 할 수 있다.

하늘에서 내려오니 그 준비한 것이 신부가 남편을 위하여 단장한 것 같더라"와 내용적 병행을 이루며, 이는 교회공동체가 그리스도의 신부임을 드러내고 있으며, 20장 9절은 하나님의 백성인 교회공동체가 대적자 사탄과 연합군에 의해 강력한 영적 전쟁 가운데 있다는 사실을 통해 지상에서 치열하게 싸우는 모습을 드러낸 반면에, 교회를 대적하는 자를 향한 최후의 심판을 언급하는 내용이 등장한다.

이러한 병행은 새 예루살렘을 묘사하는 21장 8절에서 "그러나 두려워하는 자들과 믿지 아니하는 자들과…모든 자들은 불과 유황으로 타는 못에 던져지리니 이것이 둘째 사망이라"와 같이 드러난다.

2) '새 예루살렘'(21:1-22:5)에 관한 주석적 분석

(1) 문맥 고찰

요한계시록 전체 구조에 있어서 네 개의 칠중주가 끝나는 16장 이후의 결론 부분인 17장 1절-22장 9절 사이의 구조에 대한 입장도 학자들에 따라 다양하다. 세분하면 세 단락으로 구분할 수 있다.

첫째, 17장 1절-19장 10절
둘째, 19장 11절-21장 8절
셋째, 21장 9절-22장 9절

여기서 첫째 단락과 셋째 단락 사이의 언어적 병행과 내용적 병행[529]이 각각의 서론과 결론 부분에 다음과 같이 나타난다.[530]

바벨론(17:1-19:10)	새 예루살렘(21:9-22:9)
17:1 일곱 대접을 가진 일곱 천사 중 하나가 와서 내게 말했다. "오라, 네게…을 보이리라."	21:9 일곱 대접을 가진 일곱 천사 중 하나가 와서 내게 말했다. "오라, 네게…을 보이리라."
17:3 성령으로 나를 데리고 광야로 갔다. 그리고 내가 보았다.	21:10 성령으로 나를 데리고 크고 높은 산으로 갔다. 그리고 내게 보여주었다.
환상 주요부: 바벨론	환상 주요부: 새 예루살렘
19:9b 그리고 그가 내게 말했다. "이것은 하나님의 참된 말씀이라."	22:6 그리고 그가 내게 말했다. "이 말씀은 신실하고 참되다."
19:10 그 발 앞에 엎드려 경배하려 함. 그리고 그가 말했다. "그러지 말라. 나는 너와 예수의 증언을 간직한 너의 형제들의 동료 종이라. 하나님께 경배하라."	22:8b-9 천사의 발 앞에 엎드려 경배하려 함. 그리고 그가 말했다. "그러지 말라. 나는 너와 네 형제 예언자들과 이 책의 말씀들을 지키는 자들의 동료 종이라. 하나님께 경배하라."

본 문맥의 구조에 중심부를 이루는 19장 11절-21장 8절을 본 단락의 중심으로 보고 그 전후 단락(17:1-19:10과 21:9-22:9)을 추가적 설명을 위한 부록으로 보는 입장과 전후 단락(17:1-19:10과 21:9-22:9)을 이중 결론으로

---

529 17:1-19:10과 21:9-22:9 사이에 나타난 내용적 병행에 대해서는 C. Deutsch, "Transformation of Symbol: The New Jerusalem in Rv 21:3-22:5," *ZNW* 78(1987), 106-26을 참조하라.
530 안용성, "요한계시록의 서사 수사학적 구조," 『신약논단』, 15권 제 2호(2008, 여름), 446의 도표를 인용하였다.

보고 중심 단락(19:11-21:8)을 하나의 중간 단계로 삽입된 것으로 보는 입장이 존재한다.

후자의 경우 다시 중심부를 19장 11절-20장 15절과 21장 1-8절로 구분하여 두 개의 결론 사이에서 그것들을 각각 보충 설명해 줌으로써 두 개의 결론을 무리 없이 연결 지어 주는 역할을 하는 것으로 설명한다.

즉, 먼저 19장 11절-21장 8절의 전반부인 19장 11절-20장 15절은 새 창조와 새 예루살렘의 등장을 묘사하기 이전에 악의 세력에 대한 철저한 제거 과정을 언급하며, 후반부인 21장 1-8절은 21장 9절-22장 5절의 새 예루살렘에 대한 총론적 설명을 제공한다는 것이다.[531]

하지만, 사건의 진행[532]을 고려할 때, 전자와 같이 병행된 두 본문을 제

---

531 이필찬, 『내가 속히 오리라』, 709.

```
                              17:1-19:10(바벨론 멸망)    ↖ (보충 설명)
                                ↗                      19:11-20:15(최후의 심판)
1-3장(서론)→4-16장(본론)→ 이중적 결론(19:11-21:8) ⟨
                                ↘                      21:1-8(새 하늘과 새 땅)
                              21:9-22:5(새 예루살렘 등장)  ↙ (보충 설명)
```

532 요한계시록 사건 기술은 과거, 현재, 미래의 순서를 따르지 않는다. 그뿐만 아니라 곳곳에서 유사한 형식과 주제의 반복이 발견되기도 한다. 이러한 관찰로부터 반복 이론(recapituation theory)이 등장했는데, 이러한 입장의 대표적 학자들은 다음과 같다. J. L. Resseguie, *Revelation Unsealed: A Narrative Critical Approach to John's Apocalypse*(Leiden: Brill, 1998), 166; C. H. Talbert, *The Apocalypse: A Reading of the Revelation of John*(Louisville, Ky.: Westminster John Knox, 1994), 7; R. J. Bauckham, *The Climax of Prophecy*, 22; 반복을 평가하는 기준은 패턴이 아니라 플롯이며, 여기서 반복은 서사 전체에 일관성을 부여하는 문학적 장치로 보는 입장은 R. F. White, "Reexamining the Evidence for Recapitulation in Revelation 20:1-10," *WTJ* 51(1989), 319-44; C. H. Giblin, "Recapitulation and the Literary Coherence of John's Apocalypse," *CBQ* 56(Jan. 1994), 82; 반복 재현의 강력한 증거로 신학적 주제, 즉 심판과 구원의 반복을 주장하는 학자로는 G. K. Beale, *The Book of Revelation*. 121-51. 등이 있다; 이에 반해 연대기적인 입장을 보인 학자로서는 J. Marko, "Recapitulation and Chronological Progression in John's Apocalypse Toward a New Perspective," *NTS* 49(2003), 543-59.; 서로 다른 사건들을 동일한 패턴을 사용하여 기술한 것으로 보아서 진행과 발전의 입장을 보이는 학자로는 A. Y. Collins, *The Combat Myth in the Book of Revelation*(Missoula, Mont: Scholars, 1975), 32-44; 종합적 입장으로 진행과 반복이 병존하는 나선형 발전 구조로 보는 입장이 있다. E. S. Fiorenza, "Composition and Structure of the Book of Revela-

외하고 읽으면, 16장으로부터 19장 11절 이하로 사건 전개가 자연스럽게 이어지는 것을 발견할 수 있다. 또 보좌에서 들려온 음성(21:3-8)은 종말 구원과 심판의 완성을 선언하기 때문에 그로부터 요한계시록 후기(22:9 이하)로 자연스럽게 전이될 수 있다.

이에 대하여 후자의 '이중적 결론'으로 이해하기보다는 콜린스(A. Y. Collins)의 입장[533]에 서서 중심부(19:11-21:8) 단락을 최종 국면의 중심 줄거리로 보고 전후 부분(17:1-19:10과 21:9-22:9)을 중심부의 사건을 부연하는 부록으로 보는 것이 타당하리라 본다.

> …두 병행 본문(17:1-19:10과 21:9-22:9)이 없더라도 요한계시록의 이야기 흐름은 끊어지지 않지만, 심판의 최종 국면에 대한 기술(19:11-21:8)이 없으면 요한계시록은 미완성으로 끝날 수밖에 없다. 따라서, 두 병행 본문은—바벨론의 멸망과 새 예루살렘을 좀 더 상세히 기술하고 묘사하기 위해—일곱 대접 재앙으로부터 최종 국면(19:11-21:8)으로 이어지는 이야기의 흐름을 잠시 중단시키고 삽입된 것으로 볼 수 있다. 또 바벨론과 새 예루살렘에 대한 두 부록 환상은 일

---

tion," *CBQ* 39(July 1977), 356-58. '요한계시록에 나타난 사건이 진행인가? 반복인가?'의 논쟁에 대하여는 김추성, "일곱 인, 일곱 나팔, 일곱 대접 심판의 상관성 연구: 연대기적인가 반복 재현인가?" 『신학정론』 제25권 2호,(2007), 403-23을 참조하라. 이에 관하여 요약하자면, 요한계시록 전체 내용이 과거, 현재, 미래의 순으로 기술되어 있는 것은 아니지만, 그렇다고 동일 사건들이 변주 형식으로 반복되는 것도 아니며, 주요 부분, 특히 최종 국면에서는 분명한 순차적 진행이 관찰된다.

[533] A. Y. Collins, *The Combat Myth in the Book of Revelation*, 13-29. 그는 서론과 결론을 제외하고 다음과 같은 육중 구조를 제안한다.
1. 일곱 교회에 보내는 메시지(1:9-3:22)
2. 일곱 인(4:1-8:1)
3. 일곱 나팔(8:2-1:19)
4. 번호 없는 일곱 환상(12:1-15:4)
5. 일곱 대접(15:5-16:21)
   부록 1. 바벨론(17:1-19:10)
6. 번호 없는 일곱 환상(19:11-21:8)
   부록 2. 새 예루살렘(21:9-22:9)

곱 대접 천사들 중 하나에 의해 주어지기 때문에 이야기 흐름으로 보자면 세 칠중주로 이어지는 재앙 시리즈에 부속된 것으로 볼 수 있다.[534]

(2) 본문(21:1-22:5) 분석

위의 구조를 전제하면서, 새 예루살렘이 등장하는 단락을 분석하고자 한다.

본 단락은 두 부분으로 구분할 수 있는데, 21장 1-8절은 서론으로 악의 파멸 후에 하나님께서 첫 창조에 못다 이루시고 오랜 기간 구속 역사 가운데 준비해 오신 목적을 어떻게 이루실 것인지를 총론적으로 보여준다. 이 부분은 1-5절과 6-8절로 구분되며, 전자는 구조적으로 하나의 단위를 형성하며 주된 내용을 담고 있으며, 후자는 전자의 내용을 보충하고 마무리하는 역할을 한다.

21장 9절-22장 5절은 새 예루살렘에 대한 기록이다. 9-10절은 도입 부분이며, 11-20절은 성벽, 기초석 그리고 성문과 같은 건축적 구조물에 대해 묘사하며, 21-27절은 새 예루살렘의 내부 특징을 언급한다.

마지막으로 22장 1-5절은 새 예루살렘에 구현되는 새 에덴의 삶을 묘사한다. 21장 9절-22장 5절은 앞 단락인 21장 1-8절과는 구성상 역(逆)으로 묘사한다.

① 21장 1-8절

본 단락은 두 부분 즉, 1-5절과 6-8절로 구분되며, 전자는 구조적으로 하나의 단위를 형성하며 주된 내용을 담고 있으며, 후자는 전자의 내용을 보충하고 마무리하는 역할을 한다.

---

534 안용성, "요한계시록의 서사 수사학적 구조," 448.

1-5절은 ABC-D-C'B'A'의 교차대칭 구조가 발견된다.[535]

A 또 내가 새 하늘과 새 땅을 보니(1 상반절)
　B 처음 하늘과 처음 땅이 없어졌고(1 중반절)
　　C 바다도 다시 있지 않더라(1 하반절)
　　　D 내가 보매 거룩한 성 새 예루살렘이(2 상반절)
　　　　　하나님께로부터 하늘에서 내려오니(2 중반절)
　　　　　그 준비한 것이 신부가 남편을 위하여 단장한 것 같더라
　　　　　　　　　　　　　　　　　　(2 하반절)

　　　　내가 들으니 보좌에서 큰 음성이 나서 이르되(3 상반절)
　　　　　보라 하나님의 장막이 사람들과 함께 있으매
　　　　　하나님이 그들과 함께 계시리니(3 중반절)
　　　　　그들은 하나님의 백성이 되고 하나님은 친히 그들과 함께
　　　　　계셔서(3 하반절)
　　C' 모든 눈물을 그 눈에서 닦아 주시니 다시는 사망이 없고 애통하
　　는것이나 곡하는 것이나 아픈 것이 다시 있지 아니하리니(4 상반절)
　B' 처음 것들이 다 지나갔음이러라(4 하반절)
A' 보좌에 앉으신 이가 이르시되(5 상반절)
보라 내가 만물을 새롭게 하노라(5 하반절)

A와 A'는 새롭게(καινός)라는 형용사에 의해 병행된다. 본문의 새 창조는 옛 창조의 패턴을 그대로 따른다. 새 창조의 성격은 A'에 의해서 결정되는데, 이는 만물을 새로 만드는 것이 아니라 이미 존재하는 만물을 새롭

535　본 구조에 대해서는 P. Lee, *The New Jerusalem in the Book of Revelation*, 267-75를 참조하라.

게 한다는 의미를 갖는다. 재창조가 아니라 갱신(renewal)임을 알 수 있다.

B와 C는 '왜냐하면'(γὰρ)로 시작해서 요한이 본 것이 새 하늘과 새 땅일 수 있는 이유에 대해 설명한다.[536]

C에서 '바다는 다시 없다'는 언급에서 '바다'는 요한계시록 13장에서 짐승이 나오는 악의 근원이다. 이러한 존재를 있게 한 바다는 새 창조에서 더이상 존재할 수 없다.[537] 이에 대응되는 C'는 C의 모든 악의 세력이 불못에 던져졌으므로 그에 의한 영향력 곧 눈물과 사망, 애통하는 것과 곡하는 것, 아픈 것이 존재하지 않게 된다.

교차대칭구의 중심에 속한 D는 새 창조를 누릴 새 예루살렘이 등장한다. 본문에서 새 예루살렘은 네 가지의 이미지로 묘사된다.

---

536 B-B'는 지금 존재하는 만물이 모두 사라져 버린다는 의미로 말하고 있어 재창조로 보기 쉽다. A-A'와 B-B'의 모순에 대하여 A-A'가 B-B'보다 논리적 우선권을 가진다. 왜냐하면, 후자를 기준으로 전자를 설명하는 것, 즉 만물이 없어졌다는 사실을 근거로 만물을 새롭게 한다는 사실은 설명하기 쉽지 않기 때문이다. 하지만, 전자를 근거로 후자를 설명하는 것 즉, 하나님께서 새롭게 하신 정도가 완전해서 처음 하늘과 땅이 사라져 버린 것으로 설명하면 자연스럽다. 이필찬, 『요한계시록 어떻게 읽을 것인가』, 254. 이는 본문의 구약 배경인 사 65:17의 70인역(ἔσται γὰρ ὁ οὐρανὸς καινὸς καὶ ἡ γῆ καινή)에서 '창조하다'(αρεΑβ)에 해당하는 단어가 존재하지 않고 번역자가 의도적으로 갱신 혹은 회복의 의미를 드러내기 위해 이를 제거하고 대신 '있을 것이다'(ἔσται)를 사용한 점. H. Kraft, *Die Offenbarung des Johannes*. 263; 또한, 옛 세계에서 새 세계로의 극단적이고 철저한 변화를 가리키는 καινός는 '시간이나 근원의 새로움을 의미하는 'νέος'와 다르다(마 9:17, '새 술은 새 부대에' 참조). 그렇다면, 본문에 사용된 καινός에 의해 '갱신'의 입장임을 알게 된다. 위의 책, 302; 이러한 '갱신'의 개념은 구약과 중간기 시대의 유대 문헌에 나타난 종말론적 축복의 개념과도 일치한다(사 65:18-25; 겔 28:25-26; 34:25-30; 슥 1:17-21; 8:12; 14:6, 14; *1 Enoch* 10:16-22; 25:6; *2 Enoch* 65:2, 8-11; 4Q285 4-9; *LAB* 13:7, 10).

537 단 7:3ff에서 네 마리의 짐승들은 바다로부터 올라오고, 이사야는 악의 세력들을 "끊임없이 물결을 일으켜 진흙과 더러운 것을 솟구쳐 오르게 하는 요동하는 바다"와 관련시킨다. R. H. Mounce, *The Book of Revelation*, 370; 그리고 고대 우주관에 있어서 아무런 바다를 소유하지 않은 세상이 현 세계가 사라지는 것을 의미하는 것이 아니라 현 질서로부터의 완전한 변화를 의미했다. G. R. Beasley-Murray, *Revelation*(NCB: Grand Rapids: Eerdmans, 1974), 307.

첫째, '하나님께로부터 하늘에서 내려오니'의 이미지다. 이 이미지는 천상과 지상의 결합을 나타낸다. 새 창조로 말미암아 지상의 모든 대적과 악의 요소가 사라지고 새롭게 됨으로 지상과 천상의 차이가 없어졌기 때문이다.

둘째, '그 준비한 것이 신부가 남편을 위하여 단장한 것 같더라'의 '결혼' 이미지다. 이 그림은 새 예루살렘을 신부로 묘사하는데, 여기서도 신랑과 신부의 결합이 나타난다. 결혼의 이미지를 통해서 신랑과 신부는 하나가 된다. 21장 22절에 "(새 예루살렘) 성 안에서 내가 성전을 보지 못하였으니 이는 주 하나님 곧 전능하신 이와 및 어린양이 그 성전이심이라"에서 이러한 사실을 뒷받침한다.

새 예루살렘에 성전이 없다는 것은 성전과 성이 하나가 되어 더이상 구별되지 않음을 의미한다. 이는 성전이신 예수 그리스도가 새 예루살렘인 교회와의 완전한 결합이 되었음을 보여주면서, 본문의 결혼의 이미지를 통한 '하나 됨'의 의미를 강조한다.

셋째, '장막'의 이미지다. "하나님의 장막이 사람들과 함께 있으매 하나님이 그들과 함께 계시리니"에서 장막은 하나님의 임재를 상징하는 것으로서 '사람들'[538]로 묘사된 새 예루살렘과 함께 거함을 나타낸다. 장막과 장막에 거하는 새 예루살렘의 이미지 역시 하나님의 임재 가운데 거하는 교회의 거룩함과 온전한 결합을 의미한다.

넷째, '언약'의 이미지다. "그들은 하나님의 백성이 되고 하나님은 친히 그들과 함께 계셔서"는 레위기 26장 11-12절[539]의 언약적 공식을 반영한

---

538 21:3은 겔 37:27; 레 26:11-12의 간접 인용이다. 특히, 슥 2:10-11은 "이는 내가 임하여 네 가운데 거할 것임이니라 그날에 많은 나라가 여호와께 속하여 내 백성이 될 것이요, 나는 네 가운데 거하리라 네가 만군의 여호와께서 나를 네게 보내신 줄 알리라"고 말한다. '많은 나라'가 언급되고 있는 것으로 볼 때, 21:3의 '사람들'(λαοὶ)은 '백성'이 아니라 '족속들'로 읽어야 한다. D. E. Aune, *Revelation 6-16*. WBC 52 하, 427-28.

539 "내가 내 장막을 너희 중에 세우리니 내 마음이 너희를 싫어하지 아니할 것이며,

다. 언약적 공식을 그대로 반영한다면, '나는 너희 하나님이 될 것이다'라는 문구가 등장해야 하지만, '하나님은 친히 저희와 함께 계셔서'라는 문구로 대체되면서 '함께하심'을 더욱 강조한다. 특히, '하나님의 백성'의 표현에서 '백성들'(λαοὶ)의 복수형은 새 예루살렘이 단일 백성으로 구성되는 것이 아니라 만국으로부터 나온 자들로 구성될 것임을 보여준다.

위의 1-5절까지의 교차대칭구조를 통한 새 창조에 따른 새 예루살렘의 성격을 고찰하였다. 요한계시록에 나타난 예루살렘 모티프들은 교회공동체를 상징하였고, 천상의 교회와 지상의 교회라는 양면성을 교차적으로 보여준다. 교회가 이중적 성격을 가지는 것은 하나님의 백성이 예수 그리스도로 말미암아 구속을 받고 그분 안에서 천상의 축복을 맛보면서 존재하지만, 아직 온전히 회복되지 않은 타락한 세상에 살고 있기 때문이다.

그러나 21장 1-5절의 '새 창조'를 통하여 교회공동체의 절정으로 드러나는 새 예루살렘의 네 가지 메타포, 하늘로부터 지상으로의 강하(降下), 신부로서의 결혼, 장막에 거함, 언약은 동일한 의미를 산출한다. '온전한 결합과 하나 됨'이다.

지상과 천상의 차이가 없어진다. 신랑 되신 그리스도와의 하나 됨이 이루어진다. 하나님의 충만한 임재 가운데 거한다. 함께하신다는 언약이 강화된다. 이는 본문 이전의 요한계시록의 모티프에서 보여준 교회의 양면성이 사라지게 됨을 의미하게 된다.

따라서, 요한계시록 21장의 새 예루살렘 모티프는 새 하늘과 새 땅의 새 창조 가운데 천상과 지상의 구분이 없어지고, 성전(하나님과 어린양 되신 주)과 예루살렘성이 완전한 결합을 이루는 진정한 에덴으로의 회복이 이루어

나는 너희 중에 행하여 너희 하나님이 되고 너희는 나의 백성이 될 것이니라"(레 26:11-12).

지고, 현재와 미래의 시간과 천상과 지상의 공간을 초월하는 예루살렘 모티프에 대한 신구약 전승의 종착점을 보여준다.

6-8절은 1-5절에 대한 보충 설명[540]으로, 특히 여기서는 새 하늘과 새 땅에 참여할 교회공동체를 목마른 자와 이기는 자로 묘사하며, 전자에 대하여는 생명수 샘물이라는 '구원'의 개념[541]으로, 후자에 대해서는 '상속'의 개념으로 설명한다. 이는 2-3장의 일곱 교회 즉, 지상에서 전투하는 교회의 이기는 자들에게 권면하면서 약속한 일곱 가지 약속을 집약한다고 볼 수 있다.[542]

8절은 '이기는 자들'과 비교할 때, '패배하는 자들'[543]로 볼 수 있다. 그들에게는 용(사탄)과 두 짐승이 던져진 바 있는 '불과 유황으로 타는 못'이다.

---

[540] 1-5절에 의하면, 새 예루살렘이 하늘에서 내려오는 것으로 묘사한다. 1-5절은 새 하늘과 새 땅의 역사에 하나님의 주권적인 면이 강조한다("보라 내가 만물을 새롭게 하노라"). 그러나 보충하는 6-8절에서는 새 하늘과 새 땅에 참여할 새 예루살렘이 '이기는 자'로 묘사한다. 이는 교회의 책임을 강조한다. 따라서, 요한계시록에서 천상과 지상의 예루살렘은 교회의 양면성을 보여주었다. 이 양면성은 새 하늘과 새 땅에서 사라지는데, 새 예루살렘이 하늘에서 내려오는 메타포가 이를 잘 드러낸다. 이 메타포가 새 예루살렘이 하늘에서 내려오는 것이다. 그렇다면 지상의 교회가 사라지는 것을 어떻게 설명할 것인가? 해답은 6-8절이다. 지상의 교회가 이기는 자가 되어 신랑을 맞이하는 신부로 거듭났기 때문이다. 따라서, 새 예루살렘이 하늘에서 내려오는 것을 하나님의 주권적 관점과 신부로서, 이기는 자로서의 교회 책임을 동시에 고려해야 한다. 새 예루살렘이 하늘에서 내려오는 것을 하나님의 주권적 관점과 신부, 즉 이기는 자로서 교회의 책임을 동시에 고려해야 한다. 이처럼 요한계시록에 나타난 교회의 양면성은 당시 박해 상황 속에 있는 그리스도인들을 향한 위로와 소망의 메시지를 담고 있다. 그러므로 지상의 박해를 견디고, 영적 전투에서 이기는 자(교회)는 천상의 승리한 교회와 일체가 된다. 하늘에서 내려오는 새 예루살렘은 바로 이런 의미다.

[541] 사 49:10("그들이 주리거나 목마르지 아니할 것이며, 더위와 볕이 그들을 상하지 아니하리니 이는 그들을 긍휼히 여기는 자가 그들을 이끌되 샘물 근원으로 인도할 것임이니라")과 55:1("너희 목마른 자들아 물로 나아오라 돈 없는 자도 오라 너희는 와서 사 먹되 돈 없이, 값없이 와서 포도주와 젖을 사라")의 조합을 통해 형성된다. G. K. Beale, *The Book of Revelation*, 1056.

[542] G. R. Osborne, *Revelation*, 739. 이들은 어린양의 피와 그들의 증거하는 말을 인하여 승리하는 자들이다(12:11 참조).

[543] 이들은 영적 전투의 현장에서 치열하게 싸우기를 포기하는 자들이다. G. K. Beale, *The Book of Revelation*, 1059.

② 21장 9절-22장 5절 분석

본 단락의 구성을 보면, 21장 9-10절의 도입 부분과 11-20절의 성벽, 기초석 그리고 성문과 같은 건축적 구조물에 대한 묘사 그리고 21-27절의 새 예루살렘의 내부 특징을 언급한다. 끝으로 22장 1-5절에서는 새 예루살렘에 구현되는 새 에덴의 삶을 말한다.

먼저, 21장 9-10절에서 새 예루살렘은 신부, 곧 어린양의 아내로, 하늘에서 내려오는 거룩한 성으로 묘사한다.

첫째, 신부의 그림은 19장 7-9절에 근거하여 교회공동체를 상징하는 것으로 볼 수 있다.[544]

둘째, 거룩한 성 새 예루살렘을 '크고 높은 산'과 연결하는데, 이는 이사야 2장 2-3절[545] 말씀을 연상시킨다. 이사야 본문은 종말에 여호와의 전이 모든 산꼭대기에 굳게 설 것과 이곳으로 많은 백성이 몰려오게 될 것을 말한다. 거룩한 성 새 예루살렘이 크고 높은 산에 있는 것은 이사야를 배경으로 종말적인 성취, 완성의 상태를 보여준다.

그뿐만 아니라, 에스겔 40장 1-2절과 43장 5절[546]과도 연결되는데, 이는 에스겔 40-48절의 종말적 새 성전에 대한 약속의 성취로 간주된다.[547]

---

544 이와 관련하여 사 54:5; 호 2:19-20 참조.
545 "말일에 여호와의 전의 산이 모든 산꼭대기에 굳게 설 것이요 모든 작은 산 위에 뛰어나리니 만방이 그리로 모여들 것이라 많은 백성이 가며 이르기를 오라 우리가 여호와의 산에 오르며 야곱의 하나님의 전에 이르자 그가 그의 길을 우리에게 가르치실 것이라 우리가 그 길로 행하리라 하리니 이는 율법이 시온에서부터 나올 것이요 여호와의 말씀이 예루살렘에서부터 나올 것임이니라"(사 2:2-3).
546 "우리가 사로잡힌 지 이십오 년이요 성이 함락된 후 십사 년 정월 십일 곧 그날에 여호와의 권능이 내게 임하여 나를 데리고 이스라엘 땅으로 가시되 하나님의 이상 중에 나를 데리고 그 땅에 이르러 나를 극히 높은 산 위에 내려놓으시는데 거기서 남으로 향하여 성읍 형상 같은 것이 있더라"(겔 40:1-2). "영이 나를 들어 데리고 안뜰에 들어가시기로 내가 보니 여호와의 영광이 성전에 가득하더라"(겔 43:5).
547 G. K. Beale, "The Temple in Ezekiel 40-48 and its Relationship to the New Testament," *The Temple and the Church's Mission*, 346-54.

셋째, 새 예루살렘을 '하나님께로부터 하늘에서 내려오는'으로 묘사하는 구절[548]은 21장 2절의 내용과 동일한 내용으로 21장 1-5절의 내용과 연결시켜준다. 여기서 새 예루살렘은 이미 2절의 새 창조와 연결되어 있음을 인식시켜 준다.

11-14절은 새 예루살렘이 하나님의 영광을 가진 것으로 묘사한다(15:8; 21:11, 23). 이 영광의 빛을 '지극히 귀한 보석과 수정같이 맑은 벽옥과 같은 것'에 비유한다. 새 예루살렘의 건축적 요소들이 등장하는데, '크고 높은 성곽'의 표현은 성의 장엄함을 드러낸다. '열두 문'에는 이스라엘 자손의 열두 지파의 이름이,[549] 열두 기초석에는 열두 사도의 이름이,[550] 성의 길이와 높이와 너비가 동일한 144 규빗(구약 12지파와 신약 12사도의 상징)으로 나타나는데 이는 하나님의 온전한 백성으로 구성되어 있음을 드러낸다.[551]

11-14절에서 새 예루살렘의 기본적인 건축 구조물에 대한 소개 후에

---

[548] 4 Ezra 13:35-36과 비교하라("그러나 그는 시온산 꼭대기에 서리라. 네가 손으로 깎지 않은 산을 보았듯이, 시온이 예비되고 건설되어서 모든 사람들에게 임하여 나타나리라"); *4 Bar* 4:2-7에서는 예루살렘은 이미 존재하는 실체로서, 하나님이 아담, 아브라함, 모세에게 보여준 바 있고, 장차 '나타나게 될 것이다.'; 갈 4:25-26의 '지금 있는 예루살렘'(현재/미래라는 종말론과 관련된 이원론적 틀을 전제함)과 '위에 있는 예루살렘'(위/아래의 공간과 관련된 이원론적인 틀을 전제)과 히브리서 저자 역시 하늘의 예루살렘에 대해 언급(히 1:10, 14-16; 12:22; 13:14)하지만, 그 어디에도 그것이 땅으로 내려올 것이라고 언급하지 않는다.

[549] 아우내(D. E. Aune)는 열두 지파에 관한 언급은 새 예루살렘이 단순히 하나의 성이 아니라 온 땅의 중심이라는 것을 함축하고 있다고 주장한다. D. E. Aune, *Revelation 6-16*, 481. 또한 열두 지파의 이름과 새 예루살렘의 문들을 연결시키고 있는 것은 유대교 종말론의 중심적인 관심사들 중의 하나, 즉 포로기 이후의 구약과 초기 유대교 문헌들에서 반복적으로 언급되는 '이스라엘 열두 지파의 회복'이 실현될 것임을 의미한다(사 49:5-6; 56:1-8; 60:3-7; 66:18-24; 렘 31:10; 겔 24, 37; 습 3:20; 슥 8:7-8; 2 *Macc* 1:27-29; 2:7, 18; *Jub* 1:15-17; 11QT 18:14-16).

[550] 열두 개의 문에 새겨진 열두 지파의 이름은 겔 48:30-35의 것을 사용한다. 그리고 신약에서 열두 사도는 교회의 기초로 묘사된다(엡 2:20). 이는 계시록 저자가 구약의 틀로 기초로 하여 신약의 입장을 반영하고 있음을 보여준다.

[551] 이필찬, 『내가 속히 오리라』, 897.

15-17절에서는 그 건축물을 측량하는 모습을 소개한다. 요한계시록 11장 1-2절에 근거할 때, 측량 행위는 새 예루살렘이 하나님의 보호가 함께할 것이라는 의미를 갖는다.

새 예루살렘 측량은 에스겔 40-48장을 배경으로 하는데, '갈대'로 표현된 에스겔 본문과 달리 본문은 '금 갈대'로 묘사한다. 이는 21장 18절에서 "그 성곽은 벽옥으로 쌓였고 그 성은 정금인데 맑은 유리 같더라"처럼 정금으로 장식된 새 예루살렘과 조화를 이루기 위한 목적으로 보인다.

16절에 의하면, 새 예루살렘은 가로와 세로가 정사각형(겔 45:2-3)이며, 크기는 12,000스다디온이다.[552] 정방형은 솔로몬 성전의 지성소 형태를 따른 것(왕상 6:20)으로, 이는 새 예루살렘 자체가 성전의 속성을 가지고 있는 것으로, 이는 새 예루살렘으로 상징되는 교회공동체가 하나님의 임재로 충만하게 될 것을 의미한다.

18-21절은 보석들이 새 예루살렘을 장식한다는 사실에 집중한다. '보석'은 전체적으로 '거룩한 도시, 새 예루살렘의 영광, 순결성, 아름다움 그리고 소중성'을 나타낸다. 19장 7절과 21장 2절과 관련지어 볼 때, 본 절의 보석의 기능은 남편을 위해 단장한 신부의 아름다움을 더욱 강화해 준다.[553]

그뿐만 아니라, 보석은 구속사적 의미를 갖는다. 특히, 구약에서 성전 모티프를 포함하는 출애굽기 28장 17-20절의 대제사장의 가슴에 있는 보석들의 명칭과 에덴 모티프를 내포하는 에스겔 28장 13절과 이사야 54장

---

552 12,000 숫자는 12 x 1,000으로 '열둘'이라는 하나님의 백성의 수를 포함하고 있다는 점에서 의도적이다.

553 21:19의 κεκοσμημένοι('꾸몄는데')는 21:2에서 신부 이미지와 관련하여 사용되고 있다. D. E. Aune, *Revelation 6-16*, 498; 사 54:4-6에서 하나님은 이스라엘의 남편으로 묘사되며, 9-10에서 하나님의 아내 되는 이스라엘의 회복이 새 예루살렘의 재건에 의해 표현된다. 11-12에서는 이러한 예루살렘의 재건은 예루살렘이 여러 가지 종류의 보석들로 장식되는 것으로 묘사된다. 이필찬, 『내가 속히 오리라』, 904.

11-12절의 보석의 종류가 거의 유사함을 볼 때, 구속사에서 핵심적으로 기대되어 왔던 성전과 에덴의 궁극적인 실체가 새 예루살렘에서 완성됨을 보여준다. 따라서, 새 예루살렘에 의해 상징되는 교회공동체는 새 창조인 에덴의 회복의 삶을 누리게 될 것이다.

22-27절에서는 새 예루살렘의 내부적 특성을 묘사한다. 특히, 22절에서 하나님과 그리스도 자신이 성전이 되신다는 독특한 사상을 전개한다.

> Καὶ ναὸν οὐκ εἶδον ἐν αὐτῇ, ὁ γὰρ κύριος ὁ θεὸς ὁ παντοκράτωρ ναὸς αὐτῆς ἐστιν καὶ τὸ ἀρνίον.
>
> [사역] 그리고 성 안에서 내가 성전을 보지 못하였다. 왜냐하면, 주 하나님 곧 전능하신 분과 어린양이 그 성전이기 때문이다.

성전과 예루살렘은 언제나 동일시되거나 공존해 왔다. 그런데 성전이 없는 예루살렘이 의미하는 바는 새 예루살렘이 문자 그대로 건축물이 아니라 그리스도의 신부, 곧 교회공동체임을 상징적으로 묘사하고 있다.

대신에 22절 하반부에서 하나님과 어린양이 성전이 되신다고 한다.[554] 이는 21장 2-3절에서 신부인 새 예루살렘과 신랑인 예수 그리스도의 완전한 연합이 이루어졌음을 보여주며, 하나님께서 하나님의 백성 가운데 장막을 치고 함께 거하실 것이라는 말씀을 확증한다.

또한, 당시 유대 사회에 현저하게 보편화되어 있는 성전 재건에 대한 열망을 의식하여 그것에 기독론적으로 대응하고 있으며,[555] 새 예루살렘을

---

[554] "하나님 자신이 영원한 성소이시기 때문에 택함 받은 자들 가운데는 정결함이 있으리라"(4QShirb 35:3)

[555] 요 2:19-21의 '성전'을 그리스도 자신으로, 막 14:58은 예수 자신이 부활하심으로 손으로 짓지 않는 성전을 지으셨음을 언급한다. 더 나아가 예수 그리스도가 주 하나님과 동등됨으로 예배의 대상임을 보여주는 증거가 된다.

구속사적인 절정으로 이해하고 있다.

24-26절의 내용은 만국이 새 예루살렘으로 순례의 길을 갈 것임을 말한다. 새 예루살렘을 향한 만국의 순례는 이사야 60장에 대한 성취로 이해할 수 있다(참조. 사 2:2-3; 60:1-4; 슥 2:11; 14:16). 이 순례는 세상에서 하나님의 목적을 완성(구속적 성격)하고, 새 예루살렘이 우주의 중심임을 의미(중심적 성격)한다.

이 모두 요한계시록의 새 예루살렘에 적용할 수 있다. 이는 새 예루살렘에서 구약의 종말론적 약속의 성취가 궁극적으로 완성되었다는 것을 보여준다.[556]

22장 1-5절은 새 예루살렘의 삶의 특징을 에덴에서의 삶의 회복에 초점을 맞추고 있다. 1절의 '생명수의 강'[557]은 하나님과 어린양의 보좌로부터 흘러나온다. 그 강 좌우에는 생명나무가 있어 열두 가지 실과를 맺는다.

특히, '생명나무'는 에덴의 정황을 드러내 준다. 그 잎사귀는 만국을 소성하기 위한 것으로 이는 새 예루살렘인 교회공동체의 회복에 대한 우주적 성격을 강조한다. 즉, 원래 상태의 회복을 훨씬 넘어서는 차원을 보여준다. 3절의 '저주가 다시 없으며'란 표현은 에덴에서 범죄한 인간에게 내려진 심판의 저주[558]로 이해할 수 있는데, 더이상 저주가 내리지 않는다는 것은 에덴의 완벽한 회복을 의미한다.

---

[556] 여기에 나타난 '만국의 순례'는 사 60장과 히 13장에 나타난 '순례 모티프'와 전승사적으로 연결되어 있다.

[557] 생명수 강의 원천은 창 2:10-14에 소개되는 '에덴'과 겔 47장의 '성전'에서 찾을 수 있다. 겔 47:1-5의 성전에서 흘러나오는 물은 에덴동산 꼭대기에서 흘러나오는 네 갈래의 강물이 에덴동산의 모든 식물을 촉촉하게 적심으로 그 생명이 소성하는 것과 유사한 패턴이다. 이는 에스겔 본문은 성전에서 나온 물에 의해 에덴의 회복이 이루어지고 있음을 시사해 준다.

[558] 본 절의 κατάθεμα는 저주 받은 일이 아니라 저주 자체를 가리킨다. 이는 "사람이 그 가운데에 살며 다시는 저주가 있지 아니하리니 예루살렘이 평안히 서리로다"(슥 14:11)의 히브리어 חרם에 해당한다. R. J. Bauckham, *The Climax of Prophecy*, 316; G. K. Beale, *The Book of Revelation*. 1112.

3b-4절에서 하나님과 어린양의 보좌가 새 예루살렘에 있다는 것은 21장 22절과 조화를 이룬다. 5절은 21장 23, 25절을 반복하는 내용이지만, 목적은 1-4절의 에덴 모티프와 관련하여 하나님의 영광으로 빛나는 임재를 시각적으로 표현하기 위함이다.[559]

5 하반절의 교회가 세세토록 왕 노릇할 것이라는 것은 만물을 통치하도록 위탁 받았던 궁극적인 가치의 회복으로 새 창조, 곧 새롭게 된 만물에 대한 통치 사역을 의미한다.

따라서, 22장 1-5절은 새 창조의 주인공인 교회는 첫 창조의 완전한 회복임을 보여준다.

(3) 요약

요한계시록 21장 1절에서 22장 5절을 중심으로 요한계시록의 관련 본문들을 맥락적 측면에서 분석하였다.

요한계시록에 나타난 예루살렘 모티프는 새 예루살렘으로 귀결된다. 요한계시록은 새 예루살렘이란 독특한 모티프를 제시하면서, 풍부한 구약 전승은 물론, 묵시문학, 쿰란 문헌 등 다양한 유대 문헌 전승을 이어받고 있으면서, 예수 전승으로부터 시작된 신약성경의 예루살렘 모티프를 종합하는 전승의 종착점 역할을 한다.

첫째, 새 예루살렘 모티프는 '도시'(성)의 이미지를 가지고 있지만, '물리적 장소'의 개념이 아니라 '백성'의 의미를 가진다.[560] 특히, 11장 8절은 물

---

[559] 5절과 관련된 유대 전승 자료에 관해서는 *2 Enoch* 65:10; 4QIsaiahd ; Ps- Philo 26:13을 참조하라.

[560] 이에 대하여 보캄은 요한계시록의 새 예루살렘을 '장소', '백성', '하나님의 임재'의 세 가지 이미지로 설명한다. 특히, 한 장소로서 새 예루살렘은 낙원인 동시에 거룩한 도시이자 성전이라는 것이다. 따라서, 그것은 한 도시로서 자연으로부터 인류 문화와 공동체가 거하게 될 한 장소를 건설하고자 하는 인류의 열망을 성취한다고 주장한다.

리적 예루살렘에 대한 요한계시록의 부정적인 관점을 보여주며, 이는 예수 전승 이후 신약성경이 예루살렘의 위치에 대하여 보여준 한 축을 결론적으로 제시하고 있다.

둘째, 전능하신 하나님과 어린양이 '성전'으로 묘사된다(21:22). 예수 전승으로부터 요한계시록까지 일관된 전승은 성전이 곧 예수 그리스도로 대체되었다는 사상이다.

셋째, 요한계시록에 나타난 예루살렘 모티프들은 예수 전승에 근거하여 교회공동체를 상징하지만, 천상의 교회와 지상의 교회라는 양면성, 즉 천상의 승리한 교회(4-5장; 6:9-11; 7:9-17; 14:1-5; 15:2-4; 19:7-9)와 지상에서의 전투하는 교회(2-3장; 7:1-8; 8:3-5; 11:3-11; 12장; 20:9)이라는 교회의 이중적 성격을 보여준다. 이는 하나님의 백성이 예수 그리스도로 말미암아 구속을 받아 그리스도 안에서 천상의 축복을 맛보면서 존재하지만 아직 온전히 회복되지 않은 타락한 세상에 살고 있기 때문이다. 이 양면성은 요한계시록의 예루살렘 모티프의 독특한 관점이다.

넷째, 예루살렘을 상징하는 24장로(구약 12지파와 신약 12사도), 144,000명(12 X 12 X 1000) 등은 히브리서의 "만민의 심판자인 하나님과 온전하게 된 의인의 영들"이 제시한 구약과 신약, 그리고 죽은 자와 산 자의 경계를 깨뜨리는 '보이지 않는 교회'(invisible church)의 신학적 진술을 확증해 준다.

다섯째, 새 예루살렘 모티프는 교회의 궁극적인 상태를 미리 보여주기 위해서 공간(지상과 천상)과 시간(현재와 미래)을 초월하는 수사학적 상호

R. J. Bauckham, *The Theology of the Book of Revelation*, 195-99. 하지만, '새 예루살렘'이 도성(도시)의 이미지가 있다고 해서 물리적 장소로 표현하는 것은 무리다. 도리어 '장소'의 개념은 '새 하늘과 새 땅'로 연결 짓는 것이 타당하며, 새 예루살렘은 하나님의 백성, 곧 교회공동체로 이해해야 한다. 이에 대하여 건드리(R. H. Gundry)는 "새 예루살렘은 일종의 거처로서 이는 성도들이 땅 위에 거주하는 장소라기보다는 도리어 성도들 사이에 있는 하나님의 거처"라고 주장한다. R. H. Gundry, "The New Jerusalem: People, Not Place," *NovT.* vol. 29, 3(1987), 256-57.

작용 기법을 사용하고 있다. 갈라디아서 4장 25-26절의 '지금 있는 예루살렘'(현재/미래라는 종말론과 관련된 이원론적 틀을 전제함)과 '위에 있는 예루살렘'(위/아래의 공간과 관련된 이원론적인 틀을 전제)과 히브리서 12장 22-23절의 '하늘의 예루살렘과 천만 천사와 하늘에 기록된 장자들의 모임과 교회와 의인의 영들'(위/아래 공간, 과거/현재)도 시간과 공간의 이원론적인 틀로 등장하지만, 어디에도 그것(예루살렘)이 땅으로 내려올 것이라고 언급하지 않는다(21:2).

이런 상호 작용 기법을 통해서 요한계시록 저자는 하나님 백성의 삶 가운데 경험되는 현재적인 사건이 교회의 궁극적인 상태(새 예루살렘)일 뿐만 아니라 미래적 사건으로서 종말론적인 시작(inauguration)임을 드러낸다.

여섯째, '백성'으로서의 새 예루살렘은 배타주의(언약 백성에 관한 언급)와 보편주의(만국에 관한 언급)의 이미지를 동시에 가진다. 하나님의 백성에 대한 우주적인 범위가 축소되지 말아야 하지만, 모든 인류의 구원을 예언하고 있음을 의미하는 것으로 간주되어서는 안 된다.

일곱째, '새 창조'를 통하여 교회공동체의 절정으로 드러나는 새 예루살렘의 네 가지 메타포-하늘로부터 지상으로의 강하(降下), 신부로서의 결혼, 장막에 거함, 언약의 메시지-는 '온전한 결합과 하나 됨'의 의미를 산출한다. 새 예루살렘에 성전(어린양)이 보이지 않는 것도 이런 맥락이다. 이는 본문 이전의 요한계시록의 모티프에서 보여준 교회의 양면성이 사라지게 됨을 의미한다. 이로써 새 예루살렘은 새 하늘과 새 땅의 새 창조의 역사로 천상과 지상의 구분이 없어지고, 진정한 에덴에로의 회복이 이루어지는 교회의 완성을 상징한다.

따라서, 요한계시록 21-22장의 새 예루살렘 모티프는 새 하늘과 새 땅의 새 창조 가운데 천상과 지상의 구분이 없어지고, 성전(하나님과 어린 양 되신 주)과 예루살렘성이 완전한 결합을 이루고, 현재와 미래의 시간과 천상과 지상의 공간을 초월하는 예루살렘 모티프에 대한 신구약 전승의 종착점을 보여준다.

제6장

신학적 결론

제6장

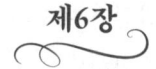

신학적 결론

구약의 시온 전승에서 출발한 예루살렘 모티프는 중간기와 신약을 거쳐 드디어 새 예루살렘이란 종착역에 도달하였다.

예루살렘은 성경 전체를 굽이치며, 구석구석에 스며들어 지류를 만들기도 하고, 다양한 지류를 통합하면서 흐르는 전승사적인 커다란 물줄기다.

예루살렘 주제에 관한 전승사적인 연구를 마무리하면서, 서론에서 제기했던 "오늘 우리에게 예루살렘은 어떤 의미가 있는가?"라는 해석학적 질문에 대답할 차례가 왔다. 필자는 이 질문과 관련하여 세 가지 측면에서 연구를 진행하였다.

첫째, 예루살렘과 관련한 기존의 주된 연구 대상인 '성전'이 아닌, '예루살렘' 모티프 중심으로 연구를 전개하였다. 이를 통해서 예루살렘과 성전은 각각의 독자적인 의미가 있음을 밝혀냈다.

둘째, 신약성경에 나타난 예루살렘 주제 연구였지만, 논문의 성격상 중간기 문헌과 구약성경까지의 전승의 궤도를 추적하는 방법론을 사용하였다. 이를 통해서 신약의 예루살렘 모티프는 구약이나 중간기 문헌과 단절된 개념이 아니라 연속성 차원에서 이어받고 있으며, 신약 저자들이 예루살렘 의미 창출을 위해서 구약과 중간기 문헌의 풍부한 이미지와 다양한 개념들을 차용하고 있음을 확인할 수 있었다.

셋째, 신약성경의 전승의 출발점인 예수의 예루살렘에 대한 입장을 진정성 있는 본문 분석을 통해서 밝혀냈고, 이러한 예수 전승이 신약 각 저자들의 입장과 통일성이 있음을 논증하였다.

이 세 가지 측면에 따른 연구 결과는 예루살렘 주제 연구에 기여할 만한 대목으로 여겨진다.

본 연구의 신학적 결론은 다음과 같이 요약할 수 있다.

예루살렘 주제는 구약의 시온 전승에서 출발한다. 시온 전승의 핵심은 시온을 택해서서 그곳에 거주하시는 하나님의 현존 사상과 시온을 통치하시는 하나님의 왕권 사상이다.

중요한 양 개념으로부터 많은 전승의 흐름이 자극을 받고 나타났는데, 시온의 불가침성, 피난처로서의 시온, 축복의 장소로서의 시온, 열방의 순례의 장소로서의 시온, 야웨의 우주적인 지배 장소로서의 시온 등이 그것이다.

이 사상은 예루살렘의 파괴 즉, 포로기를 거치면서 폐기되기보다 도리어 종말론적이고 우주적인 차원의 옷을 입게 된다.

포로 이후 예언자들의 간절한 한 가지 열망은 포로로부터 재 회집이다. 미래적 회복은 영화된 시온에서 자리잡을 것으로 기대되었다. 즉, 시온의 회복은 본질적으로 변형되리라는 암시다. 이러한 흐름(시온의 종말론적 회복)은 이후에 제2성전 시기에 더욱 성찰되고, 확장되며, 유대 종말론적 사상의 대부분을 주도하는 하나의 전승으로서 세대를 넘어 계승된다.

중간기 문헌의 시온 전승의 핵심은 종말화, 초월성, 영화(靈化)다. 종말화는 현재가 아닌 미래에 참 성전이 시온에 세워질 것이라는 사상이며, 초월성에는 지상의 성전의 오염으로 천상에 참 성전과 예루살렘이 존재한다는 천상의 예루살렘 사상이며, 영화는 현재의 제의와 제사장직과 같은 물리적인 차원에서 영적인 차원으로 변화되는 것이다.

이 세 가지 특징 즉, 종말화와 초월성과 영화는 '대체'(replacement)라는 개념으로 엮인다.

종말에는 지상 예루살렘이 천상의 예루살렘으로 대체되고, 이는 하나님의 대리자를 통해서 실현되며, '대체'는 기존의 지상 성전의 제거와 파괴가 전제된다. '대체'에 있어서 특징적인 사상이 쿰란공동체에서 나타나는데, 여기서는 천상의 사상이 아니라 현실적으로 자신들의 공동체가 잠정적으로 예루살렘을 대체하는 것으로 나타난다. 그들에게 있어서 예루살렘 성전 제의는 기도, 성령, 공동 식사, 세신(洗身) 등으로 대체된다.

이처럼 시온의 선택 사상은 중간기 시대에 더 강력한 시온의 이상화로 이어지지만, 그 형태에 있어서 시온은 점차 물리적인 차원에서 종말적이고, 초월적이고, 영적인 차원으로 '대체' 된다.

구약과 중간기 문헌의 시온 전승은 "예수가 왜 예루살렘으로 가야만 했는가?" 라는 질문에 답을 제공한다.

구약으로부터 시작해서 중간기에 이르기까지 이어지는 시온 전승의 정점에 예수가 위치한다. 그는 구약에서 배아의 형태였다가 중간기에 발전적 형태로 이어진 시온의 종말론적인 회복을 위해서 예루살렘으로 간다. 예수는 시온 전승을 완성할 하나님의 대리자라는 자의식을 가지고 있었다.

따라서, 예수에게 있어서 예루렘은 시온의 회복을 완성해야 할 도시였다(눅 13:31-33). 그러나 예루살렘은 예수를 알아차리지 못하고 그를 거절한다(Q 13:34-35).

그럼에도 불구하고 그 도시는 '위대한 왕의 도시'로서 본래적인 중요성을 가진 하나님의 도성이었다(마 5:35) 예루살렘에 왕으로 입성한 후 예수는 성전을 폐기하며(성전 정화 사건), 시온의 회복을 위해 죽음을 선택한다(중간기 문헌과의 차이점). 예수는 자신의 죽음을 통해서 스스로 회복의 속죄를 위한 '새 성전'이 된다. 그리고 마지막 만찬을 통해서 그 죽음을 통한 새 언약의 피에 동참한 12제자공동체로 '시온'을 대체한다. 이는 초월성을 강조한 묵시문학보다는 현재 잠정적인 대체공동체를 이룬 쿰란과 밀접한 관련이 있음을 보여준다.

따라서, 예수에게 있어서 시온의 회복은 12제자공동체로의 대체로 마감된다. 문자적이고 물리적인 예루살렘은 하나님의 대리자인 예수로 인하여 교회공동체라는 상징적 실재(symbolic reality)로 대체됨으로 영화된다.

제자공동체(교회)로의 시온의 회복은 결정적 전환점을 맞이한다. 이것이 결코 완성이 아니라 또 다른 차원의 완성을 향하여 새롭게 출발해야 함을 의미한다. 구약에서부터 중간기를 거쳐서 이어 온 시온의 회복은 예수로 인하여 정점에 이르렀다. 물리적이고 문자적인 예루살렘은 사라지고, 영화된 교회공동체로 대체되었다.

하지만, 새로운 예루살렘으로 대체된 교회 역시 잠정적인 성격을 가진다. '시온'의 대체인 '교회'는 요한계시록의 새 하늘과 새 땅에 임할 새 예루살렘이란 완성점을 향하여 나아가는 잠정적인 공동체다. 예수는 성전으로, 예루살렘은 제자공동체로 대체된 시온의 회복의 시작은 신약성경 전승의 뿌리가 되어 요한계시록까지 흘러간다.

바울신학의 성전 역시 예수다. 하나님의 거처로서, 예배의 본질로서, 새 경계선으로서 예수는 '새 성전'이다. 물론, 이러한 기초 위에 바울은 교회와 그리스도인 개개인을 윤리적 맥락에서 '성전'으로 그 의미를 확대시키기도 한다. 그에게 있어서 예루살렘은 바로 교회공동체였다. 그리스도의 죽음으로 인한 새 언약에 참여한 자들인 교회공동체가 '위에 있는 예루살렘'(갈 4장)이며, 이를 이루기 위해 기존의 예루살렘은 결정적인 심판을 받았으며(살전 2장), 이 교회는 유대인들의 전유물이 아니라(롬 11장의 '온 이스라엘') 이방인에게 확대된 '대체된 시온'이다.

복음서에서도 예수의 전승은 흔들림 없이 흘러간다. 마가와 마태, 누가-행전 그리고 요한에게 있어서 성전은 예수로 대체되었으며, 마가에게 있어서 예루살렘은 제자들로 대체되고, 물리적인 예루살렘은 만국을 향한 보편적인 선교를 상징하는 갈릴리 앞에 묻히고 만다. 마태에게 있어서 새 시온은 바로 하나님의 현존이요, 참 이스라엘인 예수이며, 그 기초 위에 예수 자신이 교회를 세우고, 그 교회는 모든 민족을 향하여 나아가야 함을 강조한다. 요한에게 있어서 물리적인 예루살렘은 그 어떤 신학적인 의미도 없이, 구원 받아야 할 세상의 상징으로 전락한다. 누가-행전에서 예루살렘은 구약과 유대교의 계승자로서의 기독교, 유대 기독교와 이방 기독교의 연결 고리로서 연속성 차원으로 의미를 부여하고 있는 독특성을 보여준다.

히브리서는 성전의 파괴 대신에 '장막'이란 용어를 통해서 그리스도를 향한 잠정적인 측면을 부각시킨다. 이는 그리스도의 오심으로 성전의 수명은 다했으며, 자연스럽게 성전은 그리스도로 '대체'되었음을 진술한다. 또한, 교회로 대체된 예루살렘을 전제하면서, 그 의미를 확대하고 있다. 물리적 예루살렘과의 단절을 선포하고, 사도 바울이 제시한 유대인과 이방인의 보편적인 교회를 넘어서서 시간과 공간을 초월하는 우주적 교회로 확대한다. 특히, '장차 올 도성'의 개념과 '영문 밖'으로의 순례 개념은 미래에 임할 교회로 대체된 시온 회복의 완성을 미리 보여주며, 요한계시록을 맞이한다.

요한계시록은 예루살렘의 천상과 지상의 형태를 교차적으로 묘사한다. 이는 다름 아닌 교회의 양면성, 즉 천상의 승리한 교회와 지상에서의 전투하는 교회의 이중적 성격을 보여준다. 이 천상과 지상의 모티프가 일치될 때 바로 시온의 회복이 완성된다. 그것이 새 예루살렘이다. 새 예루살렘은 전투적인 지상의 삶을 마감하고, 천상의 궁극적인 승리로 대체되는 진정한 시온 회복의 결정적 주제다.

결론적으로, 새 하늘과 새 땅의 새 창조 가운데 천상과 지상의 구분(교회의 양면성)이 없어지고, 성전(하나님과 어린양 되신 주)과 교회인 새 예루살렘성이 완전한 결합을 이루는 동시에, 현재와 미래의 시간과 천상과 지상의 공간을 초월함으로 이제까지 잠정적 교회로 대체되었던 예루살렘의 회복이 성취된다.

위의 요약을 근거하여 볼 때, 구약과 중간기 문헌의 시온 전승과 신약의 전승의 출발점인 예수 사이에는 연속성과 불연속성이 동시에 존재한다.

필자는 양자(시온 전승과 예수 전승) 사이의 正(연속성)과 反(불연속성)의 긴장 관계를 '대체'의 개념으로 합(合)을 제시하였다.

즉, 예수는 구약과 초기 유대교 전승과의 관련성 속에서 '성전'을 예수 자신으로, '예루살렘'을 제자공동체(교회)로 대체한다. 예루살렘을 대체한 '교회'는 잠정성을 띠면서 신약의 구석구석을 굽이치면서 흘러간다. 결국, 요한계시록의 '새 예루살렘'이란 종착역에 이르러 시온 전승이 완성된다.

이는 "예루살렘은 오늘 우리에게 있어서 무엇을 의미하는가?"에 대한 해답을 제시한다.

전승사적인 관점에서 신약성경의 예루살렘 주제는 현재의 '예루살렘'이란 특정한 장소에 특별한 의미를 부여하는 것을 거부한다. 유대교의 시온주의는 물론 기독교 내의 물리적 예루살렘 중심의 구원의 완성을 주장한다든가 혹은 물리적인 예루살렘(이스라엘) 회복과 재림을 연결시키는 주장(Back to Jerusalem 운동)은 일종의 신학적 사대주의에 불과하다.

다른 한편으로 신약성경의 예루살렘을 문자적으로 해석하여 역사적인 예루살렘 멸망(AD 70년)과 유대인의 대학살(Holocaust)을 예루살렘 혹은 유대인에 대한 심판으로 정당화하는 반-유대주의(anti-Semitism) 역시 거부되어야 한다.

예루살렘은 시온 전승의 기반 위에 그 자체로 본질적인 중요성을 가지지만, 예수에 의해서 상징적 실재가 되었다. 이로써 물리적 장소로서의 예루살렘은 존재 의미를 상실하게 되었다. 예수의 말씀과 행위를 통해서 예루살렘은 제자공동체(교회)로 대체되었다. 이 예수 전승을 기반으로 하여 신약 저자들은 대체된 교회의 성격을 유대인과 이방인의 한계를 철폐하고,

지상과 천상의 한계를 넘어서는 보편적이고 우주적인 범위로 확대한다.

결국, 새 하늘과 새 땅이란 새 창조의 역사에 신랑 되시며 새 성전이신 그리스도와 신부이며 새 예루살렘인 교회의 하나 됨으로 구약에서부터 시작되어 예수에 정점을 맞이한 시온 전승이 완성된다.

이런 관점에서 보면, 예루살렘의 멸망은 반-유대주의로 접근할 사건이 아니라, 대체된 교회를 향한 심판의 전조로서 기능하는 것으로 이해해야 할 것이다.

성경의 전승사적인 주제인 예루살렘은 이 시대의 교회를 향한 소망과 경고라는 양면의 메시지로 울려 퍼지고 있다.

참고 문헌

1. 서양서적

Ackroyd, P. R. "נצח-εἰς τέλος." *ExpT*. 80. 1968-69.
Allison, D. C. "Matt 23:39=Luke 13:35b as a Conditional Prophecy." *JSNT* 18. 1983.
_____. *The New Moses*. Edinburgh: T & T. Clark. 1993.
Attridge, H. W. "The Uses of Antithesis in Hebrews 8-10." *HTR* 79:1-3. 1986. 1-9.
_____. *The Epistle to the Hebrews*. Philadelphia: Fortress Press. 1989.
Aune, D. E. *Prophecy in Early Christianity and the Ancient Mediterranean World*. Grand Rapids: Eerdmans. 1983.
Avigad, N. *Discovering Jerusalem*. Nashville: Thomas Nelson Publishers. 1983.
Bacon, B. W. *Studies in Matthew*. New York: Henry Hort. 1930.
Barclay, W. *The Lord's Supper*. London: SCM. 1967.
Barrett, C. K. "The Allegory of Abraham, Sarah and Hagar in the Arguments of Galatians." *Rechtfertigung*(eds.) J. Friedrich, W. Pohlmann, P. Stuhlmacher. Tübingen: Morh-Siebeck. 1976.
_____. "The Eschatology of the Epistle to the Hebrews."(eds.) W. D. Davies and D. Daube. *The Background of the New Testament and its Eschatology* FS. C. H. Dodd. Cambridge: CUP. 1956.
Bauckham, R. J. "Jesus' Demonstration in the Temple." *Law and Religion*. James, Clarke & Co. 1988.
_____. *The Book of Acts in its Palestinian Setting*. Grand Rapids: Eerdmans. 1995.
_____. "The Parting of the Ways: What Happened and Why." *ST* 47. 1993.
_____. *The Climax of Prophecy*. Edinburgh: T & T Clark. 1993.

Bauer, W. *A Greek English Lexicon of the New Testament and other Early Christians Literature*. trans. and adapted by W. F. Arndt, and F. W. Gingrich. 2nd edition revised and augmented by F. W. Gingrich and F. W. Danker. Chicago: University of Chicago Press. 1979.

Baur, F. *Paul the Apostle of Jesus Christ: His Life and Work, His Epistles and His Doctrine*. revised by Edward Zeller. trans. by A. Menzies. vol. II. 2nd ed. London: Williams and Norgate. 1875-6.

Beale, G. K. *The Book of Revelation*. NIGTC. Grand Rapids: Eerdmans. 1999.

_____. *The Temple and the Church's Mission: A Biblical Theology of the Dwelling Place of God*. Downers Grove: InterVarsity Press. 2004.

Beasley-Murray, G. R. *Jesus and the Kingdom of God*. Exeter: Paternoster. 1986.

_____. *Revelation*. NCB. Grand Rapids: Eerdmans. 1974.

Berrigan, P. "Barren or Fruitful: A Sign for the Times." *USQR* 44. 1990.

Best, E. *Following Jesus: Discipleship in the Gospel of Mark*. JSNTSS 4. Sheffield: University of Sheffield. 1981.

_____. *Mark: The Gospel as Story*. Edinburgh: T & T Clark. 1983.

Black, D. A. "Hebrews 1:1-4: A Study in Discourse Analysis." *Westminster Theological Journal* 49. 1987.

Black, M. *An Aramaic Approach to the Gospel and Acts*. Oxford: Clarendon Press. 1967.

Blenkinsopp, J. "The Oracle of Judah and the Messianic Entry." *JBL* 80. 1961.

Blinzler, J. "The Jewish Punishment of Stoning in the New Testament Period."(ed.) E. Bammel. *The Trial of Jesus*. London: SCM. 1970.

Boers, H. "The Form-Critical Study of Paul's Letters. 1 Thessalonians as a Case Study." *NTS* 22. 1976. 140-58.

Bokser, B. M. "Approaching Sacred Space." *HTR* 78. 1985. 279-99.

Boling, R. G. *Judges* AB. Garden City: Doubleday. 1975.

Borg, M. J. *Conflict Holiness and Politics in the Teaching of Jesus*. New York: Edwin Mellen. 1984.

Boring, M. E. *Revelation*. Louisville: John Knox Press. 1989.

Brandon, S. G. F. *The Fall of Jerusalem and the Christian Church*. London: SPCK. 1951.

Brawley, R. L. *Luke-Acts and the Jews: Conflict, Apology, and Conciliation*. SBLMS 33.

Scholar Press. 1987.

Bright, J. *A History of Israel.* 3rd(ed.) Philadelphia: Westminster Press. 1981.

Brodie, T. L. *The Gospel According to John.* Cambridge: CUP. 1993.

Brown, R. E. "Johannine Ecclesiology-The Community's Origin." *Int* 31. 1977. 391-92.

_____. *The Gospel According to John I-XII.* New York: Double-day. 1966-70.

Bruce, F. F. "Paul and Jerusalem." *TynB* 19. 1968.

_____. "The Book of Zechariah and the Passion Narrative." *BJRL* 43. 1960-1.

Buchanan, G. W. "Symbolic Money-Changers in the Temple." *NTS* 37. 1991. 280-90.

Bultmann, R. *The Gospel of John.* Oxford: Clarendon. 1970.

. *The History of the Synoptic Tradition.* Oxford: Blackwell. 1968.

Burkill, T. A. *Mysterious Revelation: An Examination of the Philosophy of St. Mark's Gospel.* Ithaca: Cornell University. 1963.

Cadbury, H. J. *The Style and Literary Method of Luke.* Cambridge MA: Harvard Univ. Press. 1920.

Carroll, R. P. *Jeremiah.* London: SCM. 1986.

Carson, D. A. *The Gospel According to John.* Leicester: IVP. 1991.

Casey, J. M. "Eschatology in Heb. 12:14-29: An Exegetical Study." Dissertation. Catholic Univ. of Leuven. 1977.

Cassem, N. H. "A Grammatical and Contextual Inventory of the Use of Kosmos in the Johannine Corpus with some Implications for a Johannine Cosmic Theology." *NTS* 19. 1972.

Cassuto, U. "Jerusalem in the Pentateuch. *Biblical and Oriental Studies.* Jerusalem: Magnes Press. 1975.

Catchpole, David R. "The Triumphal Entry."(eds.) E. Bammel and C. F. D. Moule. *Jesus and the Politics of His Day.* Cambridge: Cambridge University Press. 1984.

Chance, J. B. *Jerusalem, the Temple, and the New Acts in Luke-Acts.* Georgia: Mercer Univ. Press. 1988.

Chapman, C. *Whose Promised Land?* Tring: Lion. 1983.

Charles, R. H. *A Critical and Exegetical Commentary on the Revelation of St. John.* ICC. Edinburgh: T & T. Clark. 1920.

Charlesworth, J. H. *Jesus Within Judaism.* London: SPCK. 1988.

_____. "The Concept of the Messiah in the Pseudepigrapha."(ed.) W. Haase and H. Temporini. *ANRW* II.(1979)

Childs, B. S. *Isaiah and the Assyrian Crisis*. SBT. Second Series 3. Naperville: Alec R. Allenson. 1967.

_____. *Introduction to the Old Testament as Scripture*. London: SCM. 1979.

Chilton, B. & Neusner, J. *Judaism in the New Testament: Practices and Beliefs*. London/New York: Routledge. 1995.

Clements, R. E. *God and Temple*. Philadelphia: Fortress. 1965.

_____. *Isaiah and the Deliverance of Jerusalem*. JSOT 13. Sheffield: JSOT Press. 1984.

Coakley, J. F. *The Priority of John*. London: SCM. 1985.

Cohn, Robert L. "The Mountain and Mount Zion." *Judaism* 26(1977).

Collins, A. Y. *The Combat Myth in the Book of Revelation*. Missoula. Mont: Scholars. 1975.

Conzelmann, H. *The Theology of St. Luke*. trans. by G. Buswell. London: Faber and Faber. 1960.

Cranfield, C. E. B. *The Epistle to the Romans* vol. II. ICC. Edingurgh: T&T Clark. 1985.

_____. *The Gospel according to Saint Mark*. CGTC. Cambridge: Cambridge UP. 1963.

Cullmann, O. "A New Approach to the Interpretation of the Fourth Gospel." *ExpT* 71. 1959-60. 12-42.

Dahl, N. A. *Studies in Paul*. Minneapolis: Augsburg. 1977.

Dalman, G. *Jesus-Joshua :Studies in the Gospels*. London: SPCK. 1929.

Darr, J. A. *Herod the Fox: Audience Criticism and the Lukan Characterization*. JSNTSS 163. Sheffield: Sheffield Academic Press. 1998.

Daube, D. "Rabbinic Methods of Interpretation and Hellenistic Rhetoric." *HUCA* 22. 1949. 239-64.

_____. *He That Cometh*. London: Diocesan Council. 1966.

Dauzenberg, G. "Ist das Schwurverbot Mt 5:33-7; Jak 5:12 ein Beispiel für die Torakritik Jesu?" BZ 25. 1981.

Davids, P. H. *The Epistle of James*. NIGTC. Exeter: Paternoster Press. 1983.

Davies, W. D. "Paul and the People if Israel." *NTS* 24. 1978. 4-39.

_____. and Allison, D. C. A. *A Critical and Exegetical Commentary on the Gospel According to Saint Matthew*. ICC. Edinburgh: T & T. Clark. 1988/1991.

_____. *The Gospel and the Land: Early Christianity and Jewish Territorial Doctrine.* Sheffield: JSOT Press. 1994.

Davis, Anne. "Allegorically Speaking in Galatians 4:21-5:1." *BBR* 14.2. 2004. 161-74.

de Young, J. C. *Jerusalem in the New Testament: The Significance of the City in the History of Redemption in Eschatology.* Kampen: J. H. Kok. 1960.

Delitzsch, F. *Biblical Commentary on the Book of Isaiah.* vol. I. trans. J. Martin Grand Rapids: Wm. B. Eerdmans. 1877.

Denaux, A. "L'hypocrisie des Pharisiens et le dessein de Dieu. Analyse de Lc, xiii, 31-33."(ed.) F. Neirynck. *L'evangile de Luc; problemes litteraires et theologiques.* Gembloux: J. Duculot. 1973.

Derrett, D. M. "Law in the New Testament: The Palm Sunday Colt." *NovT* 13. 1971.

Deutsch, C. "Transformation of Symbol: The New Jerusalem in Rv 21:3-22:5." *ZNW* 78. 1987. 106-26.

Dodd, C. H. *Historical Tradition in the Fourth Gospel.* Cambridge: Cambridge University Press. 1979.

_____. *The Founder of Christianity.* London: Collins. 1970.

_____. *The Parable of the Kingdom.* London: Fontana. 1961.

Donahue, J. R. *Are You the Christ: The Trial narrative in the Gospel of Mark.* SBLDS 10. Missoula: SBL. 1973.

Donaldson, T. L. *Jesus on the Mountain: a Study in Matthean theology.* Sheffield: JSOT Press. 1985.

Donfried, K. P. "Paul and Judaism: 1 Thess 2:13-16 as a Test Case." *Int* 38. 1984. 242-53.

Drury, J. *Tradition and Design in Luke's Gospel.* Atlanta: John Knox Press. 1976.

Dulling, D. C. "[Do not Swear.....] by Jerusalem because it is the City of the Great King(Matthew 5:35)." *JBL* 110. 1991.

Dumbrell, W. J. "Kingship and Temple in the Post Exilic Period." *RTR* 37. 1978.

Dunn, J. D. G. *Jesus, Paul and the Law: Studies in Mark and Galatians.* London: SCM. 1990.

_____. *The Partings of the Ways.* London: SCM. 1991.

_____. *Romans.* vol. II. WBC. Waco: Word. 1988.

Ellingworth, P. *The Epistle to the Hebrews: A Commentary on the Greek Text.* Grand Rapids: Eerdmans/Carlisle: Paternoster. 1993.

Elliot, J. K. "Jerusalem in Acts and the Gospels." *NTS* 23. 1997.

Ellis, E. E. *The Gospel of Luke.* London: Oliphants. 1974.

Esler, P. *Community and Gospel in Luke-Acts.* Cambridge: Cambridge Univ. Press. 1987.

Evans, C. A. "Is Luke's View of the Jewish Rejection of Jesus Anti-Semitic?" *Reimaging the Death of the Lukan Jesus.*(ed.) D. D. Sylva. BBS 73. Frankfurt am M.: Anton Hain. 1990.

_____. "The Recently Published Dead Sea Scrolls and the Historical Jesus."(eds.) B. D. Chilton and C. A. Evans. *Studying the Historical Jesus: Evaluations of the State of Current Research.* Leiden: E. J. Brill. 1994.

_____. *Mark 8:27-16:20.* WBC 34B. Nashville: Thomas Nelson Publishers. 2001.

Evans, C. F. *Saint Luke.* London: SCM. 1990.

Fiorenza, E. S. "Composition and Structure of the Book of Revelation." *CBQ* 39. July 1977. 356-58.

_____. *Revelation: Vision of a Just World.* Minneaplis: Fortress Press. 1991.

Fischer, J. "Covenant, Fulfillment and Judaism in Hebrews." *Evangelical Review of Theology* 13. no. 2. 1989.

Fitzmeyer, J. A. *The Genesis Apocryphon of Qumran Cave 1: A Commentary.* Biblia et Orientalia 18. Rome: Pontifical Biblical Institute. 1966.

_____. *Romans A New Translation with Introduction and Commentary.* AB. NY: Doubleday. 1992.

_____. *The Gospel according to Luke I-IX.* AB. New York: Doubleday. 1983.

_____. *The Gospel According to Luke X-XXIV.* vol. II. New York: Doubleday. 1985.

Flender, H. *Luke: Theologian of Redemptive History.* ET. London: SPCK. 1967.

Fohrer, G. "Σιών." *TDNT* VII(ed.) G. Friedrich. Grand Rapids: Eerdmans. 1971. 292-319.

_____. and Lohse, E. "Zion-Jerusalem in post-Biblical Judaism." *TDNT.* vol. VII.

Fortna, R. T. *The Fourth Gospel and Its Predecessors.* Philadelphia: Fortress. 1988.

Frame, J. E. *The Epistle of St. Paul to the Thessalonians.* ICC. Edinburgh: T & T. Clark. 1912.

France, R. T. "The Formula-Quotations of Matthew 2 and the Problem of Communication." *NTS* 27. 1980/1. 244-46.

Freedmann, D. N.(ed.) *The Anchor Bible Dictionary*. New York: Doubleday. 1992.

Galambush, Julie *Jerusalem in the Book of Ezekiel: The City as Yahweh's Wife.* Atlanta: Scholas Press. 1992.

Garland, D. E. *The Intention of Matthew 23*. Leiden: Brill. 1979.

Gärtner, B. *The Temple and the Community in Qumran and the New Testament: A Comparative Study in the Temple Symbolism of the Qumran Texts and the New Testament.* Cambridge: The University Press. 1965.

Gasque, W. W. "A Fruitful Field: Recent Study of the Acts of the Apostles." *Int* 42. 1988.

Gaston, L. "Paul and Jerusalem."(eds.) P. Richardson and J. C. Hurd. *From Jesus to Paul*. FS F. W. Beare. Waterloo: Wilfrid Laurier University. 1984.

Gaston, L. *No Stone on Another*. Leiden: E. J. Brill. 1970.

Geddert, T. J. *Watchwords: Mark 13 in Markan Eschatology*. Sheffield: JSOT. 1989.

Gerhardsson, B. *Memory and Mamuscript*. Lund: Gleerup. 1961.

Gese, H. *Zur biblischen Theologie: Alttestamentliche Vorträge*. trans. by Keith Crim. *Essays on the Biblical Theology*. Minneapolis: Augsburg Publishing House. 1981.

Giblin, C. H. "Recapitulation and the Literary Coherence of John's Apocalypse." *CBQ* 56. Jan. 1994.

Goguel, M. *The Life of Jesus*. trans. by O. Wyon. New York : MacMillan. 1949.

Goldstein, J. *1 Maccabees*. New York: Doubleday. 1976.

Goldsworthy, G. *The Gospel in Revelation*. Devon: Parternoster. 1984.

Gordon, R. P. *Hebrews*. Sheffield: Sheffield Academic Press. 2000.

Gould, E. P. *A Critical and Exegetical Commentary on the Gospel according to Saint Mark*. ICC. Edinburgh: T&T. Clark. 1896.

Goulder, M. D. *Type and History in Acts*. London: SPCK. 1964.

Grant, F. C. *The Earliest Gospel*. New York/Nashville: Abingdon-Cokesbury. 1943.

Green, J. B. *The Gospel According to Matthew*. London: Oxford University Press. 1975.

_____. *The Gospel of Luke*. New International Commentary on the New Testament. Grand Rapids: Eerdmans. 1997.

Guelich, R. A. *The Sermon on the Mount*. Waco: Word. 1982.
Gundry, R. H. *Mark: A Commentary on His Apology for the Cross*. Grand Rapids: Eerdmans. 1993.
_____. "The New Jerusalem: People, Not Place." *NovT*. vol. 29. 3. 1987. 256-57.
_____. *Matthew: A Commentary on His Handbook for a Mixed Church under Persecution*. 2nd(ed.) Grand Rapids: Eerdmans. 1994.
_____. *The Use of the Old Testament in St. Matthew*. Leiden: E. J. Brill. 1967.
Gunkel, H. *The Psalms: A Form-Critical Introduction*. trans. by Thomas M. Horner, Facet Books 19. Philadelphia: Fortress Press. 1967.
Haenchen, E. *John*. ET. vol. II. Philadelphia: Fortress. 1984.
Hagner, D. A. *Hebrews*. NIBC. Peabody: Hendrickson. 1983.
Hamerton-Kelly, R. G. "The Temple and the Origin of Jewish Apocalyptic." *VT* 20.
_____. *The Gospel and the Sacred: Poetics of Violence in Mark*. Minneapolis: Fortress. 1994.
Hanson, R. P. C. *Allegory and Event: study of the sources and significance of origen's interpretation of scripture*. London: SCM. 1959.
Hare, D. R. A. & Harrington, D. J. "Make Disciples of all the Gentiles(Mt 28:19)." *CBQ* 37. 1975. 359-69.
Hare, D. R. A. *The Theme of Jewish Persecution of Christians in the Gospel According to St. Matthew*. SNTSMS 6. Cambridge: CUP. 1967.
Harrington, W. J. *Revelation*. SPS 16. Collegeville. Minnesota: The Liturgical Press. 1993.
Harrison, R. K. "Jerusalem, Old Testament." *The New International Dictionary of Biblical Archaeology*.(ed.) E. M. Blaiklock & R. K. Harrison. Grand Rapids: Zondervan Publishing House. 1983.
Harvey, A. E. *Jesus and the Constraints of History*. London: Duckworth. 1982.
Hasting, A. *Prophet and Witness in Jerusalem*. London: Longmans. 1958.
Hauer, C. E. "Who was Zadok?" *JBL* 82. 1963. 89-94.
Hayes, J. H. "The Tradition of Zion's Inviolability." *JBL* 82. 1963. 419-26.
Hengel, M. *Studies in the Gospel of Mark*. ET. Philadelphia: Fortress. 1985.
Higgins, A. J. B. *The Lord's Supper in the New Testament*. London: SCM. 1952.
Hill, C. C. *Hellenists and Hebrews: Reappraising Division within the Earliest Church*. Minneapolis: Fortress. 1992.

Himmelfarb, M. *Ascent to Heaven in Jewish and Christian Apocalypse*. New York/ Oxford: Oxford University Press. 1993.

Hoehner, H. *Herod Antipas*. Cambridge: Cambridge University Press. 1972.

Hoeksema, H. *Behold He Cometh*. Grand Rapids: Reformed Free Publishing Association. 1969.

Hofius, O. "Das Evangelium und Israel: Erwägunged zu Römer 9-11." *ZTK* 83. 1986.

Holm-Nielsen, S. *Hodayot: Psalms from Qumran*. Aarhus: Universitet- forlaget. 1960.

Hooker, M. *The Gospel according to Saint Mark*. BNTC. London: A. & C. Black. 1991.

Hoskins, P. M. "Jesus as the Replacement of the Temple in the Gospel of John." Ph. D. Dissertation. Deerfield. Illinois: Trinity Evangelical Divinity School. 2002.

Hughes, P. E. *A Commentary on the Epistle to the Hebrews*. Grand Rapids: Eerdmans. 1977.

_____. *The book of the revelation: a commentary*. Leicester: Inter-Varsity. 1990.

Hurd, John C. "Paul Ahead of His Time: 1 Thess. 2:13-16."(ed.) Peter Richardson. *Anti-Judaism in Early Christianity vol. I: Paul and the Gospel*. Toronto: Wilfrid Laurier University Press. 1998.

Hurtado, L. "Revelation 4-5 in the Light of Jewish Apocalypse Analogies." *JSNT* 25. 1985. 105-24.

Isaacs, M. E. "Hebrews 13:9-16 Revisited." *NTS* 43. 1997. 268-84.

_____. *Sacred Space: An Approach to the Theology of the Epistle to the Hebrews*. JSNTSS 73. Sheffield: JSOT. 1992.

Ito, A. "The Question of the Authenticity of the Ban on Swearing." *JSNT* 43. 1991.

Jeremias, J. "Die Drei-Tage-Wörte der Evangelien."(ed.) G. Jeremias. *Tradition und Glaube*. Göttingen: Vandenhoeck & Ruprecht. 1971.

_____. *Golgotha*. Göttingen: Vandenhoeck & Ruprecht. 1926.

_____. *Jesus' Promise to the Nation*. Philadelphia: Fortress Press. 1982.

_____. *The Eucharistic Words of Jesus*. London: SCM. 1966.

_____. *The Parable of Jesus*. London: SCM. 1963.

Jewett, R. "The Agitators and the Galatian Congregation." *NTS* 17. 1970-71.

Johnson, S. E. *A Commentary on the Gospel according to St. Mark*. BNTC. London: A. & C. Black. 1972.

Juel, D. H. *Messiah and Temple: The Trial of Jesus in the Gospel of Mark*. SBLDS 31. Missoula: Scholars. 1977.

Käsemann, E. *The Wandering People of God: An Investigation of the Letter to the Hebrews*. trans. by R. A. Harrisville and Irving L. Sandberg. Mineapolis: Augsburg. 1984.

Kaufmann, Y. *The Biblical Account of the Conquest of Palestine*. Jerusalem: Magnes Press. 1953.

Kautzsch, E.(ed.) *Gesenius' Hebrews Grammar*. 2nd English edition revised in Accordance with The Twenty-Eighth German Edition(1909) by A. E. Cowley, § 107.

Kee, H. C. "Testaments of the Twelve Patriarchs." *The Old Testament Pseudepigrapha*. New York: Doubleday. 1983.

_____. "The Function of Scriptural Quotations and Allusions in Mark 11-16."(ed.) E. E. Ellis. *Jesus und Paulus*. Göttingen: Vandenhoeck & Ruprecht. 1975.

Kelber, W. H. "Conclusion: From Passion Narrative to Gospel."(ed.) W. H. Kelber. *The Passion in Mark: Studies on Mark 14-16*. Philadelphia: Fortress. 1976.

_____. *The Kingdom in Mark*. Philadelphia: Fortress. 1974.

Kerr, A. R. *The Temple of Jesus' Body: The Temple Theme in the Gospel of John*. JSNTSS 220. Sheffield Academic Press. 2002.

Kierspel, L. *The Jews and the World in the Fourth Gospel*. Tübingen: Mohr-Siebeck. 2006.

Kim, Chulhong Brian. *Paul-A False Prophet?: False Prophet Accusations Against Paul*. Fuller Theological Studies Dissertation. 2007.

Kim, S. "The Mystery of Rome 11:25-26." *NTS* 43. 1997.

Kingsbury, J. D. *Matthew as Story*. 2nd(ed.) Philadelphia: Fortress. 1988.

Kischner, R. "Apocalyptic and Rabbinic Responses to the Destruction of 70." *HTR* 78:1-2. 1985.

Klausner, J. *The Messianic Idea in Israel: From its Beginning to the Completion of the Mishnah*. trans. by W. F. Stinespring. New York: The Macmillan Company. 1955.

Knibb, M. A. "The Exile in the Literature of the Intertestamental Period." *HeyJ* 17. 1976.

_____. *The Qumran Community*. Cambridge: Cambridge University Press. 1987.

Knowles, M. *Jeremiah in Matthew's Gospel*. JSNTSS 68. Sheffied: JSOT. 1993.

Knox, W. L. *St. Paul and the Church of Jerusalem*. Cambridge: CUP. 1925.

Koch, K. *The Growth of the Biblical Tradition*. London: SCM. 1957.

Koester, C. R. *Symbolism in the Fourth Gospel.* Minneapolis: Fortress. 1995.

_____. *Hebrews: A New Translation with Introduction and Commentary* AB vol. 36. New York: Doubleday. 2001.

Koester, H. "'Outside the Camp': Hebrews 13:9-14." *HTR* 55. 1962. 305-08.

Köstenberger, A. J. "The Destruction of the Second Temple and the Composition of the Fourth Gospel."(ed.) J. Lierman. *Challenging Perspectives on the Gospel of John.* Tübingen: Mohr Siebeck. 2006.

Kraft, H. *Die Offenbarung des Johannes.* HNT 16a. Tübingen: Mohr-Siebeck. 1974.

Krammer, W. *Christ, Lord, Son of God, Studies in Biblical Theology 50.* London: SCM. 1963.

Kraus, H. J. *Worship in Israel.* Oxford: Basil Blackwell. 1966.

_____. *Psalms 60-150.* Minneapolis: Fortress. 1989.

Kümmel, W. G. *Promise and Fulfillment.* London: SCM. 1989.

L'Heureux, C. E. "The Biblical Sources of the Apostrophe to Zion." *CBQ* 29. 1967. 60-74.

Lane, W. L. *The Gospel according to Mark.* NICNT. Grand Rapids. MI: Eerdmans. 1974.

Lécuyer, J. "Ecclesia Primitivorum(Hébr 12, 23)." *Studiorum Paulinorum Congressus Internationalis Catholicus.* 1961. AnBib. 17-18. Rome: Pontifical Biblical Institute. 1963.

Lee, Pilchan. *The New Jerusalem in the Book of Revelation.* Tübingen: Mohr Siebeck. 2001.

Leivestad, R. "Exit the Apolcalyptic Son of Man." *NTS* 18. 1971-1972. 156-59.

Levenson, Douglas *Theology of the Program of the Restoration of Ezekiel 40-48.* HSMS 10. Cambridge: Scholars Press for Harvard Semitic Museum. 1976.

_____. *Sinai and Zion: An Entry into the Jewish Bible.* Minneapolis: Winston. 1985.

Levine, A-J. *The Social and Ethnic Dimensions of Matthew Salvation History.* Lewiston: Edward Mellen. 1988.

Lietzmann, H. *Mass and Lord's Supper.* Leiden: E. J. Brill. 1979.

Lightfoot, R. H. *Locality and Doctrine in the Gospel.* New York/London: Harper & Bros. 1938.

Lindars, B. "The Rhetorical Structure of Hebrews." *NTS* 35. 1989.

_____. *Jesus Son of Man.* London: SPCK. 1983.

_____. *The Gospel of John.* NCB. London: Oliphants. 1972.

Lohfink, G. *Die Sammlung Israels: Eine Untersuchung zur Lukanischen Ekklesiologie.* Munich: Koesel. 1975.

Lohmeyer, E. *Die Offenbarung des Johannes.* Götttingen: Vandenhoeck & Ruprecht. 1976.

_____. *Galiläa und Jerusalem.* Göttingen: Vandenhoeck & Ruprecht. 1936.

Lowe, M. "Who were the ΊΟΥΔΙΟΙ?" *NovT* 18. 1976. 104-08.

Luz, U. *Matthew 1-7.* trans. by James E. Crouch. Minneapolis : Fortress Press. 2007.

Mack, B. *A Myth of Innocence: Mark and Christian Origins.* Philadelphia: Fortress. 1988.

Maier, Chris M. "Psalm 87 as a Reappraisal of the Zion Tradition and Its Reception in Gal 4:26." *CBQ* 69. 2007. 473-86.

Malbon, E. S. "Galilee and Jerusalem: History and Literature in Marcan Interpretation." *CBQ* 44. 1982. 242-55.

_____. *Narrative Space and Mythic Meaning in Mark.* 2nd(ed.) Sheffield: JSOT. 1991.

Manson, T. W. *The Saying of Jesus.* London: SCM, 1949.

Marcus, J. *The Way of the Lord: Christological Exegesis of the Old Testament in the Gospel of Mark.* Edinburgh: T & T. Clark. 1993.

Marko, J. "Recapitulation and Chronological Progression in John's Apocalypse Toward a New Perspective." *NTS* 49. 2003. 543-59.

Marshall, I. H. *Luke: Historian & Theologian.* Exeter: Paternoster. 1970.

_____. *The Gospel of Luke.* Exeter: Paternoster. 1978.

Martinez, F. G. "The 'New Jerusalem' and the Future Temple of the Manuscripts from Qumran." *Qumran and Apocalyptic: Studies on the Aramaic Texts from Qumran.* Leiden: E. J. Brill. 1992.

Marxen, W. *Mark the Evangelist.* Nashville/ New York: Abingdon. 1969.

McConville, G. "Jerusalem in the Old Testament." *Jerusalem: Past and Present in the Purpose of God.*(ed.) P. W. L. Walker. Cambridge: Tyndale House. 1992.

_____. *Judgment and Promise: Interpreting the Book of Jeremiah.* Leicester: Apollos. 1993.

McKnight, S. "A Loyal Critic: Matthew's Polemic with Judaism in Theological Perspective."(eds.) C. A. Evans and D. A. Hagner. *Anti-Semicism and Early Christianity: Issues of Polemic and Faith.* Minneapolis: Fortress, 1993.

McNamrar, M. "'to de(Hagar) Sina oros estin en te Arabia'(Gal 4:25a): Paul and Petram." *MS* 2. 1978. 27-36.

Meeks, W. "Galilee and Judea in the Fourth Gospel." *JBL* 85. 1966. 159-69.

Meier, J. P. "Nations or Gentiles in Matthew 28:19?" *CBQ* 39. 1977. 94-102.

_____. *The Vision of Matthew: Christ, Church, and Morality in the first Gospel.* New York: Crossroad. 1991.

Meyer, B. F. *The Aims of Jesus.* London: SCM. 1979.

Meyer, J. P. "How Do We Decide What Comes from Jesus?" *A Marginal Jew: Rethinking the Historical Jesus.* New York: Doubleday. 1991.

Miller, J. M. and Hayes, J. H. *A History of Ancient Israel and Judah.* London: SCM Press. 1986.

Miller, R. J. "The Rejection of the Prophets in Q." *JBL* 107. 1988.

Minear, P. S. "Yes or No: The Demand for Honesty in the Early Church." *NovT.* XIII. 1971.

_____. *I Saw a New Earth.* Washington: Corpus Books. 1968.

Moessner, P. *The Lord of the Banquet.* Minneapolis: Fortress. 1989.

Moor, J. C. De "The Targumic Background of Mark 12:1-12." *JSJ* 29(1998).

Moule, C. F. D. *The Gospel according to Mark. Cambridge Bible Commentary on the New English Bible.* Cambridge: Cambridge UP. 1965.

Mounce, R. *The Book of Revelation.* NICNT. Grand Rapids: Eerdmans. 1998.

Mowinckel, S. *He that Cometh.* trans. by G. W. Anderson. New York/Nashville: Abingdon Press. 1954.

Müller, U. B. *Prophetie und Predigt im NT: Formgeschichtliche Untersuchung zur urchristlichen Prophetie.* STNT 10. Gütersloh: Gütersloher. 1975.

Munck, J. *Christ and Israel. An Interpretation of Romans 9-11.* Philadelphia: Fortress Press. 1967.

Muse, R. L. "Revelation 2-3: A Critical Analysis of Seven Prophetic Messages." *JETS* 29. 1986.

Negev, Abraham.(ed.) *Archaeological Encyclopedia of the Holy Land.* Jerusalem: The Jerusalem Publishing House. 1972.

Neusner, J. "Money-Changers in the Temple: The Mishnah's Explanation." *NTS* 35.

1989. 288-90.

Nickelsburg, G. W. E. *Jewish Literature Between the Bible and Mishnah.* London: SCM. 1981.

Nickle, K. F. *The Collection.* SBT 48. London: SCM. 1966.

North, C. R. *The Second Isaiah.* Oxford: The Clarendon Press. 1967.

Noth, M. *The History of Israel.* New York: Harper & Row Publishers. 1958.

_____. *The Laws in the Pentateuch and Other Studies.* Philadelphia: Fortress Press. 1966.

Okeke, G. E. "1 Thess. 2:13-16: The Fate of Unbelieving Jews." *NTS* 27. 1980-81. 127-36.

Ollenburger, Ben. C. *Zion, the City of Great King.* JSOT 41. Sheffield: JSOT Press. 1987.

Orchard, J. Bernard. "Thessalonians and the Synoptic Gospel." *Bib* 19. 1938. 19-42.

Osborne, G. R. *Revelation.* Grand Rapids: Baker Academic. 2002.

Oswalt, J. N. *The Book of Isaiah Chapters 1-39.* NICOT. Grand Rapids: Wm. B. Eerdmans. 1986.

Pancaro, S. "The Relationship of the Church to Israel in the Gospel of John." *NTS* 16. 1969-70. 114-29.

Patsch, H. *Abendmahl und historischer Jesus.* Stuttgart: Calwer Verlag. 1971.

Pearson, B. A. "1 Thessalonians 2:13-16: A Deutero-Pauline Interpolation." *HTR* 64. 1971. 79-94.

Perrin, N. & Dulling, D. *The New Testament.* Fort Worth, Texas: Harcourt Brace College Publishers. 1994.

_____. *Recovering the Teaching of Jesus.* London: SCM. 1967.

Pesch, R. "The Gospel in Jerusalem: Mark 14:12-26 as the Oldest Tradition of the Early Church." *The Gospel and the Gospels.*(ed.) P. Stuhlmacher. Grand Rapids: MI: Eerdmans. 1991.

_____. *Das Abendmal und Jesu Todesverständnis.* Freiburg: Herder. 1978.

_____. *Das Markusevangelium.* vol. II. HTKNT 2.1-2. Freiburg: Herder. 1979.

Petersen, D. L. "Zerubbabel and Jerusalem Temple Reconstruction." *CBQ* 36. 1974. 366-72.

Peterson, D. G. "An Examination of the Concept of 'Perfection' in the 'Epistle to the Hebrews.'" Dissertation. Univ. of Manchester. 1978.

Plummber, A. *A Critical and Exegetical Commentary on the Gospel According to St. Luke.* ICC. New York: Charles Scribner's Sons, 10th. 1914.

Porteous, N. D. "Jerusalem-Zion: The Growth of a Symbol." *Living the Mystery.* Oxford: Basil Blackwell. 1967.

Prince, D. *The Last Word on the Middle East.* Eastbourne: Kingsway. 1982.

Rabin, C. *The Zadokite Documents.* Oxford: Oxford University Press. 1954.

Rawlinson, A. E. J. *St. Mark.* 6th ed. London: Methuen. 1947.

Reddish, M. G. *Revelation.* Smyth & Helwys Bible Commentary Series. Macon Georgia: Smyth and Helwys. 2001.

Reicke, B. "Synoptic Prophecies and the Destruction of Jerusalem."(ed.) D. Aune. *Studies in the New Testament and Early Christian Literature.* NovT Supp. 33. Leiden: Brill. 1972.

Renz, Thomas "The Use of the Zion Tradition in the Book of Ezekiel."(ed.)

R. S. Hess and G. Wenham. *Zion, City of Our God*(Grand Rapids: Eerdmans. 1999.

Rese, M. "Einige Überlegungen zu Lukas XIII, 31-33."(ed.) J. Dupont. *Jesus aux origines de la christologie.* BETL. 40. Leuven: Leuven University Press. 1975.

Resseguie, J. L. *Revelation Unsealed: A Narrative Critical Approach to John's Apocalypse.* Leiden: Brill. 1998.

Rhoads, D. and Michie, D. *Mark as Story: An Introduction to the Narrative of a Gospel.* Philadelphia: Fortress. 1982.

Richardson, P. *Israel in the Apostolic Church.* SNTSMS 10. Cambridge: CUP. 1969.

Roberts, J. J. M. "The Davidic Origin of the Zion Tradition." *JBL* 92. 1973. 329-44.

_____. "Zion in the Theology of the Davidic-Solomonic Empire."(ed.) Tomoo Ishida. *Studies in the Period of David and Solomon.* Winona Lake: Eisenbrauns. 1982. 93-108.

Robinson, J. A. T. "The Destination and Purpose of St. John's Gospel." *New Testament Issues.* New York: Harper & Row. 1970.

_____. *Redating of the New Testament.* London: SCM. 1981.

Robinson, J. M. "The Sayings Gospel Q." *The Four Gospels 1992: Festschrift F. Neirynck.* vol. I.(eds.) F. Van Segbroeck and et. al. Leuven: Leuven University Press. 1992.

_____. & Hoffmann, P. and Kloppenborg, J. S. *The Critical Edition of Q.* Minneapolis:

Fortress Press. 2000.

Roloff, J. *Das Keygma und der irdische Jesus.* Göttingen: Vandenhoeck & Ruprecht. 1973.

Rowland, C. C. "The Second Temple: Focus of Ideological Struggle?"(ed.) W. Horbury. Templum Amicitiae. Sheffield: JSOT Press. 1991.

_____. *Christian Origins.* London: SPCK. 1985.

Rowley, H. H. "Zadok and Nehushtan." *JBL* 58. 1939. 113-41.

Sanday, W. & Headlam, A. C. *The Epistle to the Romans.* ICC. New York: Charles Scribner's Son. 1956.

Sanders, E. P. *Paul and Palestinian Judaism: A Comparison of Patterns of Religion.* London: SCM. 1977.

Sanders, J. A. "From Isaiah 62 to Luke 4." *Christianity, Judaism and Other Greco-Roman Cult, Part I. Studies for Morton Smith at Sixty.*(ed.) Jacob Neusner. Studies in Judaism in Late Antiquity 12. Leiden: E. J. Brill. 1975.

_____. *The Psalm Scrolls of Qumran Cave 11.* 11QPsa.

_____. *The Jews in Luke-Acts.* London: SCM. 1987.

Schenk, W. *Der Passionsbericht nach Markus.* Gütersloh: Mohn. 1974.

Schillebeeckx, E. *Christ: The Christian Experience in the Modern World.* ET. London: SCM. 1980.

Schippers, R. "The Pre-Synoptic Tradition in 1 Thessalonians II 13-16." *NovT* 8. 1966. 223-34.

Schmid, H. "Jahwe und die Kulttraditionen von Jerusalem." *ZAW* 26. 1955. 168-98.

Schmidt, D. "1 Thessalonians 2:13-16: Linguistic Evidence for an Interpolation." *JBL* 102. 1983. 269-79.

_____. *The Gospel of Mark.* Scholars Bible 1. Sonoma: Polebridge. 1990.

Schnackenburg, R. *The Gospel According to John.* ET. vol. III. London: Burns & Oates. 1980/2.

Schneider, J. "ἥξω." *TDNT II.* Grand Rapids: Eerdmans. 1982.

Scholer, J. M. *Proleptic Priests: Priesthood in the Epistle to the Hebrews.* JSNTSS 49. Sheffield: JSOT. 1991.

Schürmann, H. *Jesu ureigener Tod.* Freiburg: Herder. 1975.

Schweizer, E. *The Good News According to Luke.* Atalanta: John Knox. 1984.

_____. *The Good News according to Mark*. Richmond, VA: John Knox. 1970.

_____. *The Good News According to Matthew*. Atlanta: John Konx Press. 1975.

Scott, E. F. *The Crisis in the Life of Jesus*. New York: Scribners. 1952.

Seitz, C. R. *Isaiah 1-39*. Interpretation: A Bible Commentary for Teaching and Preaching. Louisville: John Knox Press. 1993.

Senior, D. P. *The Passion Narrative according to Matthew*. Leuven Univ. Press. 1975.

Simpson, J. W. "Problems Posed by 1 Thess. 2:15-16." *HBT* 12. 1990. 42-72.

Smith, D. Moody "Historical Issues and the Problem of John and the Synoptics."(ed.) M. C. de Boer. *From Jesus to John: Essays on Jesus and New Testament Christology in Honour of Marinus de Jonge*. Sheffield: JSOT Press. 1993.

_____. *John Among the Gospels*. Minneapolis: Fortress. 1992.

Son, Kiwoong. *Zion Symbolism in Hebrews*. Milton Keynes: Paternoster. 2005.

Stanton, G. N. *A Gospel for a New People*. Edinburgh: T & T. Clark. 1992.

_____. "Jesus of Nazareth: A Magician and a False Prophet who Deceived God's People?"(eds.) J. B. Green and M. Turner. *Jesus of Nazareth: Lord and Christ*. Grand Rapids: Eerdmans. 1994.

_____. "Matthew."(eds.) D. A. Carson and H. G. M. Williamson. *It is Written: Scripture Citing Scripture*. Cambridge: Cambridge University Press. 1988.

_____. "Aspects of Early Christian Jewish Polemic and Apologetic." *NTS* 31. 1985. 385-90.

Steck, O. H. *Israel und das gewaltsame Geschick der Propheten*. Neukirchen- Vluyn: Neukirchener Verlag. 1967.

Stein, R. *The Method and Message of Jesus' Teaching*. Philadelphia: Fortress. 1978.

Stenning, J. F. *The Targum of Isaiah*. Oxford: Clarendon. 1949.

Strecker, G. *The Sermon on the Mount*. Edinburgh: T & T Clark. 1988.

Strugnell, J. and Qimron, E. "An Unpublished Halakhic from Qumran."(ed.) J. Amitai. *Biblical Archaeology Today*. Jerusalem: Israel Exploration Society. 1985.

Stuhlmacher, P. "Die Stellung Jesu und des Paulus zu Jerusalem." ZTK 86. 1989.

_____. *Der Brief an die Römer übersetzt und erklärt*. NTD 6; Göttingen: Vandenhoeck & Ruprecht. 1989.

_____. *Versöhnung, Gesetz und Gerechtigkeit*. Göttingen: Vandenhoeck & Ruprecht. 1981.

Sweet, J. P. M. *Revelation*. Pelican Commentaries: London: SCM. 1979.

Swete, H. B. *The Apocalypse of St. John*. London: SCM. 1979.

Talbert, C. H. *The Apocalypse: A Reading of the Revelation of John*. Louisville. Ky.: Westminster John Knox. 1994.

_____. *Literary Patterns, Theological Themes and the Genre of Luke-Acts*. Missoula MT: Scholar Press. 1974.

Talmon, S. "The Biblical Concept of Jerusalem." *Journal of Ecumenical Studies*. Spring. 1971.

Tan, Kim Huat. *The Zion Traditions and the Aims of Jesus*. Cambridge: Cambridge Univ. Press. 1997.

Tannehill, R. C. *The Narrative Unity of Luke-Acts: A Literary Interpretation*. vol. II. Philadelphia and Minneapolis: Fortress. 1986/90.

Taylor, N. *Paul, Antioch and Jerusalem*. JSNTSS 66. Sheffield: JSOT. 1992.

Taylor, V. *Jesus and His Sacrifice: A Study of the Passion Sayings in the Gospels*. London: Macmillan. 1937.

_____. *The Gospel according to St. Mark*. London: SPCK. 1952.

Telford, W. R. *The Barren Temple and the Withered Tree*. JSNTSS 1. Sheffield: JSOT. 1980.

Theissen, G. *Social Reality and the Early Christian: Theology, Ethics, and the World of the New Testament*. Edinburgh: T & T Clark. 1993.

Thomas, D. W. "The Use of נצח as a Superlative in Hebrew." *JSS* 1. 1956. 106-09.

Thompson, J. W. *The Beginnings of Christian Philosophy: The Epistle to the Hebrews*. CBQMS 13. Washington DC: The Catholic Biblical Association of America. 1981.

Thompson, T. L. *Jerusalem in Ancient History and Tradition*. London/New York: T & T Clark, 2003.

Thrall, M. E. *Greek Particles in the New Testament: Linguistic and Exegetical Studies*. NTTS 3. Leiden: Brill. 1962.

Tiede, D. L. *Luke*. Augusburg Commentary on the N. T.: Minneapolis: Augusburg. 1998.

_____. *Prophecy and History in Luke-Acts*. Philadelphia: Fortress Press. 1980.

Trilling, W. *Das wahre Israel: Studies zur Theologie das Mattäus Evangeliums*. München: Kösel-Verlag. 1964.

Tuckett, C. M. *The Revival of the Greisbach Hypothesis*. Cambridge: Cambridge Univ. Press. 1983.

Turner, C. H. *The Gospel according to St. Mark*. London: S.P.C.K.; New York: Macmillan. 1931.

Tyson, J. B. "Jesus and Herod Antipas." *JBL* 79. 1960.

van Horst, P. W. "Only then will all Israel be saved: A Short Note on the Meaning of καὶ οὕτως in Roman 11:26." *JBL* 119. 521-25.

Vanderlip, D. G. *Christianity according to John*. Philadelphia: The Westminster Press. 1975.

Vermes, G. *The Dead Sea Scrolls in English*. London: Penguin. 1987.

von Rad, G. *Old Testament Theology*. vol I. Edinburgh: Oliver & Boyd. 1962.

Walker, P. W. L. *Jesus and the Holy City*. Grand Rapids: Eerdmans. 1996.

Wanamaker, C. A. *1 and 2 Thessalonians*. NIGTC. Grand Rapids: Eerdmans. 1990.

Watts, John D. W. *Isaiah 1-33*. WBC. Waco: Word Books. Publisher. 1985.

Weatherly, J. A. "The Authenticity of 1 Thessalonians 2:13-16: Additional Evidence." *JSNT* 42. 1991. 79-98.

Weinert, F. D. "Jesus' Saying about Jerusalem's Abandoned House." *CBQ* 44. 1982.

Weiser, A. *The Psalms*. London: SCM. 1962.

Wellhausen, J. *Das Evangelium Lucae*. Berlin: Georg Reimer. 1901.

Wenham, D. "Acts and the Pauline Corpus: The Evidence of Parallels."(eds.) B. W. Winter and A. D. Clarke. *The Book of Acts in Its Ancient Literary Setting*. Grand Rapids: Eerdmans. 1993.

_____. "Paul's Use of the Jesus Tradition."(ed.) D. Wenham. *Gospel Perspective V: The Jesus Tradition Outside the Gospel*. Sheffield: JSOT Press. 1985.

_____. *Paul: Follower of Jesus or Founder of Christianity?* Cambridge/Grand Rapids: Eerdmans. 1995.

_____. *The Recovery of Jesus' Eschatological Discourse*. Sheffield: JSOT Press. 1984.

Wenham, Gordon J. *Genesis 1-15*. WBC. Waco: Word Book, Publisher. 1987.

Westerholm, S. *Jesus and Scribal Authority*. Lund: Gleerup. 1978.

Westermann, C. *Genesis 12-36*. trans. by John J. Scullion. Mineapolis: Augsburg Publishing House. 1985.

White, R. F. "Reexamining the Evidence for Recapitulation in Revelation 20:1-10." *WTJ*

51. 1989. 319-44.

Wilckens, U. *Der Brief an die Römer*. EKK 6. Bd.: Neukirchen-Vluyn. 1978-82. 2. Aufl. 1987-89.

Wildberger, H. *Isaiah 1-12*. trans. by T. H. Trapp. Minneapolis: Fortress Press. 1991.

Williamson, R. "The Eucharist and the Epistle to the Hebrews." *NTS* 21. 1975. 301-09.

Winkle, R. E. "The Jeremiah Medel for Jesus in the Temple." *AUSS* 24/2. 1986.

Witherington III, B. *Grace in Galatia*. Grand Rapids: Eerdmans. 1998.

Wolf, H. M. *Interpreting Isaiah: The Suffering and Glory of the Messiah*. Grand Rapids: Zondervan Publishing House. 1985.

Wright, N. T. "Jesus, Israel and the Cross."(ed.) K. Richards. *SBL 1985 Seminar Papers*. Atlanta: Scholars Press. 1985.

_____. *The Climax of the Covenant: Christ and the Law in Pauline Theology*. Edinburgh: T & T Clark. 1991.

_____. *The New Testament and the People of God*. London: SPCK. 1992.

Young, E. J. *The Book of Isaiah* vol. III. Grand Rapids: Wm. B. Eerdmans. 1965.

Zeller, D. *Juden und Heiden in der Mission des Paulus: Studien zum Römerbrief*. Stuttgart: KBW. 1973.

Zimmerli, W. *Ezekiel : a commentary on the book of the prophet Ezekiel*. trans. by Ronald E. Clements. Philadelphia: Fortress Press. 1979.

2. 번역서적

Aune, D. E. *Revelation 1-5*. 김철 역. 『요한계시록 1-5』 WBC 52 상. 서울: 솔로몬. 2004.

_____. *Revelation 6-16*. 김철 역. 『요한계시록 6-16』 WBC 52 중. 서울: 솔로몬. 2004.

Barrett, C. K. *The Gospel according to St. John*. vol III. 한국신학연구소 역. 『국제성서주석 요한복음』. 서울: 한국신학연구소. 1978.

_____. *The First Epistle to the Corinthians*. 한국신학연구소 역. 『국제성서주석 고린도전서』. 서울: 한국신학연구소. 1985.

Bauckham, R. J. *The Theolohgy of the Book of Revelation*. 이필찬 역.『요한계시록 신학』. 서울: 한들출판사. 2000.

Beasley-Murray, G. R. *John*. WBC vol. 36.『요한복음』. 서울: 솔로몬. 2001.

Becker, J. C. *Paul the Apostle*. 장상 옮김.『사도 바울』. 서울: 한국신학연구소. 1991.

Betz, H. D. *Galatians*. 한국신학연구소 편집실.『국제성서주석: 갈라디아서』. 서울: 한국신학연구소. 1987.

Bruce, F. F. *1 & 2 Thessalonians*. 김철 역.『WBC 성경주석:데살로니가전후서』. 서울: 솔로몬. 1999.

_____. *Hebrews*. NICNT. 이장림 역.『성경주석 뉴 인터내셔널: 히브리서』. 서울: 생명의 말씀사. 1994.

Cohen, S. J. D. *From the Maccabees to the Mishnah*. 황승일 역.『고대 유대교 역사: 마카비 시대부터 미쉬나까지』. 서울: 은성. 1994.

Collins, John J. *The Apocalyptic Imagination*. 박영식 역.『묵시문학적 상상력: 유대묵시문학입문』. 서울: 가톨릭출판사. 2005.

France, R. T. *Matthew: Evangelist and Teacher*. 이한수 역.『마태신학』. 서울: 엠마오. 1995.

Gnilka, J. *Das Evangelium nach Markus*. 한국신학연구소 역.『마가복음 II』. 천안: 한국신학연구소. 1986.

Goppelt, L. *Theologie des Neuen Testaments*. 박문재 역.『신약신학』. 서울: 크리스챤다이제스트. 2007.

Hagner, D. A. *Matthew 14-28*. 채천석 역.『마태복음 14-28』 WBC 33 중. 서울: 솔로몬. 2000.

Hanson, P. D. *The Dawn of Apocalyptic*. 이무용 외 역.『묵시문학의 기원』. 서울: 크리스챤다이제스트. 1996.

Hare, D. R. A. *Interpretation: Matthew*. 최재덕 역.『현대성서주석: 마태복음』. 서울: 한국장로교출판사. 2001.

Hengel, M. *The Atonement: The Origin of the Doctrine in the N. T.* 전경연 역.『신약성경 속죄론』. 서울: 대한기독교서회. 2003.

Jeremias, J. *Jerusalem zur Zeit Jesu*. 한국신학연구소 역.『예수시대의 예루살렘』. 천안: 한국신학연구소. 1988.

_____. *New Testament Theology I: The Proclamation of Jesus*. 정충하 역.『신약신학』. 서울:

새순출판사. 1990.

Kaiser, Otto *Buch des Propheten Jesaja. Kapitel 1-12*. 한국신학연구소 역. 『국제성서주석: 이사야 I』. 천안: 한국신학연구소. 1993.

_____. *Buch des Propheten Jesaja. II*. 역. 『국제성서주석: 이사야 II』. 천안: 한국신학연구소. 1993.

Lane, W. L. *Hebrew 9-13*. 채천석 역. 『WBC 성경주석 : 히브리서 9-13』. 서울: 솔로몬. 2007.

Longenecker, R. N. *Galatians*. 이덕신 역. 『WBC 성경주석: 갈라디아서』. 서울: 솔로몬. 2003.

Marshall, I. H. *Last Supper and Lord's Supper*. 배용덕 역. 『마지막 만찬과 주의 만찬』. 서울: 솔로몬. 1993.

Marxsen, W. *Der erste Brief die Thessalonicher*. 한국신학연구소 역. 『국제성서주석: 데살로니가전후서』. 서울: 한국신학연구소. 1986.

McNamara, M. *Intertestamental Literature*. 채은하 역. 『신구약 중간 시대의 문헌 이해』. 서울: 이화여자대학교출판부. 1995.

Michel, O. *Der Brief an die Hebräer*. 강원돈 역. 『국제성서주석: 히브리서』. 서울: 한국신학연구소. 1988.

Nolland, J. *Luke 1:1-9:20*. 김경진 역. 『누가복음 1:1-9:20』 WBC 35 상. 서울: 솔로몬. 2003.

_____. *Luke 9:21-18:34*. 김경진 역. 『누가복음(중)』. 서울: 솔로몬. 2004.

Sanders, E. P. *Jesus and Judaism*. 황종구 역. 『예수와 유대교』. 서울: 크리스챤다이제스트. 1994.

Schelkle, K. H. *Die Gemeinde von Qumran und die Kirche des Neuen Testaments*. 김윤주 역. 『꿈란의 공동체와 신약의 교회』. 왜관: 분도출판사. 1971.

Theissen, G. *Der Historische Jesus*. 손성현 역. 『역사적 예수』. 서울: 다산글방. 2001.

_____. *Studien zur Soziologie des Urchristentums*. 김명수 역. 『원시 그리스도교에 대한 사회학적 연구』. 서울: 대한기독교출판사. 1986.

Westermann, C. *Das Buch Jesaja, Kapitel 40-66*. 한국신학연구소 역. _____.『국제성서주석: 이사야 III』. 천안: 한국신학연구소. 1993.

Wright, N. T. *Jesus and the Victory of God*. 박문재 역. 『예수와 하나님의 승리』. 서울: 크리스챤다이제스트. 2004.

_____. *The New Testament and the People of God: Christian Origins and the Question of God*. 박문재 역. 『신약성서와 하나님의 백성』. 서울: 크리스챤다이제스트. 2003.

3. 동양서적

권혁승. "다윗 이전의 예루살렘 역사에 관한 소고." 『신학과 선교』 18집. 1993.
_____. "시온-예루살렘신학의 성서신학적 위치와 의미." 『신학과 선교』 15집. 1990.
_____. "하나님의 왕권과 시온 전승의 관계성에 관한 고찰." 『신학과 선교』 21집. 1996. 33-37.
김경진. "누가의 예루살렘에 대한 긍정적 이미지 연구." 『신약연구』 vol. 4. 한국복음주의신약학회. 2005. 32-42.
김경희. "성전비판에 관한 전승사적 연구." 미간행신학박사 학위논문. 장로회신학대학교. 2000.
김득중. 『누가의 신학』. 서울: 컨콜디아사. 1991.
_____. 『복음서 신학』. 서울: 컨콜디아사. 1985.
_____. 『요한의 신학』. 서울: 컨콜디아사. 1994.
김문경. 『요한신학』. 서울: 한국성서학연구소. 2004.
김세윤. "예수와 성전." 『예수와 바울』. 서울: 두란노아카데미. 2001.
김지철. 『고린도전서: 대한기독교서회 창립 100주년 기념주석』. 서울: 대한기독교서회. 1999.
김창선. 『쿰란문서와 유대교』. 서울: 한국성서학연구소. 2002.
김추성. "일곱인, 일곱 나팔, 일곱 대접 심판의 상관성 연구: 연대기적인가 반복 재현인가?" 『신학정론』 제 25권 2호. 2007. 403-23.
박수암. 『성서주석 마가복음』. 서울: 대한기독교서회. 1993.
_____. 『신약연구개론』. 서울: 장로회신학대학교 출판부. 1998.
_____. 『마가복음 13장과 마가복음』. 서울: 장로회신학대학교 출판부. 1993.
박정수. 『기독교 신학의 뿌리 : 유대교 사상의 형성과 신약성서 배경사』. 서울: 대한기독교서회. 2008.
박태식. "예수의 최후만찬." 『신학 사상』 97집. 1997. 여름호.

성종현. "예수의 마지막 만찬."『기독교사상』332호. 1986. 8.
_____. "예수와 바울-역사적 예수의 선포와 바울의 복음사이의 연속성과 불연속성 문제."『장신논단』제 5호. 1989. 1.
소기천.『예수말씀 복음서 Q 개론』. 서울: 대한기독교서회. 2004.
안용성. "요한계시록의 서사 수사학적 구조."『신약논단』15권 제 2호. 2008. 여름.
유상현.『사도행전 연구』. 서울: 대한기독교서회. 1996.
이필찬.『내가 속히 오리라』. 서울: 이레서원. 2006.
_____.『요한계시록 어떻게 읽을 것인가』. 서울: 성서유니온선교회. 2000.
田川建三. "갈릴리와 예루살렘."『원시 그리스도교 연구-복음서문학의 성립』김명식 역. 광주: 사계절. 1983.
장일선.『이사야 II』. 전망성서주해. 서울: 전망사. 1993.
장흥길. "거룩한 도성, 예루살렘(I)."『그말씀』2008, 7.
_____. "율법의 종언이며 완성이신 예수 그리스도," 장로회신학대학교 대학원. 1988.
_____. "이스라엘의 성지(聖地) I."『성서마당』신창간 18호. 2008. 9.
_____. "이스라엘의 성지(聖地) II."『성서마당』신창간 19호. 2008. 12.
정중호.『이스라엘의 역사』. 서울: 대한기독교서회. 1994.

ABSTRACT

A Study of the 'Jerusalem' Motif and its Tradition History in New Testament

Yoon, Suk Yi

New Testament Studies Major

Presbyterian College & Theological Seminary

Graduate School

This Dissertation is a study of the Jerusalem motif and its tradition history in the New Testament. This study will provide Biblischen Theologie answer to the hermeneutical question, "What does Jerusalem mean to us today." Three main issues of the research direction are as follows: First, this study is not a temple-centered research but a Jerusalem-centered one. This will help show that Jerusalem and the temple have their own unique signification. Second, the title of this Dissertation is "The Jerusalem Motif in the New Testament." However, due to the nature of this Dissertation, the range will be expanded through the Intertestmental Literature and the Old Testament in order to trace the orbit of the Tradition. This will help show that the Jerusalem motif in the New Testament does not break off from neither the Old Testament nor the Intertestamental Literature, but rather inherits the tradition at a continuous level. Furthermore, the New Testament authors have borrowed abundant images and various concepts from the Old Testament and Intertestamental Literature to construct the meaning of Jerusalem. Third, this Dissertation will define Jesus' stance on Jerusalem, the starting point of New Testament tradition, by analyzing the authentic text as well as argue that this Jesus tradition coincides with the stance of the New Testament authors.

According to these research directions, this Dissertation is comprised of seven chapters. Chapter 1 is the introduction that introduces the motive, purpose and method. It will also briefly present the core argument.

Chapter 2 deals with the history of studies concerning the Jerusalem motif until now. Among the voluminous articles and works, this Dissertation presents a general description related to the Zion Tradition. In the recent research section, works that are highly evaluated in Jerusalem motif research will be introduced, centered on the author. The argument of the research is arranged based on the table of contents and finally evaluate the contents.

Chapter 3 contemplates the general contents on Jerusalem. In this chapter, we present a lexical definition on the term 'Jerusalem' examples from the Bible, as well as the history of Jerusalem until now in broad terms. These terms and history of Jerusalem will aid in understanding the meaning of Jerusalem within the Biblical text.

Chapter 4 presents the Jerusalem motif in the Old Testament. In this chapter we examine the Zion tradition, which has established Jerusalem as a special meaning and appears as the main theological issue in the Old Testament. First of all, this research attempts to discuss the book of Psalms and the Prophetic Books in which the Zion Tradition commonly found and based on this research, study what role and meaning Zion Tradition has in the history of the Old Testament.

Chapter 5 discusses the Jerusalem motif found in the Intertestamental Literature. We apply two principles to define the scope of Intertestamental Literature. First, in a traditional perspective, we limit record chronology to pre-Jesus period or contemporary works. Therefore, Rabbi Literature and works beyond the middle of the first century will be excluded. Second, Diaspora Literature influenced by Hellenism will also be excluded. On the basis of this principle, Chapter 5 discusses in the following order: The Apocrypha, Apocalyptic Literature, The Testaments of the Twelve Patriarchs and the Qumran Literature. This literature analysis will discuss the similarities and the differences between Zion Tradition of the Old Testament and the early Judaism one, and how the latter influenced the Jesus tradition on Jerusalem.

Chapter 6 examines the Jerusalem motif of the New Testament. This chapter accounts for over 80% of the whole Dissertation and analyzes the New Testament text in great detail. This text is constructed by revelation history order starting from Jesus tradition. The order will be as follows: Jesus tradition, Paul Epistles, and the Four Gospels. The Gospel of Luke will be examined in combination with the Book of Acts as Luke-Acts. Next, we will examine Hebrews and then finally the Revelation. Furthermore, we will adopt two kinds of methods to analyze the New Testament text. The first analysis will be on the grammatical and historical exegesis. The second will be on the Tradition History methodology in the perspective of Biblischen Theologie. In this aspect, we will trace the New Testament tradition orbit from the perspective of revelation history by examining what meaning the Jerusalem motif, which originated from Jesus Tradition, had on the New Testament authors and examine the continuity of the motif.

First of all, the analysis will begin after the three sayings and three actions of the historical Jesus among Jerusalem text in the Four Gospels secured as Jesus Tradition through authentic standards. Through the analysis of this text, we will deduct a conclusion about the continuity and discontinuity between Jesus tradition, the Old Testament, and the Early Judaism Literature. In the Pauline Epistles, we will exegete the Jerusalem texts in Galatians Chapter 4, 1 Thessalonians Chapter 2 and Romans Chapter 11. In the Gospels, the analysis will be centered on the authors' perspective of Jerusalem. Through this we will be able to examine how the Jesus tradition on Jerusalem had been reflected. In Hebrews, the analysis will be done by associating Jerusalem with the temple motifs throughout Hebrews centered on Chapter 12 and 13. Finally, Revelation Chapter 21-22 will be analyzed. In a contextual aspect, we will examine the Revelations text associated with the Jerusalem motif, and with this association, we will analyze the New Jerusalem which appears in Chapter 21-22.

Finally, Chapter 7 presents the theological conclusion on Jerusalem starting from the Old Testament, and then through the Early Judaism Literature, and finally to the New Testament, providing the hermeneutical answer to the question, "What does Jerusalem mean to us today?"

Through this process, the core argument of the Dissertation can be arranged as follows: There are both continuity and discontinuity between the Old Testament, the Early Judaism Literature and Jesus tradition which are the starting points of the New Testament tradition. We propose a concept named 'Replacement' as a synthesis between the thesis and an antithesis between the two. Namely, Jesus replaces the 'temple' with Jesus himself, and also replaces Jerusalem with the 'disciples community'(the Church) in reference to the Old Testament and Early Judaism tradition. 'The Church' which replaced Jerusalem takes on a provisional character to flow around every aspect of the New Testament. Finally, the New Jerusalem in the book of Revelations reaches its final destination and the Zion Tradition is completed.

According to the theological conclusion above, the Jerusalem motif of the New Testament in a tradition history perspective refuses to attach the redemptive special meaning to the particular area of Jerusalem. On the other hand, it also refuses anti-Semitism which regards the Destruction of Jerusalem in A.D. 70 and the Holocaust as judgment on Jerusalem or the Jews. The Destruction of Jerusalem only functions as a sign of judgment towards the church which replaced Jerusalem. Therefore, Jerusalem, which is a tradition history motif in the Bible, proclaims both hope and a warning message to the church of our time.

<Key Word>

Jerusalem, Zion, Zion Tradition, Temple, Church, Replacement, Spritualization, Transcendence, Eschatology, Messiah, Universal, Provision, New-Jerusalem, Restoration, Heavenly-Earthly, Purification, Shekinah(Presence), Tent, Pilgrim, New Covenant, Judgement